珞珈岁月

《珞珈岁月》编委会 编

武汉大学出版社
WUHAN UNIVERSITY PRESS

图书在版编目(CIP)数据

珞珈岁月/《珞珈岁月》编委会编.—武汉：武汉大学出版社,2023.3
ISBN 978-7-307-23611-0

Ⅰ.珞…　Ⅱ.珞…　Ⅲ.武汉大学—校史　Ⅳ.G649.286.31

中国国家版本馆 CIP 数据核字(2023)第 033731 号

责任编辑:詹　蜜　黄河清　　责任校对:李孟潇　　整体设计:涂　驰

出版发行：**武汉大学出版社**　（430072　武昌　珞珈山）
　　　　　（电子邮箱：cbs22@ whu.edu.cn　网址：www.wdp. com.cn）
印刷:武汉市金港彩印有限公司
开本:720×1000　1/16　印张:34.25　字数:575 千字　插页:1
版次:2023 年 3 月第 1 版　　2023 年 3 月第 1 次印刷
ISBN 978-7-307-23611-0　　定价:148.00 元

《珞珈岁月》编委会

序

　　武汉大学即将迎来 130 周年校庆。校庆前夕，武汉大学离退休工作处和武汉大学老年协会、老教授协会编了一本书，名字叫《珞珈岁月》，嘱我写几句话，充作序言。我不揣浅陋，写下了这些读后的感想，作为一个老教师对母校生日表示一点祝贺之意。

　　我见过两本武大校史，一本是由吴贻谷主编的《武汉大学校史(1893—1993)》，一本是由谢红星主编的《武汉大学校史新编(1893—2013)》。看起止的时间就知道，前一本是为庆祝武汉大学百年华诞而编，后一本则是为了迎接武汉大学一百二十周岁生日。这两本校史都是依照时间的次序，叙述武汉大学的历史沿革和不同时期的发展变化，是一种类似于"编年史"的写法。《珞珈岁月》也是一本校史，不过，不是按照严格的时间次序，而是依类述事，综事成史。全书分为"红色印记""大师风范""学科建设""人才培养""校园建设""校友故事"和"逸闻趣事"等七个类别，每个类别收录若干故事，这些故事有回忆、有实录、有采访、有口述，也有带点研究性质的对史实的钩沉辑逸等，总之都是较具体的人和事，不是一堆枯燥的资料和数字。所以在我看来，《珞珈岁月》就是一本"故事体"的武大校史。这是它的特色，也是它较之别的校史更觉生动可读之处。

一个大学的历史，是一个大学的师生共同创造的。不论是梅贻琦先生说的"大楼"，还是他说的"大师"，都凝注了师生的心血，都有数不清的故事。一座大楼的建设，要靠一砖一瓦；一个大师的功德，也不是一个人可以成就的。这些涓滴心血、寻常故事，汇聚起来，就是高山大海，就是一座丰碑。所谓大学精神，也就是由这些涓滴心血、寻常故事凝聚而成。从《珞珈岁月》中，我们不难看到，武汉大学是如何以自己曲折艰难的历史，铸就了自强、弘毅、求是、拓新的精神，今天的武大人又是如何秉承这种精神，攀登世界一流大学的高峰。

我算不上一个老武大人，但也不是一个很新的武大人。我从恢复高考那年考上武大到毕业留校任教至今，正处在武大由旧变新、由新变大、由大变强的一个历史的转折点上。对老武大的历史，我知之甚少；对新武大的发展，我却是身历心受。站在这个历史的转折点上来读这本书，来看书中所写的珞珈岁月，就有一种特别的感受。

记得在大学二年级的时候，学校老领导、老红军王择江同志给我们布置了一项写作任务，这项写作任务是编写一部《珞珈山组歌》和一部朗诵诗《周恩来同志在珞珈山》，我们几个会写诗的同学接到任务后，就分头搜集资料，撰写诗稿。那时候的珞珈山，在我们心目中是一座革命的圣山。在这座山上，洒下了许多革命者和进步青年的鲜血，留下了老一辈无产阶级革命家的足迹。我们为这些革命者树碑立传，歌颂他们的丰功伟绩，是对历史的追忆，也是对后人的激励，说来也是"珞珈岁月"的一段故事。

从学生时代，到我毕业留校任教的 20 世纪 80 年代，是武汉大学除旧布新、鼎力变革的年代，也是武汉大学的一个历史转折时期。这期间，我担任过学校职能部门和中文系的一些党政职务，亲眼目睹也亲身经历了这段历史，其中的曲折和艰难，有许多是今天难以想象的。这段曲折艰难的历史，为武大后来的发展奠定了坚实的基础。这期间的武大人，特别是老一辈学者，人人握灵蛇之珠，家家抱荆山之玉，虽然刚刚经历了"文革"的创痛，但初心不改、矢志弥坚、殚精竭虑、筚路蓝缕，为各个学科的恢复和重建做出了巨大的贡献。这里面的故事，有许多已成为历史，有待于我们进一步深入发掘。

　　进入 90 年代以后，尤其是 21 世纪合校以来，武大进入了一个飞速发展的快车道，实现了一个历史性的跨越，其发展变化的速度和历史性跨越的高度，就是我的目力所不能追、经验所不能及的。读这本书，补充了我这方面的不足，使我对近三十多年来武大的发展变化有了更多的了解，相信许多读者都有如我一样的感受。

　　珞珈山是一座有故事的山，每一个武大人心中都有自己的珞珈故事。珞珈山的故事，是武大的一笔财富，也是取之不尽、用之不竭的精神宝藏。《珞珈岁月》出版后，希望再出续集。同时也希望更多的人参与进来，讲出你们心中的珞珈故事，讲好你们心中的珞珈故事。

　　是为序。

於可训

2022 年 12 月 15 日写于珞珈山

目　录

一　红色印记

二　大师风范

三　学科建设

四　人才培养

五　校园建设

六　校友故事

七　逸闻趣事

一

红色印记

李汉俊与武汉大学的一世情缘

涂上飙

> 李汉俊(1890—1927)，湖北潜江人。中国共产党一大代表。早年留学日本，并开始接受马克思主义。回国后积极宣传马克思主义，为中国共产党第一次全国代表大会的顺利召开做出了卓越贡献。1922年回武汉组织学生、工人开展革命活动，并先后在武汉大学的前身国立武昌高等师范学校、国立武昌师范大学、国立武昌大学、国立武昌中山大学任教。

党的早期领导人中，有一批领导人与武汉大学有着十分紧密的联系，如董必武、陈潭秋、李达、李汉俊等。就时间上看，李汉俊是在武汉大学时间最长、联系最为紧密的一位。

在国立武昌高等师范学校担任社会学教授的李汉俊

李汉俊，1890 年生于湖北潜江，原名李书诗，号汉俊，笔名李人杰、人杰、汉俊、汉、海晶、先进等。他是中共建党时期最有影响的思想家、理论家之一，是中共早期马克思主义理论宣传的先驱，被认为是党内"最有理论修养的同志"，也是上海中共发起组的主要成员之一，先后担任过中共上海发起组的书记和代理书记(当时陈独秀被孙中山请到广东任教育厅长)。1922 年，李汉俊离开上海回到武汉，一边热情投入轰轰烈烈的革命运动，一边从事教育工作。他利用学校这个讲台，积极宣传马克思主义和社会主义思想。

一、在国立武昌高等师范学校—国立武昌大学的教学及革命活动

(一) 开展教学及主持校务活动

1922 年 9 月，李汉俊来到国立武昌高等师范学校(以下简称"武昌高师")任教。武昌高师成立于 1913 年秋，是当时计划办理的全国六所高等师范学校之一，主要为华中各省培养中等学校所需要的师资。到 1924 年 2 月，经呈教育部批准改名国立武昌师范大学(以下简称"武昌师大")。

1. 宣传唯物史观，传播进步思想

李汉俊在"武昌高师"期间，专门开设了《唯物史观》这门课。他编写了《唯物史观》(上下册)，用浅显易懂的道理，讲述了人类发展史，综述了各种哲学流派，阐明了唯物史观的基本原理，成为我国较早将唯物史观列为高校课程的大学教授。为了使学生更好地掌握这门科学理论，他还精心绘制详细的唯物史观公式，使学习者一目了然。李汉俊还开设了《社会学》这一新科目，对于什么是社会学的疑问，李汉俊解释道：社会是"同类的有情者生命上相互必须的关系"，社会学就是讲这种关系的学说。

李汉俊在历史社会学系筹建了历史社会学研究会，一些进步师生纷纷参加，其中共产党员任开国、季永绥等负专责。他们在校内办起图书室，收藏马克思主义的书籍和进步刊物，吸引了许多学生。李汉俊以历史社会学研究会为核心，团结了一批进步学生，开展活动，"形成了政治思想上的左派"。为了扩大宣传阵

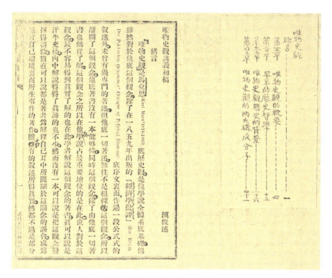

李汉俊撰著的《唯物史观讲义初稿》

地，在邵力子的支持下，1924 年 12 月 1 日，由历史社会学研究会编辑的《社会科学特刊》，在上海《民国日报》与广大读者见面了。该特刊以宣传社会主义和社会科学为宗旨，在当时的报纸上由一个学校的研究机构办一个特刊是罕见的。这说明李汉俊等宣传社会科学是不遗余力的。

2. 参与主持国立武昌大学的校务

1924 年 12 月，教育部委派北京大学教授石瑛任国立武昌师范大学校长。1925 年 4 月，石瑛又被任命为国立武昌大学校长。12 月，石瑛辞职离校，校内由黄侃、李汉俊、张珽、杜佐周、陈鼎铭、陈辛恒等教授组成校务维持会，各系负责人劝导学生照常上课，安排当年暑假毕业的第 9 期学生毕业，维持了大学的秩序和稳定。1926 年秋，国民革命军抵达武汉，国立武昌大学停课。

(二) 利用"武昌高师"讲台开展革命活动

李汉俊在"武昌高师"除了进行教学科研活动外，还积极开展革命活动。

1. 参与京汉铁路工人大罢工

中国共产党成立后，建立了中国劳动组合书记部，集中力量从事工人运动。在党的领导下，以 1922 年 1 月香港海员罢工为起点，掀起中国工人运动的第一个高潮。1923 年 2 月 4 日，爆发京汉铁路 3 万人大罢工，使第一次工人运动高潮达到顶点。

在京汉铁路工人大罢工运动中，李汉俊积极参与其中。1923 年 1 月 30 日，李汉俊带领"武昌高师"历史社会学系 4 名爱国学生和林育南、陈潭秋、施洋、林祥谦等，赴郑州参加京汉铁路总工会成立大会，并组织参加了 2 月 7 日京汉铁路工人在汉口举行的罢工活动。这一天发生了举世闻名的"二·七惨案"，林祥谦等 32 人惨遭枪杀，李汉俊也由此遭到军阀通缉。随后，他不得不北上到其兄李书城（国民党元老，著名民主人士，曾任中华人民共和国首任农业部部长）处避难，并通过李书城的关系先后在北京政府的外交部、教育部、农商部任职。

1923 年夏，国立武昌商科大学的学生自治会主张聘请"武昌高师"的教授耿丹担任教务长，获得学校同意。耿丹任教务长后，新聘了不少教授，其中就有曾经的同事李汉俊。李汉俊讲授的社会学课最受学生欢迎，因而兼任了研究班的教授。大学研究班，是对专门部各班和应届毕业学生开设的。研究时间为一年，允许选读规定的课程，通过考试合格发予大学毕业文凭。四年级应届毕业生不愿意读大学研究班者，只发专门部的文凭；愿意读大学研究班者，准许入班学习。大学研究班开学时，首先开设《辩证唯物论》，由李汉俊讲授，讲授时几乎轰动全校。参加研究班的学生计有沈质清、陆琼等 20 余人。因其他课程不易聘选教授，中途停办了。1923 年秋，李汉俊又回到了"武昌高师"，继续担任历史社会学系的教授。

2. 支持湖北省立女子师范学校的学潮

1922 年秋，李汉俊刚到"武昌高师"任教授，就与董必武、陈潭秋等领导了轰动一时的女师学潮，迫使湖北省立女子师范学校（今武汉市第 39 中学的前身，以下简称"湖北女师"）校长王式玉辞职。

1922 年年初，《武汉星期评论》刊发了"湖北女师"教师刘子通的一篇文章，校方认为其"宣传赤化、贻害学生",从而解聘了刘子通。该校学生徐全直、夏之栩、杨子烈、庄有义、陈婉兰、袁溥之、袁震之等(她们中的徐全直、夏之栩、李文宜、袁溥之、袁震之,后来分别与陈潭秋、赵世炎、罗亦农、陈郁、吴晗结婚)到校长室质问为何要解聘刘子通老师,"湖北女师"学潮就此爆发。

为避免纠纷,校方在暑假给7名带头挑起事端的学生的家长写信,让他们把孩子转走。新学年开学,有2人转走,其余5人仍旧返回学校。结果,校方先是不让返校的5人上课,后直接将她们开除了。被开除的学生气愤至极,到校长室砸烂了开除牌。湖北省教育厅为"杀一儆百",也挂出了开除"湖北女师"5名学生的牌子。"湖北女师"学生立刻整队到教育厅请愿静坐,震撼了武汉三镇。

双方相持多日,为解决问题,董必武、陈潭秋等中共产党人发动教育界支援"湖北女师"学生,邀请李汉俊等社会名流出面调停,最后迫使"湖北女师"校长王式玉辞职。湖北省教育厅同意保留夏之栩等5人的学籍,在校外补习功课,照发毕业证书。校外授课多由李汉俊、董必武、陈潭秋等完成。

3. 参与反帝爱国运动

1925年5月30日,"五卅"运动在上海爆发,并迅速在全国掀起反帝爱国热潮。李汉俊作为国立武昌大学的教授,积极参与武汉地区的反帝爱国运动。

为声援上海的"五卅"运动,武汉人民开展了如火如荼的反帝运动。英帝国主义为压制反帝运动,调集军舰停泊在汉口江边示威,安排巡捕在租界巡逻。6月10日下午,英国太古公司的"武昌"轮抵达汉口后,该公司雇员与码头工人发生纠纷,他们殴打码头工人余金山,打伤2名工人,激起了工人们的极大愤慨。6月11日,数千名码头工人举行游行示威,强烈抗议英帝国主义者殴伤中国工人的暴行,坚决要求惩办凶手。英国驻汉总领事下令英国军舰上的全副武装海军陆战队登岸,与其他帝国主义国家的义勇队一起,用刺刀驱逐抗议群众,后又用机枪扫射。当场打死40余人,打伤30余人,制造了汉口"六·一一"惨案。

汉口"六·一一"惨案爆发后,李汉俊倾其全力参加了围绕惨案交涉的各项活动。7月6日,他被湖北工团联席会议公推为"对惨案应提出条件"的审查委员。通过不屈不挠的斗争,他与全国的各进步组织、各革命力量一道,为反帝运动做出了贡献。

二、筹建国立武昌中山大学及革命活动

1926 年秋，北伐军攻下武汉。为了培养革命人才，1926 年 12 月 28 日，国民党中央和武汉国民政府，决定将国立武昌大学、国立武昌商科大学、湖北省立文科大学、湖北省立法科大学、湖北省立医科大学等合并，组建国立武昌中山大学（后又称国立第二中山大学）。任命邓演达、董必武、戴季陶、郭沫若、徐谦、顾孟余、章伯钧、李汉俊、周佛海等 9 人组成国立武昌中山大学筹备委员会。此时，李汉俊为学校的创办做了大量的工作，直至牺牲自己的生命。

（一）尽心尽力创办国立武昌中山大学

1. 积极参加筹备系列活动

当时，在国立武昌大学基础上改建的大学，初定名"中央中山大学"，后定名为国立武昌中山大学（以下简称"武昌中大"）。根据合并学校的情况，筹委会讨论计划设立文、理、商、法、医、农、工七院。

1926 年 12 月 29 日，在湖北省党部会议厅，李汉俊与其他委员召开第一次筹备委员会会议。讨论决定，1927 年 2 月 1 日开学，还决定了筹备会的办公地点、经费来源、内部组织人员构成，决定聘任各科教授，在开课以前月薪 120 元。

此时聘任的教授，有很多以后一直在国立武汉大学任教。如吴道南（物理教授，日本东京帝国大学毕业）、叶志（物理教授，德国柏林大学毕业）、曾珹益（数学教授，美国哥伦比亚大学毕业）、汤璪真（数学教授，德国哥廷根大学毕业）、萧君绛（数学教授，日本东京帝国大学毕业）、张珽（生物教授，日本高师毕业）、何定杰（生物教授，巴黎大学毕业）、陈鼎铭（化学教授，日本西京帝大毕业）等。

作为筹备委员，李汉俊一般不缺席会议，尤其是重要的会议。1927 年 1 月 27 日，筹委会召开第七次会议，李汉俊与徐季龙、周佛海、章伯均、包泽英、胡宪文等出席会议。议决的事项有：争取 2 月 1 日开学，最迟不过 2 月 15 日；2 月 8 日以前恢复学生正常的学校生活，开学后学生要举行考试后编排年级；决定

组织起草委员会，负责起草学校组织大纲，并审查各科课程等事宜；议决了编纂课程原则、学系设置要求；决定增聘教授等。

2. 主持成立"武昌中大"

经过李汉俊、徐谦、顾孟余、章伯均、周佛海等人的认真准备，"武昌中大"具备了开学条件。于是，学校决定：2月15日上午10时在原国立武昌大学（东厂口）礼堂举行开学典礼。因国民政府主席谭延闿到访而推迟到20日举行。

当天开学典礼，大家济济一堂，盛况空前。李汉俊与徐谦、顾孟余、周佛海、章伯均作为学校正式委员出席。受邀的嘉宾有：国民政府委员孙科、邓演达、湖北省党部代表孔庚、董必武，司法部胡宏恩，中央政治学校教官施存统，总政治部连瑞琦，《自由西报》社的骆传华，全省学联陈德森。学校教授张斑、郭冠杰、戴修瓒等，本校学生千余人。

开学典礼经历了奏国乐、全体肃立向总理遗像行三鞠躬礼、主席（中央执行委员代表）恭读总理遗嘱、默念三分钟、大学委员及教职员就职宣誓、学生向主席来宾及大学委员及教职员致敬礼、主席致词、筹备委员会代表报告大学筹备经过、大学委员致词、来宾演说、教职员演说、学生答词、奏乐、唱国民革命歌、呼口号、摄影照相等环节。孙科代表国民政府致词后，李汉俊向大会报告了学校筹备工作的基本情况，包括开学日期、院系的设置、组织机构、教授聘任以及学生遗留问题处理等。

在"武昌中大"开办短短10个月里，李汉俊非常重视学生的政治思想工作。在他的坚持下，学校专门成立政治训练委员会，推选共产党员董必武、陈潭秋、钱介磐为委员。他还鼓励学生参加火热的革命斗争实践。武汉每一项重大政治活动，都可以看到武昌中山大学学生的身影。"武昌中大"是国共第一次合作的结晶，体现了这一时代的精神，其教学内容和方法都灌注了革命教育的内涵，是一所新兴的大学。同时，李汉俊还积极争取教育经费，提高教师薪酬，关注工农子弟上学、海外留学生等问题，使湖北教育呈现一派欣欣向荣的景象。

(二) 为挽救革命而英勇献身

在大革命的后期，尤其是宁汉合流以后，革命的形势急转直下，当很多人在为自己寻找出路的时候，李汉俊却全然不顾，继续为革命鼓与呼，直到壮烈牺牲。

需要说明的是，在国共合作的大革命时期，为了更好地开展革命工作，李汉俊不仅在大学里任教，同时也在国民政府兼职。1926 年 9 月，湖北政务委员会成立，李汉俊担任委员，并任接收保管委员会主任委员、教育科长等职。1927 年 1 月，国民党湖北省第四次全省代表大会召开，李汉俊当选为执行委员。4 月 10 日，湖北省政府成立，李汉俊任省政府委员兼教育厅长。

1. 发动学生，声援震寰纱厂的工人运动

1927 年 11 月，武昌震寰纱厂的工会执行委员被人枪杀，厂方同时还开除了 4 名剪发女工。为此，工会与厂方进行了针锋相对的斗争。

11 月 28 日 16 时，在李汉俊等人的鼓励和支持下，"武昌中大"的女生前往武昌震寰纱厂声援女工。声援的学生在工厂附近演说，厂内突然开枪，当场打死 1 人、打伤 2 人，20 多名学生被捕。听到噩耗后，"武昌中大"的四五百名男生赶来援助，被军警围在厂内，29 日早晨才被释放回校。

11 月 29 日上午，"武昌中大"的学生发起召开武昌全市学生联合大会，议决援助被捕学生及被开除的女工。11 月 29 日下午，参加声援的学生汇集有 500 余人，列队向震寰纱厂出发。声援学生到达武昌震寰纱厂后，抓到了纱厂工会改组委员雷汉卿、丁西庚、熊良牙、伊春山、伊赴发等 5 人。随后将 5 人拖到工厂后的空场，用手枪将他们击毙，为工人报了仇。随后，声援的学生又组织宣传团，领导民众千余人到工厂游行。

武汉军阀认为，这一切都是受向忠发的指使，目的是乘机暴乱。于是，下令抓捕了学生 20 人。最后，马红、梅玉科、纪李华、许蕴达、田常、许白池、吴复、陈梦兰、李子芳等 9 人被处以死刑，英勇就义了。

李汉俊因发动武昌中山大学的学生到武昌震寰纱厂联络工人而反对军阀统治，被武汉卫戍区司令胡宗铎以共产党"赤色分子"的罪名通缉。

2. 拯救保护一批革命同志

此时，桂系军阀统治武汉，许多共产党员和革命同志被抓。在此关键时刻，李汉俊（当时任湖北省政府委员兼教育厅长）、国民党元老孔庚（当时为国民政府委员、湖北省政府常务委员）及要员邓初民（当时为国民党湖北省党部执行委员、湖北省政府委员）、詹大悲（时为湖北省政府委员兼财政厅长）等人，以湖北省国民政府名义下令，释放了 300 多名共产党员和"嫌疑犯"，由此营救和保护了一大批共产党的干部。其中，包括"武昌中大"的共产党员、共青团员。

李汉俊之所以能办成此事，与他的胞兄李书城的支持是分不开的。此时，李书城担任湖北省政府常委，并与孔庚、叶琪等常委轮流担任常委会议的主席。

3. 在军阀的大逮捕中英勇牺牲

随着"武昌中大"革命活动的不断高涨，1927 年 12 月 16 日 15 时，武昌卫戍司令部的程汝怀师长奉命派兵三营包围"武昌中大"，搜查东厂口的第一院、三道街的第二院、贡院街的第三院。当时逮捕学生 17 人，其他教职工及学生皆被军警严密监视。据统计，12 月 16 日共逮捕百余人，其中还有俄国人数名，都拘押在黄土坡的武昌卫戍办事处。

卫戍司令部之所以前往"武昌中大"实施抓捕行动，是其认为"武昌中大"为共产党的总机关部。此前的 12 月 15 日下午，有"武昌中大"的学生两三百人游行演讲、散发传单。12 月 15 日夜里，"武昌中大"第三院召开过紧急会议，许多同志主张向国民党进攻。为防共产党暴动，国民党在 12 月 16 日开始了搜查。在第三院，卫戍司令部士兵搜出传单、符号、旗帜、危险品等。12 月 17 日 13 时，搜查完毕，但卫戍司令部仍在"武昌中大"第三院留有军队留守。最终，"武昌中大"被捕的学生和教职员有 200 余人。

当军队搜查"武昌中大"时，李汉俊前往汉口日租界避难。军队搜查时，原计划法日两国租界同时搜查，但交涉时未得到日本领事馆的同意。再次交涉后，得到日本领事馆的许可。12 月 17 日 19 时，军队将日租界中街（今胜利街下段）42 号团团围住。当搜查人员进屋时，李汉俊与詹大悲正在下围棋，危浩生、潘康在旁观看，于是将李汉俊、詹大悲逮捕，押送到卫戍司令部。

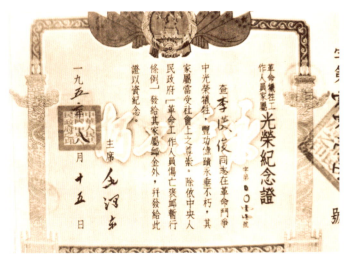

1952 年 8 月 15 日，毛泽东为李汉俊烈士亲笔签发的第 0011 号
《革命牺牲工作人员家属光荣纪念证》。

军阀胡宗铎认为，李汉俊、詹大悲有通共嫌疑，在截获的电报中二人与广州起义有联系。从共产党机关内搜出密码本，译出电报后得知是第三国际命令詹李二人在武汉暴动，响应广州起义。胡宗铎认为，二人罪名昭著，不用讯问，立即枪毙。于是，由武装卫士押至济生二马路养仁模范医院前执行枪决，詹、李各中二枪而壮烈牺牲，时间还不到 21 时。当时北风呼啸，二人暴尸街头，詹大悲穿蓝缎绒袍，李汉俊穿灰黑呢袍，二人均未穿鞋。李汉俊牺牲时，年仅 37 岁，为中国革命流尽了最后一滴血。

同天，卫戍司令部还枪决了共产党员陈转运、张见之、张和福三人。

三、李汉俊后代的珞珈情

李汉俊英勇就义后，他的后代继承了他的革命遗志，继续为中国革命和社会主义建设做贡献。同时，有 4 代后人延续着珞珈情缘，为武汉大学的蓬勃发展奉献青春和力量。

李汉俊的子女有李声簧（男）、李声馥（女）、李声䔲（女）。

李汉俊就义时，第一个孩子李声簧只有十多岁，只好寄养在哥哥李书城家里。李声簧很早就入了中国共产党，1937 年 9 月借读国立武汉大学理学院数学系，10 月就担任了中共武汉大学支部书记。抗战全面爆发以后，学校正式重建了中共武汉大学支部，李声簧任支部书记。1938 年年初，根据湖北省委的安排，李声簧到宜昌筹建党组织，先后担任宜昌特别支部书记、鄂西特委副书记。

李汉俊的长女李声馥，在他就义时只有 9 岁。1935 年考入湖北省立医院高级护校，先后任武汉市第二医院护士长，武汉市武东医院护理部主任、医务组组长等，默默无闻地把自己的一生献给了医护事业。

李汉俊的次女李声馪，一生就没有见过父亲，李汉俊牺牲后的 20 天她才来到人间。1947 年 9 月，李声馪考入国立武汉大学理学院化学系，毕业后留校，任教于农学院农化系。1952 年，因院系调整到华中农学院土化系任教。1976 年，李声馪回武汉大学生物系任教，1978 年到武汉大学化学系任教授。李声馪一生爱岗敬业，2021 年 7 月在她去世前夕，将多年辛苦积攒的 50 万元捐给了武汉大学教育发展基金会。值得一提的是，李声馪的先生黄锡文教授毕业于武汉大学物理系，留校后先后在物理系和电子信息学院工作，从事教学与科研工作 40 多年。

李汉俊的第三代中，与武汉大学有关联的有黄健和甘子诚，他们都是李汉俊的外孙。黄健是李声馪和黄锡文的儿子，现在是武汉大学动力与机械学院的退休教授，其夫人陈玲为武汉大学外语学院的退休副教授。甘子诚是李声馥的儿子，毕业于原湖北医学院。

到了李汉俊的第四代，与武汉大学有关联的是曾外孙黄成。黄成是黄健的儿子，即李声馪的孙子，他是物理科学与技术学院的毕业生。

2022 年 9 月

【作者简介】涂上飙，1965 年出生。武汉大学历史学硕士、法学博士。现任武汉大学万林艺术博物馆馆长，研究员，兼职教授。曾任武汉大学档案馆馆长 12 年，编著出版《国立武汉大学初创十年（1928—1938）》等校史 8 部，主编《珞珈风云——武汉大学校园史迹探微》等校史著作 31 部。

周恩来与珞珈山的不解之缘

涂上飙

周恩来(1898—1976)，字翔宇，曾用名伍豪，原籍浙江绍兴，生于江苏淮安。1921 年加入中国共产党，是伟大的马克思主义者，伟大的无产阶级革命家、政治家、军事家、外交家，党和国家主要领导人之一，中国人民解放军主要创建人之一，中华人民共和国的开国元勋，是以毛泽东同志为核心的党的第一代中央领导集体的重要成员。1976 年 1 月 8 日在北京逝世。一生深受百姓的爱戴，被称为"人民的好总理"。主要著作收入《周恩来选集》。

党和国家的主要领导人之一周恩来总理，在第二次国共合作时期，曾经住在珞珈山一区"十八栋"别墅区，从事抗日系列活动，为中华民族最终战胜日本侵略者做出了重要贡献，也与武汉大学结下了一段不解之缘。

1937 年 9 月，国共第二次合作形成。12 月中旬，中共中央决定成立中共中央长江局(办公地点在汉口)。12 月 18 日，王明、周恩来、博古、邓颖超等从延安来到武汉，与先期到达的董必武、叶剑英等汇合，开展统战及抗战宣传工作。同时，周恩来也兼任国民政府军事委员会政治部副主任，负责领导抗战宣传工作。为了工作的方便，国民革命军八路军驻武汉办事处为他在珞珈山借了一套房子，即一区 322 号(现为第 19 栋的西半部分)，前后居住大约 3 个月(1938 年 6—8 月)。据周恩来的随从廖其康回忆，当时周恩来搬到珞珈山居住，是基于两个方面的原因：一是他所住的八路军驻汉办事处是一个完全公开的机构，目标太大，不利于接待某些来访人士；二是珞珈山上有国民党军官训练团，可以做一些进步军官的思想工作。

在珞珈山居住期间，周恩来进行过多次抗日宣传演讲，以及发动民众、动员青年、接见记者、开展抗日献金等系列活动。

一、周恩来在学校的多次演讲

以演讲的方式充分发动民众，是共产党人宣传抗日的手段之一。在珞珈山上，周恩来通过多次演讲，宣传党的抗日政策以及毛泽东的抗战思想，动员青年投身抗日的革命洪流之中。

应武汉大学抗抗战问题研究会的邀请，1937 年 12 月 31 日，周恩来在学校大礼堂(现樱顶大学生俱乐部)以"现阶段青年运动的性质和任务"为题进行了演讲。在演讲中，他讲了中国青年运动的性质和任务，要求青年人不仅要在救亡的事业中复兴民族，而且要担负起将来建国的重任。号召青年人到军队里去、到战地服务区去、到被敌人占领了的地方去，从事救亡运动。

在 1938 年的"武汉抗战"期间，周恩来曾多次在珞珈山军官训练团授课，并在校内公开发表多次演讲，现将其中影响较大的三次演讲简介如下：

1938 年夏，周恩来在学校工学院(现行政大楼)前的大操场上讲解毛泽东同志的《抗日游击战争的战略问题》，原准备安排在白天，由于要参加政治部的重要会议，就改在晚上进行。由于讲的内容太多，周恩来连续讲了两个晚上，从 7 点开始，一直讲到夜里 11 点。据周恩来的随从廖其康回忆，还有一次在白天演讲时，天气很热，他上穿白衬衫，头戴灰色鹅蛋形凉帽。讲台设在工学院门前的石砌平台上，桌上铺着白布。听众都站在操场上，有即将毕业的学生、学校教师、国民党军官训练团的成员以及中学教师等。周恩来讲了抗日形势和统战政策两个问题，尤其谈到毛泽东关于抗日游击战争的战略问题。演讲中，学生们不时提问，如希望讲一讲延安的情况。周恩来高兴地谈到，延安是党中央、毛主席的所在地，是共产党领导抗日的模范根据地。那里没有贪官污吏，没有剥削，没有压迫。他希望广大青年直接奔赴抗日前线，为抗日服务。

还有一次在讲演中敌机来了，周恩来毫无惊慌之色。在躲避敌机轰炸的过程中，还坦然地为学生签了名。其中一名学生带了本《俄语一月通》，周恩来就在书的扉页上签下"周恩来"三字。如今这本小册子，一直珍藏在学校档案馆，成

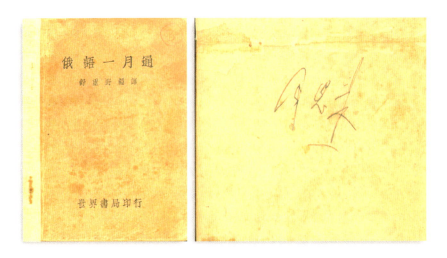

1938 年夏，周恩来在武汉大学操场作抗战演讲给学生的签名

为留给全校师生们的珍贵纪念品。

1938 年秋，周恩来又在学校大礼堂再次就抗日形势与统战政策这两个问题发表了一次演讲。随着日军的逼近，许多人员都撤离了。因此，规模比夏天在大操场演讲的那一次略小，而内容则大致相同。通过他的演讲，要求去抗日的学生越来越多。早在 1937 年，朱九思、刘西尧、李锐等一批学生在董必武等人的指引下就已经前往延安、湖北黄冈等地进行抗日活动。受周恩来演讲的鼓舞，又有郭佩珊、谢文耀等一批学生纷纷奔赴抗日前线，后来都成了抗日的骨干分子。

二、周恩来在珞珈山的系列抗战活动

在珞珈山，周恩来除了以演讲的方式充分发动民众、动员青年外，还利用国共合作的有利时机，进行了卓有成效的统战工作，为抗战做出了历史性贡献。

1938 年，武汉成为全国的抗战中心，蒋介石、汪精卫、冯玉祥、孔祥熙、何应钦、陈诚、白崇禧、张群等国民党要人暂留武汉。1938 年 2 月，国民政府军事委员会政治部成立，陈诚任部长，周恩来、黄琪翔任副部长。政治部下设三个厅，在周恩来的强烈要求下，郭沫若任第三厅厅长，负责抗战宣传动员工作。有很多进步人士参与其中，如范寿康（国立武汉大学文学院哲学系教授）、田汉、洪深、冯乃超等。

为方便工作，1938 年 6 月周恩来搬到了珞珈山居住。黄琪翔、郭沫若住在周恩来下面的 17 号（即现在的 12 栋）。为了工作方便，蒋介石、陈诚等国民政府高官等一同住在珞珈山上。

周恩来利用在珞珈山居住的有利时机，做了大量的革命宣传和统战工作。

1. 接见外国记者，宣传共产党的抗日政策

在珞珈山期间，周恩来先后会见不少国际友人。据随从廖其康说，周恩来先后接见了埃德加·斯诺、安娜·路易斯·斯特朗、史沫特莱等世界著名人士。他向国际友人讲述了中国抗日的有利因素，也如实谈到了当时的困难处境，反复强调中国人民抗战必胜的决心，使他们对共产党奉行的抗战政策和军队的抗敌斗争有了较为透彻的了解。

最为著名的是 1938 年 6 月，周恩来、邓颖超在珞珈山的寓所接见了美国记者斯诺。周恩来一再感谢斯诺，说《西行漫记》使广大读者了解了中国共产党和

1938 年 6 月，周恩来、邓颖超在珞珈山寓所接见美国记者斯诺

红军的真实情况，希望他继续真实地向全世界介绍中国人民抗日战争的情况。会谈后，他们在珞珈山寓所门前照了相。邓颖超还亲手做了丰盛的菜饭招待斯诺先生。

后来，周恩来在珞珈山还接见过荷兰著名的电影导演伊文思，与他进行了长时间的谈话。当时，伊文思征得周恩来的同意后，还秘密拍摄了一组当时在武汉的中共领导人革命活动的影片，留下了一段珍贵的史料。

2. 开展"七七"献金活动，为抗战筹集物资及资金

在珞珈山，周恩来以政治部第三厅为依托，策划并开展了大量的宣传、征募和慰劳工作。如 1938 年为纪念"七七"抗战一周年，周恩来领导第三厅发起了"七七献金"活动。

献金活动那天，周恩来带领献金队早早地来到献金地点。在他的鼓舞和感召下，献金台前握着布袋、钱包、储蓄罐的人们络绎不绝。大家献出的有纸币、银元、铜元、银元宝等，还有耳环、手镯、珠宝等首饰。周恩来把他当月在政治部当副部长的薪金全部捐出。毛泽东得知消息以后，打来电报捐出他的国民参政员月薪。

武汉"七七献金"活动持续了 5 天，献金人数 50 多万，献金总额超过 100 万元。

3. 为珞珈山的"国民政府军官训练团"授课，宣传我党的抗日主张

作为国民政府军委会政治部副部长，周恩来多次为在珞珈山的"国民政府军官训练团"授课。

据参加珞珈山军官训练团的学员陈家珍回忆，1938 年 4 月上旬的一天上午，周恩来给学员上课，专门讲了"通信问题"。他说，我们在军事上存在许多缺点，尤其在通信方面更为突出。通信人员和一般军人都不注意通信保密问题，导致敌人对我国军队的调动和兵力部署了如指掌。但敌人因通信保密良好，我方则无法得知他们的兵力调动和部署。所以在战场上，敌人有主动权，而我方处处被动，到处挨打，以致失败。但敌人无法得知十八集团军（1937 年 8 月西北主力红军被编为第八路军，1937 年 9 月改称第十八集团军）的部队行动，其主要原因是通信

保密良好。所以通信保密问题，是关系到胜败及民族存亡的问题，全体军人必须提高警惕，特别要注意通信保密。以后凡是有关部队调动、作战命令等，尽量用无线电传达。假若用有线电传达，也必须译成密码，不能以电话传达，以防窃听。密电本不可使用过久，用过几次就要更换。尤其营长以上干部，要把通信保密列为重要责任，须知泄露机密是对民族的犯罪。这门课讲了 5 次，约 15 个小时。

"游击战"这门课程原来预定由八路军 129 师师长刘伯承讲授，当时刘伯承因战况紧张不能前来，故由周恩来代讲。学员陈家珍认为，周恩来讲得极为精彩、生动、扼要。他是个政治家、外交家，而对军事也这样精深，真出乎一般同学的意料之外。这门课共讲了 6 次，约 18 个小时。游击战的战法，给学员们留下了较深刻的印象。

1938 年 10 月 24 日，武汉临近失陷。25 日凌晨 1 点，日军迫近武汉市郊。周恩来安排《新华日报》社最后一批人员撤退后，最后才撤离武汉。

2021 年 4 月新开展的周恩来故居内景

三、周恩来与珞珈山情缘的延续

1949 年 6 月，武汉市军事管制委员会正式接管国立武汉大学。8 月 1 日，周恩来、陆定一就武汉大学问题致信中共中央华中局："对武汉大学应加爱护和帮助发展，目前不宜由我们的人来担任校长或将中原大学并入。对各种问题和具体办法，望从长商讨，以求符合坚持改造稳步前进的方针。"

以后，周恩来与武汉大学的情缘一直在延续。1955 年 4 月 21 日，周恩来总理任命张瑞瑾为新建立的武汉水利学院副院长；1955 年 6 月 9 日，他以总理身份任命武汉大学教授查谦为华中工学院首任院长；1960 年 5 月，他作为总理访问越南时，接见武汉水利电力学院支援越南教育工作专家组组长叶守泽教授；1967 年 10 月，他作为总理视察武汉测绘学院。然而，武汉测绘学院在 1970—1973 年被撤销。1973 年 3 月，他就调整测绘部门体制问题作出重要批示。同年 5 月，国务院和中央军委正式决定重建武汉测绘学院。1974 年 10 月，武汉测绘学院完成复校工作。

1973 年，日本友人给周恩来总理赠送了一批山樱花树苗，因周恩来曾在武汉大学居住过，所以中央有关部门将这批树苗转送给武汉大学栽植。学校后来将这批山樱花栽植于半山庐前。

2013 年，李晓红担任校长（2010 年 12 月—2016 年 11 月）期间，学校本着"树人树木"的办学理念，决定将"十八栋"建成"历史文化教育基地"和"爱国主义教育基地"，对公众开放。11 月，修缮一新的周恩来故居首次对外开放。11 月 21 日，"周恩来旧居暨历史文化教育基地"挂牌。时任学校党委书记韩进在揭幕仪式上讲话，向与会嘉宾讲述了周恩来与武汉大学的不解之缘。为充分发挥教育基地的作用，学校在周恩来旧居内进行了布展，通过大量图片及实物，再现了周恩来为抗战所做出的突出贡献。

窦贤康担任校长（2016 年 12 月—2022 年 11 月）时强调，武汉大学要以"学生为本"，要为学生的成人成才创造更好的育人条件。为此，学校加强了对历史文化教育基地从内容到形式的打造，重铺马路，重新装修房子，还在每一栋房子旁边树立标识牌。周恩来旧居作为其中一项重点项目进行了重新布展，并在 2018

年周恩来 120 周年诞辰之际对外开放。2018 年 3 月 5 日，学校举行"纪念周恩来诞辰 120 周年暨湖北省爱国主义教育基地揭牌"仪式，湖北省委宣传部副部长俞立平和学校党委副书记沈壮海共同为基地揭牌。

周恩来旧居作为"湖北省爱国主义教育基地"，经过一段时间运行，学校准备充实内容，争取申报"全国爱国主义教育示范基地"，并指定档案馆负责深挖史料，充实展览。2021 年 4 月 28 日，经过再次打造的周恩来旧居重新对外开放，副校长吴平在珞珈山"十八栋"主持开展仪式。通过对布展资料的完善充实，对旧居建筑的修缮装饰，周恩来旧居焕然一新。

2022 年 9 月

【作者简介】见第 13 页。

武汉大学抗战时期人员伤亡与财产损失情况

徐正榜

曾代表中国人全程参加审判日本战犯的大法官、武汉大学法学院梅汝璈教授曾告诫后人说:"忘记过去的苦难,可能招致未来的灾祸。"

1946年,武汉大学师生结束了四川乐山八年流亡生涯,带着战争的创伤回到了魂牵梦绕的珞珈山。生者回归了珞珈山,死者却永远长眠在乐山德胜门外的武汉大学公墓。半个世纪多以来,武汉大学的乐山校友每当清明节,都要去武汉大学公墓祭奠;去乐山出差旅游的校友,都要专程去那里寻墓献花。

占地十余亩的武汉大学公墓,到底有多少武汉大学人在那里长眠?是谁杀害了他们?是什么原因使他们客死异乡?带着这些沉重的问号,2006年10月,学校从党办、校办和档案馆抽调谢红星、邓小梅、徐萍、徐正榜、马菲、杨光、陶晓钟、余学煜、雷雯、李娜、刘秋华、袁丽玲等同志组成"国立武汉大学抗战损失课题调研组"(简称"抗日损失调研组"),开展了为期4个月的调查。

一、"抗日损失"调研组工作概况

为了做好这次校史专题调研工作,原校长办公室主任谢红星亲任组长,档案馆徐正榜任副组长兼执笔人。为加强此项工作的领导,学校还成立了"武汉大学抗战课题调研领导小组",原分管档案工作的副校长吴俊培亲任领导小组组长,历史学院敖文蔚教授任顾问。2007年,在领导小组的领导和关怀下,调研组分6个步骤开展工作。

步骤一(6月5日—6月18日),查阅学校档案馆、图书馆的相关资料。共计查阅档案资料 5000 余卷册，复印档案资料 10000 余页，初步摸清了国立武汉大学"抗日损失"的线索和相关数据。

步骤二(6 月 19 日—7 月 6 日)，赴南京中国第二历史档案馆查找档案资料，共计调阅档案 1500 卷，复印 850 页，进一步填补和完善了武汉大学"抗日损失"资料。

步骤三(7 月 18 日—7 月 25 日)，在校长办公室的精心组织和安排下，召开当事人、知情人座谈会 2 次，共邀请 9 位(第一次：周克定、王孔旭、黄嘉莹、陈锦江、周熙文、马同勋。第二次：左湘霖、左汝沱、左湘源)80 岁以上的老校友回校座谈"抗日损失"情况。此外，调查人员赴华中科技大学等单位，采访当事人(王进展教授之女王焕明)、寻找资料 2 次，并对座谈会和个别采访进行了录音录像。

步骤四(7 月 2 日—9 月 1 日)，对搜集的资料进行分类整理和统计，并编写出 2 万余字的《国立武汉大学"抗日损失"大事记要》和 38 个分项统计表。

步骤五(8 月 1 日—9 月 2 日)，赴成都、乐山、宜宾、重庆、万县、巴东、宜昌等地，进行实地考察，进一步查找档案资料以及采集证人证言。在四川乐山，又邀请了 6 位(胡承宽、卢秉彝、万郁泽、谢光明、李道伦、李玉贤)80 岁以上的老校友进行座谈回忆，还邀请了乐山市政协副主席赵德宝、乐山市人防办公室杨追奔以及乐山市文史资料室主任唐长寿同志参加座谈会。在四川省档案馆、乐山市档案馆，查阅复印了国立武汉大学"抗日损失"的资料和照片。在 86 岁老校友胡承宽先生的带领下，对武汉大学在乐山的教学办公住宿的地点、房屋旧址等，进行逐一勘查和拍照；在宜昌寻访到一位 85 岁高龄的码头工人汪家孝，他向我们讲述了武汉大学西迁途中第一次遭遇日军飞机轰炸后武汉大学图书仪器的惨状，为调查研究提供了具体的感性认识。

步骤六(9 月 2 日—9 月底)，为明晰地昭示后人，在大量档案资料和实地调查的基础上，我们将国立武汉大学在抗战期间的损失和乐山办学期间的部分经费开支进行统计分析，拟定写作提纲和撰写初稿。9 月 12 日，调查报告的提纲和初稿经学校领导小组和专家顾问审阅后修改定稿。

二、日军侵占珞珈山给武汉大学造成的损失

自1938年10月武汉沦陷后，珞珈山全部被日寇占据，作为野战军医院，共住伤兵官佐10000余人。关于日寇之暴行及其对武汉大学文物财产之破坏，殊难尽述，兹列举其荦荦大端如下：

(一) 杀害工友

当日寇进逼武汉时，武汉大学西迁乐山，留有职员工友十余人看守学校。武汉陷落前夕，留守职员迁入汉口法租界，工友则分散居住于学校附近乡村。1941年4月，余景华、李济生、查润生、陈宝山等4名留守工友被日寇捕去，除陈宝山在途中逃脱外，其余3名工友均惨遭日本宪兵小田队长杀害于武昌城的青龙巷。

(二) 拆毁房屋

日寇占据武汉大学校区后，恣意拆毁房屋。全部被拆毁的有：煤气厂1栋，农学院之牛房、猪房、鸡房及储青塔5栋，一区教员住宅1双栋，招待所1栋（即听松庐），三区职员住宅3双栋。大部分被拆除的有：二区教员住宅2大栋，工人宿舍1栋。其余房屋，虽被损坏之程度较轻，但无一完整者。

(三) 砍伐林木

学生饭厅(今樱园食堂)后有大松树与栎树共数百株，尽被日寇砍伐，用以造防空洞，或作木桩建警戒栅栏，或烧成板炭烤火取暖。

(四) 劫取破坏图书、仪器、机械、设备及校具等

武汉大学各类图书、仪器、机械、设备、校具等，在抗战期间损失颇多。除部分西迁乐山外，途中仍有一部分被日机轰炸，未搬运赴川而遭日寇劫取或破坏的，明细如下：

1. 图书

我国各县府志书1600余部及其他中西书籍杂志数千册。

2. 仪器

各种仪器 5000 箱，内有水力实验用之螺旋抽水机及马达与动力室用之抽水机、马达及电表等。

3. 机械

（1）西门子百门 24Volto 自动电话总机 1 座及分机百座并铅包 100.22 及 50 对之电话总线约 4 千米长。（2）动力室用之蒸汽透柄发电机全套（包括卧式水管锅炉 1 座、蒸汽透柄 1 座、发电机 1 座、变压器 11 个）。（3）煤气厂之全部制煤气机件及储气柜。（4）理学院用之发电机及蓄电池 1 套。（5）实习工厂实习用之单翼飞机 1 架、福特汽车 2 部及柴油两缸压路机 1 部。（6）热工实验所用之立式锅炉 1 座。（7）打水机 2 套。（8）6″单级离心水泵 1 部。（9）滤水用之 2″3 级电动水泵 1 套及 6″吹风机 1 套。

4. 各项设备及用具

（1）文、法、理三学院，图书馆、体育馆及男女学生宿舍之汽达与暖水锅炉全部。（2）一区、二区、三区住宅之浴盆及热水锅炉共 60 套。（3）大礼堂（今狮子山西头学生俱乐部）内之全部钢铁椅。（4）图书馆内之钢铁书架 300 余个及钢铁书柜 110 余个。（5）钢铁床 1300 余张。（6）铁门、铁板、水管与其他零星铁件。（7）桌椅等木器 1 万余具。（8）农学院奶牛数十头，均被日寇抢去。

三、日军轰炸给武汉大学造成的人员伤亡和财产损失

第一次，1938 年 11 月 17 日上午，日机轰炸宜昌五龙，炸毁学校存宜迁川的物资 143 箱，原价值 14 万元。

第二次，1938 年 12 月 30 日，巴东青竹标沉船，学校损失图书 98 箱、机件 207 箱，损失达 101521.45 元。

第三次，1939 年 2 月 4 日下午，18 架日机轰炸四川万县，迁徙途中运至万县的 50 多箱重要仪器设备亦遭劫难。

　　第四次，1939 年 8 月 19 日上午，36 架日军九六式轰炸机第一次轰炸乐山，龙神祠第二男生宿舍全部炸毁，炸死 15 人（龚业广、俞允明、曾焱华、高端、韩德庆等 5 名学生，工友 3 人，教职员家属 7 人）；受重伤者 7 人（其中学生 2 人）；教职员、学生及工友当中受轻伤者 20 余人。详情参见表 1。

表 1　武汉大学在乐山"8·19"大轰炸中死亡及重伤人员名单

姓名	年龄	籍贯	单位、职业	伤或亡
俞允明	20 岁	江苏丹徒	经济系二年级学生	在龙神祠宿舍被炸死
李其昌	23 岁	江苏泰兴	经济系二年级学生	在龙神祠宿舍被炸死
龚业广	20 岁	湖南湘潭	外文系三年级学生	在龙神祠宿舍被炸死
曾焱华	21 岁	云南会泽	机械系一年级学生	在龙神祠宿舍被炸死
文　健	21 岁	江西萍乡	中文系二年级学生	在龙神祠宿舍被炸死
林贵安	—	—	武大工友（水夫）	在乐山城区被炸死
张益明	—	—	武大工友（杂工）	在乐山城区被炸死
李泽孚	—	—	武大职员（校警）	在乐山城区被炸死
张六姨	40 岁	安徽怀宁	张镜澄教授家属	在乐山城区被炸死
不详	—		张镜澄教授家属	在乐山城区被炸死
陈秀英	30 岁	湖南湘阴	左孝纯先生夫人	在乐山城区被炸死
左克明	1.5 岁	安徽怀宁	左孝纯先生女儿	在乐山城区被炸死
不详	—		左孝纯先生家属	在乐山城区被炸死
叶少君			孙芳教授夫人	在乐山城区被炸死
不详	—		冯有申教授家属	在乐山城区被炸死
韩德庆	25 岁	江苏江都	法律系三年级学生	在龙神祠宿舍炸成重伤
高　端	22 岁	江苏如皋	法律系二年级学生	在龙神祠宿舍炸成重伤
周维章	—		武大工友	在乐山城区炸成重伤
汪洋海	—		武大工友	在乐山城区炸成重伤
彭光武	—		武大工友	在乐山城区炸成重伤
李秀芳	—		武大工友	在乐山城区炸成重伤
任国钦	—		武大工友	在乐山城区炸成重伤

师生借出的 1001 册图书被毁。叶圣陶等 30 位教师的书籍财物全部被炸毁，叶雅各等 11 位教师的书籍财物部分被炸毁；学生的衣物书籍全部损失者 16 人，部分损失者 66 人。

第五次，1940 年 8 月 20 日下午，日军出动 135 架飞机轰炸重庆。武汉大学奉令迁川时，设在重庆的办事处(西三街 16 号、永龄巷 3 号、段牌坊 8 号)亦遭劫难。所幸武汉大学驻渝办事处人员无伤亡，但所有家具、文具及文件全被烧毁，损失总计原价值 128.75 元。

第六次，1941 年 8 月 23 日，日机 9 架第二次轰炸乐山，炸毁学生宿舍 2 处。总计房屋损失原价 4456.25 元；该 2 处一切公物，如写字台、自习桌椅均被炸毁，原价值 403.8 元。其中住宿学生之书籍衣物尽被炸毁，损失情形至为惨痛。乐山再度被炸的惨痛情景，被著名作家、武汉大学外文系钱歌川教授写成《炸后巡礼》一文，传吟至今。

四、日军抢劫给武汉大学造成的损失

1940 年 3 月 4 日上午，日军抢劫我校暂存汉口的物品。武汉大学迁往乐山前，将不常用的图书、标本、仪器及一部分笨重之机械设备、家具等 810 箱，分两批运往租赁的汉口特二区英商的新泰堆栈暂存，每月租金 200 元，并指派教职员 11 人负责看管。日军发现后，于 1940 年 2 月 14 日强令交出。遭到婉拒后日军于 2 月 17 日派来 30 余人，在未经英方和我校保管人员许可的情况下强行检查，并将栈门封闭。3 月 4 日上午 10 时，日军派来海军士兵数名、苦力 60 余人、载重汽车 28 辆，将堆栈的前后门堵住，劈门而入，尽载所有器物书籍而去。事后，栈方负责人报告英国总领事，无结果。据 1940 年 5 月 9 日武汉大学向教育部呈报的在汉被劫图书、仪器、器具清单记载：损失中外图书 42128 册，原值 48517 元；损失仪器设备 16017 件，原值 275410 元；损失器具 5609 件，原值 88351 元。总计 810 箱，原值达 412278 元。此外，尚有体育用品 4 箱、会计室及建委会账簿 7 箱。

五、乐山期间的人员伤亡及开支情况

调查组对学校在乐山办学期间的人员伤亡及开支情况也进行了调查和统计。

(一)非正常死亡情况

由于战争阻隔学生经济来源、日军飞机经常骚扰、物价不断上涨、物资紧张、缺医少药、居住卫生条件恶劣等原因,武汉大学师生的精神和肉体受到极大的伤害。据不完全统计,从1931年到1946年,武汉大学因日军侵占中国引起贫困、营养缺乏、无医无药治疗而非正常死亡的在校学生和青壮年教师多达83人,而实际死亡人数远远超出这个数字。

现将已调查到1931—1946年因贫病而死亡的83名师生,按年度分列如表2。

表2　1931—1946年武汉大学因贫病而死的师生情况

年度	在校学生死亡人数	中青年教师死亡人数	工友死亡失踪人数	合计死亡人数	死亡比例(%)
1931年	2	—	—	2	2.38
1933年	2	—	—	2	2.38
1935年	1	—	—	1	1.19
1936年	1	—	—	1	1.19
1938年	1	—	—	1	1.19
1939年	14	—	—	14	16.67
1940年	4	1	—	5	5.95
1941年	11	—	—	11	13.10
1942年	11	2	—	13	15.48
1943年	16	—	—	16	19.05
1944年	6	3	1	10	11.91
1945年	4	1	—	5	5.95
1946年	1	1	—	2	2.38
合计	74	8	1	83	—

在这 83 位病逝的师生之中，年富力强的中青年教授有 8 位，最小的 40 岁，最大的年仅 51 岁。74 位病逝的学生，年龄都在 22 岁左右，有的是苦读四年大学即将毕业还未走出校门的青年人。

(二)西迁乐山办学的相关费用

抗战时期，武汉大学被迫西迁乐山办学，产生迁校、复校、防空疏散、维修乐山文庙、租赁购置乐山的房屋土地、建设校舍、救济战区学生等 7 项开支如下：

迁往乐山费用。从 1937 年 11 月起，开始拆卸装载设备、图书等物件，至 1939 年 3 月，图书仪器才运输完毕。途经宜昌、万县、重庆、宜宾 4 个转运站，分段运输、反复装卸才运到乐山。迁运费用为 15 万元，其中搬运费 9 万元。

复员武昌费用。抗战胜利后，武汉大学奉令迁回武昌珞珈山，上报教育部复校预算经费共 39 亿元(此时法币严重贬值)。截至 1947 年 1 月 8 日，教育部分 17 次拨给武汉大学复员费共 29 亿元，与预算数相差 10 亿元。

防空疏散经费。为保护学校财产和师生的生命安全，武汉大学从 1937 年起，采取多种办法，进行疏散和防空演习，添置防毒器具。仅 1937 年学校花费 13000 元购买材料，利用学校实习工厂自制防毒面具。在乐山，武汉大学遭日机"8 · 19"轰炸后，一是加紧防空洞的扩建，二是将图书设备转移到乡村保存。据不完全统计，自 1937 年至 1945 年，武汉大学为防空和疏散共用法币 213.7 万元。其中，防空设备费 30.439 万元，疏散费 183.261 万元。

修建乐山校舍经费。武汉大学迁到乐山时，先是租借当地政府或团体和私人的房屋，稍加修缮，勉强开学，后来随着学校规模扩大，接收战区流亡学生越来越多，学校只得边自建、边修缮校舍。据 1946 年 4 月统计，1938 年 7 月至 1945 年 3 月，武汉大学在乐山自建、改建房屋共计 118 栋 474 间，投入修建经费共计 245.6924 万元。1946 年武汉大学复员时，全部无偿地移交给当地政府和学校。

租赁和购置乐山房屋土地经费。1938 年至 1946 年，武汉大学共向乐山的 24 家主权人租借房屋土地，除自购公私土地 4 处自建房屋外，武汉大学向 17 户主权人共缴纳租赁费累计 182.5272 万元。这个数字，尚不包含教师自租住房的租赁费。随着战时物价上涨，全校公用租赁费每年增加 4 万~5 万元。

收容救济战区学生经费。该项主要包括收容借读生后学校增加的教育经费和救济战区学生发放的贷学金。武汉大学从 1937 年 10 月起，奉部令陆续收容全国沦陷区 60 多所大学的流亡大学生共计 1700 余人。其中，仅 1937 年接收 582 人。此后，每年都要接收 40~80 人，借读生人数占武汉大学学生人数 50%~80%。由于学生人数急增，学校一切费用随之增长。如武汉大学普通经常费预算一项，1935 年为 42 万元(每月 3.5 万元)，1938 年为 99.6 万元(每月 8.3 万元)，1940 年为 11 万元，1942 年为 174 万元，1943 年为 274 万元，1944 年为 550 万元。为保障大学生完成学业，从 1938 年起实行战区学生贷金制度。据国立武汉大学贷金审查委员会委员、化学系叶峤教授在 1942 年 5 月 25 日的学生演讲中记载：1941 年 9 月，在校学生 880 人，其中战区学生就有 748 人，占全校学生的 85%。到了 1944 年，武汉大学战区学生人数比例仍然在半数以上，而全自费生仅有 87 人，仅占在校生的 6.84%。战区学生贷金随物价而上浮，1938 年每人每月 5 元。到 1941 年，每月实发贷金 12 万元左右。此后，由于物价陡涨，微薄的贷金完全不能保证基本生活需要，教育部规定改发实物，即每人每月大米 2 斗 3 升。

大学是延续民族精神的生命火种，乐山聚集着一群不愿做亡国奴的中国脊梁！

2022 年 3 月

【作者简介】徐正榜，男，1948 年出生于湖北英山，1973 年毕业于武汉大学中文专业并留校工作，研究员，曾任武汉大学档案馆馆长。2008 年退休。参编《中共武汉大学组织史资料(1920. 秋—1995.01)》《中共武汉大学组织史资料(1995.01—2000.08)》《今日武大》《武汉大学校史新编(1893—2013)》等多部校史专著。

略述乐山时期武汉大学党组织活动

涂上飙

1938年2月21日，国立武汉大学召开了第322次校务会议，议决迁校。同月26日，又召开第323次校务会，决定成立迁校委员会，迁校地点是四川乐山。当时，文、法两院设在乐山文庙，理、工、农三院设在三育学校。文庙的大成殿规模较大，作为图书馆。教室则设在大成殿的东庑和西庑。高西门外的三育学校，作为理、工、农三院的办公室和教室。李家祠作为理学院实验室。

在乐山的8年，武汉大学不仅为国家培养了一批高级专门人才、在科研方面取得了诸多成绩、为社会的文明进步做出了重要贡献，而且中国共产党的力量在学校也不断发展壮大。

一、乐山时期武汉大学党组织的建立过程

在迁往乐山之前，武汉大学的中共组织遭到破坏。武汉大学迁到乐山后，恰逢中共四川省工委决定重建乐山地区党组织，并选派侯方岳到乐山地区负责重建党组织的工作。在上级党组织的领导下，乐山时期武汉大学的党组织从无到有、从小到大，并成为特别支部。

1. 武汉大学成立上级重建乐山地区党组织的第一个党小组

侯方岳首先到武汉大学发展党员。武汉大学在珞珈山时，中共党员不少，但因革命工作的需要，不少同志被派往延安中央革命根据地以及湖北的大别山、大洪山革命根据地。学校迁到乐山后，仅有工学院电机系助教冯有申、机械系男生

陈尚文、农学院女生曹诚一等 3 名党员了。

1938 年 6 月，侯方岳来到武汉大学。为了不引起敌人的注意，特意穿着蓝布长衫，到武汉大学工学院门口向传达室说，他来看望自己的亲戚陈尚文。陈尚文接到通知，知道是组织派人来了。经过交换暗号，二人终于联系上了。

初次见面，双方没有多聊，只是约定了见面的大致时间。一个星期后，侯方岳、冯有申、陈尚文、曹诚一等 4 人，相约到大渡河边的一家茶馆。经过讨论，成立了武汉大学党小组，侯方岳为直接领导人。中共武汉大学党小组的成立，标志着乐山地区有了重建后的第一个党组织。

2. 武汉大学成立上级重建乐山地区党组织的第一个党支部

经过一段时间的工作，到 1938 年 7 月底，侯方岳回到省城成都汇报工作。他向中共四川省工委汇报了在乐山地区的工作情况。中共四川省工委听取汇报后，要求侯方岳返回乐山，进一步发展壮大党的组织。不久，他就发展陈述舟和陈开达(陈浣清)入党。

为了充实壮大乐山地区党组织的力量，1938 年 8 月初，中共四川省工委加派余有麟(余明)到乐山开展工作。余有麟早在 1930 年就入了党，为方便工作和发展党员，他在武汉大学地下党员冯有申老师的接应下，以很短的时间考入了武汉大学法学院政治系。因此，余有麟的公开身份是武汉大学的学生。中共四川省工委在加派余有麟的同时，还增派了李澄(即彭为果，又称彭祺)到乐山领导工人运动。李澄到乐山以后，不负众望，很快协助侯方岳发展了 10 余名党员。

随着乐山地区党员人数的不断增加，8 月中旬，中共四川省工委决定，成立中共嘉属工作委员会(乐山旧称嘉定)，管辖乐山、眉山两个专区。中共嘉属工作委员会建立以后，武汉大学党小组相应地成立了党支部。它是上级重建乐山党组织工作中建立的第一个党支部——中共武汉大学支部委员会(简称"武汉大学支部")

武汉大学支部成立后，暂由冯有申负责。冯有申在"九·一八"事变后就参加了革命活动，斗争经验比较丰富。但冯有申到乐山后遇到两个困难：一是教学任务重，二是家庭事务多，参加各种活动的时间十分有限。为了不影响党的工作，他希望余有麟同志(公开身份是学生)能够接替自己的工作。经冯有申的申请，中共嘉属工作委员会经慎重考虑，同意冯有申将武汉大学支部工作移交给余有麟。余有麟成为乐山武汉大学支部的第一任党支部书记。

工学院大教室，是武汉大学党组织经常活动的地方之一

3. 武汉大学成立特别支部

1938 年 9 月初，中共四川省工委根据乐山地区党组织的发展状况，批准建立中共乐山县特别支部。李澄任书记，冯有申、陈述舟为委员。此时，武汉大学支部直属于中共乐山县特别支部领导。

由于乐山地区党组织发展较快，原来的中共嘉属工委已不能适应党组织的发展需要，于是中共四川省工委决定：适应形势的要求，重新设置乐山地区的组织机构。1938 年 12 月中旬，中共四川省工委决定，成立中共乐山县中心委员会。中共乐山县中心委员会相当于现在的地委，继续负责管辖乐山、眉山两个专区。中共乐山县中心委员会领导班子由 5 人组成：书记侯方岳，宣传部长由侯方岳兼任，组织部长余有麟，统战部长贺国干，青年委员李澄，工人运动委员陈述舟。

中共乐山县中心委员会成立后，在乐山中心城区的工作以发展工人入党为重点。武汉大学冯有申根据自己的工作经验，认为乐山城区区委开展工作要有严格的保密意识，在发动群众时不应冲在前头，以免过多地抛头露面而暴露身份，要通过群团中的优秀分子去进行公开的活动。秘密领导、掌握情况、发展工人党员，是乐山城区区委的主要任务。

在实际工作中，由于女同志太少，在纺织厂、缫丝厂的工作不好开展。于是，中共四川省工委又派了3位女党员到乐山，从事女工工作。这3位同志是曾秀娟（高淑娴）、沈克纯（陈桂英）、邝茂华（彭为清）。

1938年12月下旬，乐山城区已有党员50多名。当时规定，党员在10人以上可以建立特别支部，相当于现在的总支部委员会（简称"党总支"）；党员在15人以上可以成立党的区委；党员在30人以上可以成立县委。从党员人数看，乐山城区具备成立县委的条件。经中共四川省工委研究同意，中共乐山县委员会于1938年12月底成立。中共乐山县委员会的负责人是：书记由中共乐山县中心委员会的青年委员李澄兼任，冯有申任宣传部长，组织部长由中共乐山县中心委员会的工人运动委员陈述舟兼任。

在中共乐山县委员会成立的同时，中共乐山县中心委员会作出决定：将武汉大学支部改建成武汉大学特别支部。武汉大学特别支部直属于中共乐山县中心委员会领导，与中共乐山县委员会具有平等的地位。

二、中共武汉大学特别支部开展的活动

中共四川省工委完成在乐山地区重建党组织的任务后，逐步撤走了派往乐山地区的党员干部。因此，中共乐山县委员会成立不久，县委书记李澄就被中共川康特委调走，同时乐山地区党组织的隶属关系也划归中共川康特委领导。到1939年，乐山地区的党员队伍有了很大的发展。据资料统计，1939年6月，上级组织调侯方岳回成都工作，侯方岳在移交工作时，中共乐山县中心委员会的党员达到350人，其中乐山县有党员140人（不含武汉大学特支的党员）。1939—1940年，武汉大学特支在中共乐山县中心委员会的领导下，一边壮大组织，一边积极参加革命活动，直到被迫停止为止。

1. 建立3个支部

武汉大学支部改为特别支部后，在原党小组设置的基础上建立了3个党支

部。理工学院党支部，书记由魏琼、庄惠霖先后担任；文法学院党支部，书记由李昌瀛、张是我先后担任；女生党支部，书记由陈庆纹（即李伯悌）、杨敏哲（又名杨维哲，原国家政协副主席周小川的母亲）、王梦兰先后担任。

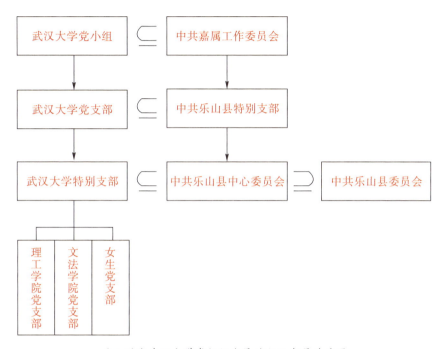

乐山时期武汉大学党组织发展过程及隶属关系图

2. 积极开展革命活动

在中共乐山县中心委员会的领导下，武汉大学特支在乐山地区开展的革命活动发挥了很大的作用。

在侯方岳调走后，为充实武汉大学党组织的领导力量，中共中央南方局派钱祝华（钱闻）到武汉大学工作。钱祝华原是武汉大学的学生，在武汉大学迁往乐山时，他被派到延安工作。1939 年 8 月，他又从延安来到重庆，等待组织分配新的任务。1939 年 9 月，经中共乐山县中心委员会与武汉大学特别支部的周密安排，钱祝华进入武汉大学继续上学。钱祝华到乐山时，正是国民党大举推行"反共"时期，鉴于实际情况，中共川康特委就撤销了中共乐山县委员会。

武汉大学特支书记余有麟，因在乐山地区活动频繁、露面太多，经中共中央南方局出面协调，调到延安工作。同时，安排钱祝华接任了武汉大学特支书记。中共乐山中心委员会根据实际情况，安排钱祝华担任中共乐山县中心委员会的学委。此时，武汉大学有中共党员 30 多人。

在中共乐山县中心委员会的领导下，武汉大学特支积极参加抗日救亡活动，深入城镇、乡村进行抗日宣传。团结广大群众，打击公开的反动分子。当时，学生社团和壁报如雨后春笋。武汉大学特支就安排党员深入到学生社团当中，与学生交朋友，进行抗战宣传。1939 年 1 月，汪精卫公开叛国投靠日本后，武汉大学特支发起了"讨汪"运动，并顺势开展了明讨汪精卫、暗讨蒋介石（此时蒋介石消极抗日、积极反共）的活动，激发了广大群众的抗战热情。武汉大学特支还在教师中开展了争取工作，不少有正义感、爱国心的教授和职员，都倾向中国共产党，同情和支持学生的进步运动。郭沫若到武汉大学讲演，宣传抗战，就是历史系教授吴其昌出面邀请来的。

1940 年 3 月，中共乐山县中心委员会领导了普益经纬公司的工人罢工。经过斗争，资方同意工人提出的复工条件，罢工取得了胜利。在领导工人罢工的斗争中，武汉大学特支参与了斗争，但也暴露了自己，为此付出了极大的代价。

3. 积极应对国民党的大逮捕

1940 年 5 月，中共川康特委宣传部长郑伯克来到乐山，传达特委的指示，要求乐山中心县委所属的各级组织团结广大群众，揭露敌人的阴谋，密切关注事态的发展，提高警惕，做好应对突然事变的准备。

为了贯彻中共川康特委的指示，中共乐山县中心委员会要求武汉大学特支："要特别提高警惕反动派捕人，如有条件，可发动群众反逮捕、反迫害。"武汉大学特支根据上级的指示，采取了 4 项应对措施：（1）引导党员认清危险时局，提高警惕，做好应变的思想准备，遇到情况不惶恐、不急躁。（2）密切注意四周的动向，发现情况，及时报告。（3）改变活动的方式方法，减少公开活动。（4）确定撤退转移人员，安排接替人选，采取个别分散、逐步撤退的策略，避免引起敌人的注意。

然而，武汉大学特支的撤退计划还未完全付诸实施，敌人就提前行动了。

1940 年 7 月 6 日，国民党特务机关在乐山城区进行大搜捕，中共乐山县中心委员会的宣传委员及武汉大学的部分共产党员、进步学生、爱国人士共 30 余人被捕入狱。所幸的是，武汉大学特支按上级的部署，事前做了应变准备工作，当事态发生时，并没有出现惊惶、混乱的现象。党组织没有遭到破坏，党的战斗力通过这次事件得到了锻炼和考验。

当时的实际情况是，国民党特务在武汉大学校园抓人的时候，早有思想准备的学生进行围堵说理，学生们大声呼喊"他们是好人""我们作保"等，故意造成现场混乱局面，掩护党员同志撤退。校工老姚，以身体故意阻挡企图逮捕女同学杨亚男的特务，使她乘机从特务身边逃掉。土木系教授丁燮和、经济系教授戴铭巽，让学生在他们家中躲藏，抓捕过后又资助路费，帮助他们投奔革命根据地。理学院、工学院的李克佐、冯先行、郑元书、严际弟等学生，以送行李到牛华溪为由，掩护翁盛光、蒋传漪、沈立昌、朱祖仁等党员离校。武汉大学特别支部书记钱祝华，化装出城，历经磨难，终于抵达重庆，向中共中央南方局汇报了乐山发生的白色恐怖事件。

钱祝华走后，武汉大学特别支部召开了最后一次秘密会议，传达了乐山中心县委的指示：要通过学校当局和一些开明教授，设法营救被捕的同学；同时为了保存实力，要求抗日问题研究社出头露面较多的同学，立即撤离学校。

在乐山中心县委的努力下，武汉大学工学院机械系主任郭霖出面，组织教授们联名向国民党质问：爱国何罪？抗日救亡何罪？要求立即释放无辜被捕的学生。

乐山大逮捕事件后，乐山中心县委调走了与被逮捕学生有过接触的党员，并转移了乐山中心县委的机关。1940 年 12 月，中共中央南方局调中心县委书记廖寒非去了延安。武汉大学隐蔽下来的中共党员只剩 10 人左右，武汉大学特支不得不停止活动，就此完成使命。

2022 年 9 月

【作者简介】见第 13 页。

乐山时期武汉大学"学运"骨干赵施光

刘　丹

赵施光(1925—2022)，原名赵萌兰。武汉大学数学与统计学院教授。1939 年 9 月参加革命工作，1946 年 6 月加入中国共产党。1943 年 9 月考入国立武汉大学数学系，1947 年 7 月毕业。曾在苏联莫斯科大学研究生部学习。1957 年回到母校任教。1987 年离休。

1939 年 12 月，延安女子大学新来了一名 14 岁的"小学生"，她是中国共产党的创始人之一、上海工人运动领袖赵世炎的侄女赵施光。因为日本飞机的轰炸，这个眼睛大大的、面黄肌瘦的小姑娘在不久前失去自己的小妹，她瞒着父母步行 300 里来到延安，心里只有一个念想："我要上前线。"

赵施光稍大一点的时候，改名赵萌兰，1943 年考上武汉大学数学系。当时正值武汉大学校内党组织遭到破坏之后，她和一群年轻人一起在校内秘密开展青年民主学运工作。从四川乐山到武昌，赵施光经历了无数次与敌特打交道时暗涛汹涌的风险，经历了珞珈山下的"六·一惨案"。一个夏日的午后，她向作者讲述了 80 多年前那段红色岁月，仿佛那段艰难惊险但轰轰烈烈的时光从头来过。

一、14 岁步行 300 里到延安

赵施光生于 1925 年，原名赵萌兰。父亲是修电话线路的工程师。12 岁之前，她跟父母一直生活在杭州西湖，在那里读完了小学。日子如此平静，她甚至不知

道 1927 年在上海牺牲的那个工人运动领袖、曾与周恩来一起建立旅法共产主义小组的年轻人赵世炎就是自己的叔父。

随着抗战的爆发，平静的日子开始逐渐被打破。为躲避战火，在上海"八·一三事件"的前两天，一家人从杭州坐船回到老家四川投奔伯父，赵施光在那里读完了初中。如果不是因为后来发生的事情，这个从小被家人保护得好好的小女孩可能一辈子与革命的洪流无缘。

"我初中毕业前一年冬天，父亲因为工作需要去贵阳，母亲带着我们几个孩子住在成都。"赵施光说，就是在那一年，妈妈跟妹妹去贵阳看望父亲时，遇到了日机轰炸，小妹妹被炸死，妈妈受伤。这一事件极大地刺激了赵施光，14 岁的小姑娘心中充满了对日本人的仇恨。"我要上前线去！"在听说了姑妈赵世兰讲述了叔父赵世炎的故事之后，尚不了解革命的赵施光开始有了革命的冲动。

1939 年 8 月，在堂兄的带领下，赵施光瞒着父母，偷偷地离家来到陕西宜川，参加了民族革命大学举办的前锋剧团。她到现在还保存着当时刚到剧团时的照片，发黄的照片里，14 岁的小女孩似乎浑然不觉自己蓬头垢面，淡抿嘴唇，眉毛紧锁，仿佛带着无法言说的忧伤和恨意。

因为当时的剧团缺女演员，14 岁的赵施光也被拉上了舞台。她跟两个来自山西追随革命的年轻女孩一起开始了革命宣传表演。"我记得演过夏衍的剧本《一年间》。我演一个家庭女教师，要拿着报纸念一段台词，结果因为太紧张，上了台才发现没拿道具，只好又下台来拿。"说起这些久远但并不模糊的故事时，赵施光微微含笑，仿佛回到了当年那个稚嫩青涩的少女时代。

3 个月后，堂兄拜托两名革命青年带着赵施光步行去延安。这一路近 300 里，"中途还遇到了狼"。因为年纪小走不快，每天赶路的过程中，两名原本不熟的年轻人都要不时停下来等她。后来实在看她走不动，就跟赵施光说定在一个村子碰头。结果等赵施光赶到约定地点时，太阳已经快要落山了，进入村子前，天色还没有黑定，赵施光抬头看了一眼对面的山坡，一匹狼正飞快地追赶一头牛。

到达延安后，赵施光去见了叔父曾经的战友王若飞等人，并在周扬的介绍下，进入延安女子大学学习。"叔父赵世炎笔名施英，不知道周扬是不是以为那个是叔父的本名，所以周扬给我改了施光。我的这个名字就是这样来的。"

二、扮演一对夫妻的女儿

1939 年，延安条件异常艰苦。美国作家斯诺在他的《中国见闻录》中这样描述："女大学员 60% 以上年龄 19~20 岁……当时女大秘书长郭靖介绍：女大开办费 1 万元（包括挖窑洞拱宿舍、教室设备等），每月经费 3000 元，教师 10 人，每人每月津贴 5 元，学员每天菜金 4 分。计算起来，每个学员约花费 7.5 元，折合当时美金 4 角。"

在延安女子大学，赵施光学习了一年，学习了社会发展史，在油灯下讨论《论共产党员的修养》。"17 岁的朱枫教我认音乐简谱，18 岁的张昕给我讲革命故事。以后我去白区工作，常想起她们的话。"对那些老友的名字，赵施光记忆犹新，仿佛这些故事就发生在昨天，一直没有远去。

1940 年 12 月，因为体弱多病，赵施光被组织派往延安唯一的试验农场——城南光华农场，这里有国际友人赠送的 40 头荷兰奶牛，所产牛奶主要供应给中央领导、伤病员和一些缺奶的婴儿。赵施光的工作很简单，每天登记牛奶产量和分配数量。偶尔作为一名"小知识分子"，她也给农场总务处的同志们上文化课。"那时候，延安党中央主要领导人所喝的牛奶都是光华农场供应的，我手头上还有领导们的地址和分配数量表，当然，那些都是机密。"

由于身体一直不好，1941 年 9 月，趁着延安派遣一批干部回大后方的机会，赵施光一起随车去后方治病和学习。"我扮成一对夫妻的女儿，取名大宝。"赵施光说，12 天后，车队到了重庆红岩村。她顶着一头自己剪出来斑秃的头发，见到了周恩来和邓颖超，看到她的发型实在太不成样子，周恩来和邓颖超命令她先在红岩村休养 3 个月，参加等待分配工作的小组学习。

1942 年年初，赵施光将名字改回原名赵萌兰，插班进入几名清华毕业生在成都兴办的清华中学，直接读高二下学期。在一年半的时间里，赵施光学得非常认真，很快赶上了功课，到第二年参加联合统考，考上了武汉大学数学系。

三、参加"武大学运核心小组"

1943 年秋，赵施光考入内迁四川乐山的武汉大学，与一群热血沸腾的年轻人相识在大渡河和岷江交汇处。当时，武汉大学进步力量遭到国民党敌特分子的破坏。南方局根据在白区"隐蔽精干"的工作方针，决定暂停发展党员，直到抗战胜利。因此，校内没有党组织，个别党员和民运队员只能私下组织进步社团，学习革命理论。校内有个秘密小组，组织学运和抗日宣传工作。因为曾去过延安，赵施光进校不久就被吸纳进秘密小组。1944 年，她跟另外几名同学一起，在理、工学院组织起"课余谈社"，跟文科的文谈社、海燕社、风雨谈社等社团一起，宣传和组织民主学运。

"当时学生社团的主要成员名单都要上报学校训导处，由国民政府教育部管理。武汉大学训导处主任是辛亥老人赵师梅，他很保护学生。有一次教育部来电，说有学生行为不轨，他直接回电说绝无此事。"为了不让赵施光在延安学习的经历曝光，学生们在上报课余谈社的成员名单时，特意删去了她的名字。

这些进步社团的学生将武汉大学的红色血脉保存了下来。之后，中共南方局在武汉大学组织起秘密的外围组织——"武汉大学学运核心小组"，赵施光也在其中。

1946 年暑假，武汉大学从乐山返回武昌前，赵施光和同学王尔杰在成都由川康特委王煜介绍入党，无候补期。"当时只要一个介绍人就能入党，但在入党前，王煜给我们讲党章就讲了 3 个上午。"

随后，赵施光避开国民党特务的监规，辗转前往南京找上海局组织部部长钱瑛转党组织关系。"当时钱瑛跟我说，到了武汉会有人找我，接头暗号是'王煜'两个字。"

1946 年 10 月新学年开学时，武汉大学的民主学运已经由进步社团内部活动发展到全校性的活动。这一学年，学校核心小组王尔杰和赵施光、夏玉亭商量，决定组织进步社团联席会，帮助学生自治会领导运动。这一年，武汉大学校级"核心小组"5 名成员中，赵施光和王尔杰是新党员，却迟迟不见有人来接党组织关系，暗自着急的赵施光找了老校友打听，寻找线索，当时也没有结果。"后来才知道，抗战期间武汉的党组织遭到破坏，中断活动，1946年南方局派遣曾惇来武汉筹建党组织，1948年地下湖北省委才成立。"

四、亲历武汉大学"六·一惨案"

1947年5月20日，南京的国立中央大学学生大游行，国民党军队出动了军队阻挡，酿成"五·二〇惨案"。消息传到武汉大学，武汉大学学生决定组织罢课游行，声援国立中央大学学生。

"我们是5月23日进行游行的，当时没有长江大桥，我们走到江边时，国民党把轮渡停了，不让我们过江。我们就跑到彭刘杨路的国民党省党部、省国民政府所在地去请愿。"学生们来势汹汹，偌大一个省政府大院迅速跑得一个人不剩，愤怒的学生于是在墙上画满了标语漫画，反饥饿反内战，"当时武汉市民传说武汉大学学生中大半是共产党员"。

之后，武汉大学学生又响应华北学联关于举行"六·二"大游行的号召，每个社团都做了准备，制作了很多小旗子，并于5月31日举办反内战晚会，演出反对抓壮丁的短剧。国民党反动派恐慌了，为了扼杀这场即将举行的反内战游行，6月1日凌晨3时，武汉当局调集全副装备的军、警、宪、特1000余人，突然闯入武汉大学的教工和学生宿舍，大肆搜捕进步力量。"他们抓了5个教授，夏玉亭等同学抓上车后，被其他同学冲上去拉了下来。"国民党军警们不知道从哪里弄来了一份黑名单，王尔杰名列其中，"还好，他够机灵，躲到别的宿舍逃过一劫"。

跟赵施光同一个宿舍的女生宿舍学生会主席王云从，也在国民党抓捕名单之列，"他们把她揪出来，从三楼一直推下一楼，有学生看见了就跑到各个宿舍去叫人，大家挡在楼梯口不让军警带走"。

抓捕一直持续到凌晨6点，天亮了，无法忍受的男生们从学生宿舍（今樱园老斋舍）冲下来，一起涌向汽车。汽车很快被一百多名学生围住，司机被强行拉下，车玻璃和方向盘被砸，车底的油路、电路也被破坏。"当时我们湖滨的女生宿舍这边正在跟军警僵持，想抢回王云从。突然，听到枪声，估计是怕事情闹大了，这边的军警很快撤了。"

赵施光事后才知道，当时，遍布宿舍周围的军警用轻重机枪、步枪、手榴弹等武器，向手无寸铁的学生开始血腥屠杀，枪杀 3 人，重伤 3 人，轻伤 16 人，逮捕师生 22 人。当天，王尔杰与张继达等商量，成立惨案处理委员会，提出了战斗口号，采取了一些措施，在宋卿体育馆设立了灵堂。

时至今日，樱园老斋舍前的台阶上标有红色印迹，那正是当年死难学生留下的血迹，以示铭记。

"后来我才知道，5 月 30 日，国民党又出了个黑名单，我的名字就在那上面。估计 6 月 1 日那天事发突然，这份名单还没来得及报上去，所以我不在搜捕之列。"因此，赵施光逃过一劫。

五、终于与组织"接头"

"六·一惨案"发生后，赵施光更加急于找到党组织。正在这时，一位年纪比她略长的年轻女性来找她，说是一名进步学生介绍来的。这名女性谈到了处理"六·一"事件的口号，并建议暴露身份的学生赶快撤离。"她没有说出约定的接头暗号，不是党的关系。后来回忆，来的是地下党曾惇的夫人王一南。"

又过了十几天，一位 30 岁左右的青年又来找赵施光，也说是进步学生介绍来的。听说校内正在讨论是否停止罢课，他表示，学生伤亡造成国民党很被动，建议罢课进行下去，"正好是考试的时间，所以当年只有毕业班的学生举行了考试"。

因为那位青年临走时约好了端午节再来碰头，那天正好是 6 月 23 日，学生们准备抬着死难学生的遗体举行抬棺游行，赵施光通知王尔杰不要参加游行，等着组织正式接头。

这一次接头前，曾惇去了上海，找到了钱瑛汇报工作，这才拿到了赵施光、王尔杰两人的党组织关系。"来接头的是陈克东，当时学生大多出去游行了，学校里就剩我跟王尔杰，我们是抗战胜利后湖北省委在武汉大学找到的第一批 2 名党员。"

1947 年 7 月初，赵施光从武汉大学毕业。组织上同意她离开武汉，先后被派往昆山、南京、无锡等地继续从事学生运动工作。王尔杰留在了武汉，并很快发展起第一批新党员，建立起抗战后武汉大学第一个党支部。民主学生运动为党组织的重建打下了思想和组织基础。1948 年以后，党组织迅速发展。到武汉解放时，武汉大学的党组织已是武汉市最大的党总支，有 80 多人。

中华人民共和国成立后，赵施光被调往大连大学教数学，其后又到苏联莫斯科大学研究生部学习。1957 年春，赵施光再次回到了母校。这一次，她的身份是数学老师，直到 1987 年离休。

2022 年 6 月

【作者简介】刘丹，1981 出生。2003 年毕业于武汉大学新闻传播专业。现为武汉大学校友事务与发展联络处工作人员。

回忆乐山时期武汉大学的"课余谈社"

赵施光

抗战期间，武汉大学内迁到四川乐山（旧称嘉定），县城位于大渡河与岷江的交汇处。城东南凌云山下，端坐着千年大佛。青山绿水之间活跃着一群热情纯洁的大学生。我当时在理学院读数学专业。

1940年，武汉大学的地下党组织和进步力量遭到破坏，政治空气沉闷。但是，到1941年，文、法学院的同学们逐渐组织起文谈社、海燕社、风雨谈社等，刊办壁报，开始掀起武汉大学学运的新风暴。

1944年年初，在校园墙报栏里出现名为"△×"（数学符号，意思是"微小增量"）的壁报，宣传抗日民主，而且图文并茂（有孙顺潮即漫画家方成的插图），在理、工学院同学中反应很好，引起了校内马克思主义小组（秘密组织）组长马健武和顾公泰的关注。他们了解到，壁报是工学院一年级学生严令武、王尔杰、戴志舒编写的（严令武的原话是"要给一潭死水丢块石头！"）。《△×》出了三期，1944年夏严令武转学去了西南联大。

马健武和顾公泰把王尔杰、戴志舒介绍给我，建议我们在理、工学院邀约同学组织一个社团。1944年秋，"课余谈社"成立了，参加的同学有：陈秀明、陈佩珩、陈权龙、王朴、陈正宜、佘先机、唐明中、王国松、胡昌璧、李先枝、张挺燊、秦锡文、王尔杰、戴志舒、赵萌兰（注：作者本人）。顾公泰、韩秉炀（历史系）也参加了秘密小组，韩秉炀被选为第一届总务干事，我是副总务。当时，这批同学政治热情很高，都深感国民党的腐败，向往抗日根据地。1944年除夕，在三育学校校区（今乐山师范学院校园）教室唱抗日歌曲，通宵达旦。半年后改选，王尔杰任总务，以后陈秀明担任过总务。

1945—1946 年，"课余谈社"又先后发展了几批新社员：韩家栋、吴曜曦、吴国标、邵利华、崔明三、李维治、唐志秀、袁云鑫、肖义询、肖隽琴、彭佩芸、杨瑞章、吴明蕙、汪向明(注：作者的丈夫)等。

"课余谈社"的主要活动：举办星期日时事座谈，组织学习政治经济学、大众哲学以及《论联合政府》、整风文献等书刊，还分组讨论了力学、微积分、电磁学等课程。在校内继续出刊《△×》，反映学生生活，评论时局，在理、工学院同学中影响颇大。

"课余谈社"不仅在本社内部开展活动，还与兄弟社团并肩作战。1944 年，国立武汉大学壁报联合会成立(简称"壁联")。在"壁联"主持的"争取言论出版新闻自由座谈会"上，第一个重点发言的是王尔杰，为了防止特务捣乱，王尔杰发言后即被人护送出了会场。1945 年秋，有的社团"借口"苏军在东北的问题，企图以"壁联"的名义发起反苏游行。但是，文谈社、海燕社、风雨谈社、课余谈社的代表投反对票，与赞成票数相等。后来政谈社代表刘玉也投反对票，才否决了这个提案。

抗战胜利后，武汉大学复员武昌的过程是一次社会实践，给了同学们深刻的教育。1945 年昆明发生了"一二·一"事件。1946 年，李公朴、闻一多被国民党特务杀害。这些使同学们更加坚定了争民主、争人权的决心和信心。1946 年暑期，武汉大学整体迁回武昌珞珈山后，兄弟院校的学运互相促进，校内学生运动迅速发展，从各社团内部发展到全校性的运动。

为了集中校内进步力量，掌握运动的发展方向，根据王尔杰的建议，决定成立"武汉大学社团联席会"(简称"社联")，由夏玉婷负责联络工作。"社联"的主要负责人，是文谈社、海燕社、风雨谈社、课余谈社推选的代表。"社联"是1946—1947 年多次学运的策划者，同时协助学生自治会领导全校运动。如 1947年 1 月反美抗暴游行，"五·二三"反内战反饥饿游行以及"六·一惨案"烈士出殡游行等。在游行的筹备、组织阶段，各进步社团的社员分担了安全、宣传、联络等任务。

"六·一惨案"当天，王尔杰与张继达等同学商议，成立了"惨案处理委员会"，提出了"六·一惨案"战斗口号，决定设立烈士灵堂等。"六·一惨案"发生的消息被封锁，邵利华便以世界语写成通讯稿报道真相，通过国际友人发表在捷克等国的世界语刊物上。吴曜曦参加赴京请愿团。肖隽琴、彭佩芸等负责"灵堂"工作，接待外校同学吊唁，并在 6 月 23 日"抬棺游行"中手捧烈士遗像走在队伍最前面。汪向明参加了赴市内各大中学校的"答谢团"。

1947 年 7 月"课余谈社"一批老社员毕业离校。

在武汉地下党城工部的领导下，王尔杰在秋后发展了一批新党员，建立起武汉大学抗战后第一个党支部。

1947—1948 年，崔明三以福利竞选团名义在全校同学中竞选成功，担任学生自治会主席，肖隽琴参加"组阁"。这届自治会配合各社团做了很多工作。1948 年，崔明三被"特刑庭"传讯，由于校方和同学们抗议而获释，随即去了解放区。陈秀明讲师和陈权龙助教，加入了地下党领导下的于 1949 年年初成立的新民主主义教育协会(简称"新教协"，1980 年中期被湖北省委组织部认定为党的外围组织)，并分别担任讲助支部的书记和支委。"新教协"配合学生运动，团结广大教师迎接武汉解放，做了大量工作。

1947 年暑假，"课余谈社"留校社员分头成立了新的社团，如李维治组建的骆驼社，韩家栋等组建的民歌社，吴曜曦等组建的海鸥剧社。为了团结教育广大同学，实行"系级社团化"，把社团的政治学习、小组谈心、文娱活动等形式带到了系级。1949 年 5 月武汉解放前夕，"课余谈社"参与组织了全校师生员工家属的团结应变、安全互助、保校保产等活动。

中华人民共和国成立后，"课余谈社"的社员中断了联系，直到 1995 年重新办起《△×通讯》，交流心声和信息，以慰晚年。编者说："'△×'这个名字凝聚着我们的理想和信念，体现着我们的青春活力，虽然过去了半个世纪，记忆犹新。"

1995 年后，《△×通讯》累计出刊 56 期。

在这几十年沧桑中，严令武在北平(今北京)由刘仁介绍加入地下党，后来任唐山市委秘书长，于 1976 年大地震中牺牲。韩秉炀在中华人民共和国成立前夕牺牲在重庆渣滓洞，他的英名镌刻在洞前石碑上。马健武和顾公泰两位老学长已先后病逝了。还有几位社员被迫害致死或失踪，如吴国标、袁云鑫、陈权龙、郑远谋。老社员中已有好几位积劳成疾，不幸病逝。如陈秀明(吉林工业大学教授)、张挺舜(中国台湾电力公司工程师)、唐明中(乌鲁木齐市交通局长)、戴志舒(航空工业部喷气发动机高工)、李维治(湖北省发展研究中心办公室主任)、韩家栋(山东冶金建筑学院教务长)、陈正宜(平顶山煤矿高工)、邵利华(大连大学教授,全国世界语协会理事、大连世界语协会理事长)、胡昌璧(西安电子科技大学教授)。

每当想起年轻时在母校的峥嵘岁月,我们深深怀念《△×》的战友们。

希望属于走在时代前列的青年学子们!

2021 年 11 月修改定稿

【作者简介】见第 38 页。

抗日老战士严传梅　深藏功名六十余载

严传梅口述　胡珊整理

严传梅，1926 年出生。1941 年 2 月参加中国共产党领导的抗日游击队。在淮海战役中荣立"特等功"。1959 年 10 月，转业到武汉水利电力学院工作。1983 年离休。

80 年前，年仅 14 岁的严传梅参加革命。在硝烟弥漫、战火纷飞的革命年代，他舍生忘死，浴血疆场，战功卓著。

62 年前，他藏起军功章，脱下军装。在看不见硝烟的建设和改革年代，他以身垂范，担当作为，矢志奉献。

2020 年，疫情突袭武汉。病床上的他，交代子女取出银行卡里的存款交给党，以"特殊党费"助力疫情防控。

95 年风雨沧桑，60 余载深藏功名。武汉大学 95 岁离休干部严传梅老人，把对党的无限忠诚融入血脉、刻入骨髓，用一生践行中国共产党人的初心使命。

战功累累铸勋章

严传梅老人有一个相伴六七十年的皮箱。在这个已经斑驳的古铜色皮箱里，珍藏着英雄荣耀的各类勋章和奖状：一张泛黄的奖状，记载着严传梅"参加淮海战役全歼黄维兵团，英勇顽强、功绩卓著，予以记特功"的英雄事迹；一枚"人民功臣奖章"，在鲜艳的五角星映衬下"人民功臣"4 个字耀眼夺目；中南军政委

严传梅总共获得 10 多枚军功奖章

会颁发的"解放华中南纪念章"上，城墙和麦穗围绕着挥舞着军旗的战士，军人的使命就是为保家卫国；还有十数枚大小不一的军功章、纪念章。

这些勋章和奖状，见证了严传梅老人在沙场九死一生、立功 10 余次的革命生涯，却被老人藏在皮箱里，60 余载不为人所知晓。同这些勋章和奖状一同尘封的，还有严传梅老人的赫赫战功和辉煌历史。直到 2020 年疫情突袭武汉，病床上的他以为时日不多，才向子女交代。这个珍藏了一辈子的皮箱，再一次打开。

戎马丹心真英雄

1926 年 4 月，严传梅出生于湖北钟祥，13 岁参加当地抗日组织。1941 年参加江汉军区基干民兵干部训练班。1942 年编入五师襄西支队，扛着步枪上了战场。当时，我们与敌人的武器装备悬殊极大，严传梅和战友们虽然背着子弹袋，袋子里却是空的，只能靠尖刀刺、靠大刀砍、靠抢敌人的武器来用。"没有吃的，没有穿的，枪里没弹，拿着马刀跟敌人干。""我们是有人没有枪、有枪没有子弹。"回忆起那段血与火的峥嵘岁月，95 岁的严传梅无限感慨。

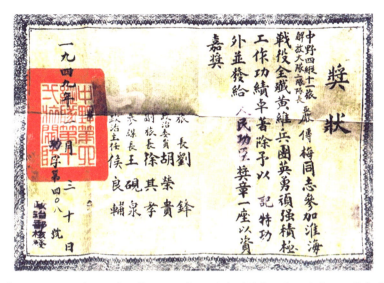

1949 年 1 月 30 日，中原野战军第四纵队第 11 旅向严传梅颁发立功奖状、奖章的证书

抗日时期，严传梅同日军打了大大小小 70 多场战斗。当时，驻扎在湖北荆门城的日军第十三师团，主要依靠经湖北钟祥、京山的交通运输线，将抢来的物资运到武汉，从而实现"以战养战"。为了破坏这条运输线，严传梅作为总指挥，发动各方力量，连续多日挖断沿途道路。日军非常震怒，展开疯狂反扑，战斗异常惨烈，抗日队伍伤亡很大。就在日军进行大规模扫荡的第二天，日本宣布无条件投降了。

抗日战争结束后，严传梅加入中原野战军第四纵队十一旅，投身到解放战争之中。

在淮海战役中，严传梅作为中原纵队十一旅政治部敌工科的队长，带领 140 名战友参加了惨烈的双堆集战役。面对敌军猛烈的空投炸弹和地面炮火，他们在夜色掩护下挖掘地道，占领一个又一个村庄，缓慢向前推进。"听到炮弹'嗖嗖'地响，那就可以放心地冲锋；但是当你听到'噗噗'的声音时，就要立即侧身卧倒，否则就会挨炸。这是在战火中摸索出来的经验。"

"双堆集战役一直持续了 20 多天，去的时候有 140 名兄弟，回的时候只有 10 来人。我的战友就在我面前被敌人机枪扫射牺牲了……"严传梅始终忘不了那场艰苦卓绝的战斗，始终忘不了曾经并肩战斗的战友们。回忆起那些英勇牺牲的年轻战友，严传梅老人的眼中总是盈满泪水。

深藏功名践初心

1959年10月，严传梅转业到武汉水利电力学院（武汉水利电力大学的前身，2000年8月与武汉大学合并）工作，曾先后担任基础科学系党总支书记（代）、农田水利系党总支副书记、机械工程系副主任、机关第四党总支书记、河流系党总支书记等职务。

身披戎装，保家卫国；告别军旅，本色不改。严传梅转业后深藏功名，把自己的勋章和奖状压在箱底，连爱人和子女都没看过，也从不和人讲过去的事情，更不拿过去的功绩标榜自己。居功不自傲，退役不褪色。

"战场上也好，和平时期也好，只要是党给的任务，就要好好完成。""我一辈子也忘不了我的入党誓言，坚决听党的话，保证完成任务。""我是共产党员，哪里有困难，哪里条件艰苦，我就去哪里。""党把我培养成一个革命军人、一个国家干部，我就要努力为党、为人民做点事。"

党旗下的誓言，就是此生不渝的初心。已有80多年党龄的严传梅老人，说起自己的初心与使命，字字句句都是铮铮之言。严传梅工作总是挑最苦最累的干，夙夜在公、兢兢业业、不计得失，数十年如一日，在平凡的岗位上做出了不平凡成绩，用最质朴的方式、最真切的情怀诠释着对党的"绝对忠诚"，践行着一名共产党员的初心与使命。

特殊党费尽担当

2020年年初，新冠疫情在武汉暴发，并迅速蔓延。当时，身处武汉的严传梅老人正好因基础疾病复发，无法及时医治，病情一度恶化。老人以为时日不多，便将子女叫到身边，交代子女在老房子里有一个带锁的皮箱，里面装着他以往参军时的一些军功章，并嘱托："这是我一生的珍藏。一定要将这份传家宝，代代相传。"

病中的老人仍心系国家，心忧疫情。他密切关注疫情防控工作，看到严峻的疫情，感到万分焦虑。他交代子女，把他银行卡里的钱取出来，除了给老伴留下必需的生活费外，全部都交给党。子女们不能理解，平时总是劝说父亲，要对自己大方一些，一双 80 元的皮鞋穿了十多年，可为了抗疫一次竟捐 30000 元。严传梅老人激动地说："疫情防控，攸关万千家庭，攸关九州大地。我是一名共产党员，要为党和国家分忧。"

2021 年，正值我党百年华诞。严传梅在日记中写道："到了 95 的年岁，每一天对我而言都是幸福的。我们处在这样一个日新月异的时代，有中国共产党的领导，我们的民族复兴、国家强大、人民幸福都是会到来的。"

2021 年 11 月

【作者简介】胡珊，1987 年出生。2009 年 6 月，毕业于武汉大学地理信息系统和地球系统科学专业。2010 年 12 月，获得香港中文大学地球系统科学硕士学位。2011 年 4 月，在武汉大学参加工作。现任武汉大学离退休工作处办公室主任。

难忘的抗美援朝岁月

周兰仙

70多年前，中华人民共和国成立伊始，国家百业待兴，人民渴望和平。当美帝国主义将战争强加在中国人民的头上时，久经战争磨难的中国人民，为了保卫国家、保卫和平，广大热血青年响应党和国家的号召，毅然决然地踊跃报名赴朝参战，经历了一场生与死的考验。

我同广大热血青年一样，经历了这场生与死的战火考验。当时，我作为一名护士，被编入中国人民志愿军国际医疗队第十三队，在朝鲜经历了战火纷飞和停战谈判后繁忙而紧张的日子，历时整整一年。这支医疗队是由当时的中南卫生部所属地区湖北省、湖南省以及广东省的医护人员组成，目的是应对朝鲜战场上敌方可能发动的灭绝人寰的大规模化学战争。赴朝前，人人抱定为国牺牲的决心，个人主动向组织提出申请，经层层审核后，才予以批准。赴朝参战的战友，许多已为国捐躯。与我一同赴朝的战友们已过古稀之年，有的已作古，仍健在者寥寥无几。

一、初临战场

70多年过去了，但回想起刚入朝时的情景，令人终生难忘。1953年年初，当我们一行15人全副武装乘坐汽车，趁着夜色通过鸭绿江大桥，到达朝鲜新义州时，突然枪声四起，天空被照明弹映得一片通明，宛如白昼。原来这枪声是敌机即将飞临上空，由我防空指挥部发出的信号。这时，我们尚未回过神来，却见汽车司机加足马力，将汽车开得如腾似飞的，循着山间小道急驶。此时，敌机即使扔下炸弹，我们早已远离了危险区。可见我们的司机是多么的机智、勇敢，是他们舍生忘死，为我们建立起了这条坚不可摧的钢铁运输线。

在照明弹的光照下，放眼望去，这里满目疮痍，一片焦土，遍地布满了大大小小的弹坑，寸草不生，完全没有人烟的踪迹，一栋栋房屋被炸得残垣断壁，由此可见，战争给朝鲜人民造成的创伤是多么残酷。而仅仅一江之隔的祖国，山河无恙，到处充满欣欣向荣，一片太平盛世朝气蓬勃的景象，广大的中国人民在人民政府的领导下正在热火朝天地建设着自己的家园。此时此刻，我心潮澎湃，真正体会到中华人民共和国的强大，中国人民真的站起来了，体会到抗美援朝的伟大意义，深深感到祖国可爱、和平的珍贵。我们即使血洒沙场，也在所不惜。

二、被受伤战士感动

在朝鲜战场，我经历了大大小小无数次战斗。在每次战斗中，亲眼见到了许多令人刻骨铭心的动人情景。记得 1953 年 4—5 月，我们所在的基地接收了大量伤员，他们大多是作战时被敌人炮火击伤或被低空飞行的敌机炸伤的战友。一些伤员因失血过多已处于休克状态，需要紧急处理。我作为手术麻醉师，见到有的伤员虽然已躺在手术台上，神志也有些恍惚，但他们口中仍不断地高声呼喊："冲啊！""杀啊！""快扔手榴弹啊！"更有甚者，猛地从手术台上坐起，横眉冷对，充满要与敌人血战到底的气势。更令人感动的是，当我们根据伤者的轻重，安排先后救治顺序时，总有一些伤员不顾自己的伤痛与安危，要求先救治他人，把存活的希望让给战友。还有一位年轻力壮的战士，他叫什么名字我也不知道，只知道腿部重伤并严重感染，必须立即截肢，否则危及生命。可他并不要求保住他的生命，却一再要求我们想办法保留他的腿，哪怕几天也好，这样他就可以重返前线杀敌，只要是战斗的呼唤他们便舍生忘死。这些战士的动人情景让在场的人都泪如雨下。他们的英勇形象，永远刻在我心中，这才是人世间最可爱的人。

三、两次遇险经历

我是 1953 年年初赴朝的，当时我们所在基地天寒地冻，滴水成冰。有一天，我们正在手术室忙碌着为接收伤员做准备。突然听到敌机飞临上空的声音，我不由得从坑道洞口伸出头去探望，只见飞机飞得很低，仅相当于大树之高，机舱内飞行员的面目清晰可见。此时，被我身后的战友发现，他猛地用力将我拉回坑道深处。说时迟，那时快，只听得枪声响起，一梭子子弹不偏不倚地打在我刚才站立的地方，战友算是为我捡了一条命，可见战场上无处不惊险。

另一次，已近夏天，我们基地的医护人员，正在附近山头森林深处进行战场救护和战地输血，重点是尸体采血的演练，突然我发现两架敌机已临上空，全体战士立即分散隐蔽。此时，我们队长拉着我和另一同事向前方更高的山头跑去。这时，只听有人高喊"快卧倒"，并快步奔来将我们按倒在地，用他的身体掩护着我们。在战场上用自己的生命掩护战友的动人事例随处可见。当时，战局正处于停战谈判的拉锯时期，敌机未对我们进行狂轰滥炸，只是在离我们不远处的前方扔下一枚炸弹便扬长而去。由此可见，在朝鲜战场上即使处于停战谈判之际，敌人仍背信弃义，撕毁在谈判期间停火的协定。

四、优待战俘

朝鲜战争期间，我志愿军对战俘实行人道主义，堪称战争史上的典范。我清楚地记得，我们医疗队所在基地，距朝鲜开城市不远，每当敌我双方进行和平谈判时，在天气晴朗的夜晚，可以眺望到高高悬挂在开城上空的探照灯。众所周知，朝鲜战争是一场敌强我弱的较量，由于我方是正义的维护者，我志愿军有顽强意志和舍身为国、不怕牺牲的精神，打得敌人丢掉必胜的幻想，表面上要与我们进行停战谈判。但敌人内心是另有阴谋，他们用尽了卑鄙伎俩，经常是"打打谈谈""谈谈打打""不打不谈"，以待时机反扑。停战谈判过程中，双方同意要首先交换伤员战俘，我队也接收了这一任务，为保证这一工作的顺利进行，我们基地还专门开设了医疗条件较好的病区，以安置来自美国、加拿大、菲律宾、土耳其等国的伤病战俘，并要求在短时间内为这些伤员建立完整的规范的英文病历。由于我们人员较少以及英语水平不高，最后不得不从国内湖南湘雅医院调来一些专家教授参与完成病历的书写。由于当时无法复印和打字，只好用手抄写，工作量之大，可以想象。更可恶的是，有些战俘，总是在生活和饮食上提一些无理要求，处处向我们发难，今天要吃面包，明天要吃三明治，还要求我方提供更好的

作者本人，1953 年 10 月 3 日摄于朝鲜阳德

作者(前排右一)与赴朝战友的合影

优质罐头和饮料。一旦得不到满足，他们就在病房里大呼小唤，无病呻吟，假装这里不适、那里疼痛，明知道他们是在捣乱，出于人道主义精神和我方优待战俘的政策，我们还是耐心地分别予以处理。与此同时，我们还组织少量敌方轻伤战俘到我方病区进行参观，让他们了解我们在那样艰苦的条件下，还给予他们远远优于我方人员的医疗和生活条件。从此，这场闹剧才得以平息，以致后来出现不少战俘在治疗和养病的同时，还要求我们教他们唱"东方红"，少数人也真的学会了这首歌颂我们伟大领袖毛主席的红歌。我们的优待战俘政策，产生了"将敌化友"的奇效，这在世界战争史上是无先例的。

抗美援朝战争已过去快 70 年了，每当回忆起这些往事，战场上许多故事仍历历在目，战斗中许多感人事迹，现在想起来仍令人潸然泪下，无数年纪轻轻的志愿军战士为了保家卫国，为了世界和平，献出了自己宝贵的生命，虽然他们的骨灰永远留在异国他乡，但他们的忠魂却永远庇护着祖国和人民。这种不畏强敌、不怕牺牲、敢于战斗的精神值得我们永远牢记和发扬！

祈在战争中为国捐躯的烈士们永垂不朽！愿最可爱的人——中国人民志愿军的光辉形象永远刻印在人们心田！

2021 年 12 月

【作者简介】周兰仙，1932 年出生，武汉大学基础医学院教授。1948 年就读于湖北医学院附属高级医事职业学院，1951 年毕业留校工作，任保健科和公共卫生所护士。1953 年 1 月至 1954 年 1 月赴朝参战。1998 年退休。

二　大师风范

五位知名教授联手开创新中国测绘教育事业的高地

徐兴沛

中华人民共和国成立后，我国测绘教育事业有了较大的发展，但仍满足不了经济建设的需求。1955年，国家决定，汇集同济大学、天津大学、南京工学院、华南工学院、青岛工学院等5所院校的测绘专业师资和设备，在武汉创办一所测绘高等学校，任命高教部工业教育司司长唐守愚兼任筹委会主任，夏坚白、陈永龄、金通尹为筹委会副主任。

1955年，在武汉市东湖之滨的武汉大学珞珈山的西南面，国家投资征地650余亩，一年之内迅速兴建了新中国测绘高等教育和科研基地——武汉测量制图学院，并于1956年秋季开学（1955年前述五校代招一年级学生），创造了新中国高等教育的奇迹。这乃是今日武汉大学测绘学科的源头。

回眸66年前，武测事实上是由五大国家知名教授团队共同开创的新中国测绘高教新高地。这五大国家知名教授分别是：夏坚白、王之卓、陈永龄、金通尹、叶雪安。他们个个都不一般，都有传奇故事。夏坚白曾任同济大学校长，王之卓曾任交

夏坚白（1903—1977）

王之卓（1909—2002）

陈永龄（1909—2004）

叶雪安（1905—1966）

金通尹（1891—1964）

通大学校长，金通尹曾任北洋大学代理校长和青岛工学院院长，陈永龄曾任华南工学院副院长，叶雪安曾任同济大学测量系主任。

一、夏坚白：中国当代测绘事业的开拓者

夏坚白，1903年11月20日出生，江苏常熟人。1929年7月毕业于清华大学。1935年获得英国伦敦大学帝国理工学院特许工程师文凭（D.I.C.）。1939年8月获得德国皇家柏林工业高等学院（今柏林工业大学）工学博士学位。之后任同济大学校长。1955年当选中国科学院首届学部委员（院士）。

夏坚白是武汉测量制图学院筹委会副主任。这更激励他一定要完成好党和国家的重托。

为了筹建武测，夏坚白根据早年留学英国、德国时一些大学测绘专业的设置情况，总结自己在同济大学和中央陆地测量学校的办学经验，反复征询我国测绘学者和同济大学的苏联测绘专家的意见，对一所测绘大学应该设置哪些专业、各个专业应有哪些教研室、每个教研室需设什么实验室、各个实验室该怎样建设等问题，均认真地进行了研究，使学校的教学方案日趋完善。

同时，夏坚白统一协调即将合并到武测的五所大学测绘专业的教师，为学校编著新教材40种、选用教材22种。他在参加中国科学院科学规划会议之际，还特请全国人大常委会副委员长、中科院院长郭沫若为学院题写了校名。他还先后到武汉勘

测校址、督察征地迁坟、地形测量、地质钻探、总体布置、设计施工等进展，并邀请我国著名建筑大师、同济大学哈雄文教授根据学校的地势地貌采取了南北主轴、东西对称的总体设计方案，使得校园的建筑群在主轴线东西两边对称排列，整齐壮观。

1958 年 7 月，国务院任命夏坚白为武汉测量制图学院院长。

此后，夏坚白把主要精力放在建设武汉测量制图学院，他首先远赴外地亲自登门邀聘测绘专家学者来校任教，增强师资力量；其次，夏坚白在学院院务委员会上，对加强团结、交流教学经验、提高教学质量、加紧制定各项规章制度、加强学生政治思想、抓好学生纪律等方面，做了具体的全面布置，同时对科研工作提出了要求。此外，为开设新课，夏坚白派青年教师到上海、北京等地有关科研单位学习计算机。在他的领导下，武测制定了《关于培养提高师资的方案》，规定青年教师制订进修计划，学院为其创造条件，定期考核，并要求青年教师关注当代科技发展与测绘科技发展，要吸收和借鉴新理论与新技术。

1969 年 11 月，国家测绘总局及测绘研究所、武汉测绘学院（1958 年 12 月 20 日更名）一并被撤销，夏坚白被安置到华中师范学院外语组编写教材。此时，面对测绘技术力量流散、教师改行、技术资料被大批销毁、教学科研设备闲置等窘况，他担心测绘事业后继无人，叮嘱大家不要丢掉测绘专业，不要丢掉外语。在被迫改行期间，夏坚白仍置个人得失与年纪老迈于不顾，为了测绘教育和科技事业而四处奔走。在 1972 年湖北省委召开的高级知识分子座谈会上，夏坚白呼吁恢复武汉测绘学院。会后，夏坚白上书周恩来总理，呼吁恢复武汉测绘学院。

很快，夏坚白的建议得到了中央的重视。1973 年 3 月 6 日，周恩来总理作了调整国家测绘体制的批示。同年 5 月 30 日，国务院和中央军委发布通知："恢复国家测绘总局，恢复两个测绘科学研究所，重建武汉测绘学院。"

1974 年 4 月，夏坚白回到了重建的武汉测绘学院，并建议武测立即进行卫星大地测量理论与技术研究工作。

1977 年 10 月 27 日，夏坚白因病在武昌与世长辞，终年 74 岁。2001 年，学校设立"武汉大学夏坚白院士测绘事业创业优秀学生奖学金"。

二、王之卓：中国摄影测量与遥感学科的奠基人

王之卓，1909年出生，河北丰润人。1932年毕业于上海交通大学。1935年获得英国伦敦大学帝国理工学院特许工程师文凭（D.I.C.）。1939年获德国皇家柏林工业高等学校（今柏林工业大学）博士学位。1980年当选中国科学院学部委员（院士）。

武汉测量制图学院筹建之初，王之卓是筹委会委员。之前，先后担任过交通大学代校长、校长，青岛工学院教务长。武测成立后，他担任航测与制图学系主任。航测与制图分开后，王之卓出任航测系首任系主任。

王之卓最大的贡献是提出解析法空中三角测量加密理论与方案，奠定了中国摄影测量与遥感学科的基石。1956年被评为国家一级教授。

1957年9月，在《武汉测量制图学院学报》创刊号上，王之卓发表了题为《偶然误差累积的系统现象及其在摄影测量中的应用》，在中国首次提出了偶然误差累积的规律。同年12月，他参加了在北京召开的中苏朝越蒙五国测绘科技会议，发表了题为《起伏地区航摄像片相对定向元素解算公式的研究》，提出的新解算公式之精度，大大优于苏联的"瓦洛夫公式"，被称为"王之卓公式"，从而确立了我国航测在世界的领先地位。

正当王之卓为中国航测赶超世界先进水平而拼搏时，"文革"爆发，原武测成为重灾区，他受到冲击。武测停办后，他被安排到武汉水利电力学院工作。武汉测绘学院重建后，王之卓辗转回到学校，重新开始教学和研究工作。他承担了国家测绘局重点科研项目《小比例尺放大成图》的研究。在呈报国家航测局《关于发展我国1∶1万测图技术的一些意见》一文中，他提出了使用一幅航测相片可制作一幅1∶1万地图的方法，并很快用于生产实际，大大提高了生产效率，降低了成本。

此外，他还制定了解析空中三角测量、近景摄影测量、摄影测量自动化、数字地面模型、遥感及其应用等五个新研究方向。同时，王之卓重新组织学术梯队。为了使我国航测早日与国际新技术接轨，他倡议开设了"航测新技术"专业课程，并亲自到全国各地讲学，介绍航测新技术。1975年，他主持编制中国最早的航测软件——《航带法区域网平差程序》，进一步提高了航测技术的广泛应

用和可操作性。

1978 年 12 月，王之卓提出了"全数字化自动测图系统的研究方案"。该项目于 1980 年被国家列入重点科研项目。同年，王之卓当选中国科学院学部委员（院士）。

经过多年艰苦努力，在他的直接指导下，以张祖勋为首的课题组，解决了摄影测量由模拟与解析向数字摄影测量发展的一系列重大理论和技术问题，使数字影像匹配这一国际上急需解决、久攻未克的难题取得了突破性进展。利用该成果研制的"全数字化自动测图系统软件包"，创造性地运用了跨接法、松弛法和一维动态规划进行二维整体匹配，使影像匹配速度创下世界最高点——每秒 200 点，并达到实用化要求。

该项目荣获 1988 年度国家教委科技进步一等奖、1994 年第六届国家自然科学二等奖。1992 年起，课题组又将该项目进行产业化和国际化，1998 年春，"数字摄影测量工作站——VirtuoZo"已经商品化和国际化，由澳大利亚 VSI 公司和全球 20 多个代理商进行国际销售，成为中国唯一跻身于世界四大同类软件产品之一，实现了我国测绘高科技产品在世界上占一席之地的理想，在国际上享有很高的声誉。

1988 年 7 月，王之卓担任中国测绘学会代表团的团长，一行 35 人出席国际摄影测量与遥感学会在日本东京举行的第十六届大会。在大会开幕式上，王之卓被授予最高荣誉——"荣誉会员"称号，成为世界上当时受此殊荣的七人之一。

王之卓曾任武测副院长、武测名誉校长，湖北省政协副主席、省人大常委会副主任。1999 年，学校设立"王之卓创新人才奖学金"。2002 年 5 月 18 日，93 岁的王之卓辞世。他的身后，大批学科带头人挑起重担，继承他的遗志奋勇前进。

三、陈永龄：中国大地测量学的奠基人

陈永龄，1909 年出生，北京人。1929 年考入清华大学，1931 年毕业于交通大学。1935 年获得英国伦敦大学帝国理工学院特许工程师文凭（D.I.C.）。1939 年获德国皇家柏林工业高等学校（今柏林工业大学）工学博士学位。1951 年任岭南大学理工学院院长。1953 年任华南工学院副院长。1980 年当选中国科学院学

部委员（院士）。

陈永龄认为，国家独立建制武汉测量制图学院，对发展中国的测绘教育事业意义重大。作为筹委会副主任，他亲自率队风尘仆仆地来到武汉，选定珞珈山西南的天门山、栗子园一带为校址。

1956年11月，陈永龄担任武测副院长，并成为副博士研究生的指导老师。他虽身居领导岗位，但教学、科研上时时处处发挥带头作用。

他担任课时较多的《大地测量学》教学任务。他编写的讲义，内容新颖、资料翔实、概念清晰、实例突出。在讲台上流利潇洒，他能把枯燥无味的内容讲得生动活泼、深入浅出、重点突出。他声音洪亮，板书工整。每逢他授课，许多进修教师争先前往教室听课，常常座无虚席。凡与他共过事的教师和听过课的学生，无不称赞陈永龄的教学效果。

他主持制订了《1956—1957学年工作纲要和教学科研工作计划》《1957年科研工作计划》。1957年，学校举行了第一次教师科学研究讨论会和学生科学报告会，同年创办了《武汉测量制图学院学报》。这些工作，都为提高学校的教学和科研水平营造了良好的环境。

他重视教材建设，与叶雪安合编《大地测量学》（上下卷）。陈永龄负责的上卷一分册和二分册分别在1957年和1958年出版。该书吸收了国外大地测量教材的优点，紧密结合中国测量事业发展的需要，理论与实际并重，对大地测量学的重大问题做了精辟的概述，成为中华人民共和国成立后一部理论较系统、内容较完整、阐述较全面、切合中国实际的大地测量学教科书。至今，此书仍对大地测量教材的编写起着示范和指导作用。

1959年6月，陈永龄调任国家测绘总局总工程师，兼任国家测绘总局测绘科学研究所第一任所长。

珠峰是世界第一高峰，它的高程历来为人们所关注。但因珠峰地区特殊自然地理条件的限制，加上一些特殊理论与技术问题没有完全解决，使其高程的测定精度较低。为解决这一难题，1965年，陈永龄提出了求定观测珠峰时的大气折光系数和推求珠峰附近大地水准面起伏的方法。在他的指导下，1975年，国家登山队员携带他设计的觇标登顶，从而测得珠峰海拔高程值为8848.13米。这一测定结果，超过国外历次测定的精度，并得到国际上的公认，陈永龄也被誉为

"珠峰测高第一人"。

20世纪70年代，国际卫星大地测量技术发展很快，涉及范围很广。陈永龄借鉴国外的做法和经验，力主在中国引进卫星多普勒技术。这一建议于1976年被国家有关部门采纳，其重大意义在于：中国建立了比较精确的地心坐标系，为我国空间技术的发展做出了贡献。

此外，陈永龄也为探索天文大地网总的尺度因子、方位偏差等量的大小，提供了一种独立的可资参考的外部检核数据。他是这一崭新手段应用于中国测绘工作的积极倡导者。

2004年8月15日，陈永龄在北京逝世，享年95岁。2006年，学校设立"武汉大学陈永龄院士优秀学生测绘科技创新奖学金"。

四、叶雪安：中国大地测量科学的开拓者

叶雪安，1905年出生，江苏金山人（今上海市金山区）。1929年毕业于同济大学。1933年赴德国慕尼黑工业学院（今慕尼黑工业大学）攻读测量专业，1935年获慕尼黑大学特许工程师文凭。1937年2月回国，受母校同济大学之聘，任测量系讲师。他先后任同济大学工学院院长、代教务长、训导长等职务。1956年，叶雪安被评为国家一级教授。

1937年"八·一三事变"后，日寇大举侵犯上海。叶雪安随同济大学辗转内迁至浙江金华、江西赣州、广西八步。转移途中，叶雪安仍坚持给学生上课。1938年夏，德籍教授、系主任范远，副教授福里格奈尔从广西八步返回德国，测量系面临解散的危险。关键时刻，叶雪安挺身而出，以副教授代行测量系主任之职，与测量系1937年首届毕业留校任教的纪增觉、郭惠申、程元庚等同心协力，坚持理论教学和实验实习正常运行，还聘请国民政府陆地测量局的专家曾广梁任兼职教授，使得测量系保存和发展起来。此后，他又随同济大学相继转移到云南昆明、四川南溪重镇李庄。

他的挚友、中国科学院资深院士王之卓多次强调："若不是叶先生，测量系老早就办不下去了！"

1939年秋起，他先后聘请获德国皇家柏林工业高等学校（今柏林工业大学）

博士学位归国的夏坚白、王之卓等测绘专家到同济大学测量系兼课。

1943年在四川李庄，叶雪安促成了同济大学测量系与中国地理研究所大地测量组（1940年成立）合署，这使得他与夏坚白、王之卓、陈永龄、方俊等中国测绘精英齐聚到同济大学测量系。当时，由叶雪安领导的测量系，设备精良，几乎垄断了当时中国对勘测员和制图员的培养。他一身儒雅长衫，待人忠厚诚恳、谦逊质朴，经常举办学术讲演会，使得测绘系的学术风气浓厚。他年仅30多岁，挚友和师生们却都称他为"叶老夫子"。

1949年上海解放前夕，叶先生认清历史发展之大势，在同济人学校长、挚友夏坚白的帮助下，摆脱去台湾的胁迫，留在上海迎接解放。因他在同济大学的资历老，他的选择感染了犹豫不决的学者。同济大学测量系教师总计13人全都留在上海，测量仪器完好无损，为新中国保留一个完整的测量专业。中华人民共和国成立后，叶雪安继任同济大学测量学系主任。

叶雪安的第二次辉煌，是为武汉测量制图学院的创建和发展做出的杰出贡献。他是武测筹委会的委员之一、天文大地测量系首任系主任。

建校伊始，就与夏坚白、王之卓、陈永龄、李庆海等教授登报招收副博士研究生。

为适应新中国高等测绘教育的发展，他编著出版了《测量平差》《大地测量》《地图投影》《普通测量学》《测量平差补编》等多部教材专著；与夏坚白一起，组织测量系教师集体翻译了苏联的《测量学教程》（上下册）、《摄影测量学》（上下册）、《大地测量控制网的建立原理》（上下册）、《高等测量学教程》、《地质测量与普查方法指南》（下册）等。

他和他的研究生不止一次地修正国际著名学者在公式推导中的错误。1956—1966年，他相继发表了《用利萨夫法施行三角网的近似平差》《高斯—克吕格坐标换标表内关于 bx 及 by 的研究》《维罗魏茨及拉宾诺维奇高斯坐标变换数学表中公式的扩充》《武汉市城市控制网新旧坐标变换问题》《对"内积分法推演的平差新法"一文的意见》《大地线微分公式的研究》《四种大地线微分公式的研究》等多篇论文。为了跟上国际大地测量学科的发展，他与陈永龄合编《大地测量学》（上下册），他编著的下册，凝聚了他30多年教学、科研和生产的心得。

20世纪60年代，高校政治运动不断，师生还常常参加农业劳动，一去就是一两个月，教学秩序很难正常维持。但叶雪安教学备课仍一丝不苟，不仅备课笔记工整，而且讲课内容力求介绍大地测量学发展的前沿知识。

叶雪安讲课的另一特点，是中英文板书极为漂亮、整齐、快速。在 20 世纪 50 年代末 60 年代初，上大地测量课的学生比较多，上课一般都在大阶梯教室，这类教室中的黑板特别长，左右两块黑板并列在一起有七八米长，叶雪安能将椭圆体大地测量中的微分公式从左到右一口气不歪不斜、又快又好地写出来。

他十分关心青年教师的成长，亲自制订青年教师进修计划，对于确有才华的青年教师悉心指导、给力培养。深夜，每当他读到研究生和青年教师的好论文时，情不自禁斟酒一杯，边品边研究，反复推敲后才提出自己的意见。

叶雪安作为知名的教授，无私地奉献自己的宝贵资料。留学德国期间，他节衣缩食，以高价购齐德国从 19 世纪创刊至 1937 年 2 月的各期测量杂志（ZFV）。1961 年 12 月，武测图书馆在极其困难的条件下建成，为了丰富图书馆的馆藏，拓宽师生的视野，他将这套珍贵的期刊捐献出来，至今仍完好地陈列在图书馆信息科学分馆。改革开放后，一些德国学者来校参观交流，当看到因第二次世界大战而在德国很难见到的如此完整的 ZFV 杂志时，都赞叹不已。

1966 年 9 月 15 日，年仅 61 岁的叶雪安教授在"文革"中含冤辞世。党的十一届三中全会后，叶雪安的冤案平反昭雪。

1985 年 1 月，武测接受叶雪安的女儿叶德丰的捐献，设立了"叶雪安大地测量奖学金"。叶雪安的研究生、香港实业家韦梓辉，多次向"叶雪安大地测量奖学金"捐款捐物，使得基金规模不断增加。2016 年，教育部高等学校测绘类专业教学指导委员会和中国测绘地理信息学会共同设立"叶雪安优秀教师奖"。

五、金通尹：武测建校的大功臣

金通尹，1891 年出生，浙江平湖人，是五大知名教授中年龄最长者。1915 年毕业于北洋大学（天津大学前身）。1918 年执教于复旦大学，创建土木建筑专业，并任理学院院长。抗战胜利后，应母校北洋大学的邀请，先后出任该校教务长、代理校长。1952 年秋，青岛工学院成立，金通尹出任院长。

1955 年，国家决定停办青岛工学院，其测量专业与同济大学、天津大学、华南工学院、南京工学院的测量专业一起，合并组建武汉测量制图学院。当时，组织上拟留他任青岛市副市长，但他婉言谢绝，并表示："愿继续从事教育，至于职位可无须考虑。"

1955 年 6 月，金通尹被任命为武汉测量制图学院筹委会副主任。此时，金通尹的肩上有两副担子：一副担子是作为青岛工学院院长，短短 4 年学校就撤销了，纺织系、测绘系、土木系、水利系等 4 系分别调往上海、武汉和西安，教职工及家属数百人需要多方安置，金通尹耐心地做他们的思想工作，排忧解难，妥善安排。另一副担子是他作为武测筹委会副主任，要负责武测校舍的建设，从踏勘校址到设计施工，仅用一年多的时间，保证了 1956 年 9 月如期开学上课。这一功绩，一方面是筹委会和广大建校人员的共同努力；另一方面，同金通尹借鉴原青岛工学院的校园设计和建设方案分不开。原青岛工学院的建校方案，是金通尹率人参观京津诸大学后集各校之长而绘制的。

1956 年 8 月，65 岁高龄的金通尹离开风和日丽的美丽青岛，来到了"火炉"武汉。

新建的武汉测量制图学院，生活服务设施尚不完善，而师生员工来自祖国的四面八方，生活习惯各不相同。为添置教学设备、安排师生生活，金通尹几乎是日夜操劳，巡视走访，积极谋划，解决困难，使教学和科研工作迅速走上正轨。他不容浪费国家的资金物资，事事坚持原则，厉行节约。他爱校如家，生活俭朴，而对学院发展总是关心有加。在学院图书馆落成之际，他将自己收藏多年的二十四史（连同书柜）、其他古籍和科学技术书籍赠与图书馆。

1957 年 4 月，在患有高血压症、左眼失明、听力不好的情况下，代理民进武汉市主任委员，尽心尽力地完成民进的日常工作。1958 年 9 月，当选民进武汉市主委，同年加入中国共产党。

1964 年 11 月 15 日，金通尹因病逝世，年仅 73 岁。2017 年，金通尹的亲属出资设立"武汉大学金通尹奖学金"。

2021 年 5 月

【作者简介】徐兴沛，1946 年 2 月出生。1969 年毕业于中国人民大学国际政治系，1975 年底调入武汉测绘学院，从事校史编研工作，编审。主编《武汉大学测绘学科五十年》《学部委员夏坚白》《资深院士王之卓》《武汉测绘科技大学史料》《武汉测绘科技大学年鉴》等十多种文献，发表论文、传略多篇。2006 年退休。

朱裕璧：武汉大学医学学科的创始人

孙晓娟

朱裕璧(1903—1986)，字楚珍。湖北医学院的创始人，著名的医学教育家。1926年毕业于上海同德医学专门学校。1929年留学德国哥廷根大学医学院，1934年获得医学博士学位。1943年筹办湖北省立医学院，并任首任院长。1956年，被国家评为二级教授。

2020年，武汉成为全国乃至世界的焦点，一场突如其来的大疫情暴发。身处疫情中心，武汉人民是不幸的；但身在中国，武汉是幸运的，万众一心、众志成城，我们艰难打赢了这场旷日持久的新冠疫情阻击战。钟南山院士动情地说："武汉是一座英雄的城市，武汉人民是英雄的人民。"

师生同心、校友合力，一方有难，八方支援，武汉大学成为疫情主战场当之无愧的英雄聚集地。荣膺头功的毫无疑问是医学部的"白衣战士"们，面对汹涌的疫情，他们放下亲人团聚的温暖和来之不易的休息，无怨无悔，踏上遍布危机的"战场"。是什么让逆行的脚步如此坚定？又是什么让年轻的肩膀如此坚强？答案也许就在东湖之滨的杏林苑。

一、创办湖北省立医学院

杏林是中华传统医学的代名词，"杏林苑"是武汉大学对医学学科群的代称。走进医学部大门，迎面是毛主席塑像，右边就是"杏林苑"。

湖北医学院的历史，最早回溯到1943年。为了更好地发展湖北省的医疗卫生事业，由曾任国立中山大学医学院教授的朱裕璧等人精心筹备，在战时省会驻地恩施土桥坝沙湾成立了湖北省立医学院，朱裕璧为首任院长。他捐出打字机、显微镜，亲自编教材，讲授《外科学》《解剖学》《德语》等课；带领师生挖井过滤，解决用水困难。如今两口水井依旧甘泉涌动，惠及后人，也成为医学院建校初期的见证。

抗战结束后，湖北省立医学院于 1946 年年初迁至武昌，1947 年 8 月迁入原湖北省立医科大学旧址（即两湖书院旧址），1949 年 11 月更名为湖北省医学院。1953 年 9 月再次更名为湖北医学院，湖北医学院正式迁到武汉大学医学部现址是在 1957 年 8 月，此后学校不断发展规模，改善教学条件，初步建立起基础和临床配套的教学体系。虽然学校的教育事业在"文化大革命"期间遭受了较严重的破坏，但广大师生仍在艰难时期坚持教学、医疗与科研齐头并进，并在改革开放的春风中蓬勃发展，形成多专业、多形式、全方位开放办学的教育格局。

二、为国为民，立志从医

为这一繁荣格局奠定发展基础、深埋改革基因、厚植报国情怀的正是首任院长朱裕璧。朱裕璧是湖北宜都人，1926 年毕业于上海同德医学专门学校，后在湖北省立医科大学教书。北伐战争后省立医科大学停办（1926 年 11 月与国立武昌大学等 5 校合并组建国立武昌中山大学）。1929 年留学德国哥廷根大学医学院，获医学博士学位，并被接纳为德国外科学会会员。1934 年，朱裕璧毅然回国，在北京协和医院做研究工作，任外科研究员。1936 年 8 月，朱裕璧获得美国洛氏基金会特别奖，但他放弃赴美学习工作的机会。抗日战争全面爆发后，他先到江西吉安的同济大学医学院教书。在中国面临生死存亡的关头，朱裕璧来到贵州的安顺军医学校，任少将教官，培养抗日前线急需的战地军医。军医学校迁往浙江之后，朱裕璧到中山大学医学院教书，任外科教授。此时中山大学医学院因战乱从广州迁往广东韶关的乐昌山区。

朱裕璧

朱裕璧治学严谨，在外科学和病理学方面有很深的造诣，曾多次在德国病理学杂志上发表学术论文，编著医学院本科生教材——《外科学》一书，为国内外同行所瞩目。1951年，抗美援朝数百位志愿军伤病员来到湖北医学院附属第一医院(今人民医院)治疗，朱裕璧和医院医护人员夜以继日地救治伤病员。1966年，朱裕璧成功研发当归痛点注射疗法，治愈脉管炎、皮肤病、腰腿疼等顽症，疗效显著，为国内首创。在艰难困苦的环境中，他致力于医学教育事业，为国家培养了大批医学人才，他的学生中很多人成为国家医学教育和科研的骨干。作为湖北医学院的首任院长，朱裕璧为创立、建设湖北医学院和促进湖北医学教育的发展做出了积极贡献。

中华人民共和国成立后，朱裕璧历任中国民主同盟中央委员、省民盟常委、省政协常委等职务。

1986年9月11日，朱老先生在武昌逝世，享年84岁。去世前，他加入中国共产党。

三、后人缅怀，不忘恩师

2003 年，是朱裕璧老院长 100 周年诞辰，湖北医学院 1983 级校友倡议捐资为朱裕璧教授雕塑半身铜像，立于医学部图书馆前，供后人缅怀。

2013 年 5 月 22 日，武汉大学举行医学学科创始人朱裕璧教授 110 周年诞辰纪念会，深切缅怀其为湖北医学教育所做的开创性贡献，追思和学习其为国家、民族不懈奋斗的崇高品格和忍辱负重、忘情效命的思想情操。

2003 年 5 月敬立的朱裕璧塑像

2006 年，朱裕璧去世 20 周年。为激励后学，弘扬他"忍辱惟知图奋勉，忘情效命敢蹉跎"的精神，朱裕璧的女儿朱宜萱教授（武汉大学遥感信息工程学院）和女婿李德仁院士（武汉大学教授，中国科学院院士和中国工程院院士）、校友共同捐款，设立了武汉大学"朱裕璧医学奖"，以奖励成绩优异的医学生和为医学教育做出贡献的专家、教授。该奖项为武汉大学医学领域最高级别奖项。他的女婿——李德仁院士解释设立奖学金的初衷："朱先生一辈子忠诚于国家和人民，要很好地传承他的精神，共同努力，促进湖北医学发展，造福人民。"李德仁和朱宜萱夫妻累计向"朱裕璧医学奖"捐款 60 多万元。1983 级校友共向"朱裕璧医学奖"捐款 25 万元。2021 年，武汉大学中南医院院长王行环教授捐款 20 万元。

同年，医学部行政楼添置一块校友石，正面书"索技于行 修德于心"，背面书"琢玉成璧"，为武汉大学医学部 70 周年庆典时原湖北医学院 1955 级校友捐赠。"琢玉成璧"既是朱教授名字中"裕""璧"两字谐音的嵌合，更是老先生一生致力于为国家培养医学人才的真实写照。在朱先生为国为民精神的感召下，武汉大学一批批校友在医疗卫生岗位上发光发热，谱写出武汉大学医学人一首首英雄赞歌。

健康所系、性命相托，救死扶伤、薪火相传。医学部行政楼和图书馆之间的广场上，静静地矗立着朱裕璧的雕像。每天早晨，医学后辈在这精益求精人体结构的精巧。无数个夜晚，杏林学子在这潜心问道为国为民的征程。时代变化得很快，挑战与机遇并存，愿武汉大学医学人报国之志不改，报国之行不停。

2021 年 11 月

【作者简介】孙晓娟，1965 年 12 月出生，1983 年进入湖北医学院学习，1988 年留校工作。曾任中南医院教学党总支书记、党委宣传部部长、大内科党总支书记等职务，现任武汉大学中南医院党委组织部部长。

高尚荫：我国微生物学的重要开拓人

涂上飙

　　高尚荫（1909—1989），病毒学家，中国科学院学部委员（院士）。1930 年毕业于东吴大学，1935 年 1 月获耶鲁大学博士学位，后在英国伦敦大学研究院从事科学研究。1935 年 9 月任国立武汉大学生物系教授。1949 年以后任武汉大学生物系主任、教务长、副校长等职。兼任中国科学院武汉病毒研究所研究员及所长。

年轻时的高尚荫

　　高尚荫，1909 年出生于浙江嘉善的一个书香世家。1916 年，高尚荫进入陶庄学校接受启蒙教育。1926 年中学毕业后考入苏州东吴大学生物学系。1930 年获得东吴大学理学学士学位。同年，获得美国佛罗里达州劳林斯大学的奖学金赴美国学习，一年后获得文学学士学位。1931 年秋，转到美国耶鲁大学研究生院读研究生。1933 年获洛克菲勒基金会奖学金，师从伍德拉夫（L.L.Woodruff）教授，开始攻读博士学位。1935 年 1 月，他完成毕业论文《草履虫伸缩泡的生理研究》，获得耶鲁大学理学博士学位。

一、培养国家高端生物学人才的践行者

高尚荫一生致力于微生物学和病毒学的教学工作，亲自为本科生主讲基础课，积极招收、培养研究生，为国家培养了一批又一批高层次的专门人才。

1935—1945 年，他先后讲授过《普通生物学》《原生动物学》《无脊髓动物学》《微生物学》《土壤微生物学》《高级微生物学》《病毒学》《高级病毒学》等课程。

他于 1942 年开始招收研究生，是当时学校最早招收理科研究生的导师。王焕葆是中国科学院动物研究所研究员，是他的第一个研究生。中华人民共和国成立后，学校于 1954 年开始招收研究生，到 1973 年止，他指导微生物学研究生 8 名。1981 年国家下达了第一批博士生导师名单，他成为学校 11 个导师之一。

1955 年，他主持创办了国内大学中第一个微生物学专业，至今这个专业仍然是国内学术水平和实力最强的专业之一。20 世纪 70 年代，国内众多科研机构、大专院校、医疗单位及防疫部门都迫切需要经过系统培养的病毒学专门人才。他经过努力，在学校的大力支持下，率先在全国创办了第一个病毒学专业，1976 年开始招生。这个专业目前具有学士、硕士、博士学位授予权，也是博士后流动站和国家重点学科点，成为我国培养病毒学专门人才的主要基地。

二、生物学领域科学研究卓有成就的领跑者

高尚荫一生在生物学领域开展的科学研究不仅成绩突出，而且成果丰硕。

1935 年 2—8 月，他在英国伦敦大学研究院从事科学研究。9 月回国，受聘于国立武汉大学，成为学校当时最年轻的教授。他在学校除了教学，就是从事科学研究。他先后在《中国生理学杂志》《武汉大学学报》《新农业科学》等国内刊物及《德国原生物》《科学》等国外刊物上发表了有关原生动物生理学和微生物固氮菌方面的研究论文 20 余篇。其中 20 世纪三四十年代在 *Science*、*Nature* 上发表的

4 篇论文，是他早期科研成绩的最好代表。

1939 年 9 月，高尚荫、公立华在 *Science* 上发表了论文 *Studies on the Freshwater Medusa Found in Kiating，Szechuen，China.*，对在四川嘉定大渡河边同一池塘发现的两种淡水水母物种的生存环境及其伞径、触手数目、平衡囊数目、生殖腺形状等体形和器官特征进行了描述。此项研究是中国学者最早在无脊椎动物学领域的开创性研究。

1940 年 11 月，高尚荫在 *Science* 上发表了论文 *The Occurrence and Isolation of Azotobacter in Chinese Soils*，通过对四川 15 类以上土壤共 127 个样品非共生固氮菌的测定，发现 102 个样品含有固氮菌。文章首次报道了对中国大面积土壤开展非共生固氮菌的研究。

1941 年 3 月，高尚荫在 *Nature* 上发表了通信 *Soil Protozoa in Some Chinese Soils*，对从四川嘉定及周边地区收集的 40 份土壤标本中的 57 种原生动物进行了发布。

1949 年 7 月，高尚荫、王焕葆在 *Science* 上发表了论文 *Survey of Chinese Drugs for Presence of Antibacterial Substances*，通过对 45 种中草药物进行金黄色葡萄球菌和大肠杆菌的抗菌活性的测试，证明大黄、黄连等六种药物对金黄色葡萄球菌具有不同的抗菌活性，其他两种药物对大肠杆菌也有一定的抗菌活性。

1945 年，高尚荫利用两年学术休假的时间第二次到美国。在美国著名生物化学家、诺贝尔奖获得者斯坦尼(W. M. Stanley)的实验室从事病毒学研究工作。1947 年回国，在武汉大学继续从事教学和科研工作。此时，他创办了我国第一个病毒学研究室，成为我国最早开展病毒学研究的专门机构之一。

20 世纪 50 年代，他应用昆虫单层组织培养法研究昆虫病毒。50 年代中期开始对我国重要的经济昆虫——家蚕的核型多角体病毒病进行系统研究，开创了中国昆虫病毒研究的先河。60 年代进行了昆虫病毒形态结构研究，1962 年科学出版社出版了他的《电子显微镜下的病毒》，这是我国最早系统地描述病毒形态结构的专著，1963 年、1965 年两次再版。1963 年，高尚荫领导的研究小组应用电子显微镜对昆虫病毒的形态结构进行了研究，在世界上第一次发现了这类病毒的帽状结构。70 年代进行了昆虫病毒病原分离鉴定和生物防治研究。80 年代进行了昆虫病毒基础理论及分子生物学研究。90 年代进行了昆虫作为载体表达外源基因以及基因工程病毒杀虫剂的构建研究。其研究成果都达到了国际先进水平。

1978 年完成的菜粉蝶颗粒病毒的理论和应用研究，是国内外最详尽、最集中的研究，在此基础上研制的菜青虫颗粒体病毒杀虫剂，是我国第一个经过国家科委鉴定的病毒杀虫剂。1978 年"昆虫病毒单层组织培养的研究"，获得全国科学大会重大成果奖和湖北省重大科技成果奖。凝聚着他的心血的研究成果——《昆虫病毒理论及应用基础研究》，1990 年被国家教育委员会评为科技进步一等奖，并获 1991 年国家自然科学二等奖（当年一等奖空缺）。

同时，他还结合我国国情，指导研究那些与我国国民经济发展密切相关的科研课题。亲自参加和直接指导了烟草花叶病毒研究、流感病毒研究、鸡新城疫病毒研究、家蚕脓病病毒研究、肿瘤病毒病因研究和十几种昆虫病毒的基础理论及应用技术研究。在他的指导下，我国第一个病毒杀虫剂——菜青虫 GV 杀虫剂中试完成，应用面积达 100 万亩。当防治蔬菜害虫的小菜蛾 GV 杀虫剂、防治粮食作物害虫的黏虫 NPV 等都进入了大田试验的时候，只可惜，这些研究随着高尚荫的心跳停止而暂时终止。

他一生在国内外刊物发表学术论文 110 多篇，出版著作 5 部。其著作有《电子显微镜下的病毒》《微生物学进展》《中国病毒学研究三十年》《生命科学在前进——病毒研究集刊》《昆虫病毒理论及应用基础研究》。

三、担任学校学术和社会职务最多的人

前面提到，高尚荫在 1935 年到校任教时，是学校最年轻的教授，在世界顶级刊物发表论文 4 篇。因此，他很早就成为学术领域的领军人物，学术职务和社会兼职众多。

他先后担任过武汉大学微生物教研室主任、生物学系主任、病毒学系主任、理学院副院长和院长、病毒学研究所所长、校学术委员会主任、校学术评审委员会主任、病毒系学术委员会主任员、教务长、副校长。1956 年他被评为一级教授。1980 年，他被选聘为中国科学院学部委员（院士）。

1956—1984 年，他担任中国科学院武汉分院副院长和武汉病毒研究所所长。还担任了国务院学位委员会生物学科评议组副组长、教育部学位委员会生物学科

评议组组长、教育部高等学校生物教材编写委员会主任委员以及中国微生物学会副理事长、病毒专业委员会主任委员。还担任《病毒学杂志》、教育部《自然科学学报》、《生物学报》以及《武汉大学学报》(自然科学版)主编和《病毒学报》顾问，并担任捷克斯洛伐克《病毒学报》编委。

他担任的社会职务有：民盟中央参议委员会委员、湖北省政协副主席、湖北省科学技术协会副主席、湖北省对外友协副会长。

1981年，美国劳林斯大学授予高尚荫荣誉科学博士学位。他先后9次应邀参加国际学术会议、出国访问和考察，与美国、瑞典、日本、德国、匈牙利、保加利亚、罗马尼亚、波兰、捷克斯洛伐克等十几个国家的学术界进行了学术交流活动，为促进中国人民和世界各国人民之间的友谊和发展国际科技文化交流做了大量的工作。

1989年4月23日因心脏病突发，经抢救无效与世长辞，享年80岁。

2022年9月

【作者简介】见第13页。

王之卓院士二三事

袁 征

王之卓(1909—2002)，武汉大学教授。1932年毕业于交通大学，1934年考取第二届中英庚款公费留学英国，1939年毕业于德国皇家柏林工业高等学院(今柏林工业大学)，是我国第一位获得博士学位的航空摄影测量专家。先后担任交通大学代校长、校长、青岛工学院教务长、武汉测绘学院副院长、武汉测绘科技大学名誉校长、湖北省人大常委会副主任等职。1980年当选中国科学院学部委员(院士)，1988年被国际摄影测量与遥感学会授予荣誉会员。1993年获国家自然科学奖二等奖，1997年获第七届陈嘉庚科学奖，被誉为中国摄影测量与遥感之父。

王之卓老师离开我们已经二十年了。老师身为一代宗师、学界泰斗，追忆他的文章已可车载斗量；老师学术成就的辉煌与贡献亦已举世瞩目，高山仰止。我只是老师的一名普通学生，这方面似乎无需由我赘述了。然而，深藏在心中对老师的记忆、思念和敬仰，挥之不去，随着时光的逝去，却愈加深刻，愈加鲜明。

1963年，我以一种好奇和对新技术憧憬的心理，走进了武汉测绘学院航空摄影测量专业的大门。让我和同学们兴奋不已的是，我们居然由王之卓老师亲自执教。他是中国第一位获得德国皇家柏林工业高等学院(今柏林工业大学)博士学位的航空摄影测量专家，当时已被誉为"中国摄影测量之父"，其带有传奇色彩的经历已广为传颂。我和同学们都为能够成为王之卓老师的学生而自豪。

王之卓

　　第一次见到王之卓老师，是在阶梯教室的讲台上。五十多岁，慈祥的面容，头发花白而略见稀疏。他用平静而又温婉的声调，用浅显的道理讲授深奥的学术理论，把大家带入一个全新的科技领域。航空摄影测量学一开始，我们就遇到一连串繁冗乏味而又令人头疼的数学公式，同学们真不知道如何应对，老师似乎十分理解这种心理。他说："我并不要求你们去死记硬背那些数学公式，只要求你们掌握其基本原理，公式只是对原理的一种表述，掌握了原理，你就懂得这些公式是如何推演出来的。"在这十多年后，再读老师的巨著《摄影测量原理》及其续编时，我仍清晰地记得这番教诲，掌握了原理，就是掌握了学科的精髓。

　　那时学校一直执行着学科代表的教学制度，每门学科推选 1 名学生担任学科代表，其责任是联系授课老师，反映教学中的问题和意见。我有幸担任了航空摄影测量的学科代表，因而有更多的机会接触老师。

一次，我拿了两篇俄文译作请老师指导，译自苏联的《测量与制图》杂志上两篇短文，并无特别的学术意义，只是练习一下外语的翻译能力。不料，老师对照原文，认真做了修改，把一些语法错误都一一加以改正，使我感动不已。我事先只知道老师通晓英文、德文和法文，并不知道他在1954年已经自学俄文，先后翻译出版过前苏联著名测绘专家斯基里多夫和德洛贝雪夫的著作，并在此后与莫斯科测绘学院的校际合作中，与来华航测专家伊利英斯基等教授有着良好的交流和合作记录。

"一个人一生中有两件东西是始终不能丢弃的，一是专业知识，二是外语。外语是最重要的工具，它是了解世界科技发展最新成果所必不可少的。不懂外语，就难以把握科技发展的方向。"这已成为老师一生奉行的信条。记得最后一次去武汉探望老师时，他已92岁高龄，当我踏进老师的小楼时，他正埋头伏案，全神贯注地读着一本厚重的英文版专著。我忽然想起了宁津生院士的一句话："在我国测绘科学发展的每个阶段，王之卓教授始终站在学科发展的最前沿，高瞻远瞩地指出科学发展的方向，并奠定其理论基础。"望着老师满头白发和饱经沧桑的脸，我的眼睛湿润了。

更使我深为感动的是，晚自习所安排的答疑时间，老师都来到学生宿舍，耐心解答疑难，他从未缺席，也从不由助教替代。他在从教的数十年生涯中，以此为标准，严谨治学，为人师表，并渐成一种传统，一种风尚，流传于后世。我毕业后走上工作岗位，在长达几十年的工作实践中，能做出些许成绩，全部得益于老师传授的扎实专业功底、率先垂范和言传身教。

然而，这种美好的师生关系没有得以持久，一场又一场的政治运动，使正常的教学工作终止了。尽管老师在晚年一直从事教学与科研，但未有机会再上讲台授课，我们便成了老师的"关门弟子"。

告别母校，告别5年的大学生活，告别朝夕相处的老师和同学，许多人在流泪。我见到王老师站在送行的人群里，挥着手说："不要丢了专业，不要丢了外语，后会有期！"我哽咽着，什么话也说不出来了。

毕业离校后的又一次师生重逢，已是15年(1983年)之后了。此时老师已届古稀之年，却依然为中国测绘科技的发展在追求、在奋斗，矢志不渝、呕心沥血、孜孜不倦。也是在这古稀之年，老师又一次实现了人生的辉煌，他成功地创立了"摄影测量与遥感专业"并成为教育部的全国重点学科，在不到 5 年的时间里，这一学科已与美、德同类学科并列，进入世界三强，完成了遥感这一新兴科学在中国的奠基。当时老师已是中国科学院院士，并被科技界推崇为"中国摄影测量与遥感之父"。在许多国际学术会议上，国外同行对此也惊叹不已："王先生已远远超越了他所处的时代。"

那年，我在广州主持召开广东省遥感学会年会。我完全不能确定老师能否出席这种地方性社团的会议，但还是试着给老师发了邀请。第二天，我就接到老师的回电，他表示十分乐意参加此次会议，还想借会议机会介绍一下摄影测量与遥感的现代发展。这真是一个意外的惊喜！就这样，我与老师重逢了。

15 年过去了，老师却不见老，看不出他已古稀之年。聆听他谈往事、谈"四清"、谈"文革"，感悟人生的沉浮。我越发感到老师心定、平静、大气。无论在人生的高峰或低谷，他都宠辱不惊，从容以待。

老师问起在粤学生的近况，他居然还能一一叫得出许多同学的名字。我知道，在老师心中，同事、学生、领导乃至老百姓，都没有区别，一样的记忆，一样的怀念。

老师告诉我，在 1964 年至 1966 年，美国连续数次发射月球探测器，并传输下来数以万计的月球表面的近景摄影相片，目的是为实施阿波罗登月计划做准备。当时老师就开始关注这一动向，并意识到一项新兴的科学技术即将诞生，也就是说，人类将进入遥感时代。此后的几年，他虽身处逆境，但始终没有停止对这一新兴科技的思考。每晚深夜，他在微弱的灯光下偷偷地阅读着中科院测地所的一位亲友送来的英文文献资料，如饥似渴。就在这种极其艰难的情况下，摄影测量与遥感融合而成的学科思路逐渐形成了。

而我没有想到的是，这次会议老师竟是抱病而来。他强忍着前列腺病痛乃至排尿困难的折磨，做完了大会报告，与会者居然无人觉察。直至会议结束，代表们合影时我才发现老师似有不适，遂送往中山一院住院治疗。幸好手术顺利，前后约半个月，老师就痊愈出院。

在治病的半个月里，我得以再次走近老师，敞开心扉深入交谈。为减少老师的病房寂寞，每天下班后我就到医院陪伴他，而且会带上一些业务资料征询老师的意见，包括当时还在酝酿中的广州市航空遥感综合调查试验方案、广东省国土资源信息系统技术思路、广东省航测的模拟技术改造等。老师都会认真阅读，提出意见。

记得当时老师断然否定了模拟法测图向解析法测图过渡的方案。他说："没有必要再从国外购进昂贵的解析仪器，解析法测图不是航测技术升级改造的必经之路，你完全可以越过解析法测图阶段，直接进入全数字化测图，这才是一次方向性的变革。"这番话，也就促成了日后与澳大利亚地理信息中心的合作，使广东省成为率先在全国实施全数字化测图的省份之一。

老师还语重心长地说："有一点要肯定的是，你们正在尝试多学科的交叉发展，这条路要坚持走下去。学科的边缘交叉，就会产生多学科的集成和融合，就会有新的学术思想的产生，科学技术才会有新的发展。"他还打趣道："这就是我的科技边际效应观点，不同学科交叉所产生的效应，正如大陆与海洋的交接边缘，一定是生产力最为活跃的地区一样。"这一席话，成为我日后工作的启迪和指南，尤其是在探索和实践测绘与遥感科技与国土资源管理的融合方面，按照老师的多学科交叉发展的学术思想，在全国最早把测绘与遥感技术应用于土地利用现状调查和监管，在全国最早把省级基础地理信息系统建立在国产软件平台上，并实现了传统测绘向地理信息的过渡。

老师的一生，自青年时代起就游学国外，学成回国，又经历了大半个世纪的社会变迁。他在历经各种不同的磨难后，仍能坚持自己的信仰和原则，并将其作为精神支柱，无怨无悔，努力实践一生。在当今信仰缺失、物欲横流的社会中，我坚信继承和传播老师之精神信仰，有着更为特殊的意义。

王之卓老师及其学术成就，将载入中国科技史册。在静寂中回忆老师的时候，我愈加相信，一些消逝的事物，其实都凝固在时光里。

老师的为人、为事、为学，影响着我的一生，也影响着他的所有学生，影响着一代代科技工作者和教学工作者。老师虽然走了，但他的精神常在。正如国家科技部部长徐冠华在纪念老师百年诞辰的题词："王之卓先生是中国科学家永远的榜样!"2008年7月，国际摄影测量与遥感大会决定设立"王之卓奖"，以表彰国际领域取得突出成绩的科学家，这正是对老师恰如其分的评价。随着地理信息与遥感科学的继续发展，老师的生命以及他的精神与信仰也正在不断得以延续，这也正是老师一生所追寻的永恒的人生价值。

2014年1月初稿，2022年8月修改

【作者简介】袁征，1944年10月出生，1968年毕业于武汉测绘学院航空摄影测量专业。曾任广东省测绘局局长、党组书记，广东省国土厅副厅长、厅长、党组书记，广东省环境保护局(厅)局长、党组书记，广东省人大常委会常务委员，广东省人大环境资源委员会副主任，中共广东省委第五巡视组组长等职。2008年12月退休。

唐长孺师与吐鲁番文书

朱 雷

唐长孺(1911—1994)，武汉大学教授。曾任武汉大学历史系主任、中国三至九世纪研究所所长，兼任中国科学院历史研究所研究员、国家文物局古文献研究室主任等职务。早年从事中国辽、金、元史的研究；1944 年后专注于魏晋南北朝隋唐史，并从事敦煌吐鲁番出土文书的整理和研究。主要著作有：《魏晋南北朝史论丛》、《三至九世纪江南大土地所有制的发展》、《吐鲁番出土文书》(全 10 册)、《中国大百科全书·中国历史》(隋唐五代部分)等。

我是 1955 年考入武汉大学历史系的。本科及研究生毕业后留校工作，在武汉大学工作生活 60 多年。最令我难忘的是与唐师在北京整理吐鲁番出土文书那十几年，朝夕相处，在唐师身上学到太多的知识，让我受用一生。

20 世纪 70 年代，"文革"还没有结束，物质匮乏，百废待兴。1973 年夏，为了编写中国古代史教材，时任历史系中国古代史教研室党支部书记的彭神保提出一个点子——为编写教材需要外出搜集考古材料，这得到了武汉大学校方的同意。随即，他拟出路线图：洛阳→西安(包括周围诸县)→天水麦积山→兰州→乌鲁木齐→敦煌→大同。1973 年 10 月初成行，12 月中旬由兰州赶到乌鲁木齐。

我们在新疆维吾尔自治区博物馆的展览厅，看到了数件文书。在此期间，也看到了当年出版的第 11 期《文物》杂志，其中有多篇新疆同仁利用文书撰写的论文。接着又得到新疆维吾尔自治区博物馆的热情介绍，从而大开眼界，异常兴奋和激动。当看到展示的吐鲁番文书时，犹如当年玄奘到了西天看到佛金口所言的

作者与唐长孺(右)合影，1983 年摄于东京

真经那样激动。当时，彭神保提议，给正在北京中华书局做校点工作的唐长孺写信，介绍所见所闻。这些文书是 1959 年以来新疆维吾尔自治区博物馆文物考古队先后在吐鲁番县火焰山公社阿斯塔那村北、哈拉和卓村东进行 13 次发掘出土的。还有在乌尔塘和交河故城发掘的，前后共发掘清理了晋唐墓葬 450 余座，这批文书就是在这些墓葬中出土的。

1973 年 12 月底，我们到达敦煌千佛洞后接到唐师的信，他认为这批文书的价值在于在某些问题上"将使唐史研究为之改观"，同时还提到已向国家文物局领导王冶秋、刘仰峤(曾任武汉大学党委第一书记、副校长)建议整理这批出土文书，并获得同意。

1974 年 1 月中旬，我们赶到北京，向唐师做了汇报，并见到国家文物局领导，知道王冶秋决定，由唐师主持，由新疆维吾尔自治区博物馆与武汉大学合作，文物出版社负责出资，开展整理工作。随后开始抽调人员组成文书整理小组，参加整理编辑工作的有：新疆维吾尔自治区博物馆吴震，新疆考古所穆舜英、李征、邢开鼎(穆、李、邢三同志原属新疆博物馆),武汉大学魏晋南北朝隋唐史研究室朱雷,中国社会科学院历史研究所马雍,国家文物局古文献研究室王去非,中国人民大学历史系沙知,新疆民族研究所宋晓梅等同志。短期参加整理编辑工作的有:胡如雷、孔祥星、谭两宜、陈建放、黄惠贤、彭神保、陈国灿、陈喜霖,中山大学历史系姜伯勤等同志,邵怀民同志负责全书的清抄。

1974年春节后,唐师决定动身前,考虑到整理工作本身之需要,也考虑到新疆文献资料的缺乏,故开出了一大批书目。这些书目中,既有基本史籍,也有内典;既有学术专著,也有工具书。除向武汉大学图书馆、历史系图书资料室、研究室借用外,唐师的一套扬州版《全唐文》也装箱。又考虑到工作的特殊需要,还将在西安购得的一台旧式国产复印机运到新疆。而就在动身前夕,唐师一人被要求参加"评法批儒",不能前行去新疆,而其他能去的人也因种种原因,一直拖到当年9月中旬才动身去乌鲁木齐。

1975年4月底,唐师始成行赴新疆,先期带通晓英语日语、熟知典籍的谭两宜先生和我去乌鲁木齐。唐师去了吐鲁番哈拉和卓、阿斯塔那墓葬区,看了发现文书的古墓,也参观了交河、高昌两座古城,激动不已。去了南疆的库车后,我们乘坐手扶拖拉机挂带的斗车,行走在路况极差的"机耕道"上,强烈的颠簸致使唐师的右眼眼底出血,造成失明。由于新疆医疗条件差,唐师不得不返回北京,住进工农兵医院(即同仁医院)诊治。我与谭两宜则留在新疆继续工作,谭两宜负责清理博物馆藏文书登记,我则又下吐鲁番地区博物馆,清理、拼合、抄录其所藏文书及墓志。其间,王冶秋又专门给国务院写报告,提出由唐师负责,带领专班人员整理吐鲁番文书。李先念副总理批示"拟同意",又经邓小平副总理圈阅,遂决定将此项工作转至北京进行。我与谭两宜在9月底结束新疆工作,于10月初到北京,在医院了解到唐师因深度近视,视网膜极易脱落,因眼底出血造成晶体浑浊,复明有难度,直到11月15日唐师才出院。这时,新疆博物馆也将馆藏文书装箱运到北京,参加整理工作的各路人马也陆续抵达,唐师开始全身心地投入领导整理工作。

在唐师指导下,我根据1962年冬在唐师指导下所作敦煌文书录文校补的了解,以及1974年、1975年在新疆初涉吐鲁番文书整理的点滴体会,加上学习历史所1958年所编《敦煌资料》第1辑,以及日本所出《敦煌吐鲁番社会经济资料》

（上下册），吸取、借鉴其有益的方法，草拟了一个《录文须知》，经整理组讨论，定下了一个共同遵守的工作原则。

出土文书整理是个大工程，要把那些千头万绪的纸片，每一点看明白，理出头绪，抄录到稿纸上，根据纸质、字迹、内容有序归类完成释文、拼对后，再融合自己的历史知识、文献资料，给文书断代、定名，以及必要的注释等。要把文书整理成精品谈何容易！

在文书整理中，唐师强调整理工作与研究相结合。他常说："我们整理文书，是为恢复文书的本来面目，同时也是为了学术研究而整理。"因此唐师特别强调要做释文、断代、定性的工作，边整理边研究，以整理任务带动研究；将研究的结果又及时汇入整理的结果。正是由于他的指导和要求，才使得《吐鲁番出土文书》十册录文本，受到国内外称赞。

在学术界有个不成文的做法，如手中有新资料，就秘不示人，使别人无法研究，唐师很反感这种做法，在北京整理吐鲁番出土文书时，唐师主张学术界有兴趣的专家学者来看文书残片，还特别安排每周五（后改为星期三）为文书开放阅览日，让学者们都来研究，更显唐师的大家风范和气度。

对近万片的残片，首先要在辨识的基础上做出准确录文，而录文和碎片的拼合是两项最基本的工作。但出于文物保护的要求，开始只能根据那些洗得并不十分清晰的小照片做录文与拼合。唐师也和大家一样拿着小照片去做录文工作，但由于右眼已失明，左眼戴镜矫正也只有 0.3 度，困难远非常人所能想象。最后，唐师发现若在照片背后用台灯照射，正面看起来就比较清晰，这一经验也为大家所仿效。

在录文核对以及准确进行碎片的拼合时，就要接触原件了，而这些出自千余年前古尸身上之物，其中不少还有血污等，辨识既难且多有尸臭味，甚至可能还有细菌，但唐师毫不考虑个人健康，每道工序皆不免省。我考虑到唐师身体健康，劝他少接触，但唐师说："我不看原件，怎么知道对与不对？"只好在休息时和进餐前带他去洗手。

字难辨识，残片难拼合，这都是常人难以想象的。而进入"定名""断代"阶段，更是艰辛。因为判断文书整理成功与否的标志，主要是根据释文拼合之准确，"定名"之遵合古制，"断代"之清晰等诸方因素。其中，文书之准确"定名"

和"断代"所要求的学术水准是很高的，难度因而也是极大的。故作为文书整理的领导者，尤须在历史及古文献、书法诸方面具有渊博精深之学识，方能对这批从十六国到唐代开元、天宝年间的官私文书，以及古书、佛、道经典作出准确之定名。面对大量并无纪年之残片，既要考虑纸质又要考虑书法之时代风格变化。除了这些"外证"，还特别需要从文书本身寻求"内证"，从而做出适当的判断（准确或比较接近的"断代"）。

由于整理组成员来自多方，学识、性格不同，甚或间有"利益"之冲突，也会影响整个整理工作。但唐师不仅凭借自己的学术威望，而且以"求大同、存小异"的原则，处理以不同形式表现出来的各种问题，保证较快、较好地完成整理工作，并陆续出版了十册录文本和四巨册图文本的《吐鲁番出土文书》。全书出版后，文物出版社的多位编辑多次对我说："要不是唐先生的领导坐镇，你们的工作就不可能完成。"

人们往往只看到唐先生在整理工作上的贡献，可能忽视或不知，唐先生在完成整理工作过程中，又直接培养了那些有机会参加整理工作的同志，从具体到一个字的辨识，到文书的拼合定名、断代，以及进一步的研究，皆直接或间接得益于唐师的教诲。特别是唐师决不会做知识私有的事，总是毫无保留地当众讲出自己的精辟见解。当时也有人立即抢先撰文发表。我曾和唐师谈及此事，但他毫不在意，依然毫无保留地告诉大家。

由于唐师的倡导和领导，开始于1974年的整理工作，至1986年春，历时13年，终于大功告成。唐师提出对吐鲁番文书的整理时年届六十，这时他在学术上早已功成名就，但他在学术上永不止步，永不满足于已取得的成就，始终保持高度而敏锐的学术洞察力，始终肩负着强烈的学术责任感。

唐师长期离家，持续十年在北京校点"北朝四史"是这样；远赴新疆克服眼疾的折磨，在长达十余年主持吐鲁番文书的整理工作更是如此。在唐师身上，可以深刻体会到什么是"忘我"的精神，什么是真正的大师风范。

1976年，唐山大地震。唐师虽有惊无险，并因避震入住故宫武英殿，接着又带领整理组转到上海继续工作，直到当年年底返京。工作的繁重，生活的困难，加之年纪的增老，使唐师有时生病，还入住北京医院救治过。我们在北京工作期间，住在国家文物局宿舍，绝大多数日子里，中餐在文物局食堂就餐，早、晚餐就由我这个自初中开始就吃食堂、而不会做饭的人去掌勺，但唐师从不高要求，更不责难我。

正是在唐师坐镇和他身先士卒的率领下，吐鲁番文书的整理和出版工作终于完成了。其史料价值之珍贵，整理工作之艰辛，为海内外学术界所公认和推崇。该书多次获得国家大奖，如国家古籍整理一等奖、国家社科基金一等奖。

回想自己十几年致力于吐鲁番出土文书的整理与研究，感慨颇多。在"文革"后期，我有幸走进了新疆，有幸走进了吐鲁番，有幸走进了新疆博物馆，有幸接触并整理了吐鲁番出土文书。从初识出土文书，经过艰难跋涉，一步一个脚印向事业的顶点迈进，终于走进敦煌吐鲁番学，成为一个研究敦煌吐鲁番学的学者。

要想把文书整理成精品，我自己的体会，一定要有扎实的基本功。我在大学期间认真系统学习了魏晋南北朝隋唐史的基础知识，系统地阅读了基本文献，较纯正地掌握了研究方法，而研究课题是继承了唐长孺师的实证方法，溯源思变的论证，因而能得出超越一般认识的结论。在漫长的十几年文书整理中，我体会最深的一点是：要耐得住寂寞，甘愿清贫，不为名不为利，只为求得真知，要在知识的海洋里寻找"真金白银"，寻找人生的乐趣。

虽然吐鲁番出土文书的整理工作过去50年了，但往事历历在目，恩师难忘。

2021年4月

【作者简介】朱雷（1937—2021），武汉大学教授。1962年9月，武汉大学研究生毕业后留校工作，主攻魏晋南北朝隋唐史，协助唐长孺先生整理吐鲁番文书，最终整理完成《吐鲁番出土文书》释文本1—10册、图录本4巨册。曾任武汉大学历史系主任、中国唐史学会会长、湖北省中国史学会会长，《中国大百科全书·中国历史·隋唐五代史》副主编，湖北省政协常委，湖北省政协文史工作委员会副主任，湖北省文史馆副馆长。2009年9月退休。2021年8月去世。

刘绪贻老先生为我写序言

李工真

刘绪贻(1913—2018)，武汉大学教授。1944 年毕业于西南联合大学社会学专业。1945 年入美学习，1947 年获芝加哥大学社会学硕士学位。1947 年 9 月回国，到武汉大学任教。1953 年到武汉市人民银行工作。1964 年重回武汉大学，直至离休。他专注于世界历史和社会学两个学科。专著有：《当代美国总统与社会——现代美国社会发展简史》、六卷本《美国通史》（与杨生茂共同主编）、《改革开放的社会学研究》等，译著有《芬兰史》《中东简史》《富兰克林·罗斯福与新政（1932—1940）》等。

2012 年 5 月 13 日，我们敬爱的刘绪贻老先生步入他的人生百年，这在我国的美国史以及社会学研究领域里是一件十分值得庆贺的事情。据我所知，一位人文社会科学家能达到人生的百岁华诞，在珞珈山上是前所未有的。

我本人既不是研究美国史的学者，也不是研究社会学的学者，更算不上刘老先生的弟子，按理说，真还轮不上我为他老人家写回忆文章。但作为珞珈山上的一名子弟，作为一位在学术成长道路上得到过他热情提携和帮助的人，也作为一位这些年来经常与他交往的后辈，在他老人家百岁大寿之际，的确很想表达自己的庆贺之情。

刘老先生属于我父亲李国平那一辈的老学者，"文革"前就住在武汉大学一区（老十八栋）山上。在我 1978 年考入武汉大学历史系以前，他并不认识我，也没有与我讲过话。但我从小就认识他的小儿子刘末，也知道他父亲是谁。当时他

刘绪贻

老人家给我的印象是：一位衣着朴实、满头黑发的学者，步履稳健地穿行于珞珈山的山林小路。

1978 年，我考入武汉大学历史系时，刘老先生在全国史学界就已非常著名。武汉大学美国史研究室是他一手创建的，一批从事美国史研究的中年教师如李世洞、李世雅、李存训、王绵瑭、钟文范等都在他的领导之下，他"文革"后培养的大弟子韩铁后来也留校任教，还有一批很有才干的研究生如李洪山、何宏非等也正在成长起来。那时，武汉大学美国史研究室的确拥有全国最强的实力。

我第一次与刘老先生交往，是在我攻读硕士研究生期间。那是 1982 年初冬的一个下午，记得那天相当得阴冷，天空中还飘着雨夹雪。我的导师张继平先生通知我说，学校图书馆来了一批有关世界史的外文书单，要世界史专业的老师们前去选书，而那天他又刚好有别的事情要办，抽不出空来，因此就把这个任务交给了我。于是，我匆匆赶往当时设在武汉大学老水工室（行政大楼的南面）的文科图书馆。

当我进入文科图书馆时，已经有不少历史系的老师在选书了，我一眼就看到了老大哥韩铁。他正陪着刘老先生坐在那里选书，见我进来，便热情地招呼我坐到他们那张桌子，随后向刘老先生介绍说："他是李国平先生的儿子，现在是张继平先生的研究生。"刘老先生听了以后，用标准的黄陂腔对我讲的第一句话是：

"你父亲是研究数学的，你怎么会来学历史呢？"我回答道："我进中学一年不到就碰到'文革'了，化学、物理几乎没有学过，考理科怕考不取，又想读书，所以就报考了历史学。"刘老先生笑了笑说："你这说的还是个实话，我喜欢说实话的人。"

不过在接下来的选书过程中，刘老先生并没有与我说更多的话，只是在很专心地选书，每当他选到一本他认为很有价值的著作时，他总会发出这样的感叹："看以后还有哪个敢说没有书看？""以后的研究条件真是越来越好了！"看得出，那时年已七旬的刘老先生，仍然是一个要将浑身精力投入美国史研究去大干一场的人。正如他后来告诉我的那样，他一生中最重要的研究成果都是在他 70 岁以后完成的。

自那以后多年，尽管我总能从他的学生们那里得知老先生又在美国史研究上取得了怎样的成就，也非常关注他发表在《历史研究》和《世界历史》上的那些有关罗斯福"新政"的重要文章，却一直没有机会能与他坐在一起谈话。虽说他常来系里拿信件和报纸，偶然也可以见到他，但每当那时，我除了礼貌地跟他打个招呼外，没有谈过别的。真不知道，他是否还记得我这个年轻的后辈究竟是谁。

第二次真正与刘老先生交往时，已经是 1997 年了，为的是我的研究项目结题一事。1985 年，我获得硕士学位后作为未来的德国史专职教师留校任教，在武汉大学外语系德语专业经过三年的语言训练后，于 1988 年访学德意志联邦共和国的特里尔大学。在我的德国导师库尔特·迪威尔教授的指导下，我开始研究德意志现代化发展道路的问题。归国后我一直在继续这项研究，1992 年又将此项研究以《德意志道路——对一个西方国家现代化历程的探讨》为题，申报了"八五国家社会科学基金青年项目"，并获得了批准。1997 年结题时，需要请几位有名望的学者作为项目的鉴定专家。我当时在校外请了华中师范大学的章开沅教授、北京大学的董正华教授，在校内首先请了刘老先生，还有夏诚教授。

请刘老先生做我项目的成果鉴定专家的原因是，我当时读了由北京大学罗荣渠教授主编的《从"西化"到现代化——"五四"以来有关中国的文化趋向和发展道路论争文选》，这本文选中所收集文章的作者都是我国"五四"以来相当著名的学者。我非常惊讶地注意到，这本文选中的最后一篇文章竟是我们的刘老先生于1948年10月30日写的《工业化的利弊——读了潘光旦先生〈工业化与人格〉一文以后》。这让我发现，原来刘老先生不仅是一位美国史的研究专家，一位社会学的研究专家，同时还是一位现代化研究的大行家，因此非请不可。

1997年1月20日，已经快要过春节了，我前去拜访刘老先生。那时他家早已从一区山上搬到北三区来了，离我住得很近，相距不过百米之遥。老实说，那天进他家之前，我心里是没有底的，一位在全国如此著名的大学者会愿意为我这样一名年轻教师做项目成果的鉴定专家吗？但是当我进门后不久便发现，我的这种担忧完全是不必要的。

这位当时已年近85岁高龄的老先生正在书房里伏案而作，见我进门后便起身接待了我，在明白了我的来意之后，对我请他做成果鉴定专家一事立即就答应下来。不过那天他没有留我多谈，我在留下了成果打印稿和鉴定表后，很快就离去了。他送我出门时，只说了一句话："一个星期以后来拿。"

半个月后，即1997年2月5日。当我再次到他家去取他给我写的成果鉴定表时，他老人家这一次与我谈了起来。他说："我非常认真地审阅了你的这项成果，也很肯定你的这项研究，当然不足之处总是有的。"说完后，他便将那份他写好的成果鉴定表递给我。

在我接过这份成果鉴定表时，看到那上面用极为工整的笔迹写下的第一段话是："李工真同志的《德意志道路——现代化进程研究》是一份严肃认真的、有自己独到见解的、确实有利于人们了解德意志现代化进程并有借鉴作用的研究成果。"接下来便是他从四个方面对我的这项成果的肯定意见。在最后一段文字中这样写道："作为一种开创性的研究，要求它完美是十分困难的。李工真同志的这份研究成果的文字叙述还可以更简明扼要一些，更确切一些，少数论点还值得商榷。但总的来说，这是一份颇见功夫的、有开创性的、有自己独到见解的研究成果。"这是我生平承担的第一个研究项目，其成果竟然能得到刘老先生这样高的评价，真让我欢喜出望外，我人生中的学术自信正是从这一刻开始的！

这项研究成果的鉴定工作很顺利地结束了，下一步就是将这项成果拿去出版的问题了。我们历史系的朱雷先生告诉我，一名初出茅庐的年轻学者在出版他人生的第一本专著时，应该请这个领域中最著名的专家写序。这使我再次想起了为我的成果做鉴定专家的刘老先生和章开沅先生。

1997 年 3 月 1 日，我又一次来到刘老先生家里，斗胆向他提出了这个有点"得寸进尺"的请求，没想到他老人家同样非常爽快地答应下来。送我出门时，说的还是那句"一个星期以后来拿"。当我 3 月 8 日再次到他家来取这份《序言》时，他笑着对我说："我已经写好两天了。"

这份《序言》同样是用他极为工整的笔迹手书的，第一段这样写道："承蒙李工真的信任，约我为他的《德意志道路——现代化进程研究》一书写序。我虽不是专门研究德国史的人，但当我想到如今是拜金主义浪潮汹涌澎湃的年代，许多青年人坐不住冷板凳，弃学逐浪，而李工真却用他风华正茂的整整八个年头，孜孜不倦地经营此书，实在令人感动。因此，我欣然接受了他的邀请。"接下来是他对我的这本书更为详细的评价。在这份《序言》的结尾之处，他还这样殷切地希望我："我希望李工真能坚持这种'不为稻粱谋'的坐冷板凳精神，将来一定还会写出更优秀的史学著作。"

为我的这本专著写《序言》的，不仅有刘老先生，还有章开沅先生。这两位老先生都高度评价了我的研究，都指出了我在语言表述方面的不足之处，同时也都表达了老一辈学者对我们这一代人在学术上薪火相传的殷切期望。今日读起来，仍然让人激动不已。

1997 年 8 月，《德意志道路——现代化进程研究》由武汉大学出版社出版，刘老先生写的《序言》还特别发表在《世界历史》1998 年第 3 期上。这本专著后来能在 2003 年顺利地获得湖北省社会科学优秀成果奖、中国高校人文社会科学研究优秀成果奖，是与刘老先生对我的高度评价分不开的。没有这样一位全国著名的大专家对我的提携和帮助，我的学术之路无疑会艰难得多。

怀着这份深深的感激之情，我开始越来越频繁地出入刘老先生家里。只要有机会，我几乎每个月都要去拜望他老人家一次，以至于我成为这 15 年来拜望他次数最多的人之一。每次拜望他时，他都要请我喝咖啡，与我谈论他的学术研究，他又发表了哪些论著，以及他的喜悦与担忧，我则向他汇报我近来的学术进展，学校和系里的情况，并与他讨论国内外发生的大事。他那开放的视野、敏捷的思维，使每次谈话都那样的愉快，那样的富有启迪；他那超人的胆识、无畏的勇气，令人钦佩不已，获益匪浅。

我们的刘老先生于 2018 年 11 月 10 日去世，享年 106 岁。这不能不是珞珈山上的一大奇迹和幸运！

2012 年 2 月撰于珞珈山，2022 年 8 月修改

【作者简介】李工真，1952 年 12 月 28 日生于武汉，武汉大学历史系教授、校史专家。1988 年 10 月留学德意志联邦共和国的特里尔大学，曾任武汉大学德国研究中心主任。1997 年出版《德意志道路——现代化进程研究》，发表论文 30 余篇。2020 年 2 月退休。

张瑞瑾教授：我眼中的大教授

谈广鸣

张瑞瑾(1917—1998)，武汉水利电力大学教授。1939 年从国立武汉大学土木工程专业毕业后，赴美国加州大学和美国垦务局进修，1947 年回到武汉大学任教，教授。先后任武汉大学副教务长、工学院副院长、水利学院院长。1954 年起，先后任武汉水利学院副院长、武汉水利电力学院副院长、院长、名誉院长。曾任中国水利学会泥沙专业委员会主任，水电部高等学校水利水电类专业教材编审委员会主任，湖北省水利学会第一至三届副理事长。主编《水力学》《河流动力学》《河流泥沙动力学》；合著 *Sediment Research in China*；参编《河流泥沙工程学》。其研究成果获 1978 年全国科学大会奖和葛洲坝二、三江工程的国家级科学进步特等奖。

1982 年 2 月至 1988 年 6 月，我有幸在张瑞瑾教授名下攻读硕士研究生和博士研究生，先生的才学品行至今历历在目，先生的谆谆教诲使我终生受益。在先生 100 周年诞辰到来之际，特写以下几段，以示缅怀。

一、先生的学术贡献

先生长期致力于河流泥沙运动基本理论的研究，取得了许多重要成果。20 世纪 50 年代，他改进了紊动扩散理论，对重力理论作了系统评述，提出了泥沙沉速公式、泥沙起动公式和推移质输沙率公式。20 世纪 60 年代，他提出了著名的水流挟沙力公式，该公式至今仍在水利界广泛应用，荣获 1978 年全国科学大会奖，被授予"在科学技术中做出重要贡献的先进工作者"称号。先生对河道环流结构和蜿蜒性河段演变规律也有较深的研究，20 世纪 70 年代，他在大量野外调查和研究基础上率先发表了高含沙水流方面的研究成果。20 世纪 80 年代，他提出了河工模型变态指标，推动了变态河工模型理论的发展。20 世纪 90 年代，他和谢鉴衡教授合写出版了英文专著 *Sedimentation Research in China*。

1960 年前后，先生作为河流动力学及河道整治教研组唯一的教授，组织谢鉴衡老师和陈文彪老师等，编著了《河流动力学》一书，由中国工业出版社于 1961 年 12 月出版。他亲自执笔编写了第 1 章至第 5 章以及附录 Ⅰ、Ⅱ、Ⅲ。该书融入了较多先生自己的研究成果，既是当时的治河防洪工程专业、航道开发与整治工程专业、陆地水文学专业的教科书，也是国内第一本反映当时河流泥沙研究国际前沿学术水平的著作。

该书的出版，标志了我国一个新的学科分支——河流动力学诞生。1981 年我国恢复学位制时，水力学及河流动力学学科就是由水力学学科分支和河流动力学学科分支组成的。目前全国已有近 40 所高校和科研院所设有该学科。

二、先生的学术眼界

先生是一位敢于挑战不合理的国际权威假定和不合理的国际通用公式的学者。比如，他认为糙率 n 的使用，虽方便，但不科学，因为有量纲且无理论基础，应尽可能使用和推广阻力系数 f。又比如，对国际著名流体力学专家普朗特的掺长假定，他认为那是没有办法的办法，既无理论根据，也与事实不符，应通过量测技术的进步，真正地将雷诺应力测出来。对这两个问题，本人于 20 世纪 80 年代在先生的指导下曾做过一些艰苦的探索和研究，虽有进展，但收效还不大。

早在 20 世纪 40 年代，先生就开始黄河问题的研究，并多次对黄河进行了查勘，于 1947 年在《水利》杂志上发表了"黄河泥沙冲积数量之分析"，在当时实测泥沙资料很少的情况下，分析推断出黄河三门峡站年均输沙量为 15 亿吨左右的重要结论。而根据实测水沙资料，1934—1983 年这 50 年的年均输沙量为 14.63 亿吨。

20 世纪 70 年代，在长江葛洲坝工程建设中，在当时特殊的政治环境下，先生敢于坚持真理，敢于阐述正确主张。以他为代表的泥沙研究人员，通过大量的试验和调查研究，创造性地提出了解决船闸上、下引航道泥沙淤积问题的基本途径——"静水过船，动水冲沙，辅以机械清淤"。该成果是1985年国家科技进步特等奖的创新点之一。

有关黄河三门峡水利枢纽的改建和小浪底水利枢纽建设目标的调整，先生都提出了很好的意见和建议，并被采纳和实施。

20世纪80年代初期，在先生担任三峡工程泥沙研究协调组组长期间，就三峡工程可能存在的泥沙问题的提出、研究方案的拟定和国内各研究单位间的合理分工等做了大量工作，为以后三峡工程泥沙问题的研究解决铺平了道路。

20世纪80年代初，张瑞瑾教授（左一）考察三峡大坝

三、先生的学术品行

先生对自己要求很严格。记得一次正和先生探讨学术问题，先生要在纸上写点什么，我随手在先生的桌子上拿了一张印有武汉水利电力学院文头的信笺递给先生，先生说这是公事用的，拿另外一种吧，那是自己买的。

因先生为葛洲坝工程所做的技术贡献，1982年水利电力部奖励给先生1000元，当时动力系和河流系各有一位学生考上了国外的研究生，先生将1000元奖金转赠这两位学生了。

1972年年初，先生得到当时的省领导张体学同志的指示，连夜步行几十公里，从长阳县赶赴葛洲坝工地，进行现场查勘和试验研究，提出了著名的"静水过船、动水冲沙"葛洲坝引航道泥沙淤积解决方案。由于长期的艰苦和劳累，1975年，先生在58岁就患帕金森综合征。

1980年，中国科学院增补学部委员（院士），中国水利学会可以推荐1人，经学会领导研究，考虑到中国的泥沙研究处于世界前列，推荐泥沙专业委员会主要负责人申报。当时，先生因病正在上海瑞金医院救治。当学校告知先生这一信息时，先生说，我都病成这样了，还报什么学部委员？让钱宁同志报吧（先生是第一届泥沙专业委员会主任、清华大学钱宁教授是第一副主任）。结果钱宁教授当选中国科学院学部委员（院士）。经过救治，先生的病情有所好转，时任水利电力部部长钱正英出访匈牙利时，专门为先生带回了可以缓解病情的特效药。先生边工作、边休养，直至1998年去世。1990年前后，我在先生面前提到了学部委员增选之事，先生告诫我：人的一生要根据自己的能力和健康状况做一些自己想做的事，不要刻意追求荣誉。而中国水利学会泥沙专业委员会的第二届和第三届主任谢鉴衡、第四届主任窦国仁、第五届和第六届主任胡春宏后来都是院士。

先生作为1981年国务院学位委员会评选的第一批博士生导师，对我们研究生要求也很严格。第一，不准送老师任何礼物；第二，寒暑假不能全部用来回家放假；第三，研究河流泥沙要懂辩证法、要有时空观、要实地查看；第四，发表学术论文要少而精，不能图多图快。

我的硕士论文，是通过系列实验研究高含沙水流结构。开始实验之前，1983年暑假到当时水土流失严重的甘肃省庆阳地区，陕西省延安地区、榆林地区和山西省吕梁地区实地考察了一个多月。1984年11月硕士答辩以后，第一篇拟发表的论文才修改完善，发表于《泥沙研究》1985年第4期。硕士论文的部分成果同其他老师的研究成果综合在一起，分别发表于《中国科学》中、英文版。博士论文是通过系列实验研究河流阻力，同样先到下荆江实地查看，然后制作模型，开展较长时间的系列实验，1988年6月答辩，其中有关回流段紊动流速的成果发表于《科学通报》1989 年第 1 期，而有关河势阻力的研究成果 1992 年才发表于报纸 *J. Hydrodynamics*。上述 4 篇文章，先生均不让署他的名字，理由是文章中他未做具体的贡献。

1985 年作者接受导师张瑞瑾教授的指导

综合上述，在我的眼中，先生是位实实在在的大教授。由于自己努力不够，只得到了先生的部分真传，还得继续好好工作。

2017 年 1 月

【作者简介】谈广鸣，1958 年 5 月出生，武汉大学教授。主要从事水沙科学、治河防洪和港口航道方面的教学与研究。发表论文 100 余篇，出版专著教材 5 部。先后获得国家科技进步二等奖和省部级科技进步特等奖、一等奖(5 项)。2009 年获国家教学成果二等奖(排名第一)。2009 年 4 月获"湖北省劳动模范"称号。2012 年 5 月至 2019 年 9 月，先后任武汉大学副校长、常务副校长。曾任中国水利学会泥沙专业委员会和水生态专业委员会副主任，湖北省水利学会副理事长、中国水利教育协会副会长。

张蔚榛院士：把心献给大地

石廷修　陈丽霞

　　张蔚榛(1923—2012)，武汉大学教授。1945 年毕业于北京大学。1951—1955 年留学苏联科学院，获技术科学副博士学位。1955 年到武汉水利学院任教。毕生从事农田水利和地下水研究，主编《地下水非稳定计算及地下水资源评价》《地下水动力学和土壤水动力》《地下水文和地下水调控》等专著，参编《农田水利学》教材，发表论文 50 余篇。获全国科学大会奖、国家科技进步奖多项。曾任国务院学位委员会学科评议组成员、国家自然科学基金评审委员、国际灌排委员会排水专家组成员、国际粮农组织农业水技术传输(WATT)咨询组成员，国际水文地质学家协会(LAH)会员等职。1997 年当选为中国工程院院士。

　　校园中一处不起眼的宿舍楼里，住着我们这次探访的对象——张蔚榛院士。尽管身体不太好，但老先生仍坚持当面接受采访。先生还是老习惯，衣着虽不是那么光鲜，但只要是出门或会见客人，他都会穿上皮鞋，打上领带，目光炯炯有神，透着睿智。

　　已近 90 岁高龄的张老，刚刚经历了一场与胃癌病魔的生死较量，有着浅浅皱纹的脸颊上，虽然缺少了往日的红润，却写满胜利的喜悦和自信。这位当年雄心勃勃的北大学子，沐浴了近一个世纪的风风雨雨。岁月不断改变着他的样貌和肌体，然而改变不了的，是他对大地永存的热情与坦荡的情怀。

一、追求卓越

张蔚榛说，他这一生总在不停地给自己加压，追赶别人。上教会学校时是这样，进北大后也是这样，中华人民共和国成立后受国家派遣去苏联科学院水利研究部深造时更是这样。

在苏联，一切都要重新开始，重新学俄文和农田水利。有幸的是，张蔚榛遇到了一位可敬的师长——被誉为"水利土壤改良之父"的考斯加可夫教授。在教授的指导下，张蔚榛的副博士论文《灌溉对地下水动态的影响》得到了相当高的评价，被收进苏联科学院 1959 年出版的论文集。权威人士认为，这篇论文对灌区地下水的计算做出了重要贡献。20 世纪 70 年代，著名数学渗流力学家、苏联科学院院士柯钦娜，在她总结的关于苏联数学渗流理论进展的著作中，还专门介绍了张蔚榛留苏期间推导的有关计算公式。

从开始研究农田水利那天起，张蔚榛走遍了长城内外、大江南北。中国农村的广阔大地，哪里经常发生旱灾涝灾，哪里的土壤盐碱化了，哪里的地下水资源缺乏，他就把探究的目光投向哪里，把跋涉的足迹留在哪里。

1972 年至 1973 年，天津及河北地区出现了严重的干旱。为缓解旱情，当地农民大量开发深层地下水，造成地下水大幅度下降。水利部组织调查组前往了解地下水的开发利用和存在的问题。张蔚榛随调查组到天津做了初步调查，回校后随即组织了一个地下水科研小组，深入河北冀县、衡水等地，进行调查研究和论证。在取得大量的第一手资料后，他得出的结论在一次学术会议上发布，其观点引起了与会学者的关注："深层承压水的补给很少，大量开采深层水，将主要运用含水层中储存的水量，而这部分水量和矿产资源一样，并不是取之不尽、用之不竭的。我国北方平原地区应把重点放在开采深浅层的地下水资源上。"

当时，国家的政策是资助地方打深井。为此，张蔚榛找到了当地水利厅的一位副厅长，详细介绍了地下水的机理，并直截了当地阐述了自己的观点。"张教授，您早说啊，我要知道是这样，早同意您的观点了。"副厅长倒也很坦率。

多年后，张蔚榛和他的同行提出的在北方平原应以开发浅层水为主的理论，被实践得到了证实。1978 年，"华北平原地区地下水资源评价及开发利用"荣获全国科学大会奖。

张蔚榛投入很大精力的又一项重要工作，是黄淮海平原的盐碱地改良。他多次去山东、河南、河北等地，了解黄淮海平原重点试验区水盐动态的试验情况，进行试验点的抽水试验。当地一位村民动情地说："他可是第一位到我们这儿来的大学教授，这位老专家简直是在拼命啊。"如今，盐碱地的治理已见成效，就连盐碱化最严重、寸草难长的地区也早已稻粱丰收。

1976年，张蔚榛带学生去河北衡水进行科学试验时，正遇上唐山大地震，他老家就在唐山，那里有许多亲人。但为了研究工作，他始终坚守在现场，指导抽水试验。试验获得圆满成功，受到生产单位的好评。试验结束他去探亲时，才知道哥哥遇难，已离开了人间。

当几十年的奋斗终于得到众口一词的赞誉时，张蔚榛并没有满足，他又将目光转移到了节水研究上。78岁时，他又几次飞抵内蒙古，进行河套地区节水的研究。

二、让学生走在前头

1955年，张蔚榛从苏联回国后，担任新成立的武汉水利学院农水教研室主任。从此，他除了搞好日常的科研工作外，还竭力为我国农田水利专业培养人才。在他的指导下，我国第一个农田水利实验室建立起来了。1956年，我国开始招收研究生，张蔚榛成了首批指导农田水利研究生的导师。到了20世纪80年代，他又成为我国最先招收农田水利专业博士生的导师。

"在新的领域里，六七十岁的人很难再有大的创新，所以，我们要想方设法让年轻人冲上来。"张蔚榛常说："要让学生走在我的前头，为他们成长提供条件。"

对于学生，张蔚榛宽厚而严厉，这一点，使他的学生对他又敬又怕。

一位考生报考张蔚榛的研究生，尽管考试成绩很不错，却未被录取。考生写信询问原因，张蔚榛不客气地告诉他，在面试时，你答不上来就答不上来，何必东拉西扯，科学研究要的就是实事求是的态度。考生委屈地说，我以为多说一点，总是有说对的地方，张老师，我明年还考您的研究生。第二年，他果然又以优异的成绩通过了考试，张蔚榛欣然接受了他。

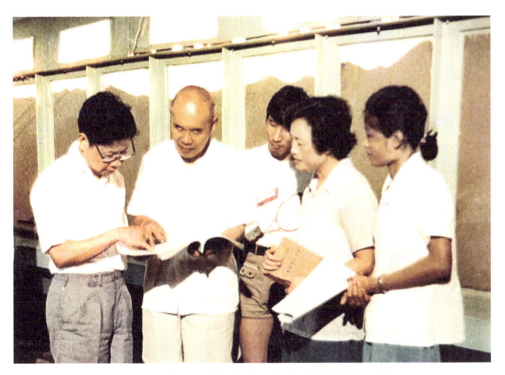

20 世纪 80 年代，张蔚榛（左二）指导青年教师科研工作

认识张蔚榛的人都这样评价："他是位学识渊博、治学严谨、很有名望的学者，也是位品德高尚、可亲可敬的长者和良师。"在培养人才上，张蔚榛总是不遗余力，为青年人早日成才创造条件。在研究过程中，他与大家一起讨论，平等相待。大家也都乐于向他请教。

张蔚榛除了培养大批本科生外，还重点培养出了 20 余名硕士、14 名博士，他的不少学生活跃在国内外学术界，有些还成为了学科带头人，取得了国内外颇具影响力的科研成果。

张蔚榛十分喜欢和年轻学子交流。他时常利用各种机会，勉励学子们要"学会创新，为国贡献"。他常说："学生首先要知道学习是为了什么，不光是为了生存，还要为学校、为社会做点事。学习不光是学习科学知识和历史文化知识，还要懂得创新和超越自我。不论将来做什么，只要能为国家做出贡献，你就已经成功了。"

三、站在荣誉背后

通过长期的野外实地调查和室内试验研究，张蔚榛在许多方面都有独特建树——建立了正确的地下水资源概念；在地下水非稳定流计算方面，提出了新的计算公式和研究方法；特别是对给水度的研究，提出了全新概念。

在我国，他首先应用势能理论，研究饱和—非饱和与土壤水运动及溶质运移问题，并取得了开拓性成果。他还是我国应用动力学观点研究溶质运移问题的倡导者之一。

张蔚榛和他的科研组先后完成了国家重大攻关项目、国家自然科学基金项目等 20 余个，不少研究成果达到国际先进水平。他主编专著 3 部，参编教材多部，其中《农田水利学》获全国优秀教材特等奖，发表重要学术论文 50 余篇。

张蔚榛在国际学术界也享有较高的威望。他主编的专著《地下水潮稳定流计算及地下水资源评价》参加了国际出版博览会。除曾担任国际灌排委员会委员外，他还是第 12 届和第 15 届国际灌排会议专题专家组成员、第 42 届执行理事会学术专题报告人。作为世界银行的咨询专家，他参加了多项世界银行对我国贷款项目的咨询工作，并提出咨询意见，为我国获得世界银行贷款做出了积极贡献。

20 世纪 50 年代，张蔚榛加入中国共产党。谈到一生的荣誉和成就，他几次纠正记者："谈不上成功，只是有了一点成绩。"他总说，自己只是做了一些修修补补的具体工作，而那些长期在野外搞实验的中青年学者，他们付出得更多，更应该得到奖励。

由于年事已高，张蔚榛已不能像年轻时那样跑一线参加调研，但仍十分关心水利科学技术的动态和生产事业的发展。

2003 年，水利部制定了一个全国"地下水超采区划分准则"的行业标准。看了初稿后，张蔚榛觉得有点问题。于是，他在家花了 10 多天的时间，以他 30 多年的学术积累，写出 10 多页修改意见。水利部编写组后来接受了他的意见，对这一关乎我国水资源持续发展和利用的标准进行了修改。

南水北调工程被誉为我国华北地区用水的"救星"，但它主要是解决城市工业和生活用水问题。这一地区农业生产用水怎么解决？一直成为张蔚榛高度关注和担心的问题。张蔚榛在很多场合不断呼吁，如不及时采取相应措施，华北地区地下水超采的后果将不堪设想。

这位豁达、心胸宽广的老人，在其他方面也一样丰富多彩。"年轻时我喜欢踢足球，而且踢得不错，中学和大学时代都是校足球队队员。另外我对各种文艺活动都感兴趣。"张蔚榛说，如今他仍对京剧情有独钟，有时，还能字正腔圆地哼两句《空城计》。

对于一生打交道的土地，张蔚榛更是有一种特殊的情感，他不知疲倦地在这块挚爱着的土地上耕耘着。宽厚的土地也给了他回报，由于他在农田水利和地下水资源方面的杰出贡献，74 岁那年，张蔚榛当选为中国工程院院士。

"如果再让我重新选择，我还会走这条路。"是的，生命因执着而雕刻出了成功，盛装着历史、现实与未来的大地能作证。

2012 年 6 月撰稿，2022 年 10 月修改

【作者简介】

石廷修，1945 年 6 月出生。1965 年参加工作，1974 年到武汉水利电力学院工作，曾任《武汉大学报》编辑。2005 年退休。

陈丽霞，1982 年出生。2006 年武汉大学毕业后留校工作。曾任《武汉大学报》社长、总编辑。现任武汉大学党委巡视办副主任。

严谨治学的梁西先生

车　英

梁西(1924—2020)，武汉大学教授。1950年毕业于武汉大学法学专业。1953—1983年执教于北京大学。1955年5月，担任最高人民法院审理"卡麦隆(L. W. Cameron)驾驶美机侵入中国领空"一案的辩护律师。1983年回到武汉大学执教。他是公认的中国国际组织法学的开拓者，代表性著作有《现代国际组织》《国际法》等。

晚年的梁西教授

2020 年 2 月 26 日晚，我国著名国际法学家、国际组织法奠基人、武汉大学法学院教授梁西先生仙逝，享年 96 岁。

梁西先生是我的忘年挚友和良师。自 1983 年夏天起，我就有幸结识了梁西先生，那还是在韩德培老先生家中。

那一天，我有事需要当面向韩先生请教，先给韩先生打了个电话，得到应允后，我便骑着自行车来到他家。一进门，韩先生就握着我的手对也站起身的那位陌生老师说："梁西同志，这就是刚给你提到的那位年轻人，叫车英。""车英同志，这是我的老学生梁西老师。"坐定后，我仔细观察梁西老师，他是一位知识渊博、谈吐儒雅、很会做学问的"老夫子"。我握着梁西老师的手说："不日前，我听韩先生介绍过你，说你是武汉大学毕业后在北京大学任教，现要调入武汉大学，你在 50 年代就是全国大学中最早做兼职律师的教师，曾多次出席最高人民法院与北京市人民法院重大涉外案件的庭审。1955 年 5 月，最高人民法院开庭审理'卡麦隆(L. W. Cameron)驾驶美机侵入中国领空'一案，你接受委托担任被告的辩护律师，此案在中美关系史上关系重大，影响全世界，很了不起！"他很谦虚地说："哪里，哪里，我还做得很不够，以后还要更多地向韩老师学习。"

从此，我与梁西老师在日后的交往中逐渐成为无话不谈的好朋友。

两三年后，我奉调担任《武汉大学学报(哲学社会科学版)》法学编辑，之后担任编辑部副主任、副主编、常务副主编，时长近 30 年。其间，梁西先生给了我很多的帮助。

我每次向梁西先生约稿，他都欣然接受。众所周知，梁西先生做学问是很严谨的，决不允许有任何马虎和粗心。他总是字字斟酌、句句推敲，尽可能使论文做到精益求精、尽善尽美。因此在论文写作过程中，我都会多次应邀赴先生家中。

梁西先生总是很谦虚地把写好的论文拿给我看，并请我提出修改意见。我总是以编辑之本能审读论文，也总是开门见山地谈论自己的阅后观点和看法，如在什么地方要加强语气分量，在什么地方加上几句话或加上一段文字，在什么地方删掉几个字或几句话甚至一小段，在什么地方对某某国家的不妥言辞要重敲一下。

每次梁西先生论文写成后，还要把自己所带的博士生、硕士生还有博士后招来讨论几次，讨论后还要把论文打印几份要学生们带回去看，鼓励学生们提出问题、挑出毛病，更鼓励大家提出新论点，尽可能使论文更加完美。

梁西先生的治学风尚，大大地激励着我在学术道路上不断进步。

我记忆中印象最深的一次，则是我约梁西先生写作《联合国与中国——纪念周鲠生先生诞辰 100 周年》一文，我与他商谈多达 6 次，他组织学生们讨论过 3 次，自己修改多达 13 次，此文载于《武汉大学学报（人文社会科学版）》1989 年第 4 期，刊后立刻被人大报刊复印资料全文转载，《新华文摘》刊出要点。

在梁西先生的博士研究生中，有好几位都是我的好朋友，如曾令良（已故）、余敏友、盛红生等，他们都是知名教授和法学家。每当与他们谈起梁西先生，大家都会伸出大拇指，由衷地表示钦佩。

每当梁西先生新著出版，他总是第一时间赠给我，并亲自写上："阿英同志指正 梁西某年某月某日于珞珈山南小坡"。他知道我是书法篆刻家，因此他总是盖上他所用过的所有 6 枚姓名印章，他的 6 枚印章大多是名家所刻。梁西先生的谦虚谨慎、严谨治学精神是我辈学习的楷模。

记得有一次，梁西先生的《国际组织法》（修订本）问世，梁先生打电话告诉我并要我到他家一叙。我应邀准时来到他家，他把已经签好名的新著送给我，还附了一张写满字的稿纸。我拿过一看，内容如下："车英同志，在《武汉大学学报》哲社版编辑工作中，因我个人及研究生的稿件，同我接触较多。我除欣赏他的书法造诣外，觉得他工作责任心强，学习刻苦，知识面广，有钻研和开拓精神，研究成果丰硕，尤其在组织稿件、审阅初稿、修饰文章等方面，做得耐心、细致和认真。这不仅体现了他具有高度的业务素质和水平，而且为我们国际法的教学与科研工作提供了甚多支持及帮助，有助于学科建设。我认为他是甚好的编辑！梁西。"看到此，我心头一热，梁先生观察如微，对我评价很高。实际上我做得还不够，还要继续努力。我对梁先生说："谢谢你对我有这么高的评价，过奖啦。"梁先生拍着我的肩膀说："实事求是，你做得的确很好。当然以后还要继续努力，把工作做得更好！"

这里要提及的是，在我担任《武汉大学学报（哲学社会科学版）》常务副主编之初，我就拟定了建立"珞珈法学学派"专栏的规划，将他们的法学思想通过学报这个窗口传播出去，采取"三步走"的方略：第一步先介绍健在的老先生，如韩德培、马克昌、李双元、梁西、李龙、刘丰铭等；第二步介绍20世纪80年代武汉大学恢复法科教育后去世的老先生，如姚梅镇、何华辉等；第三步介绍中华人民共和国成立之前就很有名的老先生，如王世杰、梅汝璈、周鲠生、燕树棠等。此举得到了武汉大学法学院上下的广泛支持与普遍赞许。

《武汉大学学报》自2007年第6期首发《韩德培法学思想研究》起，陆续发表了《马克昌刑法学思想研究》《李双元国际法学思想研究》《李龙宪法学及法理学思想研究》等，影响力很大，收效甚好。

关于梁西先生的国际法学思想，我先是多次打电话，后是多次登门做梁先生的工作，梁先生始终保持一个态度：我的思想就不用写了，再说也没有什么可写的，如要写，则等到我百年之后吧。

之后，我又请梁西先生亲授的博士生、时任武汉大学WTO学院院长余敏友教授去做梁先生的工作，还是做不通。无可奈何，这不能不说是一大遗憾。

如今，梁西先生已仙逝，算是"百年之后"了，而现在的我也已退休七八年了，这工作也只好交由后来者代劳了。

梁西先生仙逝，我刚从印度尼西亚巴厘岛回国，因新冠疫情仍在外地蜗居，暂时还无法返汉，无法为梁西先生送行，只能在两千里之外的南国深圳遥祝：梁西先生一路走好！

2021年11月

【作者简介】车英，1954年6月出生，1975年毕业于武汉大学英语专业并留校工作，教授。曾任《武汉大学学报》(哲学社会科学版)常务副主编。2014年7月退休。善书法、篆刻。

朱传棨教授：永不停息的学术探索

高朝虎

朱传棨，1928 年 8 月出生，武汉大学哲学教授。毕生研究马克思主义哲学，尤专注马克思主义哲学史和恩格斯哲学思想研究。独著、主编或参编的著作 10 余部，发表论文 60 多篇。1992 年离休后笔耕不辍，先后出版《面向新世纪的马克思主义哲学》《恩格斯哲学思想研究论稿》《马克思哲学思想研究论稿》《墨家思想研究论稿》等专著，并在《人民日报》《光明日报》发表学术论文 40 余篇。现任"中国马克思恩格斯研究会"顾问和"中国墨子学会"顾问。

朱传棨，中华人民共和国成立前参加革命工作。1950 年，进入山东大学历史系学习，选修了逻辑学和政治经济学，并研读翦伯赞的《历史哲学教程》、侯外庐的《中国思想通史》、王亚南译的《资本论》等著作，从此培养了对学术的浓厚兴趣。1953 年大学毕业后，考取北京大学哲学系研究生。1956 年研究生毕业，留在北京大学中国哲学教研室任教，师从冯友兰、周辅成、任继愈三位大师，并成为冯友兰先生讲授《中国哲学》的助教，为冯友兰先生讲座做记录。

1958 年秋，受武汉大学校长李达的邀请，朱传棨来到武汉大学重建的哲学系任教。1960 年，从中国哲学转到马克思主义哲学的教学科研工作。

一、学术人生及主要成就

朱教授在 60 多年的学术生涯中，始终坚持科学研究为教学服务的理念，坚持理论研究要结合实际的方法论原则。他一生淡泊明志，热诚为师生服务，努力拼搏、自强不息，倾心投入马克思主义哲学教学与研究工作，1992 年离休后又投入墨家思想研究。朱教授终身与哲学为伴，传统与现代相承，古代与当代相兼，著述良多。

他独著、主编或参加执笔的著作有十余部，其中，《马克思主义哲学名著学习提要》(中国青年出版社 1986 年版) 获湖北省社会科学优秀科研成果三等奖，《马克思主义哲学史纲》(武汉大学出版社 1990 年版) 获国家教委优秀教材二等奖，《马克思恩格斯哲学思想比较研究》(河南人民出版社 1995 年版) 获武汉大学第八届社科优秀科研成果二等奖。在《中国社会科学》《哲学研究》《马克思主义来源研究论丛》《马克思主义研究》《德国哲学》《江汉论坛》《武汉大学学报》《学术界》等杂志和《光明日报》理论版发表论文 60 多篇。在"七五"期间，他主持承担了国家社会科学基金项目和国家教委博士点科研项目。

朱教授离休后，在《光明日报》《马克思主义研究》《南京政治学院学报》《华中理工大学学报》《武汉大学学报》《马克思主义哲学研究》《马克思主义与现实》《理论视野》《中国社会科学报》等报刊上发表论文 20 余篇。其中，《墨子思想研究》系列论文获湖北省人民政府社会科学优秀成果三等奖，《纪念恩格斯逝世 110 周年》一文获湖北省委宣传部优秀社科论文二等奖。正式出版了《面向新世纪的马克思主义哲学文集》(湖北人民出版社 2006 年版)，《恩格斯哲学思想研究论稿》(人民出版社 2012 年版) 获湖北省政府颁发的"社会科学研究优秀著作"二等奖。2018 年为纪念马克思 200 周年诞辰，出版了《马克思哲学思想研究论稿》(中央编译出版社 2018 年版)。2020 年为纪念恩格斯 200 周年诞辰，中央党史和文献研究院和中央广播电视台编撰录制了《卓越的恩格斯》(上下集) 电视片，朱传棨教授是该电视片的学术顾问之一，并在该片的下集出现接受专访的镜头，讲解了恩格斯晚年对唯物史观的重大贡献。与他人合作编著《百部名著导论》(武汉大学出版社 1997 年版)、《当代哲学前沿问题专题研究》(武汉大学出版社 1998 年版)。1998 年以来，受任继愈先生之嘱，进行了墨家思想研究，撰写了近 20 篇文章，并参加编辑《墨子大全》(百卷本，北京图书馆出版社 2004 年版)，为掀起墨子思想研究做出了贡献，获中国墨子学会颁发的"墨子研究杰出贡献奖"，并出版了《墨家思想研究论稿》(人民出版社 2020 年版)。1998 年还承担了教育部下达的指导日本秋田大学访问学者来武汉大学研修的任务。

《湖北社会科学界名人》第 1 卷（1993 年版）、《中国哲学年鉴》（1989 年）、《中国社会科学报》2016 年 8 月 29 日第二版"大家印象"栏目均作过介绍。

二、比较研究马克思与恩格斯的思想

"马克思主义学说，虽然以马克思的名字命名，但它并不是马克思一个人创立的，它是马克思和恩格斯共同创立的。"朱传棨说，有学者把马克思和恩格斯作"一体化"研究，其中又着重于马克思的哲学思想研究。又有西方学者提出，恩格斯哲学不仅与马克思哲学不一致，而且违背了马克思哲学的原则。这在 20 世纪 70 年代以后定型为马克思和恩格斯"对立论"。但在朱传棨看来，这两种观点都没有把恩格斯哲学作为一个相对独立的对象加以研究，"一体化"把恩格斯置于从属地位，而忽视了对恩格斯哲学的研究；"对立论"又以马克思和恩格斯的哲学分歧为由，拒斥对恩格斯哲学思想的研究，致使恩格斯哲学思想的研究难以开展。

因此，1985 年后，朱传棨把研究重点转向马克思恩格斯哲学思想比较研究。在此后的两年里，他查阅当时苏联学者 20 年间关于恩格斯研究的近 40 部作品，写成了《苏联哲学界近 20 年对恩格斯哲学思想研究评述》一文，在《哲学研究》（1987 年第 2 期）发表后，受到海内外同行的高度好评。当时，苏联研究马克思主义哲学史的学者认为，论文"概括得完备，分析得细致，很有学术价值"。他还在全国学术研讨会上多次批判了"马克思和恩格斯哲学思想对立论"的错误观点。发表在《武汉大学学报（人文科学版）》（2002 年第 1 期）上的《马克思恩格斯思想异同论纲》，被中国人民大学复印报刊资料全文转载时，在页面顶端标注"特别推荐"，以示文章重要。

对于马克思、恩格斯的比较研究，朱传棨对恩格斯的哲学思想有独到的研究，提出"差异性"观点，不否认马克思和恩格斯之间存在着差异。他们之间在阅历和气质、志趣和特长、思维方式和研究侧重等方面，都存在明显的差异。但他们之间的共同性则是基础性的和本质性的方面，他们共同构筑了宏伟的马克思主义哲学丰碑，共同推动了无产阶级革命事业的发展。朱传棨主张，从这种区别出发，走向对恩格斯哲学的肯定性研究。

朱传棨

朱传棨以"差异性"方法论原则，考察了恩格斯对于唯物史观创立、对于辩证唯物主义系统化和体系化、对于坚持马克思主义哲学开放性的独特贡献，论证了恩格斯在马克思主义哲学发展史上享有与马克思相同的历史地位。基于前期研究，他离休后于2012年出版的《恩格斯哲学思想研究论稿》，荣获2015年湖北省政府社科优秀成果二等奖。然而在采访时，朱传棨仍然谦虚地表示："由于时间仓促，有些地方还有待进一步完善。"并向记者透露，他计划围绕恩格斯的自然观继续进行研究和完善。

三、以学生为中心，躬身奉献近六十年

朱传棨教授在将近60年的教学生涯中，始终以学生为中心，躬身奉献，滋兰树蕙，桃李不言，下自成蹊。

朱教授开设的马克思主义哲学史这门新课，当时不仅有哲学学院的学生听，人文社科甚至自然科学的学生都慕名前来。那时，武汉大学没有可容纳几百人的

教室，因而学校安排整座第二教学楼（现桂园英语自主学习中心）以当时最先进的教学设备授课，朱教授在一个最大的教室讲课，另外几个教室使用视频同步播放，场面非常壮观。朱教授非常注重对后辈的锻炼，急流勇退，把全校马克思主义哲学史课程让给年轻老师上，自己给研究生上课。朱教授离休后，定期或者不定期为全校研究生上政治课，一直到2002年的74岁。多年来，时不时接受学生们的讲座邀请，有时朱教授还主动提出要与学生交流。如2013年，朱教授在哲学学院学生党支部"创先争优"活动为哲学学院学子做了"当代大学生的价值取向和时代精神"的报告，在青年学生中引起了较好反响。又如，已达91岁高龄的老人，于2019年3月21日为哲学学院100多位本科生做报告。

朱教授始终坚持教书育人、科学研究服务于教学的理念。无论是给全校研究生开设公共课程，还是为哲学学院本科生开设专业课程，他的教学思想和指导原则是："尊师爱生，生是主；教学相长，学为重。"就社会历史的发展、专业学科的发展来说，学生都是主要担当者，是未来的主人。教学相长重心是学生，让学生踩着教师肩膀前进。

朱教授注重课堂教学效果，要求学生在课堂上积极思考而不是一味记笔记。他认为，书本、参考文献、讲义都是死的，唯有思考才是活的。他坚持将课堂的重点放在学生身上，根据学生知识结构、学习特点来安排自己的教学计划，因而他每学期都要重新制订教学计划，充分备课，一踏入教室就全身心投入教学。本山传媒集团艺术总监、哲学系82级校友——刘双平回访母校，见到朱教授感慨地说："朱老师，你的教学很有特色，你在课堂上讲课的英姿，到现在我还记忆犹新。"

朱教授认为，仅有课堂上讲课是不够的，课下的拓展阅读必不可少。每周上课前，他会走访各个学生宿舍，提醒学生预习并解释学生的疑问，他希望学生带着问题去听课，心中才有一个参照纲领，学习才有提高思维能力的收获。以学生为中心的教学方式，使得朱教授与学生的关系融洽。毫不夸张地说，他只需要两三周就可以记住班上每一个同学的名字。当时哲学系每年招生30~40人，1985年最多的一年招了67人，他们的名字都历历在目，至今他还是1985级同学微信群的成员。

注重对学生论文的训练，是朱教授的教学特色。朱教授认为，短小精悍的文章可以训练一个人思维逻辑的严密性，只有功底深厚才能将论据与论证充分结合好。对自己的研究生，除了要写学位论文以外，他始终坚持"三个一"的要求：即每年要翻译一篇800字的译文，撰写一篇学术性的论文，写一篇对现实的分析报告。这不但需要学生有自己的思考，还要求他们不拘泥于理论学习，且要联系社会热点问题进行分析。现哲学学院马克思主义哲学史赵凯荣教授，就是当年朱教授的研究生，他表示，当年读硕的三年发表了6篇论文，朱教授总是花很多时间帮他一遍一遍地修改，后来从事开拓性的哲学研究得益于朱教授的严格训练。曾任《人民日报》副总编辑陈俊宏，也将自己的成长归功于在朱教授门下的学习。

因为朱教授平易近人，学生们都愿意有问题找朱老师咨询，即使不是自己的研究生，朱教授同样一视同仁地关爱有加，热情而主动地为学生服务。朱教授一贯治学严谨，奖掖后学的学风，感动着一茬又一茬学子。正如陶德麟教授在《当代哲学前沿问题专题研究》（武汉大学出版社1998年版）一书"序"中所说："我还要提到从事马克思主义哲学、特别是经典著作的教学研究四十余年的朱传棨教授，他不仅自始至终以极大的热情参加讨论，以深厚的学养和丰富的经验影响着讨论的水平，而且在组织稿件、终改稿件方面做了大量的工作。他对马克思主义哲学事业的高度热忱，对后学殷切期望，使大家十分感动，深受教育。他多次谦逊地表示不愿在本书上署名。"

在科研上，朱教授秉承李达老校长"一课堂就是一项课题研究"的教诲，总是结合自己课堂上的教学开展课题研究。例如，在课堂上与学生们分析马哲史的研究对象与马哲的研究对象之间的异同，马哲史的学习方法与一般理论的学习方法的异同问题，他便将之系统化，撰写出《马克思主义哲学史的研究对象、任务和方法》。虽然现在不从事教学工作了，但是朱教授这种不断思考、不断探索的习惯至今仍在坚持。如2010年，他在《光明日报》《哲学研究》《理论视野》《马克思主义与现实》等报刊上发表文章9篇。又如2018年，为纪念马克思200周年诞辰撰写了三篇论文，发表在《理论视野》《党政干部学刊》《中共福建省委党校学报》上，出版了《马克思哲学思想研究论稿》（中央编译出版社2018年版）。他在与自己抢时间，以弥补年轻时被政治运动耽搁的时光，要趁自己还有精力思考之际，将自己对学术的见解全部表述出来，为后人提供研究的参考和评判。他将自己的时间与研究成果，毫无保留地奉献给了自己的学生。他认为，老师就应该

"让学生踩着自己的肩膀"向上冲，而不是让学生跟着自己走，这样才能最大限度地激发学生的思维创造力。

朱教授家中客厅的墙上，有一幅陶德麟老校长在 2007 年为朱传棨八秩题诗：

> 肝胆相倾五十年，风狂雨骤见贞坚。
> 喜看伉俪双翟铄，好趁红霞再据鞍。

2018 年陶德麟病中为朱传棨九秩再写贺诗：

> 岁月骎骎又十年，如橼妙笔著新篇。
> 喜君九秩身弥健，迈向期颐再着鞭。

两首诗，既表达了朱陶二老之间在学术上同舟同济、奋斗六十年的深厚情谊，也是陶教授对朱教授战斗不息的敬意。

武汉大学哲学学院正是有像朱教授这样宽以待人、严于律己、助人为乐、勤于奉献的前辈，才培养出一代又一代优秀学人。至今，朱教授还担任哲学学院关心下一代工作委员会副主任（主任由学院党委副书记担任），2015 年获得湖北省教育关工委授予的"关心下一代先进个人"称号。

四、离休后研究墨子思想取得公认的成就

1991 年以来，朱传棨遵任继愈先生所嘱，研究墨家学说，撰写文章 30 余篇，多数收入《墨子研究论丛》第一集至第十集。

1998 年，朱传棨受教育部委派，指导日本秋田大学交流学者吉永慎二郎副教授研修墨家学说，在半年时间内，除指导吉永研读《墨子》文本及有关著作，完成《墨子与孟子思想关系研究》论文写作外，还亲自带领吉永赴湖北随州、襄阳、荆州考察楚文化，并赴河南鲁山县考察墨子晚年活动情况与传说等。

1996—1998 年，他在《华中理工大学学报（社会科学版）》发表的《墨子思想与当代中国社会经济政治发展》《墨子哲学基本特征与当代中国哲学发展》《墨子唯

物主义思想刍义》等 3 篇文章，于 2000 年获湖北省省社会科学研究优秀成果三等奖。2000 年国内学界对"中国传统文化与社会主义现代化"问题开展热烈研讨时，由于多数论著将中国传统文化局限于儒家文化，朱传棨即在《光明日报》2000 年 8 月 29 日 B3 版"学术"栏发表了题为《墨家社会政治思想的现代意义》一文，明确提出，在"中国传统文化与社会主义现代化"问题的研讨中，对中国传统文化的研究不能仅限于儒家文化，还应重视与儒家并称"显学"的墨家文化的研究。文章认为，儒家文化在中国传统文化中虽然占有主流地位，但从历史上或是现实上说，墨家学说要比借鉴儒家学说更能贴近当代中国社会经济政治发展的需求。该文的发表，为当时"中国传统文化与社会主义现代化"的研讨提供新内容、新视野。《人民日报》2017 年 9 月 29 日第 7 版"大家手笔"栏发表了朱传棨的《传承优秀传统文化需重视墨家思想》一文，为学界关注。

2005 年，朱传棨为第六届墨学国际研讨会提交的《墨家科技思想的现代价值》一文，因文中从三个方面概述墨家科技思想的主要特征，引起研究者所关注。为《中国青年报》2005 年 1 月 24 日 B4 版"思想者 Thinkers"栏摘发，并评价为研究"新思路"。2008 年，他为在澳门举行的"首届儒释道文明对话(澳门)研讨会"撰写的《儒墨对话三则——简论墨学对中华文明建设的现代意义》一文，明确提出对中华文明建设，不能局限于儒释道，要重视墨家学说对中华文明的发展和当代文明建设的意义，引起与会者所关注。该文收入《首届儒释道文明对话(澳门)论文集》(中华文化交流协会 2009 年版)。2009 年，朱传棨撰写的《"仁爱"与"兼爱"：两种不同的和谐文化传统》一文，在《武汉大学学报(人文科学版)》2009 年第 2 期刊出后，教育部主办的《中国德育》2009 年第 10 期的"成果动态"对其加以介绍。

目前，朱传棨还在继续有关学术活动。

2021 年 7 月写成，2022 年 10 月修改

【作者简介】高朝虎，1986 年出生。2006 年进入武汉大学哲学基地班学习，2012 年获得武汉大学马克思主义哲学硕士学位，并留校工作。曾任武汉大学党校教务主任，现任新疆大学组织(人事)部副部长(挂职)。

怀念陶德麟

朱传棨

　　陶德麟(1931—2020)，武汉大学资深教授、著名的马克思主义哲学家。1953 年毕业于武汉大学经济系，留校成为李达校长的学术助手，转攻马克思主义哲学。曾任武汉大学哲学系主任，武汉大学副校长、校长；国务院学位委员会哲学学科评议组召集人、全国普通高校哲学教学指导委员会主任、中国辩证唯物主义研究会顾问等职务。代表专著有《辩证唯物主义与历史唯物主义》《中国当代哲学问题探索》《哲学的现实与现实的哲学》等。2010 年入选首届"荆楚社科名家"13 人之列。

朱传棨(左)与陶德麟合影

陶德麟同志于 2020 年 5 月 24 日病逝。他的离去，是中国哲学界，特别是马克思主义中国化事业的巨大损失，也是我校马克思主义哲学学科难以弥补的重大损失。对我个人治学来说，永远失去了朝夕仰赖求解、言明意涵的亲密战友。

陶德麟同志毕生对马克思哲学中国化研究，既作为人类谋幸福的科学真理去追求，又作为党的重大事业去研究，他对马克思主义做到了坚定信念、勤奋研读和创造性应用。用他自己的话说："我坚信自己是忠诚的马克思主义者……我坚信党的一切方针政策都是党中央对马克思主义的创造性应用和发展；从哲学上论证党的方针政策正确，批判反马克思主义的观点，是我的天职。"他的这种高尚的学品，是同行们所敬仰和学习的楷模。

陶德麟同志对马克思主义的坚定信仰是高于一般信仰者的。因为他是从国家民族的生存和发展的高度看待马克思主义哲学的。他说："我坚信哲学对一个民族至关重要……没有自己的哲学的民族，是没有独立灵魂的民族……然而，并非任何哲学都能给民族带来生机与智慧。""能够与当代亿万人民的实践血肉相连，站在人类智慧的窗口不断地回答当代生活的重大问题并指明人类发展的远景的哲学，只有马克思主义哲学是当之无愧的。抛弃了马克思主义哲学，就等于抛弃了我们整个民族赖以自立于世界民族之林的精神支柱，就等于抛弃了观察处理当代一切复杂问题的最科学的方法。"陶德麟同志这种从国家民族的生存和发展的立场信仰、研究和应用的学品，远远高于一般的研究者和信仰者，是我们要传承和弘扬的。

陶德麟同志的优良学风和高尚人品，也是我们要认真传承和弘扬的。他在协助李达校长执笔编著《唯物辩证法大纲》的同时，也协助老校长开创了马克思主义中国化研究的优良学风，坚持理论联系实际的原则，形成了基础理论研究与重大现实问题研究并重的学术研究传统，建立起坚定的马克思主义理论信仰与理论创新相统一的优良学风。

综观陶德麟同志在不同时期研究的课题和学术成果，都富有很强的针对性和新颖性的现实感，都是回答当时理论研讨中的诘难问题和理论原则是非不清的重要问题。不仅具有一般意义的理论深度和学术价值，而且直接推动了理论研究的进展，维护和发展了马克思主义的理论原则，使之成为现实实践和人们行动的向导。如他的新著《马克思主义与中国道路》在正式出版时，审稿人和出版社总编辑读了这部书稿时一致感到他的"理论对现实问题具有很强的穿透力"。这部新著是 2018 年年初他在病中应中央编译出版社之约，为纪念马克思 200 周年诞辰出版的《马克思主义研究文丛》之一。在这套《文丛》的发行仪式上，北京大学王东教授在发言中还专门讲了陶老师的学品和学风。

陶德麟同志学业造诣深厚，学术成就丰硕，已是公认的当代著名的顶级哲学家，但他非常谦逊，把自己说成"平庸的探索者"，不顾年老体弱，仍坚持苦读苦学，在科学研究中从不吃"老本"，总是与时俱进充实新的思想、新的内容，并且积极关注和涉猎有关学科的发展及其研究的进展。对此，引起同行们的呼应。如 2002 年，他在主持研究《马克思主义哲学的当代论域》课题中，提出"马克思主义哲学当代发展要与当代科学技术相结合的问题"，得到时任《求是》杂志总编邢贲思同志的响应，并寄来撰文以作"呼应"。

陶德麟同志是一位人品和学品一致的高尚学人，与人为善，谦诚相待，是他一贯的作风。他对在政治运动中整他、攻击他的人，不仅以宽宏的心胸待之，而且在事后对整过他、打击过他的人，若有事求助于他，他并不介意以往，总是尽力予以帮助和支持，一位马克思主义哲学家具有这样的胸怀，既难能可贵，又令人钦佩。

2020 年 5 月

【作者简介】朱传棨，1928 年 8 月出生，武汉大学教授。1949 年 6 月参加革命工作，1992 年 5 月离休。毕生致力于马克思主义研究，更着力恩格斯思想研究。与陶德麟六十余年"共历风霜，情同手足"。

缅怀图书馆学家黄宗忠老师

詹德优　李建民

> 黄宗忠(1931—2011)，武汉大学教授。1949 年 9 月参加中国人民解放军。1955 年 9 月考入武汉大学图书馆学专业学习，1958 年毕业留校任教，1960 年被评为全国文教先进工作者(全国劳模)，1994 年离休。出版《图书馆学导论》《图书馆管理学》《文献信息学》《文献采访学》《中国图书与图书馆》等教材专著 10 余部、发表论文 200 多篇。曾先后任图书馆学系主任、图书情报学院副院长，主编《图书情报知识》。兼任湖北省图书馆学会会长、湖北省档案学会副会长、湖北省档案专业高级职称评委会主任、武汉信息咨询研究会会长等职务。

众所周知，武汉大学信息管理学院的肇始，从 1920 年美国传教士韦棣华女士和我国"图书馆学之父"沈祖荣、胡庆生在文华大学(教会大学)创办的图书科算起，至今已有整整 100 年。其间历经了 1929 年沈祖荣先生独立开办的私立武昌文华图书馆学专科学校，1953 年文华图专并入武汉大学成为图书馆学专修科(二年制)，1956 年图书馆学专业"专升本"，1984 年成立图书情报学院，一直到 2000 年新武汉大学组建之时更名为信息管理学院。经过几代学者艰苦努力、砥砺前行，图书情报学科已成为 21 世纪国家"双一流"建设的重点学科，涌现了沈祖荣、甘莲荃、徐家麟、黄宗忠、彭斐章、马费成、陈传夫、方卿等一批学术领头人。

百年岁月，我们深深地缅怀已故图书馆学家黄宗忠教授。

一、学科建设 雷厉风行

黄宗忠教授从 1972 年至 1984 年，执掌我国图书馆学教育的发祥地与重镇武汉大学图书馆学系长达 12 年之久，为从单一图书馆学系发展成拥有四个学科专业、并成立全国第一个图书情报学院做出了不可磨灭的成绩。他对图书馆学的卓著贡献，闻名于我国图书馆的学界和藏界。

20 世纪 50 年代至 60 年代中期，全国只有武汉大学和北京大学设置图书馆学专业，且两校每年招生人数不足百人。黄教授早在"文革"以前，就极富前瞻性地注重发展图书馆学专业教育。他与徐家麟教授、孙冰炎教授等同仁做了不少工作。

首先是抓教学改革。他鉴于原有的教学计划有些陈旧，1960 年写了一个报告，建议把全国图书馆学的教材、教学计划统一起来。他的意见得到了高教部的采纳。1961 年 3 月，在高教部领导下，武汉大学图书馆学系、北京大学图书馆学系和文化学院(今北京印刷学院的前身)的有关领导和同志，在北京重新讨论和制订图书馆学专业教学计划，高教部指定黄宗忠主持会议。会后，三个院校教师在北京、武汉等地合作编写了《图书馆学引论》《藏书与目录》《读者工作》《目录学》等一系列新教材。

其次是开展图书馆学函授教育。1960 年，武汉大学图书馆学系开始举办函授教育，在武汉、长沙、南昌、成都、重庆、贵阳、昆明、广州、南宁、福州等地，招收高中毕业的图书馆在职人员入学，学制三年，并在有关省会城市设立了函授站，为我国图书馆界培养人才。

1972 年 4 月，武汉大学决定恢复图书馆学系，任命黄宗忠为系主任兼系党委副书记(次年改兼第一副书记，后为书记)。从 1972 年到 1981 年的 10 年间，黄宗忠和学院其他领导班子成员一起抓了七项重要工作：

(1)加强师资队伍建设。重建教师队伍是摆在当时的一项最紧迫、最重要的任务。黄教授亲力亲为，多方罗致人才，从 1972 年恢复招生至 20 世纪 80 年代初，调进大约 40 名教师和工作人员。张琪玉、严怡民等一批知名学者，就是在这期间从外省调进武汉大学的。

系领导还注重改善师资队伍的知识结构、专业结构和年龄结构，大量引进人才，招收优秀大学毕业生加以培训。引进了外语、数学、计算机、物理、化学和生物学等多个专业的人才。胡昌平、邱均平等知名教授，就是在这时引进的。

（2）强化对外学术交流。一方面请进来，邀请美国、日本、澳大利亚和英国的代表团，到武汉大学图书馆学系来考察、讲学。20世纪七八十年代，系里请来很多外国专家，包括美国国会图书馆的副馆长，请他介绍国外图书馆学的发展情况。另一方面走出去，大量派教师、研究生到英国、美国、日本、苏联、西德、南斯拉夫去学习，开拓了眼界。因而，从1977年开始到1981年，教师队伍基本建起来了，大体能够适应教学和学科发展的需要。

（3）设置新专业，开设新课程。黄宗忠在美国考察时亲眼看到，传递信息主要依靠计算机和网络。因此，早在改革开放之初，他就极富前瞻性地抓住发展机遇，拓宽图书馆学专业教育。他与傅敬生、彭斐章、孙冰炎、严怡民等教授，于1978年建立起我国第一个科技情报专业，而且很重视计算机在图书馆学和情报学教学中的应用，为此专门建立了计算机实验中心。接着，与全国新华书店总店合作，设立了全国第一个图书发行专业，1983年开始招生。1984年，档案专业也开始招生。至此，武汉大学图书馆学系就由一个专业发展成四个学科专业，初步形成了学科群。

（4）大力抓教材建设。20世纪70年代，专业教材比较缺乏，系领导为了适应教学需要，组织教师编写和出版专业教材。当时国家教委搞全国统编教材，图书馆学系基本上承担了主要的任务。编撰出版了《图书馆学导论》《目录学》《中文工具书使用法》《科技文献检索》《情报检索语言》《情报学概论》等教材。教材、文章引用率都比较高，多次重印，多部教材荣获国家级教材优秀奖和一、二等奖。教材建设，对于促进武汉大学图书馆学系以及全国图书馆学专业的发展，起到了极大的促进作用。

（5）努力抓科研，创办学术刊物。1980年，系里创办了专业期刊《图书情报知识》，后来发展成为全国核心刊物。为图书馆学系教师及全国图书馆界的同仁提供了一个开展学术研究的园地。

（6）积极改善办学条件。为解决办学资金困难问题，通过系领导的努力，亚洲教育基金会等机构提供了约70万美元的资助，用于教师到美国访问学习。从香港购进了计算机，从国外进口了复印设备和大批英文图书。在国家科委和全国新华书店总店的支持下，还盖起了图书情报学院大楼(位于学校大门牌坊西侧)。

(7)恢复函授教育，培养更多的专业人才。1980年，经学校批准，系里恢复了函授招生，相继开设了图书馆学、情报学、图书发行专修科以及各种补习班，为社会培养更多的图书馆学、情报学、图书发行专门人才。

从1974年到1984年，系里的教职员工由原来的几个人发展到100多人，学生规模则由100多人发展到1000多人。专业教育的层次，由本科到研究生，办学类型由校内多种形式办学，到校外函授教育、自学考试等。这为1984年设立武汉大学图书情报学院以及之后的信息管理学院打下了良好的基础。

二、学术研究 开拓进取

从1972年到1981年，黄宗忠教授任系主任兼党委副书记、第一副书记和书记，行政党务工作比较忙，占用了不少时间，但还是坚持挤出时间做学问。当然，除了他自己的努力，也和学校、系里给他提供的条件分不开的。他因此有机会到国外考察，开阔了眼界，拓展了思路。

黄教授的第一篇文章——《略谈人民公社图书馆》，发表在1959年1月10日《新文化报》上。当时的《图书馆学通讯》等几种杂志也都进行了转载。他一生总共发表了200多篇文章，共计200多万字，其中有50余篇被中国人民大学复印报刊资料《图书馆学、情报学、资料工作》转载。《十五年来我国图书馆的干部培养工作》《新中国图书馆事业三十年》《武汉大学图书馆学系六十年——兼评文华图专和韦棣华在我国图书馆事业史上的作用》等文章，先后被日本、美国、韩国等国的学者翻译发表。20世纪90年代，我国台湾地区的图书馆专业杂志，也发表过黄教授的多篇文章。

黄教授共出版了10多部专著，包括《图书馆学导论》《图书馆管理学》《文献信息学》《图书采访学》和译著《中国图书与图书馆》等。《图书馆学导论》，由武汉大学出版社出版，不断重印，成为全国通用教材，荣获国家教委"全国优秀教材奖"。《图书馆学导论》和《图书馆管理学》，由我国台湾天肯文化出版有限公司出版发行，在台湾地区产生了广泛的影响。

黄教授以他的学术成就饮誉海内外。他的学术思想敏锐，时刻关注国内外图书馆学的前沿和发展动态，与时俱进，不断探索图书馆学新领域、拓展新境界，为中国图书馆学做出了重要贡献。

黄教授主要在以下几个方面形成了自己的学术观点：

（1）图书馆学基础理论研究方面，他提出了"藏用矛盾说"，即藏与用是图书馆的特有矛盾。图书馆学就是研究图书馆搜集、加工、整理、保藏、控制图书与一定社会读者利用藏书之矛盾产生与发展规律的科学。

（2）图书馆事业研究方面，他通过调查研究，系统回顾和总结了我国图书馆事业发展历程，提出了一系列的改革意见和措施。1978 年，他与彭斐章、谢灼华教授合作，提出图书馆现代化应包括图书馆组织的网络化、图书馆工作的标准化、图书馆技术的自动化和图书馆学研究的系统化等四方面内容的观点。他还提出了"图书、情报、档案一体化"的观点，并从历史的、内在的、社会的和自然的发展需要等角度，进行了论证。

（3）图书馆管理研究方面，他认为，在藏书、工作人员、读者、建筑和设备、技术方法及其管理等构成图书馆的六个要素之中，藏书与读者是最主要、最基本的要素，而管理则是一种生产力，是图书馆各要素之间相互联系的纽带。图书馆管理是"计划、组织、指挥、控制、协调图书馆工作中的人力、物力、财力的合理运动，达到以最少的消耗来实现图书馆的既定目标，取得最大的效果，完成图书馆任务的过程"。

（4）文献信息学研究方面，他认为，文献信息学是研究文献信息的集聚、存贮、转化、传递、利用与组织管理的活动及其规律的一门综合性的应用学科。建立文献信息学，不是要取消或合并图书馆学、情报学、档案学等，而是要使这些学科能在共同理论的指导下，形成一个相互联系、相互补充的有机整体，建立一个完善的"大"学科体系。

（5）图书馆学教育研究方面，他认为，图书馆学教育的改革是发展我国图书馆事业的关键，要通过改革逐步建立起图书馆学、情报学、计算机科学相结合的新的教育体系。采用各种形式，分层次、分系统地培养各种人才，并加强师资对外交流。

黄宗忠教授对图书馆事业的卓越贡献，得到了图书馆界普遍的认可。2010

年夏，《高校图书馆工作》杂志社和"e线图情"联合举办了一次"新世纪十年图书馆风云人物"评选活动，以网上投票和选票投票的方式，评选出十位表现突出者，称之为"新世纪十年图书馆风云人物"。评选结果显示，黄教授不但入选，而且票数遥遥领先。

三、不忘初心，做好老协工作

黄宗忠教授不忘初心、牢记使命、勇于担当、鞠躬尽瘁，是信息管理学院离退休老同志中的核心人物。在他的带领下，学院老年协会（以下简称老协）团结和睦，凝聚力强，大家都热爱老协这个新集体。

20世纪90年代初期，黄教授从教授的岗位退下来，他深切体会到离退休老同志离开熟悉的工作岗位后的种种不适应。当时，离退休老同志由原单位管理，老同志群体处于松散状态，没有日常活动，更别说娱乐活动了，春节活动也是由工会负责联系组织。

鉴于当时这种情况，黄教授深入离退休老同志中调查研究，了解老同志的实际情况。他根据党的政策，有理有据地起草了十二条意见，并亲自出面与学院领导进行沟通，终于在董有明书记的任上引起足够的重视，被列入学院年度工作计划，使得信管院老同志的切身利益得到保障。这些对老同志的保障意见，一直沿用至今。

黄教授敢于谏言，勇于担当，在学院老同志中有很高的威望。在学院老年协会选举中，当选为首任会长。黄教授对老协的工作安排得条理清晰，分工明确，老协的工作有条不紊。座谈会、春游秋游、看望慰问病患、重阳登高、春节联欢等各项工作顺利展开，老同志们的精神状态也得到了改观。

黄教授关心老同志，经常上门走访。清楚学院每个老同志家里的地址，记得几乎每个老同志的电话号码。哪位老同志家出了事故，也会号召老同志们一起前去慰问关怀。例如，杨教授的儿子意外去世，黄教授多次组织老同志看望慰问，帮助杨教授尽快从悲痛中解脱出来。再例如，陈教授中风多年，丧失自理能力，黄教授登门看望的次数就更多了。黄宗忠教授在去世的前一个月，他还亲自带领老协负责人看望陈教授。

2011年10月，是黄教授的80寿诞，也是他生命的倒计时。在最后的时间里，黄教授做了三件让人刻骨铭心的事情：其一，完成了生命中最后一篇12000字的学术论文，这是在病床上完成的收官之作。其二，黄教授的弟子最后一次为其举办庆寿暨学术研讨会，全国各地的同学、弟子、湖南家乡亲戚、在汉老同事、学院领导都出席了会议，对黄教授在图书馆学领域中做出的贡献给予充分的肯定。聚餐环节，黄教授在夫人李美爱的陪同下提前离席，大家都以为是黄教授累了需要休息一下。当所有人离开餐厅来到大厅时，看见黄教授起身迎上前来与每位到会的人员握手致谢，之后才恍然明白黄教授是要与大家做最后的告别。其三，移交老协的工作。2011年10月27日晚上，黄教授的女儿黄力打电话给老协的一位副会长，说黄教授要见她，有事情交代。当她急忙赶到教授家再见到黄教授时，已与两天前寿诞研讨会上的状态判若两人。以往的黄教授身板笔直，走路带风，声音洪亮，尽管一口湖南湘乡话难以听懂，但说话底气很足。真不敢相信，眼前的黄教授怎么会变成这样。黄教授让女婿拿出老协的通讯录，指着上面记录的几件还没来得及办完的事情逐一交代。最后，他语气低缓地说了三件事：把秋游组织好；让大家把买壕沟房子的钱筹措好；要大家把身体保养好。

之后家属说：那天晚上黄教授说完那几句话后便再无话，第二天一早回到医院不久就陷入昏迷，直到10月30日凌晨谢世。

黄宗忠教授虽然离开我们10年了，但黄教授的工作业绩、学术成就、品质精神永远留在我们心中！

2020年4月

【作者简介】

詹德优，1940年11月出生，武汉大学信息管理学院教授。2006年退休。

李建民，1953年2月出生，武汉大学信息管理学院副研究馆员，2008年退休。现任武汉大学信息管理学院老年协会会长。

记我的导师宁津生院士

李建成

宁津生（1932—2020），武汉大学教授，著名大地测量专家。1984—1988 年，任武汉测绘科技大学副校长。1988—1997 年，担任武汉测绘科技大学校长。1995 年，当选中国工程院院士。兼任教育部高等学校测绘学科教学指导委员会主任、中国测绘学会测绘教育工作委员会主任、国家测绘局科技委员会委员、《中国大百科全书》总编委委员和第二版《测绘学科》主编、《大辞海》分科主编等职务。出版教材、专著和外文文献 15 部，发表论文 200 余篇。

1990 年至今，我师从宁津生老师整整 30 年了，这是我的幸运。宁老师言传身教，爱生如子，在我的学习和成长过程中倾注了大量的心血。他高尚的品德、渊博的学识和儒雅的风范，始终引领和激励着我。

硕士毕业后，我报考了宁老师的博士。那时候，我只知道宁老师是我国地球重力场领域的知名专家，曾听过他的一些讲座和报告，但没有听过他的课。当时，我有幸拜读了宁老师和管泽霖教授合编的《地球形状及外部重力场》，发现地球重力场领域很有挑战性。也许是个性使然，我认为如果能坚持深耕这个领域，未来有可能会取得一些突破。

开学报到那天，宁老师约我在办公室见面。当时，宁老师在我眼中是可望而不可即的专家，因此见面前我的内心稍有忐忑。一进门，宁老师就微笑着招呼我坐下，亲切的语气立即抚平了我紧张的情绪。随后，他给我介绍了研究领域的重点、难点和前沿动态，勉励我潜心研究，力争有所建树。这次见面，奠定了我奋斗一生的研究方向。

宁津生

读博期间，宁老师还委托王昆杰教授和晃定波老师共同指导我，优质的导师资源为我的学习和成长提供了巨大的帮助。同时，宁老师带我参与国家"八五"攻关项目，并且成功地建立了当时我国阶次和精度最高的地球重力场模型，以及我国首个 5′×5′ 重力似大地水准面。现在回想起来，这还是我第一次参与大型的科研项目，从中学到的很多东西对我后来的成长起到了至关重要的作用。在宁老师的指导下，我还参与了"攀登计划"等国家项目，为自身学术研究能力奠定了良好的基础。尽管我在研究工作中常常遇到困难，但是他总是耐心地给予指导，并在关键时刻提出令我醍醐灌顶的想法。他时常教导学生们，只要持之以恒，就会取得最后的成功。宁老师当时担任国际大地测量协会学术杂志《大地测量手稿》和《大地测量公报》编委，他总是第一时间将这两本杂志给我阅读，让我及时了解学术前沿。1993 年，在我博士论文答辩前夕，宁老师正在加拿大访问。他为了参加我的答辩，费尽周折调整行程，在百忙之中专程赶回，这令我万分感动。

宁老师一生崇尚学术，极为重视学生研究能力的培养。1994 年夏天，在宁老师的帮助下，通过多方努力，我被选派到美国得克萨斯大学空间研究中心做学术访问。在访学期间，他经常打电话给我，了解我在国外的研究进展和生活情况，强调一定要把本专业领域最先进的理论和技术学回来。他还要求我们潜心学术，心无旁骛，不提倡我们过早地承担行政工作。1995 年，就是我参加工作的第二年，学院推荐我担任副院长，时任学校校长的他没有表态支持。1996 年，有人推荐我去学校科技处任职，他表示反对。1999 年，我担任测绘学院院长时，他语重心长地对我说："你还年轻，当院长不能影响业务工作!" 2011 年，我当选中国工程院院士，宁老师非常高兴，见到我的第一句话就是："要继续出成果!"他叮嘱我要一如既往地站在教学科研一线和学术前沿。他还向时任武汉大学校长李晓红建议，不要让年轻的院士过早地担任学校行政职务，担心影响我们的学术研究。2014 年年底，我担任武汉大学副校长，学校的管理工作自然会分散更多的时间和精力，因此宁老师每次碰到我，就特别嘱咐："建成，学术不能丢啊，要见缝插针搞科研!"宁老师要求我不仅坚持在科研第一线，同时也要深入教学第一线。在他的教导和期望下，我目前虽然行政事务繁忙，社会工作繁杂，仍然坚持为本科生授课。为了培养我在教学上有所建树，进一步开阔视野，从 2005 年起，宁老师让我参与教育部测绘学科教学指导委员会和中国测绘学会教育工作委员会的工作，并于 2012 年把测绘学会教育委员会的工作交给我负责，不遗余力地通过实际工作进一步锻炼我、培养我。

"大学的产品就是学生，老师应该把教学放在第一位。"宁老师从 1956 年大学毕业开始便从事教学工作，不管有多忙，给学生上课这件事，他从来没有丝毫放松和怠慢过。即使是很熟悉的讲稿，他在每次上课前也要重写，及时更新内容。学生们都喜欢听他的课，称他是"课讲得好、人长得帅"的好老师。

宁老师这种做事认真、治学严谨、要求严格、仁爱无私的态度深深地感动并默默地影响着我们，让我们终生难忘。可以说，能成为宁老师的学生，是人生的幸运。自从成为他的学生以后，我一路追随，从未离开。30 年来，宁老师和我在学术上薪火相传，师生情谊深厚，在测绘界和教育界被传为佳话。

一、儒雅豁达的学者

宁老师是一位平易近人、心胸宽广的学者，人们称他是一位好先生。他作为校长和下属平等相处，与同事真诚相待，对学生和蔼可亲。宁老师那博学儒雅、宽厚豁达、严谨谦逊的风范，潜移默化地影响着他的学生和周围的人，这也为他赢得了师生、校友以及业界的尊敬和爱戴。

宁老师心胸豁达，从不记仇。20世纪50年代末，他在政治上受过一些不公正的待遇，但对那些曾经对他不友好的同事和同学，他总是表示理解和原谅，他认为那是特殊时代造成的。宁老师也从不和那些批评他甚至让他下不了台的老师计较。我了解到，1980年奥地利学者Moritz来学校讲学时，宁老师做翻译，李庆海先生现场指出他翻译得不准确，宁老师丝毫没有把这件事放在心上，反而认为李庆海先生治学严谨，这也体现了宁老师对长者的尊重和宽广的胸襟。2010年，我在测绘学院倡议成立李庆海先生奖学金，宁老师十分支持我的建议。

宁老师平易近人，温文尔雅，充满爱心，从不居高临下直接批评人，总是耐心地与学生讨论。在出差的火车上，宁老师也和我们一起聊天，非常随和。无论走到哪里，他都会乐呵呵地与人打招呼。他身边总会围着很多人，不管是学生、同事或是业界同仁，都享受与他一起聊天、探讨和交流的快乐。"这是当老师的最大快乐！哪里都有学生，而且学生都跟你很亲近。"宁老师也特别享受这样的时刻和氛围。

他对每个学生都一视同仁，而且严格要求，不搞特殊化。他当校长期间，也不让自己指导的学生享受特殊照顾。20世纪90年代初，学校的博士招生规模较小，而毕业后留校任教的博士更是少之又少，我们几位刚留校的博士申请副教授岗位，学校考虑我们还需要历练，宁老师没有因为他的学生在其中而破例。1994年国家测绘局设立了"跨世纪人才计划"，尽管宁老师对我寄予厚望，但由于我是讲师，最终没能评上。他尽管心里十分难过，但没有任何表露，对学生来说，这无疑是一种莫大的鞭策和鼓励。1994年8月，学校派我去美国做半年的研究工作，离开前他对我说："目前学校出国留学人员绝大多数没有学成归国，出现了人才断档，你完成研究后一定要按时回国为学校的发展做贡献。"按照他的要求，我于1995年1月如期回国，他特别高兴。20世纪80年代至90年代初，中国掀起了一波出国潮、下海潮，学校的教师队伍建设面临很大挑战。我在1995年申报了教授岗位，得到了他和时任院长刘经南教授的鼎力支持，他们力排众议将我从讲师破格晋升为教授。

宁老师总是不遗余力地关爱学生，帮助别人，但同时，他又对学生严格要求，从不祖护，要求我们做人诚实诚恳，做学问严肃严谨，这让我们受益终生。

二、鞠躬尽瘁的校长

1984 年 8 月，宁老师从副教授岗位被任命为武汉测绘科技大学（以下简称武测）副校长，1988 年 1 月任校长，直到 1997 年 2 月卸任。在 10 多年的校长岗位上，宁老师鞠躬尽瘁，殚精竭虑，他在任期间学校的办学方向清晰明确，教学质量快速提升，办学实力和整体水平大幅提高，为我国测绘科技和教育事业发展做出了重要贡献。

在学校和学科发展方面，宁老师做了很多有前瞻性的长远布局。20 世纪 80 年代末，我国大地测量学科发展处于低谷。宁老师以强烈的忧患意识和对学科发展的远见卓识，带领老师们积极探索用卫星大地测量方法推动学科转型。

1988 年，宁老师作为校长举全校之力，向世界银行贷款数百万美元，建立了测绘遥感信息工程国家重点实验室。他作为原武测测绘遥感信息工程国家重点实验室建设委员会主任，为实验室的建设、成长做出了不可磨灭的贡献，在实验室发展的关键时刻和重大问题决策过程中发挥了重要作用。当时申请贷款时，国家测绘局对他提出明确要求，"保证以后这笔钱学校还 70%，国家测绘局还 30%"。在当时办学经费严重不足的情况下，学校要还 70%，加上每年的利息，压力确实很大，但他毫不犹豫地签下保证书。可以说，他为我国第一个测绘类国家重点实验室的申请建立倾注了大量心血，为学校持续发展抓住了难得的机遇，奠定了良好的基础。

1996 年，武汉测绘科技大学建校 40 周年之际，正值国家"211 工程"计划的推进时期。能否进入"211 工程"，就是国内重点大学与非重点大学的分水岭。武测作为亚洲唯一的以测绘学科为主的高校，自然也期望能进入"211 工程"，但这是一个极具挑战性的目标，全国众多高校都在竞争。在湖北省，武汉大学、华中理工大学（今华中科技大学的前身）等高校也都在极力争取，专业性极强的武测并不具备优势。尽管当时武测为适应测绘技术的发展，开辟了遥感、地理信息系统、卫星定位与导航等一批新专业，但与综合性大学相比，实力差距仍然悬殊。当时，宁老师正好受到教育部委派，参与武汉大学"211 工程"预审专家组的工作。他充分吸取了武汉大学和其他已经通过"211 工程"预审的高校的经验，领导全校上下努力整改，学校终于在 1996 年通过了"211 工程"预审，为学校进一步发展争取了广阔的平台和有力的支持。

他总是从大局出发，从不偏袒自己所从事的学科。1993 年，学校将工程测量系和大地测量系合并，成立了地球科学与测量工程学院。1995 年，学校把学院的土地管理专业调整到地图制图系成立土地科学学院。当时，院里的老师都舍不得将我们于 1986 年办起来的土地管理专业划出去，宁老师作为校长强调，这是为了学校发展做出的决定，要求全院老师顾全大局，给予理解和支持。

为加强测绘领军人才的培养，宁校长给中国工程院领导建言，建议在土木工程学科下设立测绘工程学科。随后，测绘学科的学者申报院士，就有了明确的学科归属。在他的带动、培养和支持下，测绘界领军人才迅速成长起来。

"大学，不管是研究型大学、教学型大学，或者其他类型大学，其首要任务就是培养人才、培养学生。"宁老师以身作则，率先垂范。

20 世纪 90 年代，测绘学科正处于发展转型期，以往的课程设置和教材严重落后于学科发展，迫切需要教学改革。1996 年，宁老师提议，由校内几位院士一起为大一新生开一门基础课，明确测绘遥感对国家发展的意义、学科前景和未来出路。"当时新入学的本科生里，十有八九第一志愿报的不是测绘专业。"他强调，"最早开设这门课的初衷，是挽留想转专业的学生"。1997 年 9 月，《测绘学概论》正式开课。22 年来，宁津生、李德仁、陈俊勇、刘经南、张祖勋、龚健雅等院士以及测绘界的知名教授先后加入教学团队。这门课程，被学生称为"最奢侈的基础课"，已成为全国精品资源共享课程和教育教学的示范课堂。

三、成果丰硕的"大地之星"

宁老师是我国著名的大地测量学家，毕生从事地球重力场的理论与方法研究，是我国这一领域研究和教育的主要开拓者和奠基人。在布设天文重力水准网、推求大地水准面形状、研究卫星重力学和固体潮、建立地球重力场模型等方面均颇有建树。自 1956 年大学毕业到学校工作，他一生就与大地测量结下了不解之缘，学生们亲切地称他为"大地之星"。

20 世纪 50 年代至 70 年代，宁老师和同事们对推求我国高精度天文大地网的整体平差所需要的高程异常、垂线偏差等地球重力场参数所采用的理论、方法和精度等进行了研究；完善了苏联专家布洛瓦尔为我国设计的天文重力水准布设方案；他所提出的意见成为我国实际作业的标准。研究成果也为 20 世纪 60 年代我国大地测量专业开展大地重力学的教学工作提供了新的内容。宁老师与他人合著的《大地重力学》，比较深入地研究了重力学的理论、方法及其在天文大地测量中的应用，直到 20 世纪 70 年代一直是这一领域教学科研和生产的重要教材和参考书。

20 世纪 70 年代，国家决定建立自己独立的大地坐标系统，其中就有一个确定"大地原点"的重要问题。大地原点是一个国家大地坐标系的基准点，要围绕它进行大量的测量活动，如天文测量、重力测量、三角测量、人造卫星测量、全球定位测量等。在这些测量活动中，大地原点标石的稳定极为重要，任何细小的变化都会使测量"差之毫厘，谬以千里"。中华人民共和国成立初期，我国使用的大地测量坐标系统的坐标原点是苏联玻尔可夫天文台，这种状况不利于我国的建设和发展需求。因此，1975 年，国家成立了专门的班子，开始探索中国大地原点的设置，宁老师被学校安排参加此项工作，那一年，他 43 岁。面对没有退路的任务，他带领一帮科技人员，搜集分析了大量资料，并到郑州、西安、兰州等地，对各地的地形、地质、大地构造、天文、重力和大地测量等因素进行实地考察和综合分析。在研究过程中，他在国内率先开展了"利用最小二乘配置确定建立原点所需要的相对大地水准面的理论和方法"的研究，其成果为确定我国大地的地心坐标及椭球定位提供了科学依据。

20 世纪 70 年代后期，在中国测绘学领域的泰斗和先驱夏坚白学部委员的主持下，宁老师与之合作翻译了《卫星大地测量学原理》《卫星大地测量概论》两部外国文献，较早地涉足了卫星大地测量学研究。同时他意识到，中国测绘科学与教育已大大落后于发达国家。此后，他时刻关注国际大地测量学科发展动态，及时将"利用最小二乘配置确定相对大地水准面的理论和方法"的研究成果引进到测绘学科专业教学中。在此期间先后出版了《地球形状及外部重力场》《重力与固体潮教程》《地球重力场在工程测量中的应用》等著作，翻译出版了《大地测量学》《高等物理大地测量》等外文文献，不仅为我国多项测量工程的实施提供了有力的技术保障，也缩小了我国在物理大地测量领域与国际先进水平的差距。

20 世纪 80 年代中期，国际上开始利用卫星和地面重力资料联合建立高阶次高精度地球重力场模型，且发展迅速，而中国在这一领域较为落后。为了改变这一局面，宁老师将研究重点转向地球重力场逼近理论，致力于建立适合我国具体情况的地球重力场模型和区域大地水准面。1990 年，他主持完成国家自然科学基金高新技术项目——"地球重力场模型研究"，建立了中国最早的 180 完全阶次的地球重力场模型 WDM89。1994 年，他又主持完成国家测绘局"八五"重点科研项目"地球重力场精细结构和我国大地水准面的精化"，进一步发展了高阶地球重力场建模理论，研究出适合我国局部重力场情况的 360 阶地球重力场模型 WDM94，同时建立了一个全国范围内分辨率为 5′×5′，精度为米级的中国大地水准面 WZD94，满足了当时测绘生产的需要。WDM89、WDM94 两个模型都是当时我国阶次最高、精度最好的地球重力场模型，并达到了国际先进水平，广泛应用于我国地学、空间技术、海洋、地球物理、地震、地质等多个领域的科学研究和生产实践，成果分别获得 1991 年度国家测绘科技进步二等奖和 1997 年度国家测绘科技进步一等奖。

20 世纪 90 年代初期，他带领晁定波等专家在我国率先开展了整体大地测量学、大地测量学科发展战略等多项前沿研究。研究成果获得 1993 年度国家测绘科技进步二等奖，对我国推动大地测量学学科的发展发挥了重要作用。

宁老师是一位永远进取、不知疲倦的实干家。进入 21 世纪后，年逾古稀的他仍没有停止探索地球重力场的步伐。在"九五"期间，他又参与主持国家测绘科技重点项目"全国及省市地区高精度高分辨率似大地水准面的技术研究及实施应用工程"，完成了新一代中国似大地水准面 CQG2000，其分辨率为 5′×5′，精度为分米级，为我国 1∶5 万甚至 1∶1 万测图中以 GPS 水准测量代替几何水准，提供能满足精度的高程异常值，这一成果获得 2004 年度国家科技进步二等奖。

宁老师还是我国较早从事卫星重力学研究的学者之一，早在 20 世纪 70 年代末，他就开始接触并探索卫星重力学问题。21 世纪初，国际上新一代卫星重力计划的相继实施，使得卫星重力学成为现代大地测量最活跃的分支。在他的带领下，我们研究团队对卫星测高、卫星重力梯度以及卫星跟踪卫星等卫星重力学的理论、技术方法和应用进行全面研究，获得许多有价值的成果。

"我国在测绘基础理论、技术方法和应用软件等方面已和世界测绘发达国家具有同等水平，虽然现阶段还存在些许缺陷，但正在逐步完善，相信有一天我们中国定能成为测绘强国。"他对中国测绘行业的发展充满信心。

宁老师于1995年当选中国工程院院士，是中国工程院土木水利建筑工程学部首位测绘学科院士，在担任学部常委和副主任期间，为学部的工作做出了重要贡献。

四、永不退休的"两委主任"

宁老师不仅是一位杰出的大地测量学家，也是一位名副其实的教育家。他长期担任教育部测绘学科教育指导委员会和中国测绘学会教育工作委员会（以下简称两委会）的主任委员，为推动我国测绘高等教育改革发展做出了重要贡献，被测绘界同仁们称为永不退休的"两委主任"。

自1984年起，宁老师担任中国测绘学会教育工作委员会主任委员，同时在国家测绘局测绘教材委员会担任副主任委员。1990年，他开始担任国家测绘局测绘教材委员会主任委员。随着职能和隶属关系的变化，教材委员会先后更名为国家测绘局测绘学科教学指导委员会、教育部高等学校测绘学科教学指导委员会，他一直担任该委员会主任委员。直至2012年，由于年龄的原因不再担任两委会的主任委员，但他仍是两委会的名誉主任委员和顾问。他在两委会主任的岗位一干就是38年，是一位"超龄主任"。在此期间，他带领两委会一直致力于我国测绘教育的发展与壮大，致力于测绘教育教学质量的提升，在引领中国测绘教育的改革方面做出了大量开创性工作。

在两委会的推动下，测绘教育紧跟经济发展对测绘人才的需求，不断发展，从专业目录调整后测绘类下设一个专业，到现在测绘类下设6个专业；从原来的全国30多个测绘类本科专业建设点，发展到现在的200多个本科专业建设点，以及200余个高职高专测绘专业点。

在担任教材委员会主任委员期间，他大力推进高校测绘教材建设，使测绘教材完成了从无到有、从引进到自编、从单一品种到多品种配套，形成了具有我国特色的高质量测绘教材建设体系。

在测绘学科教学指导委员会成立后，教学指导委员会的工作由原来以教材编审为主要内容，转向对学科的教学工作进行全面的研究、咨询和指导。宁老师敏锐地觉察到现代科技飞速发展对测绘学科专业带来的强烈冲击以及难得的发展机会，他带领两委会针对测绘工程专业人才培养模式、专业现状和未来发展、社会需求与课程体系设置、教材内容更新、改革热点难点等问题，每年组织两次以上高等测绘教育改革的研讨会或院长论坛，在专业建设、师资队伍建设、学生创新与工程实践能力的提升、测绘学科发展方向探索等方面做了大量卓有成效的工作，极大地推进了我国测绘教育与测绘地理信息事业的发展。

他带领两委会，开创性地举办"全国高等学校测绘类青年教师讲课竞赛"，至今已经 20 余年，对引导和激励青年教师积极投身教学工作，规范教学过程，提升教学能力和水平，全面提高测绘人才培养质量意义重大。开创性地举办"全国大学生测绘技能竞赛"10 余年，不仅检验了学生的实践操作能力，真正达到了"以赛促学、以赛促练、以赛促训"的目的，也增强了学生之间团结协作的意识和不怕苦不怕累的优秀品质，对学生未来发展影响深远。开创性地举办"全国高等学校大学生测绘科技论文竞赛"11 届，激发了广大学生崇尚科学、勤奋学习、勇于进取的精神，以及勤于思考、善于分析的创新意识，提高了学生科技写作水平和学术研究能力，为我国测绘科技创新事业培养和积蓄人才。

宁老师身体力行，永不停歇，他凭着对我国测绘事业执着的热爱和无私奉献的人格魅力把大家团结在一起，把两委会打造成一个和谐、进取的大家庭，为校际学生之间、教师之间以及校企之间的交流与合作提供了广阔的平台。在大家心目中，他是永不退休的"两委主任"。

宁静致远，津津乐道，生生不息。宁老师人如其名，他对我国测绘科技和教育事业的贡献有口皆碑，他是我们睿智儒雅的老师，更是一座巍峨的高山。

2020 年 3 月

【作者简介】李建成，1964 年 12 月出生。武汉大学教授，大地测量学与测量工程专家。1983—1993 年，本科、硕士和博士就读于武汉测绘科技大学。出版著作 4 部，发表论文 120 余篇。主持国家"973"计划、"863"计划、国家自然科学基金等重点项目研究。获国家科技进步奖二等奖 4 项，省部级科技进步特等奖 1 项、一等奖 7 项。2011 年当选中国工程院院士。2014 年任武汉大学副校长。2022 年 9 月任中南大学校长。

刘纲纪先生与武汉大学樱花笔会

车 英

刘纲纪(1933—2019)，武汉大学资深教授，著名美学家。1956年毕业于北京大学哲学系，同年到武汉大学任教。长期从事马克思主义哲学、美学和中国美学史、中国传统思想文化研究，被学界公认为中国实践美学派的主要代表之一。专著有《美学与哲学》《艺术哲学》《书法美学简论》等 10 余部。主编或参编《中国美学史》(第一、第二卷)、《美学概论》等教材论著近 20 部。擅长书法，出版《刘纲纪书画集》。曾任武汉大学美学研究所所长、中华美学学会副会长、湖北省美学学会会长等职。2008 年，中国美术家协会授予其"卓有成绩的美术史论家"称号(第二届)。2010 年入选首届"荆楚社科名家"13 人之列。

2020 年 11 月 21 日，因新冠疫情被迫推迟的武汉大学第 35 届樱花笔会，在各方努力下还是举办了。我全场主持此次樱花笔会。我在致词中说："再过十天，就是首届樱花笔会的指导者刘纲纪先生逝世一周年的忌日。今年(2020 年)5 月 24 日，首届樱花笔会的参与者和支持者、武汉大学原校长陶德麟教授也去世了。但他们的精神永在，永远与樱花笔会同在，并且激励着樱花笔会不断进步、向前。"

刘纲纪先生 1933 年 1 月 17 日出生于贵州省普定县，1956 年毕业于北京大学哲学系，受时任武汉大学校长李达邀请来到武汉大学从教。1982 年任教授。他堪称中国美学界"北李南刘"之美学大师。曾担任武汉大学美学研究所所长，兼任中华美学学会副会长、湖北省美学学会会长、国际易学联合会顾问等职务。刘纲纪先生博学多才，能书善画。

刘纲纪

2015 年刘纲纪在武汉大学第 30 届樱花笔会上泼墨

我与刘纲纪先生确实有缘，亦师亦友，忘年之交，并且缘分很深。

1984年年初，当时已是中国书法家协会湖北分会会员的刘涛、谭仁杰、梁达权和我相约在一起，共商如何繁荣武汉大学校园文化问题，准备筹划武汉大学师生书画展览。之后，我们请教了著名哲学家陶德麟教授和美学家刘纲纪先生，他俩一致赞同成立一个群众性书画组织。

1984年9月27日，是武汉大学书画同仁值得纪念的日子。下午14：00，在学校行政大楼第一会议室，武汉大学书画研究会（会员主要是教工）召开成立大会。湖北省社科联副主席、中国书法家协会湖北省分会（1991年改为湖北省书法家协会）秘书长孙方，湖北省文联党组书记周韶华，湖北省美术家协会副主席武石，中国书法家协会湖北省分会副秘书长徐本一等领导和书画专家，以及曹立庵（1983年题写"国立武汉大学"校名）、湖北艺术学院（1985年拆分为湖北美术学院、武汉音乐学院）的代表等，到会祝贺。刘道玉校长出席成立大会，并发表了热情洋溢的讲话。党委副书记黄训腾出席成立大会。吴于廑、唐长孺、李国平、陶德麟、萧萐父、吴熙载等知名教授出席了会议。

武汉大学书画研究会首批会员36人，我是会员之一。经过充分酝酿讨论，大会通过了章程，选举产生了第一届理事会和领导班子。选举李国平、吴熙载为名誉会长，刘纲纪为会长，梁达权、谭仁杰为副会长，刘涛、杜温和、宋叶中、杨文茂、胡迹、谢世棠（学生会主席）等6人为理事，宋叶中任秘书长。后来，因成员调动工作，我任副秘书长，蒋小衡为秘书。再过不久，刘涛调离了学校，我继任秘书长。从此，刘纲纪先生当了35年的会长，我也当了30多年的秘书长。

1985年4月4日下午3时许，武汉大学首届樱花笔会在小操场举行，时任校长刘道玉出席首届樱花笔会，并开笔"健康向上，改革成才"。出席笔会的有200多人，教师有刘纲纪、梁达权、刘涛、谭仁杰、车英、蒋小衡（当年留校）等，其余全是学生。场面宏大，小操场的舞台是主会场，台下摆了三四排书桌，供大家挥毫之用。吴于廑、唐长孺、李国平、陶德麟、萧萐父、吴熙载等知名教授，虽未出席笔会，但都送来了书画作品。

记得1997年4月，武汉大学大学生书画协会（1983年成立的学生社团，以下简称学生书协）请我做一场书法讲座，海报都发出去了，可就在讲座的当天下午15时，我突然接到国家教委的紧急通知，要我与学校一位副校长同去北京汇报工作，火车票已经买好，乘坐夕发朝至的 38 次特快列车赴京。

讲座怎么办？要么取消，要么换人。这时，我想到了刘纲纪先生，马上与他打了电话，说明情况，刘先生很痛快地答应帮我"救火"，我很感激。刘先生这段时间很忙，经常通宵达旦地写作，休息时间很少，但为了帮我"救火"，他马上停下手头的工作，准备当晚讲座的内容材料。

我担任武汉大学学生书协的指导老师 40 年了。学生书协成立之前，我就是学生书画活动的指导老师。1999—2000 年度武汉大学学生书协主席瞿碧波的书法不错，并擅长钢笔书法。他用钢笔书法写了一些外国抒情诗，想结集出书，找我为之题序。我考虑了一下，决定还是由刘纲纪先生题写吧。

我们一起找到刘先生，刘先生对瞿碧波说："我和车老师联名题序，你看怎么样？"瞿碧波高兴地说："好哇，我求之不得呀！"刘先生转身对我说："现在我手头的工作很多很忙，麻烦你写个初稿，写好后我们再商量改一改，好不好？"我看到刘先生实在太忙，便答应了。

过了两天，我写了初稿交给刘先生，我们一起商量写了不太长的序言。该书名为《外国抒情诗硬笔书法》，刘先生还请著名书法家沈鹏先生为之题写了书名，1999 年 9 月由湖北人民出版社出版发行。

十多年前，湖北中流印社宣告成立。为了繁荣创作和学术，昌少军社长找到我，想在武汉大学请一位德高望重的理论名家指导工作。我首先就想到了刘纲纪先生，我与他联系，得到首肯后，便带着昌少军社长前往刘先生家拜访。从此，刘先生便和中流印社结下了不解之缘。

刘纲纪先生是武汉大学书画活动的举旗者，更是樱花笔会的指导者。他参加了樱花笔会前四届活动。1989 年停办樱花节。1990—2005 年，他忙于著书立说，参加樱花笔会不是很多。但从 2006 年起，他几乎全都出席樱花笔会。如今，刘纲纪先生离我们远去，再也不能参加樱花笔会了。

我们永远怀念刘纲纪先生！

2020 年 11 月

【作者简介】见第 113 页。

让五星红旗在极地飘扬

鄂栋臣口述　杨欣欣整理

鄂栋臣（1939—2019），武汉大学教授。2007 年当选国际欧亚科学院院士。曾任武汉测绘科技大学党委副书记、中国南极测绘研究中心主任。1984 年首次参加中国南极科学考察，先后 7 次到南极、4 次到北极，是全国唯一参加过南极考察队建立长城站、首次东南极考察队建立中山站、首次北极科学考察队赴北冰洋考察、首次北极黄河站科学考察的科考人员，被誉为"中国极地测绘之父"。曾获全国"五一"劳动奖章、何梁何利奖及全国优秀科技工作者、全国先进工作者等称号。

今年（2004 年）4 月中旬，我将再次去北极，以 65 岁高龄参加我国在北极地区的首个科学考察站建设。自从 1984 年我参加中国首次南极考察，先后 4 次到南极、2 次到北极进行科学考察，有人说我创造了全国"三个首次"，即中国南极首次科学考察、中国南极长城站首次建站、中国南极中山站首次建站。南北极考察是前无古人的事业，所以有机会创造很多"第一"。比如，我还测定了中国第一幅南极地图、长城站地形图，命名了中国第一个南极地名"长城湾"，第一个把中国测绘标志埋设在北极点……

我身体很棒，很多人叫我"铁人"。别看我个头不大，力气可不小。记得建长城站、中山站的时候，修码头时我是搬运工，建房子时又当建筑工，每天干活十几二十个小时，累得站着都能睡着，稍微打个盹又继续干。在南极的冰天雪地里打盹，身体不会冻僵吗？其实我们到南极大陆时，是它的夏天，晴天气温大多在零摄氏度。劳动生热，加上我们穿得比较暖和，冻不坏的。最恼人的是那里肆虐的大风，把雪沫卷起来打在人脸上，就像针刺一样。特别是到了晚上，风一刮，我们的塑料帐篷全被吹烂了，等于露天睡觉，这时候就得当心冻坏。

我的身体好是天生的，我们去南极考察前也没有接受过体能训练。1984 年第一次去南极考察前，我们对南极的了解可以说近乎零，除了从电视上、教科书里知道一些关于南极的抽象数字，只知道那里终年是冰天雪地。出发前，在北京体育训练中心的训练，也就进行了一些简单的安全教育。

我身体好大概同小时候放牛砍柴有关。我出生在江西省广丰县一个偏僻的农村，小地名叫五都镇喻家山头，四五十户人家。因多次遭受日本鬼子的扫荡，村子很穷。父亲在我 3 岁时去世，有一个姐姐因为家里养不起送给别人，至今都没有联系上。很小的时候，我就加入"偷柴"队，每天挑着柴，来回走十几公里不说，还要饿肚子。我就这样练成了"童子功"。

我去南极考察是"赌气"去的，不是我个人赌气，是为国家赌气。20 年前，受命征服南极这个万古的荒原，其背后隐含着一个国家的权益问题。每两年，国际上都要举行一次有关南极的大会，就南极的矿产资源、领土问题等进行讨论。作为联合国五个常任理事国之一，1983 年我国参加了年会。由于当时我国在南极没有设站，就被剥夺了发言权，并被"赶"出了国际会场。这件事让代表团很受刺激。随后，国家就开始紧锣密鼓地筹备在南极建站。

科考建站，测绘先行。当年，因为武汉测绘学院实力强、教授多，国家测绘局就把测绘任务下达给了我们学校。那时，我刚好在卫星大地测量室，顺理成章地制订方案，之后又被选为负责人。1984 年，我已经 45 岁了，不少人劝我别去，说我去南极等于把骨头丢在那里。记忆最深的是我太太，签生死状时手都在抖，不敢签，是我帮她代签的。但我自己没有犹豫过。要是没有"一不怕苦二不怕死"的精神，真不敢去南极。老实说，我签字时，手也还是有点颤的，毕竟那是中国人首次去南极。但国家使命在肩，我无怨无悔。

有人形容南极之行是"死亡之旅"，也不算夸张。我们去南极，就是一场历险。南极的环境恶劣得很，特别是气候，说变就变。我还记得 1985 年 1 月 14 日那天，我们到海上考察，突遇 12 级飓风，海浪排山倒海地打来，我们驾驶的那条 15000 吨的巨轮，瞬时像小帆船一样弱不禁风。风浪将船头强压下去，150 米

1989 年，50 岁的鄂栋臣在南极中山站

长的船向上翘起了尾巴。螺旋桨一悬空，船就失去了动力，随时翻沉。大家手拉着手，拼命地从海水里抢仪器。好在老天有眼，12 个小时后，风浪终于减弱，躲过一劫。

在那样危难之中，大家首先想到的不是逃生，而是拼死保护仪器。如果我们弃船逃生，在当时的情况，生还的机会几乎等于零。即使逃生成功，因为没有仪器、设备了，也不能在南极建起中国第一个科考站——长城站。当时大家都铁定一条心，就是死也要让五星红旗在极地飘扬！

后来建中山站，我们遇到了一场大冰崩。据已经在南极建站多年的澳大利亚研究人员说，那是南极前所未有的冰崩。南极的冰层厚度平均 2000 米，我们那次遭遇的足有 4800 米厚。万年冰块碎成十几吨重的"石头"，乱砸下来，那阵势如爆炸原子弹，头就蒙了，待清醒过来，发现我们乘坐的"极地号"全被崩塌的冰山困死了。那时，我们还没有破冰船，"极地号"没办法破冰，足足开了半个

2004 年，鄂栋臣带领学生在北极卫星观测站

多月，还只开了 27 公里。船靠不了岸，建中山站用的水泥、建筑材料、起重机等都运不上岸。澳大利亚的研究人员依据当时情景判断说："中国这艘船要 5 年才能出去。"但我们实际上只被困了一个星期，也许真要感谢老天爷开眼，要让我们实现自己的梦想。不用我们这些"愚公"将山移走，有一天船长突然看到，坚冰破开了一条缝，于是我们立马起锚，终于冲出重围。

历险的情景是终生难忘的，但我们更自豪的是，为南极科考做出了贡献。例如，给南极地名取中国名字，就让我倍感自豪。按照国际惯例，只有测绘人员有权给某地命名，因此，我获得了难得的殊誉。首个中国地名命名为"长城"，寓意中国之城向南延伸。再建"中山站"，"中山"这个名字有团结海外华侨、扩大国际影响的意思。这都是国家意志。至于后来命名的"龟山""蛇山"等，则是我个人的情感表露。"龟山""蛇山"是纪念武汉的龟山、蛇山。南极上的龟山是座圆包山，实际上是个大冰盖；蛇山是一座长条形的山。为什么用了很多武汉地名？因为武汉是我的第二故乡，我热爱武汉。以前因为家里穷，贫穷的我怎么也没有想到，自己有一天会上学堂。中华人民共和国成立了，借国家扫盲的东风，我上了学。可又因为交不起每月3元的伙食费，受到学校的关照。后来，我到武汉读大学，在武汉工作，过上幸福生活。无以为报，因此我希望通过命名这种方式，让全世界记住武汉的地名。

我至今为极地命名了300多个地名，基本上得到了世界确认。这次将要去北极建设的我国首个北极站，我们从社会上征集的数千个名字里选了黄河、华夏、中华、泰山等25个站名，等待国家有关部门最终确定。

我国开展极地科考20年，取得了举世瞩目的成绩。伴随全球变暖，极地科考的重要性不断得到提升。单从我所从事的工作看，完成了东西南极的中国大地测量原点、测绘坐标系统和高程系统的建立工作；完成南极两站精确的坐标位置、测定两站至北京的精确距离及建站工程中各项测绘保证工作等，探索出适合南极特殊环境的一套完整的测绘科考方法和现代地图制图工艺流程。在北冰洋的浮冰上，首次进行了绝对重力测量和卫星 GPS 定位研究，填补了这一领域科学考察的空白。

除了科研上的成就，我国在南极、北极建科考站也有另外的重要意义。一次，我在飞机上遇到一位台湾人，当他知道我将去南极考察时，激动地握住我的手说，"我们中国人在这方面不用再让别人看不起了，终于可以扬眉吐气了！"科技是国家实力的表现，国家强大了，整个民族在国际上才更有尊严。南北极建站，其意义也正在此。

南极是世界上唯一的净土，一尘不染，令人向往。特别是太阳出来时，那景色就别提有多美了。现在我们的长城站、中山站都像三星级宾馆，24 小时有热水供应，欢迎大家有机会去南极旅游。

2022 年 8 月整理

【作者简介】杨欣欣，1965 年 6 月出生。1988 年本科毕业于武汉大学中文系，2003 年硕士研究生毕业于武汉大学新闻与传播学院。曾任《武汉大学报》社长、总编辑。现任武汉大学文学院《长江学术》期刊编审。

三　学科建设

回忆李达校长在重建哲学系初期的三次谈话

朱传棨

李达(1890—1966)，中国共产党的创始人之一和早期领导人之一。1921 年出席中共一大，并当选为中共中央宣传主任。1922 年11 月应毛泽东之约出任湖南自修大学校长。大革命失败后，先后任上海法政学院教授、暨南大学教授兼社会系主任、朝阳大学教授、北平大学商学院教授、广西大学教授兼经济系主任、湖南大学教授。中华人民共和国成立后，历任中央政法干校副校长，湖南大学、武汉大学校长(1953 年 2 月—1966 年 8 月)。1955 年当选中国科学院第一届学部委员。毕生从事马克思主义理论研究和宣传教育工作，是我国著名的马克思主义理论家、教育家，毛泽东称赞他是"理论界的鲁迅"。主要著作有《社会学大纲》《经济学大纲》《货币学概论》《唯物辩证法大纲》等。2017 年《李达全集》(共 20 卷)问世。

2020 年是我党早期的领导人之一，我国杰出的马克思主义理论家、教育家和宣传家李达校长 130 周年诞辰。笔者年轻时有幸直接聆听过李达校长的三次谈话，其内容、精神和情感，至今还激励着我对马克思主义理论的坚定信仰和积极研究，对我五十年来的教学与科学研究的成效、师德和学风，都起了十分重大的影响。为此谨撰本文，以表达对李达校长的敬仰和怀念。

一、为培养中华人民共和国的理论人才而重建哲学系

武汉大学哲学学科有着悠久的历史，其源可溯至 1922 年国立武昌高等师范

学校(武汉大学前身)开办的教育哲学系，熊十力、方东美、洪谦、朱光潜等众多名家曾在这里任教。1952 年，武汉大学文学院所辖的哲学系被合并到北京大学。现在的哲学学科，是在李达任武汉大学校长后于 1956 年恢复重建的，同年正式招收首届学生。从此，开启了武汉大学哲学学科的新辉煌。

李达于 1953 年 2 月就任武汉大学校长后，就积极思考和筹划重建哲学系。在他看来，组建一个学科的首要条件是师资，而师资建设不能一蹴而成，要有一个过程和多种渠道来源。因此，李达就任武汉大学校长后，就亲自组织和主持马列主义理论教研室的教师学习和研究工作。他利用暑假，把马列主义理论教研室的教师带至庐山研讨基本理论，编写教案和讲义。这不仅为全校政治理论课的讲授奠定了良好基础，而且也为重建哲学系准备了师资，其中有些教师后来成为哲学系的基本力量。之后，李达校长利用赴北京开会的机会，一方面找当时的高等教育部领导申请和商谈重建武汉大学哲学系事宜；另一方面，亲自到北京大学拜访合并到北大哲学系的原武汉大学的程逎颐、周辅成老先生，请他们回到武汉大学任教。同时，李校长还在北京大学哲学系应届毕业研究生中挑选年轻人到武汉大学任教，并在周辅成先生的推荐下，将已分配到天津工作的李德永调至武汉大学哲学系讲授中国哲学。

本人有幸是李达校长挑选的研究生之一。记得 1956 年 9 月的一天，北大哲学系办公室通知杨敏才、李昌登和我三人不要去图书馆，在宿舍里等候，准备去见李达校长。当时，李达校长借出席中国共产党第八次全国代表大会之际，专门安排时间同我们谈话。我们的心情很兴奋，但又不知见了校长说些什么为好。不料当我们到了北京前门饭店他的房门前，看见校长满面笑容的样子，站在房内迎接我们，和我们一一握手。我们坐下后，校长真诚地对我们说："很抱歉，觉得去北大会面不方便，就把三位请到这里见面，我代表武汉大学哲学系聘请你们三位到武汉大学任教。现在刚刚恢复哲学系，一切条件还很差，你们三位要有思想准备。几位老先生不乐意去武汉大学，我就不勉强他们了。武汉的气候不如北京，武汉大学的生活条件不如北京大学方便，他们现在要是去的话，我还难作妥善安排呢！因此，我通过高等教育部在几个学校要了一批中青年学者，欢迎你们这些青年人，我也是在青年时代钻研马列主义理论的。青年人过十年之后，一个人可以顶两个人，相信你们去了会做好工作的。"校长的一席话，顿时消除了我们拘束的心情，让我们感到亲切和鼓舞，感觉这位著名的长者真是和蔼可亲、平易近人。我们三人不约而同地说："感谢李校长的关爱和鼓励，我们乐意去武汉大学哲学系工作，一定努力把教学工作做好。"

接着，李达校长又说："你们是建国后我们党培养的高级理论人才，请苏联专家给你们主讲了'辩证唯物主义和历史唯物主义'和'马列原著'，你们又系统学习了'西方哲学史'，你们的学习成绩很优秀。不过跟着外国人学习如同出国留学一样，免不了有些脱离中国的实际，希望你们研究马列主义，不仅要向外国人学习，更要结合中国的实际去学习研究马列主义。要以毛泽东同志为楷模，把马克思列宁主义普遍原理同中国革命实际结合起来。希望诸位在以后的教学和理论研究中，能坚持理论和实际相结合的原则和方法，树立起理论联系实际的好学风。马克思主义哲学是改造世界的哲学，是注重实践的，不是象牙塔的哲学。我们要把武汉大学哲学系办成具有理论联系实际好学风的系，是属于毛泽东思想学派的哲学系。"

李达校长的谈话已经过去 60 多年了。现在看来，校长的谈话有三个主要问题还要加深认识。

第一，李达校长之所以为重建武汉大学哲学系呕心沥血，完全是为新中国开创的新时代构建相适应的理论思维。恩格斯说："一个民族要想站在科学的最高峰，就一刻也不能没有理论思维。"又说："每一个时代的理论思维，包括我们这个时代的理论思维，都是一种历史的产物，它在不同的时代具有完全不同的形式，同时具有完全不同的内容。"①理论思维是由一系列概念表现出来的，理论是概念系统，它是以概念体系的形式来规范人们的思想和行为的正确性。但是，"运用这些概念的艺术不是天生的，也不是和普通的日常意识一起得来的，而是要求有真实的思维"②，即科学的理论思维，这只有学习和掌握哲学发展的成果才能得到，哲学既是民族精神的升华物，又是民族精神的铸造者。③ 1949 年，中华人民共和国成立后，李达作为政务院文化教育委员会的委员和法制委员会的委

---

① 《马克思恩格斯文集》第 9 卷，人民出版社 2009 年版，第 437 页。
② 《马克思恩格斯文集》第 9 卷，人民出版社 2009 年版，第 17 页。
③ 《马克思恩格斯文集》第 9 卷，人民出版社 2009 年版，第 436 页。

员，对如何建设与新中国相适应的理论思维的内容和形式问题，肯定会积极思考和筹划的，这从他在当时撰写的一系列著述得以说明。如 1950 年 12 月，毛泽东的《实践论》重新发表，李达校长在半年时间内就撰写了《〈实践论〉——毛泽东思想的一个基础》《怎样学习〈实践论〉》《〈实践论〉学习提纲》等文章以及《〈实践论〉解说》。1952 年 4 月，毛泽东的《矛盾论》重新发表时，李达校长又用了半年时间写成了《〈矛盾论〉解说》。

这些都表明，当时要求人们树立起与新中国相适应的理论思维。但是，要建构与新时期相适应的理论思维，仅此是不够的。要造就一批能够掌握和运用真实的理论思维的人才，就要有开展学习、宣传和研究哲学的学术机构。然而，中华人民共和国建立初期，在"向苏联学习"的"一边倒"大背景下，进行了全国性的高校院系调整，各大学的哲学系被调整，师生都并入北京大学哲学系，开展学习马列主义基础，改变思想观念。在这种背景下，李达校长挺身而出，找高层权威人士商谈，要求重建武汉大学哲学系，以培养中华人民共和国需要的理论思维人才。当时，李达校长的要求得到中国人民大学、复旦大学、南京大学的积极响应和支持。武汉大学哲学系于 1956 年重建之后，这些高校也同时重建了哲学系，为培养适应新中国急需的理论人才，建立了坚强的马克思主义基地。

近 70 年的历史，说明了李达重建武汉大学哲学系，对中国化的马克思主义有着不可估量的意义。

第二，爱护和重视对青年的培养，为提携后学创造一切有利条件，是李达校长一贯坚持的精神。他以自身的经历，明确提出"青年人过十年之后，一个人可以顶两个人"，来鼓励青年人积极奋进。重建武汉大学哲学系初期招揽的教师，多是二十岁至三十岁的年轻人，为了他们在各自专业上的成长，送他们去北京大学、高级党校、中国人民大学和复旦大学进修。为让他们能够安心专注进修，学校想方设法解决他们的特殊要求和后顾之忧。甚至在改变专业兴趣的要求上，李达校长也予以宽容和满足。如有位青年教师，要求从哲学专业改为美学专业，李达校长不仅同意这位青年教师转换专业，而且还同北京大学联系，送他去进修美学。十年后，这位年轻人在国内美学界受到关注，并被邀请参加美学教材的编写任务。平时在有可能的情况下，李达校长很欢迎青年教师的访问，他总是以平易

1962 年夏，李达（中）与学术助手讨论学术问题
左一段启咸、左二王玄武，右一司马志纯、右二陶德麟

近人的态度，接待青年教师，并以平等探讨的话语回答问题，指出理解上的错误。因而，青年教师常常相约一起去访问李达校长。

第三，坚持理论和实际相结合的原则和方法，树立理论联系实际的学风问题，是李达校长当时向我们提出的期望和要求。现在看来，这个问题正是李达校长毕生理论研究经验的传授。纵观李达毕生的理论研究和著述，有两大显著特征：一是注重理论联系实际，把马克思主义哲学和科学社会主义原理运用于中国实际；二是发扬了马克思主义的批判精神。从李达校长的一系列著作中可以看出，他的理论活动，随着理论和实践的发展而与时俱进，他的哲学研究日新月异。在不同的历史时期，他的研究成就达到了那个时期的最高水平。如早年的《现代社会学》、中年的《社会学大纲》和晚年的《唯物辩证法大纲》。李达的理论研究在不同历史时期之所以取得最高水平，就在于他坚持了理论和实际相结合的原则和方法，理论联系实际是他的学风。李达校长通过言传身教，让青年教师成长为真正有担当、有责任感的学者，成为服务党和国家科学决策、解决重大理论和现实问题的人。李达校长的教导，是我们牢记和践行的座右铭。

二、共产党员教师要有坚定的立场和坚强的马列主义信念

1958 年，李达校长在出席党的八届二次代表大会（不同于二中全会）之际，又对我作了坚定政治立场和坚强马列主义信念的谈话。当时，武汉大学哲学系在北大进修的教师有多人。哲学、逻辑学、西方哲学史、心理学、美学等专业的教师都有。当时又值"反右"后期，李达校长从政治上关心和爱护在北大进修的教师。

首先，要坚持实事求是的马克思主义原则。当时"反右"运动已经出现扩大化，导致 1958 年 4 月掀起了批判马寅初（当时任北大校长）的"新人口论"。李达校长期望北大党组织，对在北大进修的外校教师，不要求他们参加或少参加政治活动，对犯有"错误"的进修教师的处分，"要慎而又慎，不要轻易给处分"。李达校长的这个期望，一方面是对在北大进修的武汉大学教师的关怀，也是期望北大党组织坚持实事求是的原则，不要被当时"左"的风浪所动摇。同时，李达校长的这个期望，也是他毕生无私无畏地坚持实事求是的马克思主义思想原则的体现。

其次，"要有坚定的政治立场和坚强的马列主义信念"，这是李达校长以他毕生理论活动的体验来教育我们的理论品格。自从"七七事变"后，李达校长就被国民党反动当局列为立即抓捕的黑名单首要人物，到中华人民共和国成立前夕，李达校长始终受到国民党军、警、宪、特的监视和限制，甚至国民党和国民政府的官员亲自规劝他放弃或停止马列主义理论活动，并明令禁止他在学校讲授唯物辩证法和政治经济学。规定他讲授《法理学》，并在生活条件上设置一些困难。但是，这并没有动摇他的理论信念。李达校长为了通过《法理学》这门课程向学生宣传马克思主义哲学世界观，在既没有空调又没有电风扇的炎热酷暑中，坐在竹扁担上写出了《法理学大纲》。法学家韩德培教授说，这是运用马克思主

义哲学研究法学的开拓性的著作，若没有坚定的共产主义立场和坚定的马克思主义信念，是难以如此的。正像胡乔木同志在纪念李达同志 110 年诞辰座谈会上所说的："在我们党将近 70 年的历史上，还很少有像李达同志这样勤奋、这样有丰富的卓越的成就，这样在任何困难危险的环境下生命不息、战斗不止的马克思主义宣传家、教育家，这样坚定勇敢而不断追求进步、力求达到当代的最高水平的马克思主义理论战士。我国马克思主义理论界完全有理由以有李达这样一位在十月革命和五四运动以来，就以全部身心投入为坚持和发展马克思主义而奋斗，数十年如一日的前驱和榜样而自豪。"[《武汉大学学报（人文社会科学版）》2006 年第 6 期] 胡乔木同志的这个讲话，是对李达校长毕生理论活动的真实写照。

现在回忆起来，李达校长的这次谈话，我的印象最深刻，至今仍能清楚地回忆起他当时谈话的表情和语气，对我的教育极为深刻。我几十年来潜心研究马克思主义著作，树立起对马克思主义的坚强信念，是与李达校长的教导分不开的。

三、没有一定的科学研究就不能很好地提高教学水平

1958 年"大跃进"的形势下，武汉大学哲学系全体师生都下放到红安县劳动，与农民同吃同住同劳动，进行"教育大革命"，名义上实行所谓的"教育与劳动相结合"，结果劳动了十个月，没有教育，只有单纯体力劳动。1959 年秋，李达校长亲自去红安把全系师生接回学校，要我们青年教师都进入积极备课阶段。

有一天，我们五位青年教师约定去看望李达校长，看看李达校长的身体健康状况，同时看他有无时间，想请教几个问题。李达校长见到我们很高兴，一边让我们坐下，一边让秘书递给我们牡丹牌香烟。还未等我们提问题，他就首先说："现在你们坐下来看书了吧？"我们回答已坐下来看书了。他接着说："我说的是思想上真正坐下来没有，劳动一下是可以的，但只是劳动不认真读书，怎么去教书！你们一定要把屁股坐下来，还要坐得住，坐不住怎能搞学问呢？红安的劳动生活已经过去了，现在你们要安安静静地坐下来读书备课，要抓紧时间。上讲台要认真讲课，回到宿舍要积极备课，一门课程不是一次备好的，要经过反复多次才可以的。即使你备的课讲授起来学生很欢迎，也不能不再认真备课了。要提高

教学水平，就要不断地认真备课。备课的过程，也是进行科学研究的过程。一个教师不进行科学研究，就不能很好地提高教学水平。教学和科研不是矛盾的，而是相辅相成的。你们在备课中要经常写点专题文章。"

在这次谈话中，李达校长还谈了他对经济学研究和法学研究的情况。李达校长的整个谈话，充满着要把哲学系办好的必胜信心，使我们十分感动，他期望和鞭策我们为办好哲学系努力工作。同时我们也体会到，李达校长的这次谈话，深深反映他作为教育家对当时"教育大革命"的看法。办好教育、办好哲学系不能只靠劳动，更不能以艰苦的田间劳动取代读书。教师要通过认真读书和科学研究，才能提高教学质量和学术水平。他认为，教学、科学研究与生产劳动三者之间，教学是中心，其次是科学研究。所以，他要求青年教师在"思想上真正坐下来"，要"安安静静地读书备课"，把"备课的过程"作为"科学研究的过程"。为此，他指出："教师不进行科学研究，就不能很好地提高教学水平。教学和科学研究不是矛盾的，而是相辅相成的"。这里说明了一个具有普遍意义的道理：高等学校的教师要有独自的研究领域和成果，没有学术研究，就没有启迪学生思维能力的教学内容。也就是说，课堂教学要以科学研究为基础。因此，李达校长要求我们在备课中"要经常写点小文章"。

李达校长曾对哲学系课程设置的原则，形象地提出"一体两翼"的思路。即马克思主义哲学为"体"，中国哲学和外国哲学为"两翼"。他们之间是同等地位的互补关系。与此同时，他坚决反对把学术问题同政治问题相混淆，主张在学术上不同学科、不同观点要平等地、自由地探讨和争鸣。他说："我们在政治上绝对服从毛主席，我们在学术上可以同毛泽东主席争鸣。"他是这样向我们讲的，他本人也是这样做的。1958 年"大跃进"时期曾就"主观能动性问题"同毛泽东交流学术观点。

李达校长的三次谈话，对我的教育是深刻的。我在几十年的教学和科学研究中，始终未离开李达校长谈话的精神和期望。

2020 年 12 月 21 日

【作者简介】见第 114 页。

武汉大学经济思想史学科的
发展轨迹与历史辉煌

严清华

一、学生时代，初窥学科殿堂

我是 1970 年进入武汉大学的，所学的专业是政治经济学。上大学之前，我生长在偏僻的农村，未曾接触过社会科学方面的知识，根本不知道经济学是什么，更别说经济思想史学科了。

大三的时候，系里开设了外国经济思想史课程，我才开始接触经济思想史专业知识，初步窥探经济思想史学科殿堂。当时还处在"文革"期间，经济系学生只能学习马克思主义经济理论，开设的外国经济思想史课程的名称叫《资产阶级经济学批判》，是从批判的立场与视角出发开始了解西方经济思想史学科知识的。记得当时这门课是几位老师合开的，李守庸老师讲的重商主义和重农学派，汤在新老师讲英国古典经济学，傅殷才、唐岳驹、王治柱等老师讲了后面被称为"资产阶级庸俗经济学"的内容。因为古典经济学是马克思主义经济学的主要来源，所以这部分内容我们当时特别在意，印象也深刻一些。另外，在讲课风格上，李守庸老师总是一板一眼，语调抑扬顿挫，感觉颇有表演成分，让人记忆犹新；唐岳驹老师满口湖南家乡话，听不太懂，也留下较深印象。由于是"文革"恢复招生后首次开设此课，所以实际上是以专题形式开设的。尽管如此，这几位老师的知识背景和专业水准却让我们推崇备至。除汤在新老师外，其余大学本科均毕业于武汉大学经济系；本科毕业后他们也都有进一步深造的经历，其中傅殷才和唐岳驹老师是在苏联留学归国的，汤在新和王治柱老师均到中国人民大学研究生班学习过。他们留学和进修所学的就是他们所从事的专业，所以他们具有相当深厚扎实的专业素养与学术造诣，在当时来说是一支实力雄厚的经济思想史学科队伍。通过此门课程的学习，我不仅初步窥探了经济思想史的学科知识，也初步窥探了我校经济思想史学科的师资实力。

后来，我主编院史（即《武汉大学经济与管理学院史》，武汉大学出版社2014年版）时发现，其实经济思想史学科在我校有更为久远的历史，于是我对我校经济思想史学科的历史底蕴有了更为深入的了解。早在民国时期，武汉大学经济系即已开设此课，1937—1939年任教于国立武汉大学的伍启元所开的课程即为《经济思想史》；1940年彭迪先教授受聘于国立武汉大学后，为学生讲授的也是《经济思想史》课程。彭迪先曾留学日本，是日本著名马克思主义经济学家河上肇的门生，据听过他的课的校友回忆，他讲课用马克思主义理论分析西方经济学说，颇受学生欢迎。中华人民共和国成立后，武汉大学经济思想史学科队伍不断壮大，上面提到的李守庸、汤在新、傅殷才、唐岳驹、王治柱等几位老师都是1950年前后到武汉大学经济系的。还有一位老师叫黄仲熊，他本科也毕业于武汉大学经济系，后赴美国威斯康星大学研究生院学习，归国不久受聘为武汉大学经济系副教授，主讲《经济学说史》课程。在"文革"前的几年时间，他先后发表了10篇左右经济思想史方面的论文，其中在《经济研究》上就发表了3篇，是这一时期在这一研究领域较为活跃的学者，可惜1968年受"文革"冲击含冤自尽了。

二、留校任教，见证学科变强

1975年我留校任教后，经济思想史学科发生了一些变化，从"文革"结束到20世纪90年代初这段时间，在如下三个方面发生了较大变化，学科实力得到进一步增强。

一是外国经济思想史学科力量得到进一步充实。"文革"中一大批专家教授遭受打击迫害，在"文革"后落实知识分子政策后有一大批专家教授"归队"，其中包括经济系二位重量级人物刘涤源和谭崇台老师。二位老师大学本科都毕业于武汉大学经济系，都有出国留学的经历。刘涤源老师本科毕业后继续在本校攻读了硕士学位，后留学哈佛大学文理研究生院。其硕士学位论文《货币相对数量说》曾获国内最高荣誉的"杨铨学术奖"，在中国货币理论史和中国经济思想史上产生过重要影响。"文革"中他被划为"右派"，下放农村劳动改造。他当时已是教授，"归队"后充实到经济思想史学科点从事西方经济学说的教学与科研工作。谭崇台老师本科毕业后即留学美国哈佛大学并获经济学硕士学位，曾在华盛顿任远东委员会专门助理，回国后到武汉大学经济系任副教授、副系主任，在1957年"鸣放"运动中被调离经济系从事外语教学，"文革"结束后"归队"经济系，也充实到经济思想史学科点从事西方经济学说的教学与科研工作。

二是经济系开始设置《中国经济思想史》课程。这门课程由李守庸老师担纲，因为此前我校不曾开设此门课程，而且全国能开出此门课程的学校也很少，主要是北大、复旦、南开等校，所以开设此门课程颇有难度。我当时就听说李守庸老师出身书香门第，后来才知道他父亲是原广西大学教授李士杰，1920年毕业于北大经济系，曾发表过中国近代经济思想史的"开篇之作"。李守庸老师可谓子承父业，早在"文革"前即开始着手准备此课程的开设，并在《光明日报》等报刊上发表过这方面的文章，他是武汉大学中国经济思想史学科的开创者。我毕业留校不久，系里安排我跟随李老师当他的助手；并于"文革"结束后的1979年派我到上海财经大学(当时叫上海财经学院)参加受教育部委托、由中国经济思想史学科奠基人胡寄窗亲自授课的"中国经济思想史教师进修班"，进行了为期1年的进修学习，这就开启了我将中国经济思想史作为终身主攻方向的征程。李守庸老师于此间开始正式给学生开设此门课程并进行相应的科研工作，标志着在外国经济思想史之外，我校又增加了中国经济思想史这一学科阵地，于是在经济思想史这一学科中我校就形成了外国经济思想史和中国经济思想史两个专业方向或分支学科。

三是经济思想史学科专业相继获批硕士授权点和博士授权点。"文革"结束后不久，经济系于1978年首次恢复招收硕士研究生，当年共招生21名，其中3人攻读外国经济思想史方向。1981年，我国正式全面施行学位制度，我校外国经济思想史专业获国务院学位委员会批准，拥有硕士学位授予权，是首批获得授予权的学科点之一；1986年此专业又获批博士学位授予权。除外国经济思想史专业外，马克思主义经济思想史专业也于 1990 年获批硕士学位授予权，并于 1991 年获批博士学位授予权，汤在新老师为该专业点的博士生导师。这样，我校外国经济思想史和马克思主义经济思想史专业均具有了硕士和博士的学位授予权。此间，我校中国经济史专业也于 1984 年获批硕士学位授予权，中国经济思想史作为专业方向挂靠其中，于 1985 年开始招收硕士研究生。这样一来，我校经济思想史学科下的三个专业即外国经济思想史、马克思主义经济思想史和中国经济思想史都具备了招收硕士研究生的资格条件；其中前两个专业还拥有博士学位授予权。

三、亲身经历，创造学科辉煌

1997 年，我被任命担任武汉大学研究生院培养教育处处长，恰逢国务院学位委员会对学位授予和人才培养的专业目录进行调整，调整后的专业目录将外国经济思想史、马克思主义经济思想史和中国经济思想史合并为经济思想史一个专业。这样一来，我校原有的 3 个专业也就随之"三合一"，并同时拥有了硕士授予权和博士授予权。自此开始，尤其迈入 21 世纪之后，我校经济思想史学科基于以往雄厚的历史积淀和学术传承迎来了一个引以为豪的辉煌时期。

此时的一个新情况是，西方经济学被独立出来，成为与经济思想史并列的二级学科之一。学科调整后的经济学学科门类下设理论经济学与应用经济学两个一级学科，西方经济学和经济思想史成为理论经济学一级学科下的二级学科；经济思想史这个二级学科下再设外国经济思想史、马克思主义经济思想史和中国经济思想史 3 个学科方向（或称三级学科）。学科调整后，谭崇台等原本从事西方经济学说研究的老师到了西方经济学学科点，"文革"前经济思想史学科点原有的一批老教授也相继退休或去世；然而，此时因重视传统学科和优势学科的建设与发展，经济思想史学科点的力量不仅没有招致削弱反而有所增强，主要表现在"文革"后涌现的一批新生代师资人才相继脱颖而出，成为经济思想史学科的中坚力量，一段时间内甚至出现了我校在该学科点 3 个学科方向均有较强师资并有 5 位教授博导同时挂牌招生的繁盛景象。

　　我当时在中国经济思想史学科方向招收硕士研究生和博士研究生，其他4位教授博导分别在外国经济思想史和马克思主义经济思想史学科方向招收硕士研究生和博士研究生。在外国经济思想史学科方向招生的是颜鹏飞和乔洪武教授。颜鹏飞教授大学本科毕业于北大经济学专业，1981年获武汉大学经济学硕士学位后留校任教，现为武汉大学经济思想史研究所所长、二级教授，是马克思主义理论研究和建设工程首席专家和国务院政府特殊津贴专家。乔洪武教授1996年调入我校经济系，并在我校外国经济思想史专业攻读了博士学位，现为二级教授，去年荣获我国经济学界的最高奖"孙冶方经济科学奖"。在马克思主义经济思想史学科方向招生的是顾海良和王元璋教授。顾海良教授是我国著名经济学家和马克思主义理论家，他于2001—2010年在我校担任党委副书记、书记、校长期间即在经济思想史学科点招收博士研究生。王元璋教授大学本科毕业于武汉大学，1992年马克思主义经济思想史专业导师汤在新老师离开武汉大学到华南师大任教后，他作为该专业师资补充力量而被引进武汉大学，现为二级教授、国务院政府特殊津贴专家，曾获中宣传"五个一工程奖"。

　　如此齐备和强大的师资阵容，在当时我国高校中是十分突出的。尤其顾海良教授在我们学科点招生期间，许多有经济思想史专业博士授予权的高校大多只有1个研究方向招收博士研究生，有两个研究方向同时招收博士研究生的大概只有北大、复旦、上财等少数几所学校，有3个研究方向同时招收博士研究生的大概只有武汉大学一家。同时，挂牌招生的博导人数，其他高校大多只有1~2位，有3位同时挂牌招生的好像只有复旦和上财，同时有5位博导挂牌招生的也只有武汉大学一家。更为突出的是，当时外国经济思想史、马克思主义经济思想史和中国经济思想史这3个学科各自均有一个全国性的学术团体，分别为全国马克思主义经济学说史学会、中华外国经济学说研究会和中国经济思想史学会，而我校在这3个学术团体中均占有显要位置。顾海良是全国马克思主义经济学说史学会会长；颜鹏飞是中华外国经济学说研究会副会长，并兼任中南、西北、西南3个大区外国经济学说研究会会长；我是中国经济思想史学会副会长，后任会长。在这3个全国性学术团体中同时拥有会长、副会长一级的人物，在当时我国高校中也不曾多见。

前排左起：乔洪武、颜鹏飞、王元璋、顾海良，右二为作者

可惜的是，随着顾海良教授调离武汉大学，王元璋、颜鹏飞教授和我相继退休，乔洪武也即将到达退休年龄，我校经济思想史学科已后继乏人，逐渐萎缩，风光不再。但我十分幸运和欣慰，亲历并见证了我校经济思想史学科这段兴盛发达走向辉煌的历史过程和美好时光。放眼未来，但愿经济思想史这一学科在我校不断薪火，重振雄风，再现辉煌！

2021 年 4 月

【作者简介】严清华，1951 年 2 月出生，武汉大学教授。曾任武汉大学研究生院培养教育处处长、武汉大学经济系主任。2016 年退休，现任经济与管理学院老年协会会长。

物理学院加速器实验室的凤凰涅槃

范湘军

我于 1956 年考入武汉大学原子核物理专业，1961 年毕业留校任教，至 2006 年退休。我一直在物理学院加速器实验室工作，担任实验室主任，参与了实验室从筹备、建立和发展的全过程。

一、珞珈石屋里的秘密工程

1958 年 9 月 12 日晚毛泽东到武汉大学视察，接见了全校师生，发表了"九·一二指示"，掀起了教育革命的高潮。物理系原来只有"无线电物理""金属物理""理论物理"三个专业，"大跃进"时期一口气建立了十来个专业。几位老师带上一些学生，自己编讲义、造仪器、建一个新专业，"核物理专业"就这样诞生了。

当时学校大办工厂，我们班办了一个收音机厂，我在流水线上当焊接工。系里从各班调人参加筹建核物理专业，我被选中参加建造加速器，这样在武汉大学敲敲打打了一辈子。

最初加速器实验室建在珞珈山腰一个叫"珞珈石屋"（今半山庐的东侧）的神秘地方。爬上一段山路，树丛中隐藏着一幢石墙平房，门口站着一位持枪的警卫，原来这里是保密重地。实验室的前厅，安放了一块上吨重的回旋加速器电磁铁，后院加建了一座两层楼高的实验厅，用来安装静电加速器。

中科院原子能所所长赵忠尧教授于新中国成立前从美国带回一些器材，建造了中国第一台加速器——700 千伏质子静电加速器。我们打算仿造一台，老师带领我们查资料、做设计、画图纸，请学校机械厂加工零部件，在实验厅里架起了加速器主体，抽真空，加高压，还真的引出了加速质子。带领我们建造加速器的老师是林应茂教授和曹连欣、蔡凤鑫老师，学生有潘显政、贺英侠、罗万中、唐镜清和我等。我们吃住在实验室里，日夜奋战，干劲冲天。虽然这台自制的设备性能不高，故障不少，但我们"从战争中学习战争"，实战锻炼了人，培养了敢想敢干的拼搏精神和实际动手能力。

1958 年仿造的 700 千伏质子静电加速器

中科院原子能所在苏联援助下，建造了原子反应堆、回旋加速器和静电加速器，引发了全国大办原子能的热潮。湖北省成立了"武汉原子能研究所"，同时在武汉大学建立原子能系(对外称理化系)，在华中工学院(以下简称华工)建立核工程系(工程物理系)。武汉原子能所借用华工的东一楼，从武大、华工抽调部分教师和学生参加筹建工作。武汉大学派出了张承修和林应茂两位教授和一些学生去原子能所，我们和华工工程物理系的学生一起学习原子反应堆的基础知识，由张承修教授讲授"核反应堆理论"。张承修教授留学美国，获得双博士学位，是物理系最年轻、学问最好的教授，后来中科院把他调去，长期担任武汉物理所所长。

我被分在反应堆控制系统设计组，华工老师向我们讲授一些工业自动控制的基础知识，这对我以后在实验室工作很有用处。我们在华工工作和生活了半年，武汉原子能所放弃了建造原子反应堆的计划，我们撤回了武汉大学，重新回到教室上课。

1960年7月，武汉大学理化系派遣我和洪希安同学赴西安开关整流器厂，参加静电加速器的试制工作，同行的还有武汉原子能所的3位研究人员。西安这家工厂是苏联援建的现代化电器制造厂，试制的2.5兆伏质子静电加速器由苏联提供全套设计图纸，制造技术要求很高。工厂成立了试制车间，调集了全厂最好的加工设备、最优秀的干部和技术工人，严格按照工艺规范实施加工。湖北省决心把这台工业制造的加速器拿到手，预付了100万元定金，我们5人就是买方的驻厂代表。

我被分配到离子源和加速管试制组，负责离子源试验台的建立和测试工作。我买到一本俄文版《静电加速器》，结合工作专心研读，从而对静电加速器的工作原理、总体结构和各组成部件有了比较系统的了解。

1961年2月，加速器的零部件全部加工完成，开始总装调试。这时，我们突然接到通知，全部撤回武汉。原来国家进入"调整、巩固、充实、提高"阶段，全民大办原子能的热潮就这样消退了，武汉原子能所和广州原子能所正在酝酿合并，湖北省放弃了这台设备。回到学校后，我们即将毕业，教研室让我留校，继续在实验室工作。学校撤销了理化系，加速器也下马了。

二、离子注入加速器的凤凰涅槃

1968年11月，"工宣队""军宣队"先后进驻武汉大学，学校大力贯彻"九·一二指示"精神，开始了第二次教育革命。文科各系搬到襄阳分校开门办学，理科把实验室改成了校办工厂。物理系无线电专业办了"无线厂"，半导体专业办了"半导体厂"，金属物理专业办了"粉末冶金厂"，我们核物理专业无法办"核工厂"，就将核电子学实验室改成"数字仪表厂"。撤销基础课教研室，教师被分配到各个工厂。

1969 年秋，物理系派遣了 2 支教改小分队，分别去五七油田和武钢开门办学。武钢小分队有曹连欣、熊吟涛、潘显政、张沪生、徐在贵、谢昭芳、褚玉喜等老师，还有王和平、李金钗、龙又金、魏建安等同学，我被指定为队长，冯国华为党小组组长，"工宣队"指定向师傅总负责。我们在武钢接受工人阶级再教育，从最艰苦、最繁重的体力劳动开始，如挖防空洞、盖房屋、清扫烧结厂运送矿料的坑道等，最后还为大型轧钢厂和平板厂做出了技术革新成果。1970 年 9 月，小分队撤回学校，数字仪表厂领导安排我们筹建一个金工车间，为仪器生产机壳。我们几个人在一起商议，决定自己创业。

20 世纪 70 年代初，国家大力发展微电子工业。北京、上海一些高校从事加速器工作的教师，正在研制一种叫做"离子注入机"的小型加速器。这是生产大规模集成电路的关键设备，外国封锁我们，国家组织了中国科学院、部分高校和工厂会战攻关。

武汉大学离子注入实验室成员合影

我们觉得，武汉大学核物理专业如果得不到国家的重点扶持，是很难生存和发展的。离子注入技术将加速器技术应用于半导体领域，可能是一个学科交叉的新发展方向。于是，我们决定成立"709离子注入项目组"，主要成员有我和潘显政、徐在贵、程世昌、李金钗、褚玉喜、张哲华、蔡凤鑫、贺英侠、李淮山、叶明生、张元和、陈厚学等人，以后陆续有彭友贵、郭怀喜、杨业智、邱万川、陆珊珊、刘昌、王慧敏、侯岩、付强等人加入。我们白手起家，建立实验室，研制离子注入机。

这时，专业实验室都成了数字仪表厂，我们创业只能另辟场所。我发现，行政大楼东北角配楼是空的，这里曾经是经济系的办公楼。我们向物理系军宣队梁教导员汇报了筹建离子注入实验室的想法，配合半导体厂搞集成电路研制的计划，得到他的支持。他带我去向学校军宣队指挥部汇报，获准将东北角配楼借给我们建实验室。

东北角配楼原来是办公楼，水电配置不符合实验室的要求，必须进行改造。我们去武钢求援，大型轧钢厂无偿支援了一些动力电缆、输水管道和加工机械零件用的钢材。

我们还向数学系计算机厂求援了一台闲置的简易车床，建立了金工室，培养了自己的车工。靠这台车床，我们加工出了离子注入机的大部分零部件。制造离子注入机，还要有许多电气设备和测量仪器，我们决定自己动手研制。物理系大办工厂拆了实验室，许多不用的仪器和器材堆在库房里，我们去那里收集和利用一些废旧器材，研制出离子注入机的全套电气设备。

我们还利用1958年建造静电加速器遗留下的离子源和真空泵，很快建造了一台30千伏硼离子注入机。与半导体厂合作，研制成功离子注入浅结硅太阳电池，这项成果使我们从湖北省科委获得了第一笔30000元的科研经费。

半导体硅器件pn结的掺杂，需要硼和磷两种元素，掺杂深度要求离子能量达到200千电子伏。有了这笔经费，我们着手研制第二代200千伏磷离子注入机。我们研制了固体磷离子源，将闲置的回旋加速器电磁铁改造成磁分析器。我们自己做铸造砂模，请金属物理专业的老师帮忙，在粉末冶金厂浇铸扇形磁极。新离子注入机的全部电器仪器也是我们自己设计制作，我们甚至踩三轮车跨过长江大桥，去汉口拉矽钢片，自己绕制各种电源变压器。

武汉大学自制的 200 千伏多元素离子注入机

新机器建成后，除了开展半导体材料的研究，还开展了金属材料和绝缘材料等新领域的研究。当时，物理系将离子注入实验室作为对外开放的参观单位，接待过来自美、法、日等以及国内的一些专家，他们对我们的工作给予很好的评价。国家自然科学基金委下属的数理学部物理二处的唐林和方勤学处长参观时，认为我们的研究工作有特色有创新，鼓励我们申报国家自然科学基金。自 20 世纪 80 年代初，我们连续获得了十多项国家自然科学基金项目的资助。国家自然科学基金委副主任王乃彦院士参观实验室时说："你们自己动手研制设备搞科研，体现了我们当年白手起家搞原子弹的精神。"他当场建议，那一年基金委召开的全国离子束材料改性的学术规划会议就在武汉大学举行。会议决定：清华柳百新院士牵头，由北大、中科院上海冶金所、北师大和武大组成五人小组，负责规划的起草工作。我被国家自然科学基金委员会聘请担任了两届数理学部评审专家组成员，以后又担任了国家核心期刊《原子核物理评论》和《核技术》的编委。

2016 年，实验室以 350 万元购买了一台我国最新制造的 200 千伏全元素离子注入机，从此结束了我们实验室主要靠敲敲打打造设备、四面八方捡破烂的艰苦历史。国产新型离子注入机由蒋昌忠教授团队负责。

三、建设具有武汉大学特色的加速器实验室

1977 年 11 月，"工宣队""军宣队"全部撤离武汉大学，学校的教学工作走向正轨。物理系除保留半导体厂和少部分人员外，其他工厂全部关停。我们"709组"是科研实验室，侥幸保存下来。一些老师回到基础课教研室，一些老师因为各种原因调离了学校，实验室只留下我和潘显政、彭友贵、郭怀喜、李金钗、刘昌、叶明生等人。

1977 年 9 月，学校决定停办襄阳分校，经济系将从襄阳迁回珞珈山，学校要收回东北配楼，实验室处于风雨飘摇之中，我们感到了生存危机。1958 年加速器下马的教训是深刻的，一个项目上马，付出了很多时间和心血，一旦下马我们将一无所有。经过多方努力，经济系搬到今天的梅园学生四舍办公，我们继续在东北配楼做实验。

1981 年 8 月，刘道玉任武汉大学校长。他是位有远见卓识和创新思想的校长。早在实验室初创时期，刘道玉是学校教育革命领导小组教改组的组长。他时常路过实验室，看见屋里灯火通明加班加点，就会进来了解情况，实验室给他留下了不错的印象。

1984 年的一天，刘校长问我："武汉邮科院有一台进口的加速器闲置了多年，你们要不要?"这是一台法国制造的中子发生器，我们商议后认为，学校没有财力购买国外先进的离子注入机，但凭借自己的技术力量，在学校的支持下，有可能把这台机器改造成 600 千伏高能离子注入设备。

我把这些想法告诉了刘校长。他说："我知道你们核物理处境很困难，但是一所全国重点大学物理系不能没有核物理研究。我也知道你们是一支很能打仗的队伍，不能让这样的团队散失，学校再困难也要想办法支持你们。"

刘校长召集了一次校长办公会议，专门讨论加速器的事情，我向学校校长们汇报情况。会议决定从校长基金中拿出 100 万元，用来引进武汉邮科院的加速器，其中 60 万元用于设备的引进和改造，40 万元用于盖新的加速器实验楼，我们搬出行政大楼的东配楼。

学校领导的高瞻远瞩，使得加速器实验室绝处逢生，从此走上了健康发展的

道路。会后，我和潘显政老师陪物理系已退休的前系主任王治梁教授去拜访武汉邮科院的李光临院长，他是武汉大学物理系的毕业生，对王治梁教授十分敬重，答应以最优惠的条件转让设备，并在拆运中给予帮助。

学校在物理大楼(今政治与公共管理学院、马克思主义学院大楼)后面加建了加速器配楼，我们将法国加速器拆运安装在新加速器楼里，调试成功，引出了离子束。同时，我们设计出了改造设备的全部图纸，委托上海先锋电机厂制造了3吨重的磁分析器，自己加工制造了后续的真空管道、聚焦透镜、扫描器、束偏移器、离子注入靶室和离子束分析靶室，还有全部配套的电子设备。

我们还将第二代磷离子注入机升级改造为第三代全元素离子注入机。换上了先进的贝尔纳斯离子源，新的磁分析器，并且加装了新的高低温靶室，可用于新型的高温超导薄膜材料和非晶合金薄膜材料离子束材料改性的原位测量，这些都是当时国内很有特色的实验装置。

此外，实验室大力加强科研学术团队建设，组织青年教师积极参加外语培训和出国考察，先后有程世昌、范湘军、李金钗、潘显政、徐在贵、刘昌、蒋昌忠、付德君、石瑛、任峰等多名教师，到国外进修或攻读博士学位，大大提高了研究人员的学术水平和科研能力。一批青年教授很快成长起来，如刘昌教授，他在德国获得博士学位，先后在葡萄牙、日本等国访问工作，回国后获得"珞珈学者"称号。经过刘昌教授的努力，购置了先进的分子束外延制膜设备，组建了科研团队，开展新型氮化镓发光材料和器件的研究，还担任了物理学院院长。再如蒋昌忠教授，在法国获得博士学位回国后，也组建了科研团队，在国产新型离子注入机上开展各种新型功能材料的研究，后担任了武汉大学副校长、党委副书记，湖南大学党委书记，现在是湖南省教育厅厅长。付德君、石瑛、任锋等分别去韩、法、美等国访问工作。付德君教授回国后，他的研究团队主要在串列加速器和加速器——电镜联机上工作，承担国家自然科学基金重点项目的研究任务，并且和韩国、俄国、哈萨克斯坦等国开展国际合作。这批年轻人成长为实验室新一代的学术带头人，他们培养出更多的青年学术精英，使得加速器实验室事业薪火相传，形成长江后浪推前浪的大好局面。

按照国内外先进的离子束材料改性实验室的设备配置，我们还缺少一台兆伏级的串列加速器，用于材料的高能离子注入和离子束分析研究。

大约在 2001 年，中科院物理所所长王恩哥院士（1999 年至 2007 年任所长，2011 年至 2015 年任北大副校长、校长，2015 年 2 月任中科院副院长）来我们实验室参观，他看了我们自己制造的设备，感慨地说："我们所里有进口的串列加速器和离子注入机，但是缺少这方面的研究人员。"他问我愿不愿意去他们那里工作，我感谢他的好意，但引发了把他们的设备搬来武汉大学的想法。

后来，我到北京参加国家自然科学基金委的专家评审会，同中科院物理所的研究员王龙同住一室，我向他打听加速器的事。他告诉我，最近所里基建要拆除那间加速器实验室平房，里面的设备正在考虑处理。我当即表示，我们学校很需要这套设备，而且我们也有能力用好这些设备，请他转告物理所领导。很快，王龙打电话告诉我，所里同意将串列加速器和离子注入机无偿支援武汉大学，我立即和武汉大学科研处处长赴京办理了设备转让手续。2002 年，我们组织实验室的老师和工人，精心对设备进行拆卸和包装，安全运回武汉大学。

中科院物理所支援的美国 2×1.7 兆伏串列加速器

我们重新改造了实验大厅，将北京的设备安装起来，经过维修和调试，机器可以正常运转。串列加速器的装调技术很复杂，主要由彭友贵教授负责。付德君教授和美国休斯敦大学加速器专家刘家瑞教授合作，刘家瑞教授每年来实验室工作几个月，给我们极大的帮助。

当年，我在法国巴黎十一大学进修，贝尔纳斯实验室最出色的研究工作，就是将加速器和透射电子显微镜联机，对材料在离子辐照下微结构的变化进行原位观察和测量，这一研究具有世界先进水平。当时世界上只有美国、法国和日本等少数国家有这种装置，我国还是空白。物理系王仁卉教授（曾任武汉大学副校长）领导下的电子显微镜实验室有很高的学术水平，如果同他们合作，可以做出有特色的研究成果。

于是，我们加速器实验室联合电镜实验室，向国家自然基金委数理学部申报了"加速器和电镜联机及其在材料科学中的应用"项目（2005—2008 年），获得了重点项目资助，资助金额 200 万元。这是物理系第一次独自获得自然科学基金重点项目的资助，学校配套资助 150 万元。

联机装置需要将电镜安装在加速器大厅里，物理系现有的两台电镜都不可能搬迁改装。我们从外地求援到一台闲置的日立 H800 电子显微镜，改造了电镜样品室结构，设计和制造了连接加速器和电镜的离子束传输和聚焦系统，成功地将加速器的离子束引进到电镜样品架上，建成了我国第一台加速器——电镜联机装置。

用联机装置研究了单晶硅、砷化镓、银纳米晶以及超临界反应堆材料（C276和 6XN）等材料的离子辐照效应。在电镜中原位观察到氪离子辐照剂量连续增加时，单晶硅的微结构从单晶、多晶化到非晶化的演变过程。实验表明，联机装置特别适合用于原位研究核材料辐照损伤的形成和演化的动态过程，对研究微电子器件的核辐照加固具有重要意义。

最近，由北大、武大等联合申报的国际核聚变能源计划（ITER）的一个研究专项获批总经费1500 万元。其中郭立平教授用联机装置开展的"聚变中子氢氦协同损伤效应的多束辐照模拟研究"获得研究经费 350 万元。

四、开拓加速器应用的新领域

离子注入是一种材料表面改性技术，作用范围仅在材料表面以下的几个原子层，因此这一技术在薄膜材料领域得到了广泛应用。功能薄膜材料是一类具有特异物理和化学性质的新型二维材料，应用离子注入技术研究功能薄膜材料，是近年来一个重要的发展方向。各种功能薄膜材料的制备设备，已成为离子束材料改性实验室的第三类重要实验设备。

非晶态合金，是一种原子呈无规则排列的新型金属材料，它具有一些较传统合金更优异的物理和化学性质。20 世纪 80 年代初，用离子束混合方法制备各种非晶态合金薄膜，是一个热门研究课题，清华大学柳百新院士在这方面做出了国际领先的工作。我们利用两台闲置的真空蒸发镀膜机、一台改造成磁控溅射镀膜装置，制备了多种双金属交替多层薄膜，用于离子束混合非晶合金薄膜研究。另一台改造成离子注入机的一个高低温靶室，还可以原位测量薄膜样品的电阻随温度的变化，动态研究非晶合金薄膜随离子束轰击剂量发生相变的规律。这一装置在国内是唯一的，获得了国家自然科学基金的资助。

1986 年，世界掀起了探索高温超导的热潮。我们用离子束溅射方法，制备钇钡铜氧薄膜，然后将薄膜样品放入离子注入机的高低靶室进行离子注入，原位测量薄膜的超导临界温度随注入离子种类和剂量的变化关系。由于样品架温度连续可变，最低可接近液氮温度，样品电阻随温度的变化可原位测量，给高温超导薄膜的离子注入研究提供了便利条件，这一实验研究方法在国内是唯一的，也获得了国家自然科学基金的资助。

1996 年，富勒烯 C60 的发现，掀起了物理和化学界新的研究热潮。我们将一台旧真空镀膜机改装，建成离化团簇束（ICB）薄膜沉积装置。我们在石英玻璃和云母衬底上成功沉积了 C60 薄膜，对样品进行离子注入，并原位测量其电导性，研究掺杂后的半导体特性。该项目分别得到 C60 薄膜制备和半导体特性研究两项国家自然科学基金的资助。

近年来，付德君教授团队进一步研制出气体团簇离子源，建造了团簇离子束装置，用于光学表面的离子束平坦化，达到了亚纳米粗糙度。在串列加速器的铯溅射离子源上加装静电扫描器和靶室，改造成固体源团簇离子注入机，用以制备石墨烯和开展团簇离子注入研究，获得国家自然科学基金的资助，发表了优秀的研究论文。

我们在离化团簇束薄膜沉积装置上，加装了一个气体离子源，引出了低能氮离子束和离化镓团簇束在人工蓝宝石晶体衬底上发生化学反应，生长氮化镓晶体薄膜。这一工作我们申报了一项国家发明专利，并且获得了国家自然科学基金的资助。

2005 年，刘昌教授以 60 万美元购置了一台美国的分子束外延系统，这是当代最先进的薄膜制备设备。他的团队开展了氮化镓单晶薄膜的制备和掺杂研究。这一工作是他在德国留学时博士论文工作的延续和发展，得到国家多项资助。近年来，他们取得了多项出色的研究成果，得到省市和产业界的高度重视，正在探讨"产学研结合"的发展道路。

1989 年，美国加州大学伯克利分校的柯恩教授用量子理论计算预言，一种 β-C3N4 氮化碳晶体可能具有与金刚石媲美的硬度，人们采用各种方法尝试合成这种新型超硬材料，超硬材料在机械工业领域有广泛的应用前景。

我们采用磁控溅射、真空弧放电和离子镀三种技术联合的方法，制备了氮化碳和氮化钛交叠多层复合膜。测量表明，其显微硬度超过了传统的氮化钛硬质膜，而后者已广泛应用于金属切削刀具表面涂层。我们这种制备方法申报并获准了国家发明专利，并且在 *Physics Review B*、*Solid State Communications* 等重要国际刊物上发表了多篇学术论文。

我们这一研究成果，获得了国家自然科学基金、湖北省科委和国家发改委的资助，还有民间资本投入。武汉大学采用产学研的方式，成立了"武汉大学弘毅新材料有限公司"。公司在武汉大学科技园建造厂房，建立了镀膜试验生产线。公司利用专利技术制造了三台氮化碳复合涂层工业镀膜机，其中两台安装在试验生产线上，一台出售给深圳某工厂，用于提高出口理发推剪刀具的使用寿命。我们还和一些机械工厂合作，开展金属切削刀具的超硬镀膜试验。与纺织机械厂合作，开展纺织机械零部件镀膜，提高纺织机械使用寿命的试验等，这些工作都取得了初步成效。我个人在退休前后，亲身经历了一个世界热门科研课题，由基础研究到专利技术发明，再到应用开发，最后直到办公司、建工厂、销售产品全过程，也算是一个在实验室工作了一辈子的物理人的一段难忘经历吧。

2020 年，是加速器实验室建立 50 周年，我退休离开实验室有 14 年了。回首实验室走过半个世纪的路程，据不完全统计，加速器实验室先后有 15 位教授在这里工作，培养了博士 70 多位，硕士 60 多位。实验室总共承担了 90 多个科研

2010 年加速器实验室 40 周年座谈会后老师和研究生合影

项目，其中国家自然科学基金 50 多项，科技部"973"、重点研发项目、国际合作专项、国家科技重大专项等 7 项，总共获得科研资助经费 3000 多万元，发表论文 600 多篇，承办国际(含双边)和全国性学术会及研讨会共 10 次。

2021 年 12 月

【作者简介】范湘军，1938 年出生，武汉大学教授。1956 年考入武汉大学原子核物理专业，1961 年毕业并留校任教。曾任武汉大学物理学院加速器实验室主任、国家自然科学基金委员会数理学部评审专家组成员、国家核心期刊《原子核物理评论》和《核技术》的编委。2006 年退休。

武汉大学承担再版《闻一多全集》编纂重任

李进才

1983 年的一天，童懋林副校长到教务处郑重地转告我们，说时任武汉市长黎智同志同她谈到，中央非常重视闻一多遗著的整理与出版工作，但现在遇到了困难，不知武汉大学能否承担这一任务。

提到闻一多先生这位爱国诗人和伟大的民主斗士，我们都肃然起敬。他曾于 1928 年任国立武汉大学文学院首任院长，实质上我们这些中文系的毕业生也都是他的学生。闻先生遗著的整理与出版遇到了困难，武汉大学和中文系的学子们应义不容辞地承担起这一任务。这是我们大家发自肺腑的心声和一致的意见。

不久，我陪童懋林副校长去市政府向黎智同志汇报了学校的想法，黎智同志说："这件事是很有意义的，武汉大学愿意承担，很好。就请武汉大学具体联系并做起来吧。"黎智同志说话不多，但语气异常果断、坚定，从他脸上微露的笑容中，反映出内心的高兴。

我当时是武汉大学教务处副处长，分管文科教学与科研工作。文科科研科及后来的文科科研处，从教务处剥离出来独立建制，那是以后的事了。因此负责闻一多先生遗著的整理与出版工作，自然是我负责范围内的事了。此后，我便抓紧跑中宣部、教育部、北京大学、人民出版社等单位，并联系许多与之有关的专家学者，对此事便有了一个比较详尽的了解。原来闻一多先生的遗著，遵照中央的指示，一直作为一级战备物资装箱存放于北京某部门的地下室，不仅不能借阅，更不能整理，特别是一遇形势紧张便要迅速转移。后来邓小平同志复出主持中央工作，闻一多先生的后代致信邓小平同志，请求组织整理和重新出版。

原版的《闻一多全集》是 1949 年前由朱自清先生编选、郭沫若同志校读、上

1986 年敬立的闻一多塑像

海开明书店出版的，后来常见的 4 卷本《闻一多全集》，则是生话·读书·新知三联书店用 1948 年版的上海开明书店纸型、个别文字略作校正后重印的。受历史条件所限，过去出版的《闻一多全集》，实则只是闻先生著作的一小部分，大部分有待重新整理。闻一多先生及其著作，正如郭沫若先生所指出的那样："一棵苗壮的向日葵刚刚才开出灿烂的黄花，便被人连根拔掉了，毁了。"也正如朱自清先生所说："闻一多先生为民主运动贡献了他的生命，他是一个斗士。但是他又是一个诗人和学者，这三种人格集合在他身上。"因此，重新整理出版闻一多全集，具有重要的历史意义和现实意义。

对于这样一件非常重要而又有意义的事，为什么中央如此重视而未能完成呢？因为闻一多先生集斗士、诗人、学者三种人格于一身，其著作既具有很高的政治价值，又具有很高的学术价值。同时，闻先生还是诗人和学者，特别是由于其学术根底深厚，作品涉及先秦文学及唐诗的内容很多，有些还是未完之作，因此整理的难度可想而知，特别是比较容易的已经整理过了，比较难啃的"硬骨头"则留下了。

据介绍，邓小平同志第一次批示后，人民出版社调集了一些包括闻先生的学生在内的专家，集中到北京的宾馆进行整理，但由于查阅资料难，老专家们原有的教学、科研任务重，在京生活无人照料，还有用车、生病等原因，虽然耗资不少，但未能完成任务。邓小平同志第二次批示给中宣部，中宣部的领导高度重视，闻先生的大儿子韦英(即闻立雕)同志当时就在中宣部工作，并且担任某司局的负责人，应当说有条件抓好这项工作。然而由于各种原因，一时未能找到合适的单位。这次我找了教育部高教一司的有关负责同志，他们十分支持这项工作，认为最有能力承担这项任务的是北大中文系。

后来，我便找到北大中文系著名教授、中文系前主任季镇淮先生，前去北大校园内季先生的家登门拜访。当我说明来意，希望北大中文系能举旗承担这项工作，并请他们具体领导，我们学校积极参加时，季先生十分恳切地说，他是闻先生最后一批研究生，非常赞成整理并且也参加过前次的整理工作，同时又说北大中文系虽有个别老师在研究闻先生及其著作，但因为该系教学、科研任务繁重，他本人身体欠佳，无力承担。这时时令已是冬季，北方天气寒冷，冰天雪地，他说他的哮喘老毛病常患，身体状况确实不允许他再承担另外的繁重任务。他甚至说，他是闻先生的最后的研究生，面对目前的这种情况能不着急、揪心吗？听季先生说得情真意切，态度又十分诚恳，看来被寄予厚望能承担此项任务的北大中文系，一时也难以如大家所愿了。季先生最后说，如武汉大学愿意承担，他非常高兴并大力支持。

其后，我又找到北大知名教授、闻一多先生的胞弟闻家驷先生。闻家驷先生亦住北大校园内教师宿舍，他老人家白发苍苍，但精神矍铄，对中央重视闻一多先生遗著整理工作重视表示十分高兴，衷心希望能早日玉成此事。但当我请他再做北大中文系的工作时，他也谈了季镇淮先生类似的看法，说如果武汉大学愿意承担那是很好的事。

种种努力的结果是教育部高教一司、人民出版社、中宣部等有关方面的同志及韦英、闻立鹏(闻一多二儿子)等闻一多先生的亲属，以及季镇淮、闻家驷等专家，基于上两次的经验教训，认为如果再在北京找单位承担此重任，恐怕难以完成任务，而对于武汉大学愿意承担此项任务则表示高度肯定并寄予厚望。

1983 年，武汉大学终于接到中宣部关于去北京参加研究闻一多先生遗著整理与出版会议的通知。学校派我和中文系副主任孙党伯、张广明同志前往出席。其时我正出差广州，时令已到晚秋或初冬，南方温暖如春而北方已经很冷，由于时间紧，学校要我乘火车直接去北京，由家人把冬衣等物在武昌火车站停车时送给我。

北京中南海召开的会议由当时中宣部出版局局长许力以同志主持，参加的人员有中宣部、教育部等部门的有关方面的许多负责同志。许力以同志介绍了邓小平同志批示并讲了这件工作的重要意义，以及前一段整理工作的情况后，还叫我汇报了武汉大学的想法。我将前段的联系情况及学校的想法做了简要汇报。最后，许局长宣布将闻一多先生遗著的整理出版任务交给武汉大学。临会议结束前，许局长还关切地问道，武汉大学完成此项任务需要多少经费？说实在的，前一段我们只是满腔热情地忙于联系工作，尚未来得及考虑经费的事，也不知道如何计算经费，所以许局长一问便把我们给问住了。会议结束返校后，经过一番商议，我们向中国社会科学院申请经费，社科院最终拨付 20 万元经费。

武汉大学将闻一多遗著整理、出版这项工程的艰巨任务接受下来后，在中宣部、教育部、中国社科院和省、市政府领导和黎智同志的关怀指导下便迅速展开了工作。学校和中文系考虑，搞好这项工作，既要有兼职研究人员，又要有专职研究人员。特别是专职人员中要有一位敬业精神强、学术造诣较深、古典文学基础较雄厚的教师担当重要角色并主持日常工作。

有鉴于此，学校决定从外地调回武汉大学中文系 20 世纪 60 年代早期毕业的黄焯先生的研究生袁千正老师，袁老师不负众望，与其他专家学者一道，克服众多困难，圆满地完成了任务。因闻先生遗著整理出版任务十分艰巨，袁老师为之付出数年心血，不仅整理工作完成出色，而且还发表了不少研究成果。

至于闻一多全集整理、编纂的经费，除学校和中文系有所补贴外，主要靠专家学者和老师们精打细算，一分钱当成两分钱花，后经湖北省人民政府资助得以圆满解决，可以说是创造了编辑出版界的奇迹。

1993 年 12 月，由湖北人民出版社出版的 12 卷本《闻一多全集》终于相继面世，并呈现在广大读者面前，这是一项巨大而有意义的文化出版工程，为闻一多研究和闻一多精神传播打下了坚实的基础。

新版《闻一多全集》出版后，在党和政府关怀以及黎智等同志的大力支持下，

1993 年版《闻一多全集》12 卷本

全国闻一多研究会和闻一多基金会相继成立，闻一多研究的全国性学术会议乃至国际学术会议仍在持续召开，闻一多研究蔚然成风。

2021 年 10 月

【作者简介】李进才，1938 年 7 月出生，武汉大学教授。1962 年毕业后留校工作，历任武汉大学教务处处长、教育部高教一司副司长、武汉大学副校长。1999 年退休后被聘为江汉大学的首任校长。独著和主编学术著作 18 部，2 项获得全国教学科研成果二等奖。荣获武汉市五一劳动奖章。

回顾武汉水利电力大学学科群的提出与建设

龚洵洁

1993 年，武汉水利电力学院改名为武汉水利电力大学，当时学校有本科专业 34 个，有硕士学位授予权的学科专业 27 个，有博士学位授予权的学科专业 6 个，有博士后科研流动站 1 个。针对这些学科专业，怎样进行建设，是一个十分重要的问题。

一、学科群的提出

首先，学校对学科专业进行了认真分析，认为有以下特点：

(1)学科专业分布面广，包括工学、理学、管理学、文学、经济学和法学，但集中在工学。工科是学校学科专业的主体，本科专业中工科为 25 个，硕士专业中工科为 24 个，博士专业全部为工科，工科是建设的重点。

(2)工科学科专业的分布比较集中，无论是本科专业还是硕士专业，大部分是水利、水电、电气和动力工程四大类专业，博士专业全部集中在水利、水电和电气类专业。

(3)各学科专业的水平差别较大，有国家级重点学科、省部级重点学科，也有水平一般的学科，但已经形成了一批以国家级、省部级重点学科为代表的优势学科。农田水利工程是国家级重点学科，本学科在国内处于领先地位，在国际上处于先进水平。高电压技术、岩土工程、水文学及水资源、水力学及河流动力学、水工结构工程、流体机械及工程、电力电子技术、水力发电工程、土木水利工程施工和计算机应用技术是省部级重点学科，这些学科处于国内先进水平，有些方面处于国内领先水平。

(4)优势学科和相关学科之间有密切联系，它能对相关学科起带动作用，促进相关学科的发展。

其次，总结了过去学科专业建设的经验，主要是：

(1)明确学科建设的重点是工科中的水利、水电、电气、动力类学科，要大力提高这些学科的水平。

(2)做好学科建设规划，根据国家的需要和各学科的实际，分期分批确定重点建设的学科，使学科建设有计划有步骤地开展。

(3)大力培养学术带头人，努力提高他们的思想水平、学术水平和组织能力。

(4)不断改善学科实验室的条件，为学科建设做好物资保障。

(5)加强对学科建设的领导，不断解决学科建设中的问题，总结和推广学科建设的经验。

通过总结，也发现了学科建设中存在的问题。这些问题主要是：一是学科结构需进一步调整，除水利、水电、电气类外，其他学科的建设起步较晚，还没有博士专业。二是以单个学科作为单元进行建设，力量比较分散，集中不够。三是学科之间的联系，受行政机构限制不紧密。四是优势学科的带动作用没有充分发挥。这些问题影响学科建设的成效。

为了改变这种局面，我们调整思路，改变以单个学科作为单元进行建设的做法，提出学科群的构想。以优势学科为核心，把相关学科联合起来，组成学科群。以学科群作为单元进行建设。

二、组成学科群的条件

组成学科群的条件主要是：

(1)组成学科群的学科，主要是有密切联系的学科。

(2)学科群中一定要有优势学科作为主干学科，以它为核心，带动相关学科一起发展。

(3)优势学科一般是国家级、省部级重点学科。

三、各学科群的内涵

学校经过广泛讨论、专家论证和学校领导研究，把准备进行重点建设的学科和相关学科组成学科群，当时组建的学科群分别是：

（1）水利及水环境工程学科群。

本学科群以农田水利工程、水力学及河流动力学、水文及水资源等学科为主干学科，以农业节水灌溉、水旱灾害防治和水环境保护、大江大河治理、水资源开发与利用为主要研究领域。

（2）水电能源工程学科群。

本学科群以水工结构工程、水力发电工程、岩土工程等学科为主干学科，以大中型水电工程的规划、设计、建设和运行调度中的关键课题为研究领域。

（3）高电压及电力系统学科群。

本学科群以高电压技术、电力系统及其自动化等学科为主干学科，以电力系统过电压防护、灵活电力系统、电磁检测技术、新型绝缘材料、电力系统智能控制与保护、电力系统参数辨识与诊断等方面为研究领域。

（4）发电厂工程学科群。

本学科群以流体机械及工程、电厂热能动力工程、机械学和结构工程等学科为主干学科，以流体动力工程理论及技术、电厂水质工程及三废处理、热力及机械设备故障诊断等方面为研究领域。

四、建设学科群的举措

为了搞好学科群的建设，学校采取了以下措施：

（1）组建具体领导学科群建设的学院。

因为学科群的组建跨越了系的界限，必须组建跨系的学院，才能领导学科群的建设。为了取得经验，先进行试点。1994年，将水利工程系和河流工程系合并组建水利学院，具体领导水利及水环境工程学科群的建设。同时也探讨实行校、院、系三级管理以院作为实体的管理体制。在初步试点的基础上，又组建了水力发电工程学院、电气工程学院、动力与机械学院等学院，分别领导水电能源工程学科群、高电压及电力系统学科群、发电厂工程学科群的建设。

（2）加强对学科群建设的规划和领导。

学校成立学科建设领导小组和学科建设委员会，下设学科建设办公室。学科建设办公室统一规划指导学科群建设工作，经学校学科建设领导小组和学科建设委员会审查，校长批准后组织实施、检查、评估和管理。

（3）加强学术带头人的培养，充分发挥他们的作用。

做好学科群建设，必须加强学术带头人的培养。为此，学校在校重点师资培养的基础上，根据学科群建设的要求，调整师资培养规划，加强现有教师的培养，同时引进高层次人才，加快学术带头人的成长。

（4）提高学科群建设投资强度。

学校设学科建设资金。学科建设基金和学校其他经费的使用，要围绕实现学科建设目标来安排。在提高学科自我发展能力的基础上，积极争取多方投资，以提高学科群建设投资强度。

（5）加强实验室建设。

在进行学科群建设时，必须同步建设实验室。通过实验室建设，提高学科的水平。学校的实验室经过电力部审查、批准，有7个实验室作为部级重点实验室进行建设，这些实验室分别是：高电压及绝缘实验室、工程泥沙实验室、水电站水机电联合过渡过程与监控实验室、水电站仿真实验室、农田水利与水环境实验室、电厂热力与机械设备故障诊断实验室、电厂水质工程实验室。对这些实验室必须按照电力部的要求进行建设。

五、建设学科群的成果

学校通过几年的学科群建设，取得了明显的效果，主要表现在以下几个方面：

（1）学科群建设的构想和成果得到了专家的肯定。

1996年11月，电力工业部组织专家组对武汉水利电力大学进行了"211工程"部门预审，学校在关于学科建设的论证报告中提出建设4个学科群，专家组一致通过了部门预审。

（2）学校博士专业的数量增加、结构改善。

学校博士专业的数量偏少，相当长时间为 6 个。通过学科群建设实现了突破，1998 年达到 10 个。新增的 4 个博士专业是：流体机械及工程、电力系统及其自动化、计算机应用技术、港口海岸及近海工程。这些博士专业的增设，使博士专业的覆盖面增加。流体机械及工程专业的增设，改变了原来博士专业只覆盖水利、水电、电气三大类专业的状况，实现了水利、水电、电气、动力四大类专业的全覆盖。港口海岸及近海工程专业的增设，使水利类博士专业都覆盖了。计算机应用技术专业的增设，使博士专业的覆盖面进一步扩大，突破了水利、水电、电气、动力四大类专业的界限。同时，电力系统及其自动化专业的增设，使电气类专业博士专业增加到 2 个，电气类专业的实力得到加强。博士专业覆盖面的增加，电气类专业实力的增加，使学校博士专业的结构有了进一步的改善。

（3）在学科群建设的基础上确定了"211 工程"重点建设学科。

学校"211 工程""九五"期间重点建设的 5 个学科，全部是从 4 个学科群中提出来的。从水利及水环境工程学科群中提出农田水利工程、流域开发及河流工程，从水电能源工程学科群中提出水工结构工程，从高电压及电力系统学科群中提出高电压技术及电力系统工程，从发电厂工程学科群中提出发电厂动力工程及自动化。

2021 年 11 月

【作者简介】龚洵洁，1938 年 1 月出生，武汉大学教授。1956 年参加工作，1975 年 11 月—1984 年 6 月任武汉水利电力学院副院长、副书记。1984 年 7 月—1992 年 1 月任长沙水利电力师范学院（1994 年更名为长沙电力学院，2003 年参与组建长沙理工大学）院长。1992 年 1 月—1998 年 6 月先后任武汉水利电力学院院长、武汉水利电力大学校长。2000 年 9 月退休。

动力与机械学院学科群的构想与创建

郭应龙

1996 年春，武汉水利电力大学按照学科群的构想，把原来的十多个系按照学科体系的相关性，组建成六大学院，并将有些学科进行了跨系调整。就此，动力与机械学院诞生，我担任首届院长。

新建立的动力与机械学院由热能动力工程系、水能动力工程系和机械工程系组成。1998 年，又调入了流体机械与工程系。至此，动力与机械学院包含水能动力工程、热能动力工程、电厂金属、电厂化学、电厂热工测量与自动化、工程机械、机械设计与制造、流体机械与工程等 12 个本科专业。教职工 200 多人，在校学生 3000 多名，是全校规模最大、专业与学科最多，也是对电力生产领域覆盖面最宽的学院。直到 2000 年 8 月新武汉大学成立，动力与机械学院大体维持这个规模。

学院成立后，我们认真分析了自己学科的优势与弱点：学科过多，涉及的学术面过宽，不利于集中优势兵力取得学术攻关点上的突破，是我们的弱点；但是，我们众多的学科并不是纷乱和无序的，而是围绕电力生产的需求而形成一个有机的整体——发电系统学科群。电力生产系统虽然庞大，但归结起来，无非两大环节，一是发电，二是送电。而我们的学科基本覆盖了发电工程的各个环节，可向电力企业提供大量的相关科研成果、输送具有扎实的基础又熟悉电力生产实际的毕业生。因此，这一改革调整受到了主管领导电力部的格外重视，在教师的科研和学生的分配方面也受到电力行业各部门的普遍支持与欢迎。

这些年，我们学院所获得的国家科技进步奖、省部级科技成果奖，大多得益于与电力生产实际的紧密结合和与一线生产单位的密切合作。我们的教师和学生都深深感到，与生产实际紧密结合，是我们工科类专业的主战场和生命线，离开这个，将一事无成。

所以，如何围绕发电工程这个核心，组织和发挥学院学科群的优势和力量，是我们学科建设的首要任务。具体的做法是：一方面，利用学科群的优势，去争取电力部的重点学科和重点实验室的建设项目，并陆续在热动、水动和流体机械等方面取得了一些成果。另一方面，着力促进学科的交叉和融合，发掘、发现和支持学科交汇点上产生的新苗头，也逐渐有了一些成效。而在当时，正赶上"211工程预审"紧锣密鼓地进行，以及随后进行的流体机械博士点的申报。利用学科群的思路，来进行申报材料的组织和学术资源的配置，也取得了很好的效果。

在"211工程预审"过程中，我们以发电工程为中心，以学科群的方式，来组织有关材料。在预审专家检查阶段，科研成果的展出，以及向专家组的汇报和实验室参观等环节，让专家组清晰地看到，我们学院在干些什么、干得如何、对电力系统有什么样的作用和意义。专家组的反映都是很好的。

1997年，我们学院的流体机械与工程学科申报博士点，这对我们事关重大，一是我们学院当时还没有博士点，二是我们学校已经多年停留在原有的6个博士点，而且其中5个都是水利类，急需有所突破。所以学校和学院都十分重视。

我们分析了该学科几年申报失利的原因，以及学院多学科交叉的优势，认为应该进一步拓宽思路，配置尽可能多的资源。

正好，当年机械学科动力学项目组参与并主导的省电力系统重大科技攻关项目——"中山口大跨越输电线路舞动研究与治理"获得国家科技进步奖一等奖，而且与流体机械与工程学科紧密相关，学术机理互通，研究也常有交流，所以，把原来跨系的两个学科结合进行申报，在原来申报材料中的研究方向，加入了一个新的内容——流体诱发结构振动。这既使申报材料更加丰满，又促使这两个学科今后的研究结合得更加紧密，充分体现学科交叉融合的优势。

由于当时全国高校获得国家级一等奖的先例还不多，而且流体机械与工程学科的基础本来就相当扎实，所以，我们盼望多年的博士点一举闯关成功。

2021年5月

【作者简介】郭应龙，1938 年 1 月出生，武汉大学教授。1961 年 6 月毕业于上海交通大学。1991 年 7 月到武汉水利电力学院工作。1996 年任动力与机械学院院长。主要研究方向：机械工程。其主持的"输电导线舞动项目"于 1997 年获国家科技进步一等奖，另有省部级科技奖励 3 项，出版专著 1 部，主编教材 1 部，参编教材 3 部，发表论文 40 余篇。2000 年 3 月退休。

回顾武汉水利电力学院承担的
"轧钢冲击负荷试验研究"

蔡维由

武钢"一米七轧机"工程，是 1972 年中美关系打破"坚冰"后党中央和国家批准兴建的重点项目，被列入我国"四五"和"五五"时期国民经济建设的一项重点工程，毛泽东、周恩来等中央领导非常重视，亲自过问。"一米七轧机"工程总投资 38.9 亿元，引进西德(1990 年与东德重新统一为德国)和日本的成套新工艺、新技术、新设备，工程主要包括热轧带钢厂、冷轧薄板厂、冷轧硅钢片厂和第二炼钢厂连铸车间等。

"一米七轧机"工程于 1973 年经国家批准开始筹建，1974 年 9 月正式动工兴建，1981 年 12 月经国家验收通过，整个工程花了 8 年时间。从 1982 年开始，武钢又不断在性能、精度、自动化等方面对"一米七轧机"进行更新、改造、升级。到 1985 年年底，"一米七轧机"工程达到核定的产能。在此期间，我国相关科技人员克服、排除了一个又一个技术难关，最终成功地引进、消化、吸收了西德和日本的先进设备。其中，难关中就有一个"轧钢冲击负荷"问题。

先前国内没人研究过轧钢冲击负荷，它与一般尖峰负荷不同，它具有变化幅值大、变化速度快、冲击历时长和连续周期性冲击等特点。当武钢轧机投入运行时，由于高速度轧钢，将在湖北电力系统中形成 15.2 万千瓦的瞬间冲击负荷(包括原有武钢老三轧 3 万千瓦冲击负荷)，这个负荷约占当时湖北电网(当时华中地区电力系统没有联网)总装机容量的 1/10。比重这样大的冲击负荷，将是当时系统的频差调节自动装置无法吸收的，因而必然会引起系统周波大幅度的、频繁的波动，严重影响湖北电网的安全运行。

1981 年 10 月，武钢一米七轧机生产场景

　　根据水、火电机组调节特性，火电机组承担瞬间冲击负荷变化适应性比较强，冲击负荷所需增加的蒸汽量，主要依靠锅炉蓄热量来产生，而锅炉的蓄热量要依靠汽压下降才能释放出来，如果不能快速调整锅炉的燃烧，汽压就得不到恢复，而锅炉的燃烧没办法做到快速调整，所以火电机组不能连续维持所承担了的冲击负荷（即火电机组无法承担连续冲击负荷）。

　　而水电机组本身转动惯量比火电机组大，且带有一定惯性时间的引水系统，除了调整迟缓，还会在功率突变过程中产生水锤，造成输出功率瞬间的反调节现象。即当轧钢开始负荷上升时，机组功率不但不上升，反而有一个短暂时间下降，然后再缓慢上升。当甩钢开始负荷下降时，机组功率不但不马上下降，反而有一个短暂时间的继续上升，然后再缓慢下降。这样对一个轧钢过程而言，前半周会产生缺调能量，而后半周却产生过调能量。

　　水电机组的另一个特点是，它虽然不能适应冲击负荷的瞬间快速变化，但一旦承担了冲击负荷，则由于水库可以看成一个无穷大的能源，其所承担的负荷可以一直维持下来,即水电机组可以连续维持所承担的冲击负荷。考虑到水、火电机组对承担冲击负荷的这些优缺点,如果采用水、火电厂联合控制方案,即利用火电机组承担轧钢冲击负荷的尖峰负荷部分,然后由水电机组承担轧钢冲击负荷的基荷部分,从理论上说应该可以解决冲击负荷问题。

为了解决这个问题,国家科委通过水电部委托湖北省电力局组织开展"一米七工程冲击负荷试验研究"。

当时有关部门决定,由湖北丹江口水电厂和武昌青山火电厂来联合承担武钢的轧钢冲击负荷,青山火电厂靠武钢近,可以用电缆传递轧钢冲击负荷信号,而丹江口水电厂离武钢变电站400多千米,当时没有光纤通信,只能用高压线以载波方式传递信号。水火电联合承担轧钢冲击负荷在实际中能否实现,还要通过现场试验研究来验证确定。

当时湖北省电力局决定,成立水电和火电两个试验研究小组来承担轧钢冲击负荷的试验研究。水电机组承担轧钢冲击负荷的试验人员由丹江口水电站、武汉水利电力学院、湖北电力中心试验所、黄龙滩水电站和长江流域规划办公室等五个单位组成"〇七冲击负荷试验水机专业组",也就是由这些单位各推荐合适人员组成试验研究小组,当时我校水动教研室是刘炳文(2021年去世)和万有华两位老师参加(当时水能水资源老师还在水动教研室,后来才和水电学院的水文教研室合并为水文水资源教研室),因为刘炳文老师是从事水轮机调节(即水轮机调速器)的教学科研,万有华老师是搞水能水资源的教学科研。水电机组承担冲击负荷更多的是要解决水轮机调节(即水轮机调速器)的一些问题。因此,刘炳文老师负有更多技术方面的责任。我作为年轻教师,跟随刘炳文和万有华两位老师一起工作半个月。

1976年,试验小组人员集中到丹江口水电站开始攻关。到1977年年底,试验小组人员在丹江口水电站进行了切机(即机组突甩负荷,相当于突增轧钢冲击负荷)对湖北电网频率的影响,以及数百次的模拟轧钢冲击负荷试验。

切机现场试验证明,当湖北电力系统开机容量115万千瓦(当时湖北电力系统容量很小,很多大型火电厂和水电站都还没有兴建),基本负荷80万千瓦条件下运行时,切机15万千瓦(相当系统承受了15万千瓦冲击负荷),在3.8秒内系统最大动态频率下降达0.954赫兹,这远远超过国家规定的50±0.5赫兹范围,这不仅不符合"一米七工程"对供电质量的要求，而且危害到全省系统的安全运行。因此，必须研究对策，采取专门措施来解决轧钢冲击负荷问题。

为了探讨水电机组承担轧钢冲击负荷问题，试验人员不分白天黑夜，发扬连续奋斗作风，先后在丹江口水电站的 1#、2#、4#机组上共进行了 330 次"一次性冲击负荷试验"和 22 次"连续周期性冲击负荷试验"。其间遇到了没有专用试验仪器设备、调速设备不完善以及诸多的技术难关，但试验人员充分发挥大家的聪明才智，克服了一个又一个困难。例如，由于信号通道未投产和调速器本身不完善(当时丹江口水电站的水轮机调速器是电子管电调)，故只能在机组调速器的电子管第一栅极上加一直流电压信号，叫冲击信号，以此来替代负荷跟踪信号，借此来模拟轧钢负荷的突增或突减。但当时没有此种信号发生器。为此，试验人员自己动手制作了一台可产生梯形波和矩形波信号的冲击信号发生装置，解决了冲击信号问题。为解决水电机组能承担冲击负荷问题，刘炳文老师和大家一起探讨了不同冲击信号电压幅值和波形、不同调速器参数组合、不同水头及运行方式，以及水锤反调效应等对水电机组承担冲击负荷的影响，同时还探讨了加快机组功率变化规律等措施。

通过一年多的艰苦奋斗，最后取得了一些非常有意义的实际应用研究成果。这些成果包括：水电机组利用外加信号来调节机组功率的方式是能承担轧钢冲击负荷的，但应采取一定的措施；不能直接利用系统频差信号进行自动调节的方式，因为这种方式功率变化速度比较缓慢，不宜承担冲击负荷。

在水、火电厂共同承担冲击负荷前提下，根据水电机组调节对象(包括水库、引水系统、水轮机和发电机)的特点，水电站宜承担冲击负荷的基荷部分，因而外加信号波形最好采用梯形波。

加快水电机组功率调节速度(针对当时电子管电调而言)的措施可以通过在加大信号电压的同时，采用较大的调速器静态调差率 bp 和较小的运行缓冲强度和缓冲时间常数。

为使机组承担一定量的冲击负荷所需外加信号电压，应随调速器静态调差率 bp 的增大而增大，而随水轮机工作水头的增高而减小。

采用提前预测冲击负荷信号，可消除由于水锤反调效应而引起的机组功率变化滞后于负荷变化的不良后果。同时调节信号采用梯形波信号可减小由水锤反调效应而引起的反调功率。

丹江口水电站机组承担冲击负荷的能力为额定容量的 10%～20%(丹江口水电站总装机容量为6×15万千瓦)，高水头时承担能力大些，低水头时受补气区和振动区的限制，承担能力降低。

上述研究成果，解决了水电机组承担轧钢冲击负荷问题，确保了武钢1米七轧机顺利投产。而该研究成果("水电机组承担轧钢冲击负荷的分析计算")也获得了水电部1986年的科技进步三等奖。

【作者简介】蔡维由，1945年出生，武汉大学教授。1965年考入武汉水利电力学院，1970年毕业留校，在水力发电、水力发电自动控制方面有较深的造诣，主持和参加完成国家基金、重点课题及实际工程项目30多项，公开发表论文20多篇，获省级教改优秀成果奖1项，省部级科技进步奖2项。2007年退休。

武汉大学水文水资源学科的发展历程

水文水资源系退休教师党支部

一、水文水资源学科的初创期（1954—1976 年）

（一）武汉水利学院初创

1950—1952 年经全国院系调整，国家将中南地区有关高校的水利学科、师生和设备先后调入武汉大学工学院水利工程系。1952 年秋武汉大学水利学院成立，副教务长张瑞瑾教授兼任院长，成为继文、法、理、工、农、医之后的第七个学院。

1954 年年初，根据中南局教育部"在武大统一领导下，经费独立、分别管理"的指示，武汉大学水利学院开始建立自己的行政和教学组织，张瑞瑾任院长，叶守泽任教务室主任，张天野任水利土壤改良系主任。建院初期，教师大部分通过院校调整调入，如水文水资源学科叶守泽、吕惟安从广西大学调入；张天野从华南工学院调入；姚汉源教授从南昌农业专科学校调入。张英贵 1951 届毕业留校，刘炳衡 1952 届毕业留校。由此，形成了水文水资源学科的初期教学队伍。

1954 年 12 月 1 日，国务院批准成立武汉水利学院。1955 年 1 月 23 日，在武汉大学宋卿体育馆召开了武汉水利学院成立大会，并举行了授牌仪式。

（二）水文水资源教师队伍的形成

1954 年 12 月至 1957 年，武汉水利学院仅有水利土壤改良专业和河川枢纽及水电站建筑二个专业，学制 4 年；水利技术建筑与水利土壤改良两个专修科，学制 2 年。1955 年，在校学生 1699 人。设有 6 个教研室和 13 个教学小组。其中就有水文学教研组，教师有叶守泽(兼任学校副教务长)、姚汉源(兼任学校副教务长)、张天野、胡荣轩、刘炳衡等，成为水文水资源学科的第一个教学组织。

1958 年，武汉水利学院新设置了治河防洪工程和水利工程施工两个专业。为适应治河防洪工程专业的教学要求，水文学教研组除了继续承担水文学和径流调节课程的教学外，增加了治河防洪工程专业的水文、水利计算、防洪工程的教学任务，教研组更名为水文及防洪工程教研组。1958 年 8 月雒文生、陈惠源本校毕业留校，分配到水文及防洪工程教研组。

起初，水文学和径流调节课程的教学内容是照搬外国的，主要是苏联的。随着我国水利事业的飞速发展，教学内容已不能适应我国水文事业的要求。1958 年、1959 年组织了水文实习队，教师和学生参加水文观测、洪水调查等实际工作及各种经验交流会议，与长江流域规划办公室、黄河水利委员会以及湖北、湖南和山西等省水文总站进行协作和专题研究，对我国水文事业的发展和成就有了深刻的感受和体会，从而沿理论与实践统一的方向对教学内容做了系统的改革，增加了我国气候特性、水文预报、小汇水面积的暴雨径流问题、人类活动对径流的影响、径流试验站的观测研究工作等部分。在水文计算方法上反映了我国各地采用的新方法，质量显著提高。教研组编写和使用的教材《河川水文学》，于1960 年 3 月由水利电力出版社出版，作为农田水利专业和治河防洪工程专业教学用书，也可供其他水利工程专业人员参考。

1959 年 9 月，学校增设了水电站动力装置专业和发电厂电力网及电力系统专业。校名随之改为武汉水利电力学院。从 1955 年入学的新生开始，均由四年制改为五年制，学校也由建院时的 2 个系(农水系、水建系)2 个专业(水利土壤改良专业改称农田水利工程专业，河川枢纽及水电站建筑专业)发展为 6 个系(农水系、水建系、治河系、施工系、电力系、基科系)7 个专业(农水、水建、治河、施工、电力系统、电厂化学、水电站动力装置)。

治河工程系的领导班子也逐渐建成，系主任叶守泽，副系主任徐正凡、谢鉴衡；党总支书记梁在潮，副书记刘炳华；系秘书戴敬群。系下面设有理论力学、水力学、水文学、河流动力学及河道整治、河流综合利用规划及水利计算等五个教研室，理论力学实验室、水力学实验室、水文仪器室、泥沙实验室和电测室分别由相关教研室管理。

姚汉源教授任学校教研处副处长，主管全校科研工作。1993年调到北京水利水电学院后，叶守泽教授接任教研处副处长，主管全校科研工作。

1959—1963年，叶守泽、冯尚友先后到越南讲学，帮助筹建越南水利电力学院。

1954年9月，李钰心被选送到苏联列宁格勒加里宁工学院农田水利工程专业学习，获硕士学位和水利工程师称号。1960年2月回国，1960年5月回到学校工作。

治河防洪工程专业的培养目标为"二主一辅"，"二主"为河道整治和水利计算；一辅为水工建筑。为此，1958年5月，成立了河流动力学及河道整治教研组，教师有张瑞瑾、谢鉴衡、任国才、丁君松等，承担治河防洪工程专业的河流动力学与河道整治教学。1960年5月，成立了河流综合利用规划及水利计算教研组，教师由水文教研组的叶守泽、姚汉源、陈惠源和水电站教研组的孙培华、郑伯坤以及水动教研组的冯尚友、刚从苏联留学回校的李钰心等，承担治河防洪工程专业的水利计算教学。1960年8月，本校应届毕业生毛荣生、伍元湘和华东水利学院应届毕业生傅世伯、叶贵明分配到水利计算教研组；本校应届毕业生陈锦华、肖琳分配到水文教研组。以后，水文、水利计算两教研组又陆续补充了一些教师，如1961年本校应届毕业生张国庆、区子芳分配到水利计算教研组，华东水利学院应届毕业生陈绳甲分配到水文教研组，袁作新从清华大学调入水文教研组；1963年留苏回国的万永华、本校应届毕业生贺北方、华东水利学院应届毕业生吴建春分配到水利计算教研组；1964年胡煦华从湖南省水利水电学校调入水文教研组，戴国瑞研究生毕业留校分配到水利计算教研组。

水利计算教研室教师17人，分别是：叶守泽、姚汉源、冯尚友、郑伯坤、孙培华、陈惠源、傅世伯、叶贵明、伍元湘、毛荣生、李钰心、张国庆、吴建春、贺北方、区子芳、戴国瑞；助理员曾金清。冯尚友任教研室主任。

水文教研室教师9人，分别是：张天野、胡煦华、袁作新、刘炳衡、雒文生、陈锦华、肖琳、陈绳甲等；助理员芩华生。张天野任教研室主任。

水利计算教研室是治河防洪工程专业的专业教研室，除承担课程教学外，还有本科学生的毕业设计。毕业设计有半年时间，通常结合科研、生产任务。例如，第一届(1956年入学，1961年毕业)学生的毕业设计，是在水利部中南勘测设计院技术人员和老师共同指导下，分析研究长江三峡以上洪水及洪水遭遇和相应的防洪调度问题；第二届学生的毕业设计是在孝感地区水利局技术人员和老师共同指导下，完成陆水支流铁柱港水库的规划及与陆水水库的联合调度问题。由教研组编写的《径流调节》分别在1961年、1964年作为高等学校教材由中国工业出版社出版，1966年年初该教材由叶守泽主编，继续由中国工业出版社出版。同时，也编写了《水库、水电站调度》等教学所需的教材。

水利计算教研室还招收研究生。1960年招收2人，应届毕业生朱绍康，1957年本校毕业在江苏省水利厅工作3年后的戴国瑞；1961年本校应届毕业生裴杏莲，华东水利学院应届毕业生黄觉新；1962年本校应届毕业生魏文秋、周魁一；1965年成都工学院的吴铭汉，本校越南应届毕业生伍公光。指导教师为叶守泽(先后指导朱绍康、裴杏莲、魏文秋、伍公光)、姚汉源(指导周魁一)、冯尚友(先后指导戴国瑞、黄觉新、吴铭汉)。同时，开展了洪水及洪水遭遇、防洪调度、水库综合利用与防洪调度、水电站及电力调度、水利史等科学研究。

学校还在广东省招收水文、水利计算专业函授本科生，水文、水利计算两教研室承担了较多的教学任务，编写了《水文学径流调节》函授教材。

(三) 水文水资源学科在曲折中继续前进

1964年7月16日，学校决定农田水利工程系与治河防洪工程系合并为第一系，水工建筑系与水利工程施工系合并为第二系，电力系改名为第三系(12月，北京电力学院的高电压技术专业和电厂化学专业调整来院，设在第三系)。当时治河防洪工程专业的培养目标为"二主一辅"，"二主"为河道整治和水利计算；一辅为水工建筑。由于"二主"学生负担过重，于1965年把"二主"改为"一主"，即河道整治，专业改名为河流力学及治河工程；砍掉了水利计算。于是水利计算教研室解体，其中以叶守泽为首的包括陈惠源、毛荣生、张国庆、吴建春、贺北方等6人归属水文学教研室，由一系领导；以冯尚友为首的包括戴国瑞、郑伯坤、孙培华、李钰心、万永华、区子芳组成水能教研室，服务于水能动力装置专业，归三系领导；傅世伯和叶贵明调往兰州水利厅设计院，伍元湘调往长办规划处。1963年7月，姚汉源调往北京水利水电学院任教务长，后任副院长，所指导的研究生周魁一也随之前往。

水文水资源学科虽然分属不同的两个系，但彼此联系还是紧密的。水能教研室未补充教师，但水文学教研室补充了两位研究生毕业的教师。在教学的同时，大力开展科学研究工作，与长办、黄委、广东、广西、湖南、湖北等省水利部门都有合作，在洪水与洪水遭遇、小流域汇水、综合利用水库的调节计算、水库水电站调度、水库群联合调度等方面取得较好的成果。

戴国瑞 1964 年 5 月研究生毕业留校任教；1965 年 8 月，刘国柱在华中工学院研究生毕业，分配到水文学教研室；1966 年 2 月，魏文秋研究生毕业留校任教，分配到水文学教研室。水文水资源学科师资力量不断壮大。

（四）"十年动乱"，学科建设受到冲击

1966 年 6 月至 1971 年 3 月，全校因"文革"停课，招生也终止，教师、干部中不少同志受到不公正对待，科学研究停止，学科发展受到巨大冲击。

1971 年 3 月 7 日，学校首届工农兵学员开学，至 1976 年，共招生 6 届。在此期间，水文水资源学科教师编写了《水电站经济运行》《工程水文学》《农田水利（水文及水利计算）分册》等讲义教材和《青山水库水文水利计算课程设计》，小水电专业的毕业设计《恩施猫儿山水库的勘测设计》中的水文、水利计算部分，在极其艰苦的条件下，维持了基本的教学秩序。

裴杏莲 1972 年 8 月从水利电力部海河勘测设计院调入学校。

"七五·八"河南大洪水，冲垮了板桥水库和石漫滩水库，造成了生命财产巨大损失，也使不少专家学者担忧众多水库的防洪安全问题。水利部会同有关专家学者和有关部门，商议提出对现有水库进行洪水复核。1975 年 12 月，水利部委托武汉水利电力学院开办水库洪水复核短训班，任务主要由水文和水能两教研室承担，老师们编写洪水复核教材，为短训班开课，到河南灾区现场教学和考察，为水库洪水复核培养了骨干。自此，水利部、各省水利厅等相续委托学校开办洪水复核、防洪技术等短训班，持续了 10 多年。

1970 年 5 月，葛洲坝水利工程正在筹建中，张瑞瑾教授率领 20 余名教师前往葛洲坝工地进行回水计算、移民计算、水文设计、水能规划、泥沙实验、施工等调查研究工作，以后又有多名教师奔赴工地。水文教研室吴建春、肖琳、张国

庆、贺北方等在工地从事有关葛洲坝的水文设计、水能规划等工作。

1974 年 10 月，张瑞瑾教授任我国水文代表团团长赴法国巴黎参加联合国水文会议，1975 年 5 月张瑞瑾教授再赴巴黎参加"国际水文十年"理事国会议。这两次水文方面的会议影响着水文教研室的老师们，他们注意到水文水资源发展动态，并进行了一些科学研究。叶守泽教授、陈绳甲老师等引进瞬时单位线，并在《武汉水利电力学院学报》1975 年第 1 期发表论文《瞬时单位线的分析和简化计算》。

1975 年 4 月，学校决定按专业设系，设置了农水、水建、治河、施工、水动、电力等 8 个学系组织，根据教学任务对所辖的教研室也作了必要的变动。在协调水文学教研室、水能教研室能否归属同一个系时，两系领导未能达成一致，结果是水文学教研室归治河系，水能教研室归水动系。水文水资源学科力量仍然处于分散状态。

1978 年 3 月 4 日，学校举办 1977 级新生开学典礼，这是全国恢复高考后的第一届大学生。同年 10 月 12 日，学校举办 1978 级大学生开学典礼。

二、积蓄力量，厚积薄发(1977—1993 年)

(一)吸取国内外先进科学技术，把过去损失补回来

翻译国外学术期刊的先进科学技术理论，并进行相应的分析、探讨、研究。在武汉水利电力学院科技情报室主办的《水利电力科技》上连载有关译文，如 1978 年第 6 期刊载由魏文秋翻译的阿莫罗乔(Amorocho J)的理论文章——《非线性水文分析》，在 1979 年第 2 期上刊载由陈绳甲、魏文秋翻译的普度大学(Purdue University)水资源研究中心 A. R. 拉奥和 R. G. S. 拉奥对水文非线性在美国印第安纳州一个都市流域雨洪的应用研究——《在降雨——径流过程的非线性泛函模型中估算方法的比较分析》。这些译文特别是有关水文非线性、瞬时单位线等方面的译文，在我国开展了深入的探讨和研究。又比如，1977 年以叶守泽教授为首的有陈绳甲、魏文秋等老师参加的科研团队，承担了广西桂林地区水电局的《广西桂林地区由暴雨推求洪水问题的研究》、湖北黄冈地区水文站的《湖

北黄冈地区雨洪非线性处理的分析与研究》等。

参加国内有关学会的学术活动和在国内举办的国际讲习班。如胡煦华和魏文秋参加了 1979 年在华东水利学院举办的为期 2 周的国际洪水预报讲习班，聆听了国外著名水文学家 J. C. I. 杜格、R. A. 克拉克等讲课；魏文秋参加了 1980 年在华东水利学院举办的为期 4 个月的水文学系统分析讲习班，由奥地利水文专家 G. 查诺博士讲授。

走出去，到国外进修、访问、合作研究。1982 年，叶守泽教授参加了在瑞士举行的"国际水文流域会议"，陈惠源、魏文秋、雒文生、戴国瑞、王祥三、赵英林、徐鼎甲、肖益民先后送到国外访问、进修、学习。

(二)水文水资源学科首批获硕士、博士授权点资格

1978 年，获得水文水资源硕士学位授权点，开始了该学科的硕士培养。1981 年 11 月 23 日，水文教研室举行学校首次硕士学位研究生答辩，夏军和杨德林通过答辩。

1981 年 11 月，水文学及水资源、水力学及河流动力学、水工结构工程、农田水利工程等专业，经国务院学位委员会批准为全国首批有权授予博士学位和硕士学位的学科。水文学及水资源学科的叶守泽教授为首批博士生指导教师。1982 年 3 月，学校首次招收博士生，共 3 名。夏军不仅是我校、也是全国第一个水文学及水资源学科的博士生。1984 年，经国务院学位委员会批准，冯尚友为第二批博士生导师。至 1993 年，水文水资源学科招收的博士生合计 35 名。

(三)创立水资源规划及利用专业

1979 年 5 月，水能教研室划入水利水电科研所，改称"水资源研究室"。1982 年 9 月，该室划归水能动力工程系，亦称"水资源教研室"。其成员除了冯尚友、孙培华、郑伯坤、万永华、戴国瑞、李钰心外，之后陆续调来的有：陈惠源、裴杏莲、吴建春、张英贵、张开平、于馨华、吴贻名、徐鼎甲等。冯尚友兼任研究室主任，郑伯坤、李钰心为副主任。研究室重点进行科学研究工作和继续举办水电站水库调度短训班和编写有关教材。此外，按照水利电力部的要求，进行"水资源规划及利用"专业设置的筹备工作。

1982 年 6 月，学校根据水利部要求，决定设置"水资源规划及利用"专业，并于该年 8 月招收第一届本科生。首届招生 29 人，开启了学校水文水资源本科生培养的发端。从此，学校水文水资源学科具有了从本科、硕士、博士的培养系列，水文水资源学科进入了全新的发展阶段。同时水资源研究室并称为水资源教研室，又回到水动系，冯尚友兼任系主任，李钰心兼任教研室（研究室）主任，郑泊坤为副主任。1984 年 1 月，学校成立水能动力工程系，冯尚友兼任水能动力工程系主任，以后李钰心接任水能动力工程系主任，陈惠源兼任水资源教研室（研究室）主任，吴建春任副主任。

1982 年 9 月以后，水资源教研室（研究室）主要承担"水资源规划及利用"本科专业的各项教学任务，教材编写任务和"工程水文及水资源"硕士和博士研究生的指导任务，还承担"水电站动力设备"本科专业的选修课和各种短训班、培训班的教学任务。另外，还大力开展科学研究工作。

1996 年水能动力工程系解散，水资源教研室和"水资源规划及利用"本科专业并入水力发电工程系。

（四）学科力量不断壮大

叶守泽教授、冯尚友教授是学校水文水资源学科的奠基人和学科带头人。

叶守泽教授于 1920 年 7 月 11 日生于广西桂林。1942 年毕业于广西大学土木工程系并留校任教。1946—1948 年赴美国留学，获密执安大学工学硕士学位，是年回国后任广西大学教授。1952 年根据全国院系调整规划调入武汉大学，任教授、土木系主任，1954 年调入原武汉水利学院任教授、副教务长、科研处处长、副院长。2000 年 8 月，原武汉水利电力大学与武汉大学合并，叶先生继续在武汉大学任教，直至 2002 年 9 月逝世。叶守泽教授从事水文高等教育 50 余年，桃李满天下，为我国水文高等教育做出了卓越的贡献。

冯尚友 1948 年毕业于北洋大学水利系。历任武汉水利电力学院系主任、科研处副处长，校学术委员会主任，湖北省水利学会常务理事，湖北省系统工程学会常务理事、副理事长，中国水力发电工程学会水能规划与动能经济专业委员会副主任委员。20 世纪 50 年代末负责筹建武汉水利电力学院水利计算教研室。1979 年筹建水资源研究室。1982 年设立"水资源规划及利用"本科专业并在全国率先招生。1984 年成为水文水资源学科博士生导师，共培养博士 23 人，硕士 18 人。先后主持完成 2 项国家自然科学基金资助课题、4 项国家教委博士学科点基金课题及多项国家科技攻关课题和生产课题。在水电能源优化、多目标决策理论方法及其应用和水资源可持续利用研究领域卓有建树。分别获电力部科技进步理论成果一等奖 1 项，省部级科技进步二等奖 4 项和三等奖 1 项。

王真荣、赵英林分别于 1975 年和 1977 年 5 月从辅导员岗位调入水文教研室；吴贻名 1977 年 11 月从水利部密云水库调入水资源教研室；李兰 1978 年 4 月从中山大学陆地水文专业毕业分配进入水文教研室；徐鼎甲 1978 年 8 月从湖北省保康县水电局调入水资源教研室；宋星原 1977 年 7 月治河工程系毕业，参加"师训班"学习后于 1980 年 1 月留到水文教研室；王祥三 1980 年 6 月在武汉水利电力学院"老五届"学习班毕业留校到水文教研室；于馨华 1981 年 12 月从水利部工管局调入水资源教研室。之后，水资源教研室陆续增加纪昌明、王丽萍、王先甲、万俊、梅亚东、高仕春等教师。周承科、刘少文、张毅、张扬鹰、张玉新、邓年举等在水资源教研室也短暂工作过。本学科教师队伍不断壮大，新生力量源源补充。

青年教师在教学科研实践中不断成长，其中的佼佼者已脱颖而出，成为学科带头人。

夏军，1976 年毕业于武汉水利电力学院，1981 年获陆地水文学硕士学位，1985 年获水文学及水资源博士学位。1991 年 12 月破格提拔为教授，被授予"湖北省有突出贡献的中青年科技专家"称号。2015 年成为中国科学院院士。

郭生练，1982 年 6 月治河工程系毕业留到水文教研室。1990 年 10 月在爱尔兰国家大学工程水文系水文专业毕业，获工学博士学位。1991 年晋升为副教授和研究生指导教师，1993 年晋升为教授。曾担任湖北省副省长。

宋星原，1987 年 5 月获水文水资源专业硕士学位。陈森林、谢平从华东水利学院毕业分配来校。1988 年 7 月，李兰获水文水资源专业硕士学位。

一批教师在国外学习回国，开阔了国际视野，带回了国外先进的一些教学方法和科研成果。1983 年 5 月陈惠源从加拿大多伦多大学、1983 年 11 月魏文秋从美国马里兰大学、1986 年 3 月戴国瑞从美国加州大学戴维斯分校、1986 年 6 月王祥三从日本东京河流情报技术研究所、1987 年 6 月雒文生从美国弗吉尼亚大学、1988 年 10 月赵英林从布鲁塞尔自由大学、1989 年 8 月徐鼎甲从俄罗斯莫斯科动力学院陆续学成回国。纪昌明 1988—1990 年赴美国加州戴维斯大学学习和合作研究。

三、水文水环境专业的创立（1994—1999 年）

（一）师资队伍不断壮大

1994 年 3 月，经国务院学位委员会批准，雒文生、夏军为博士生指导教师。至此，本学科已有 4 位经国务院学位委员会批准的博士生指导教师。

1995 年开始，博士生指导教师由学校自行审批和聘任，当年学校增选了第一批以中青年教授为主的博士生指导教师，其中有郭生练、纪昌明；同时，对过去学校自行审批的博士生副导师，在协助指导和培养博士生方面已起到博士生导师的作用，审核批准他们具有博士生指导教师资格，其中有陈惠源、魏文秋、万永华。

为了提高学校教师的整体水平，学校研究生部和师资办公室通力合作，遴选一部分青年教师在职攻读硕士、博士学位。时任研究生部主任魏文秋把水文教研室作为试点，在以老教授叶守泽先生为首的包括雒文生、夏军、郭生练等研究生导师的悉心指导和培养下，"文革"期间毕业的宋星源、李兰在职攻读学位，经过他们刻苦学习和钻研，获得硕士学位后又获得博士学位；硕士研究生毕业的谢平、张利平、彭虹等在职攻读并获得博士学位。同时水资源教研室的陈森林、高仕春、万俊也在职攻读获得博士学位。加之博士后张翔、爱尔兰国立大学获博士学位的熊立华、俄罗斯圣彼得堡水文气象学院深造的博士肖益民等到教研室，形成了一支朝气蓬勃的年轻教师队伍，和中老年教师一道使水文水资源学科得到迅猛发展。

多年以来，对三峡工程的洪水、水能进行了多项科学研究，叶守泽、冯尚友两教授也因此被聘为国务院三峡工程论证专家组成员。

（二）创立水文水环境专业

由于经济发展带来的水环境问题日益显现，叶守泽、雒文生、魏文秋、袁作新等一批老教师瞄准这一问题，带领水文教研室一些教师和研究生致力于水环境的研究，取得了一批可喜成果，而人才培养也提上了日程。在时任学校研究生部主任魏文秋的大力推进下，与教务处协商，学校最终同意在河流工程系设立水文水环境本硕连读试验班，从 1994 年开始招生，班级编号为 94053 班。这一试验班一直延续到 2000 年 8 月与武汉大学合并而停招。据统计，1994—1998 年实验班本科进入研究生阶段的比例为 79.4%；有的在完成硕士阶段的学业后继续攻读博士学位，占硕士毕业生的 33.6%。这一实验不仅促进了水文水资源学科的发展，也为加速人才培养提供了宝贵经验。

（三）水文水资源学科纳入省部级重点学科建设

1996 年在学校"211 工程"建设项目中，水文水资源学科虽然未列入国家重点学科建设，根据现实学科发展的气势，学校将其纳入了电力部重点建设学科。纳入重点建设的缘由是：该项目以水文分析与计算、水文预报、水资源评价、水利水电工程规划、水电站水文预报和决策支持系统、水电能源系统开发和混合电力系统调度与控制为研究方向，是一个投资小、效益大、直接为水利水电工程建设服务的重要学科。水文水资源学科拥有一支结构合理、实力雄厚的学术队伍，一批中青年学术带头人已脱颖而出，有的在国际重要学术机构兼任要职。在 38 名教师中，博士生导师 6 人，教授 18 人，副教授 10 人，其中有博士学位的中青年教师 10 人，具有培养高层次人才和承担科技前沿领域重大研究项目和解决技术难题的雄厚实力。近 10 年来，已培养博士生 36 人，硕士生 118 人，现在校博士生 21 人，硕士生 33 人。目前承担的各项基金、国家科技攻关和省部级项目 38 项。近 10 年完成的项目中获省部级以上奖励的科研成果 30 余项，发表论文 450 余篇，出版专著 40 部。

通过"九五"期间建设，使水文水资源学科的总体水平达到国内先进水平，部分接近或达到国际先进水平，建设资金 390 万元。具体建设目标和任务是：(1) 建设水利水电遥感及地理信息系统实验室、水利水电环境工程实验室和防洪减灾工程研究中心。(2) 建设一支高水平的教师队伍，到 2000 年教师发展到 48 人，其中教授 17 人，具有博士学位的占 50%。(3) 主办国际学术会议 1 次，全国学术会议 1~2 次，邀请国外专家 6 人次来校讲学或合作研究，派出教师 8 人次到国外进修、访问或合作研究。(4)承担国家和省部级重大科研项目20项以上，国际合作研究项目3~4项，科研经费440万元，发表论文300余篇，其中被国际三大检索收录80余篇，出版专著16部，获省部级以上科技进步奖8~10项。(5)培养硕士生150人，博士生30人，招收博士后5~6人。

在这几年里，实验室购置了气象卫星云图接收与处理系统、水情气象自动遥测系统、GPS(全球定位系统)水下地形测量系统以及图像处理系统、地理信息系统(GIS)和图像输入输出设备等，为教学、科研提供了良好的环境。

在科研上，将现代系统工程、随机系统、灰色系统等理论和方法引入水文、水资源的开发利用，使水文水资源这门古老的学科向最优化、模型化和电算化方向发展。在红水河的最优开发，白山、丰满水电站的洪水预报调度及电力调度，水利水电工程环境影响评价，水文遥感，水库、河湖、海口水质分析模型，水文非线性系统识别，水文分布式模型，水文实时预报校正方法与技术，全球气候变化和人类活动对水资源的影响等，获得多项成果，其中"气候变化对农业、水文水资源、森林及沿海地区海平面的影响及对策研究"获1988年国家科技进步二等奖。

1998年5月，主持召开了有百名中外专家参加的"98年国际水资源量质与可持续管理问题研讨会"。2000年，学科建设任务完成情况较好，即将入选国家重点学科行列。

(四)成立水资源及河流工程系

1998年12月，武汉水利电力大学进行院系调整，撤销水利学院建制，分设水资源与河流工程系、水利工程系。水文教研室、治河教研室与原在水动系的水资源教研室组成水资源与河流工程系。原设在水动系的水资源专业与原设置在河流工程系的水文水环境专业合并为水文水资源本科专业。水资源与河流工程系、水利工程系、水力发电工程系、水利水电科学研究所共同组成水利水电学院，以系为实体运行。夏军任水利水电学院院长。水资源与河流工程系赵英林任总支书记、李美华任副书记；谈广鸣任系主任、槐文信、梅亚栋任系副主任。系以下设水资源、水文、水力学、工程泥沙四个教研室。1999年根据国家本科专业目录，"水资源规划及利用"本科专业与"水文水环境本硕连读试验班"，统一以"水文与水资源工程"专业招生。这次院系调整，彻底解决了水文和水资源分属不同学系管辖的局面，使本科、硕士、博士到博士后的系列人才培养和水文水资源学科的发展驶入了快车道。

四、水文水资源学科进入发展快车道（2000 年至今）

（一）设立水文水资源系

伴随新世纪的曙光，中国高等教育管理体制改革掀开了新的一页。2000 年 8 月，武汉水利电力大学与武汉大学、武汉测绘科技大学和湖北医科大学合并组建新的武汉大学。2000 年 8 月至 12 月这半年，仍按原有系的体制机制正常运行。2000 年 12 月，由原武汉水利电力大学水资源与河流工程系、水利工程系、水力发电工程系、水利水电科学研究所组成武汉大学水利水电学院。学院下设四个系：水文水资源系、河流工程系、水利工程系、水力发电工程系。设置的本科专业有：水文与水资源工程、港口海岸及治河工程、农业水利工程、水利水电工程。水文水资源系梅亚东任系主任、宋星原任系副主任。全系教职工 33 人，其中教师 28 人、教辅 5 人。教师中教授 14 人、副教授 7 人、讲师 4 人、助教 3 人。学系有硕士点 3 个、博士点 1 个、博士后流动站 1 个。从此，水文水资源学科独立设系，学科发展进入快车道，在学科建设、人才培养、科学研究、社会服务各方面进入了突飞猛进的新发展阶段。水文水资源系下设水资源教研室和水文教研室，水资源教研室共 15 人，水文教研室共 18 人。

（二）水文水资源学科建设

武汉大学水文学及水资源学科是学校的传统优势学科，早在 1954 年武汉水利学院成立时，由我国著名的水文学家叶守泽先生组建水文及水利计算教研室开展水文水资源领域教学科研工作。1960 年开始招收水文水资源方向研究生和留学生，1978 年获硕士学位授予权，1981 年成为全国首批博士学位授予点，1996 年成为原电力部重点学科，是"九五""十五""211 工程"重点建设学科，1999 年经教育部批准设有长江学者特聘教授岗位。1988 年水利工程专业取得一级学科博士学位授予权。形成从本科、硕士、博士到博士后完整的人才培养系列，其培养的人才数量和质量居全国同类学科前列。特别是 2001 年成为国家重点学科后，本学科点加大建设力度，学科科研基础进一步加强，科学研究成果丰硕，整体达到国内领先水平，部分领域达到国际先进水平。

水文水资源学科点依托武汉大学水利水电学院、水资源与水电工程科学国家重点实验室得到快速发展。到 2010 年，有教师和科研人员 35 名，其中正教授 13 人，副教授 11 人，教授中博士生导师 10 人，国家级突出贡献专家 2 人，教育部"跨（新）世纪人才"2 人，武汉大学珞珈特聘教授 1 人。1 人入选中国科学院百人计划。学术团队结构合理，各方向队伍稳定，主要学术带头人在国际上有一定影响。如夏军教授，任国际水文科协（IAHS）水资源系统委员会副主席、国际水资源协会（IWRA）副主席；发表 SCI 论文 134 篇，EI 收录论文 157 篇，出版专著 8 部。获由国际水文科学协会（IAHS）、联合国教科文组织（UNESCO）以及世界气象组织（WMO）联合颁发的国际水文科学领域的最高奖——"国际水文科学奖（IHP-Volker Medal）"以及"国际水资源管理杰出贡献奖"和"湖北省自然科学一等奖"等。郭生练教授先后任多个国内外学术刊物编委、4 个国际学会会员、国内外五所大学客座教授；先后主持国家级课题 20 多项，横向课题 60 余项，发表学术论文 300 多篇，其中在国外学术刊物上发表论文 55 篇，SCI 检索论文 30 多篇。合作编著 6 本科技专著，有 14 项成果获省部级及以上科技奖。熊立华教授从事流域水文模型研究，发表学术论文 90 余篇，国际刊物 SCI 论文 19 篇，被 SCI 数据库引用 200 余次。

2001 年 12 月，"水利水电类专业设置及培养方案的研究与实践"获国家级教学成果二等奖；水文学及水资源学科被评为国家重点学科；2008 年 10 月，《工程水文学》入选国家精品课程。

（三）水文水资源科学研究

几十年来，在老一辈学术带头人的带领下，不断努力，水文水资源学科已形成一些基础扎实、实力雄厚、特色鲜明的研究方向。参加了国家"973"项目、科技攻关项目、自然科学基金项目及国家重大工程项目研究。2001 年至 2005 年，科研总经费达到 5000 多万元，较"九五"期间翻了一番，高级职称人均科研经费

50 万元/年。纵向项目经费，占科研总经费的比例达到 30%。5 年间获省部级三等奖及以上奖励 13 项，其中国家科技进步二等奖 1 项，教育部、湖北省自然科学、科技进步一等奖 4 项。共发表论文约 600 篇，其中有 35 篇 SCI 收录，80 篇被 EI 收录。均较九五期间有较大增加。出版专著 13 本，其中科学出版社 4 本，中国水利水电出版社 2 本。5 年间共招收博士研究生 83 名，毕业授予博士学位 133 人，有 1 篇博士学位论文获全国优秀博士学位论文提名，2 篇获湖北省优秀博士学位论文。培养博士生的数量和质量位于全国同类博士点前列。本学科学术气氛浓厚，国际国内学术交流活跃。5 年间，举办了 1 次国际学术会议，3 次全国性学术会议和多个专题研讨班，平均每年有 10 人次出国访问或参加学术会议，同时接待约 20 人次外国学者，如美国水资源协会前主席、著名学者 Marino 教授等。承担完成 3 项国际交流合作项目研究。

在"211 工程""985 工程"和国家重点学科建设经费支持下，水文水资源学科科研条件进一步得到改善，在室内实验条件不断加强同时，野外试验基地投入使用。"十五"期间共投入 2000 多万元进行学科建设，建成了数字流域平台、卫星云图接收系统及水雨情遥测处理系统、生活污水处理试验场、水文水资源数值仿真与分析系统，与中国科学院地理科学与资源研究所共建野外综合试验场 2 个，所在的水资源与水电工程科学实验室成为国家重点实验室，为水文水资源学科的进一步发展奠定了坚实的基础。

（四）突飞猛进的水文水资源系

水文与水资源工程专业主要研究地球上水的形成、运动和分布的科学理论，开发洪旱灾害防治、水资源开发利用、水生态环境保护的技术方法，致力于培养具有坚定民族精神和开阔国际视野、强烈社会责任感和使命感，人格健全、知识宽厚、能力全面，能够引领未来社会进步、文明发展的杰出人才。

水文水资源学科实力强，师资力量雄厚，人才梯队完整，是国家重点学科和"双一流"建设学科。近年来，本专业发展飞速，在变化环境下水文水资源演变机理与模拟预测、水生态环境模拟预测与修复治理、流域水库群的联合调度等方面具有特色优势，不仅在国内具有首屈一指的地位，在国际上也有极大的影响力。

通过培养和引进高层次优秀师资，水文水资源系教师和科研队伍得到逐步壮大和优化，逐渐形成了一支教学水平高、实践经验丰富、结构合理、持续稳定、充满活力的师资队伍。到 2020 年 12 月，水文水资源系有教师 37 名，其中专任教师 34 名，实验教师 3 名。专任教师中 87.1% 具有高级技术职称，100% 具有博士学位；实验教师中 100% 具有中级技术职称，40 岁以下 50% 具有博士学位。专任教师中，包括中国科学院院士、挪威工程院外籍院士、"千人计划"专家、国家 973 项目首席科学家，国家杰出青年科学基金获得者、国家"万人计划"领军人才、"长江学者"特聘教授、科技部"中青年科技创新领军人才"、国家优秀青年科学基金获得者、教育部新世纪优秀人才、中组部"千人计划"等。

全系教师活跃在本学科相关的各类学术机构，多数教师都承担了各类学术期刊的审稿工作，14 人次担任国内外学术期刊的编委等职务，26 人次在国内外学术组织中担任秘书长、委员、理事、主席等职务。

近 5 年来，全系获批国家自然科学基金重大项目、国家科技支撑计划项目、国家重点研发计划课题、雅砻江联合基金重点支持项目、国家自然科学基金国际合作项目、湖北省重大科技项目等纵向科研项目 100 余项，项目经费总体呈上升趋势。其中国家科技重大专项、重点研发计划、重大科学仪器设备开发专项 25 项，国家自然基金项目 48 项，国际合作研究或其他省部级项目 20 项。年均经费突破 4000 万元，人均年度纵向经费超 100 万元。承担横向项目 124 项，合同经费合计 3810 万元，授权发明专利 35 项。全系发表科技论文逐年增长，其中 SCI 论文 252 篇，年均 50 篇左右。共获得省部级以上科技奖励 30 余项，包括国家自然科学二等奖、湖北省科技进步特等奖、湖北省科技进步一等奖、湖北省科技进步奖二等奖、湖北省技术发明奖一等奖、大禹水利科学技术二等奖、中国水力发电科学技术一等奖等。一大批科技成果有力地解决了我国重大水问题，为国家和地方的水文水资源问题、经济发展提供了坚实的科技支撑。

全系教师积极申报和承担各类教学改革研究项目，参与教学改革不断提升教学能力、改进教学，应用新的教学理念、尝试新的教学手段、利用新的教学资源、丰富教学方法和经验，提升教学能力。近五年共承担校级以上教改项目 16 项，同时取得了一系列教学成果，出版课程教材 8 部，发表教学研究论文 16 篇，获得省级以上教学成果奖 2 项。

目前水文与水资源工程专业本科生每年 60~70 人，硕士研究生约 50 人，博士研究生约 25 人。水文与水资源工程专业于 2007 年、2013 年和 2019 年顺利通过了全国工程教育专业论证。近年来，用人单位来校招聘水文与水资源工程专业毕业生的供求比超过 1∶5。近 3 年毕业生一次就业率保持在 90% 以上，其中，继续深造比例保持在 60% 左右，居武汉大学工科专业前列。毕业生遍布全国各地，分布在国内水利、水电、生态环保行业、国有大型企业、事业单位、研究院所等单位，具有很强的社会适应能力与就业竞争力。许多毕业生很快成为行业的中坚骨干力量或高层管理人员，受到用人单位的欢迎和好评。

2021 年 4 月

"超高压变电站静电感应水平计算"课题的故事

杨宪章

话说 33 年前，我们正值壮年，改革浪潮汹涌澎湃，各项事业欣欣向荣，人人都想成为时代的弄潮儿，我们的故事也由此展开。

自从 20 世纪 70 年代我国出现 50 万伏超高压输变电工程以后，高压变电站静电感应水平研究就成为高压输变电系统研究的重要课题。因为它直接影响运行人员的人身安全。因此，本课题的研究具有非常重要的实用价值。

通常国际上开始都应用模拟实验进行研究。但是，其费用高，周期长，通用性差。为了彻底改变上述状况，武汉水利电力学院、华北电力设计院紧密结合工程实际，另辟蹊径，运用计算机开发超高压变电站静电感应水平计算的研究工作。

经过近两年艰苦开发攻关，不断地改进与调试，并且对正在设计的沙岭子电站和神头第二发电站进行计算验证，其计算结果和模拟实验结果相比较，误差及工程精度均在设计允许的范围之内。至此，此项研究任务基本完成。

1987 年 11 月 29 日至 12 月 1 日，由水电部科技司牵头组织，在武汉水利电力学院主持召开了成果鉴定会。鉴定会成立了鉴定领导小组、设立了主任委员和副主任委员。邀请了全国有关电力企业、设计院、科研所及高等院校的专家学者赴会。西安交通大学的盛剑霓教授，水电部科学研究院的邵方殷高级工程师，武汉工业大学(后参与组建成现在的武汉理工大学)的张金如教授，湖北工业大学的张文灿教授，华中工学院(现华中科技大学)的陈世玉副教授，华北电力设计院的姚琬琰主任工程师，中南电力设计院的孔静云工程师，等等。武汉水利电力学院参加的有蒋德福教授、陈慈萱教授、黄齐嵩教授。湖南大学、长江流域规划设计院、武汉高低压研究所、华东电力设计院、西北电力勘察设计院、沙岭子电站等单位都派员参加，与会者多达 35 人。

会上，专家学者对实验具体情况进行了细致、热烈的讨论，对研究成果做出了科学、认真的鉴定。大家认为："超高压变电站静电感应水平计算成果，在国内处于领先地位，对整个变电站各类电器设备静电感应水平计算具有国际水平。"同时，肯定了该软件构思新颖、通用性好，可以推广。同时，专家学者也提出了若干改进建议。

会后，除沙岭子电站、神头第二发电厂以外，有些单位索取了我们开发的软件，我们都无偿地奉献。那时，专利意识比较淡薄，只要觉得对国家建设有利，尽管拿去好了。

时间已经过去 30 多年了，当时与会的人不少已经作古，我们也已人老珠黄，身体每况愈下。但是，我们相信，超高压变电站静电感应水平计算，一定会继续活跃在各电力战线上。后来者会不断地改进、提高。我们的心，也得到了慰藉。足矣。

2020 年 10 月

【作者简介】杨宪章，1932 年出生，武汉大学教授。1955 年参加工作。其研究的"超高电压静电水平项目"被水电部鉴定为国际先进水平，主编的《工程电磁场》被评为电力行业精品教材。1997 年退休。

武汉水利电力学院接地技术研究的历程

陈慈萱

为适应我国电力工业的发展需要，1972 年水利电力部以（72）水电电字 55 号文，指示北京电力工业局主持修订水电部 1959 年颁布的《电气设备接地装置规程》《过电压保护规程》等 9 本电气设计技术规程（以下简称《规程》）。

解广润于 1958 年在哈尔滨工业大学工作期间编写出版过《过电压及其保护》教材，1964 年在北京电力学院指导的 3 名研究生中又有一个进行过"伸长接地体的研究"。1972 年 8 月，结束一年半下放生涯回校不久的解广润，被水利电力部借调到"过电压及接地规程联合小组"工作，参加规程修订工作。1972 年 8 月 10日，联合小组从北京出发，到全国约 20 个省市开展了为期 99 天的调查研究，收集了大量运行经验，也发现了不少问题。1972 年 11 月底，解广润结束调研回北京后，又收集和翻阅了相关的国外标准和规程，在此基础上写出了《规程》的"讨论稿"。

1973 年 4 月，水电部组织电气设计技术规程汇报讨论会，听取调查汇报，在对《规程》的"讨论稿"作了修改审定后，形成了"征求意见稿"，于 1973 年 7 月发向全国征求意见。汇报讨论会还决定，委托武汉水利电力学院在高压实验室进行地网的模拟实验。主要研究关系到发、变电所工作人员和设备安全的发、变电所地网的接触电势和跨步电势以及接地电阻的测量。

1973 年 6 月，解广润会同规程组的王之琢师傅由北京返回武汉，在我校高压实验室 8.1 米×2.84 米×0.81 米（长×宽×深）的水池中进行地网的模拟试验。参加实验工作的有胡世雄、杨宪章等高压和电工教研室的老师以及高压专业 7151 班毕业实践的学员，由此开启了我校电力系统接地技术研究的先河。我因全力负责

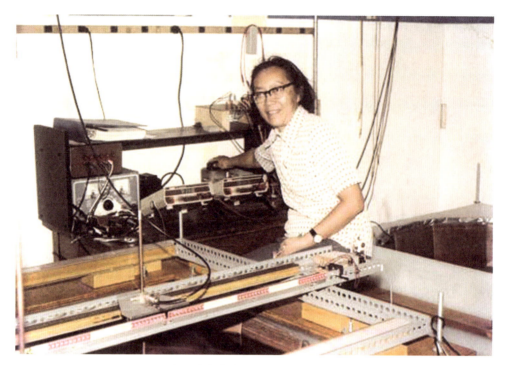

1983 年，作者在美国 OSU 做接地技术试验

高压 7251 班的教学工作而未能参加。

1973 年 12 月，国家建委在苏州召开电力设计技术规范的终审会议。大会通过了包括《电气设备接地设计技术规程》《电力设备过电压保护设计技术规程》在内的 14 本规范的送审稿。有 4 项成果为规程采用。至此，解广润结束了规程组的工作返回学校。

20 世纪 70 年代，在解广润接地研究的基础上，我曾和湖南省水利电力勘测设计院、湖南省电力中心试验所一起，在湖南花木桥水电站进行过工频和冲击接地电阻测量的现场试验。我对电力系统接地技术的系统性研究始于 1981—1983 年在美国做访问学者的时期。20 世纪 80 年代初，美国的大学已拥有配有上百个终端的大型计算机设施，24 小时开放，而且愈晚收费愈低，给教学和科研带来很大的方便。

我于 1981 年 9 月赴美，先后在纽约州伦斯罗工业大学（Rensselaer Polytechnic Institute，R.P.I.）和俄亥俄州立大学（Ohio State University，OSU）作为期两年的访

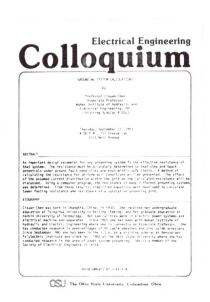

Electrical Engineering

Colloquium

GROUNDING SYSTEM CALCULATIONS

Professor Clauwa Chen
Associate Professor
Wuhan Institute of Hydraulic and
Electrical Engineering, PRC
(Visiting Scholar @ OSU)

Thursday, September 22, 1983
4:00 P.M., 111 Dreese Lab
2015 Neil Avenue

ABSTRACT:

An important design parameter for any grounding system is the effective resistance of
that system. The resistance must be accurately determined so that step and touch
potentials under ground fault conditions are kept within safe limits. A method of
calculating the resistance for uniform soil conditions will be presented. The effect
of the assumed current distribution within the grid on the calculated resistance will be
discussed. Using a computer program, the resistance of many different grounding systems
was determined. From these results, simplified equations were developed to calculate
tower footing resistance and resistance of a substation grounding grid.

BIOGRAPHY

Clauwa Chen was born in Shanghai, China, in 1933. She received her undergraduate
education at Tsing-hua University in Beijing (Peking) and her graduate education at
Harbin University of Technology. Her specialties were in electric power systems and
electrical machine and apparatus. Since 1961 she has been with Wuhan Institute of
Hydraulic and Electric Engineering where she is currently an Associate Professor. She
has conducted research in over-voltages of HV cable sheathes and zinc oxide arrestors.
Since September 1981 she has been in the U.S. as a visiting scholar at Rensselaer
Polytechnic Institute and since Dec. 1982 at The Ohio State University where she has
conducted research in the area of power system grounding. She is a member of the
Society of Electrical Engineers in China.

REFRESHMENTS AT 3:45 P.M.

⊕ The Ohio State University, Columbus, Ohio

1983 年，美国 OSU 发布作者举办讲座的海报

问。在 R.P.I.访问期间，一方面，我按 Nelson 的要求搭建起激光干涉试验所需的试验装置，借助激光干涉测试法，对液体介质中的放电机制作探索性研究。在该项探索试验中，我大胆地否定了 Nelson 的"激光干涉图案是加压后自电极固体介质跳入液体中的电子所形成的空间电荷造成"的设想，提出了"加压后电极固体介质发热在液体介质中形成温度场，从而产生激光干涉图案"的概念，并用实验作了验证；另一方面，我利用一切空余时间熟悉计算机的使用，编写出一些进行静电场和电流场计算的程序，被美国朋友戏谑为"与计算机搏斗"(Fight with computer)。回国后，在参编的《高压静电场》(修订版)一书中，编写了"静电场的数值计算"一章。

以此为基础，我开始涉足接地计算的领域，编写出《均匀土壤中接地电阻计算的程序》，得到 R.P.I.电力中心主任 Greenwood 的赏识，认为有助于他们的教学。

与此同时，我从同期在 OSU 访问的贺景亮老师那里得知，OSU 有和接地技术相关的研究课题。1982 年 12 月 1 日，通过贺老师的沟通，我受邀后改赴 OSU 访问。在协助 Kasten 完成他所承担的美国电力科学院(EPRI)"接地模拟试验研究"课题的同时，开发出接地计算的通用程序，提出了计算电力系统杆塔和变电站接地电阻和跨步电势的新公式。

1983 年回国前夕，在 OSU 电机系召开了由我主讲的与接地计算相关的座谈讨论会。相关的三篇论文陆续在美国的 *Electric Power System Research* 杂志上发表。

回国后，我和解广润一起，在我院建设了接地模拟实验室，包括直径 1.5 米的半球形电解槽、10 米×5 米×2.5 米(长×宽×深)的大型电解槽以及自动采集及处理数据的微机装置。结合接地研究方向，培养了 11 名研究生，他们分别是：

文习山(1985年)、薛云(1986年)、潘文霞(1987年)、鲁志伟(1987年)、周小平(1988年)、林志伟(1988年)、夏长征(1989年)、李爱民(1989年)、刘卫东(1992年)、彭向阳(1992年)、赵灵(1994年)。此外，参与了解广润承接的《电力系统接地技术》教材的编写。

1990年，在国内外发布的与接地技术相关的系列论文，获能源部科技进步二等奖。所得评语为：陈慈萱同志采用计算机计算技术，对国内外关心的问题进行研究，取得的成果不仅有较大的经济效益，并且具有较高的学术水平，在国内具有领先地位，达到了国际水平。

1996年，由解广润和我共同编写的《电力系统接地》教材，获电力部优秀教材二等奖。

在这一阶段，参与研究的课题有：北京电科院委托的"葛洲坝至华东直流输电工程的海水和大地作回路及接地装置的研究"（主要参加者：解广润、陈慈萱、王杏卿）、中南电力设计院委托的"葛洲坝换流站接地网的设计与计算分析"（主要参加者：陈慈萱、方瑜、解广润、张元芳）。

1996—1998年，在华中理工大学（今华中科技大学）取得博士学位的阮江军，进入我院博士后流动站，研究的题目是"直流接地极电磁场、温度场的数值分析"。

2004年，由我和解广润培养、现已是武汉大学学科带头人的文习山领衔参与的"三峡枢纽接地技术研究"的课题，获湖北省科技进步一等奖。欣喜我院接地技术的研究后继有人。

2021年10月

【作者简介】陈慈萱，1933年出生，武汉大学教授。1956年参加工作，曾任武汉水利电力学院电力系主任、电力科学研究所所长。1992年被评为全国优秀女职工及湖北省先进科技工作者；1994年被评为电力部劳动模范。1998年退休。

持续创新　让学科出彩

李德仁口述　严航、张权整理

李德仁，1939 年 12 月出生，武汉大学教授。1963 年、1981 年分别获得武汉测绘学院学士和硕士学位，1985 年获得德国斯图加特大学博士学位。1991 年当选中国科学院院士，1994 年当选中国工程院院士，1999 年当选国际欧亚科学院院士，2018 年国际宇航学院通讯院士、国际摄影测量与遥感学会荣誉会员。现任测绘遥感信息工程国家重点实验室学术委员会主任，地球空间信息技术协同创新中心主任。历任武汉测绘科技大学校长、中国测绘学会理事长，中国图像图形学会副理事长、中国地理学会环境遥感分会副理事长、亚洲 GIS 学会创会会长，国际摄影测量与遥感学会第 III 委员会和第 VI 委员会主席。曾获国家科学技术进步奖（创新团队）1 项、国家科技进步二等奖 4 项、国家教学成果二等奖 2 项（均排名第一）。出版专著 11 部，主编论文集 8 部；发表论文 600 多篇。领导研制了吉奥之星 GIS 系列产品、方略视讯系列产品和立得 3S 移动测量系统等高科技产品。

我们从事一个专业，要对新事物持有敏锐的觉察力，并注意吸收和运用。我把武汉大学测绘遥感出彩的原因归结为：紧跟国家和社会需要，持续吸收和充分运用新技术。

1903 年，美国莱特兄弟发明了飞机，航空摄影测量专业相继而生。1957 年，苏联加加林上天，人类实现了站在地球之外看地球的愿景，于是卫星遥感产生

李德仁

了。1980 年，世界国际摄影测量学会更名为国际摄影测量与遥感学会，武汉大学航空测量系也改成了摄影测量与遥感系。

做遥感首先要掌握航空摄影测量技术。德国教授霍夫曼提出的三线阵方法被广泛应用，其原理就是将一个 CCD 线阵放在卫星的传感器上，随着卫星的移动，对地面进行扫描。

摄影测量是解决几何问题，也就是研究地球的形状、大小和地球上这些目标的分布与变化。武汉大学的几何遥感在世界上是领先的。这些成绩的取得绝非一蹴而就，而是经历了一个从无到有、从有到强的蜕变。

一、从画地图到发卫星

起初，我们扮演着"用户"的角色，只是拿卫星图像画地图。1986 年，我带回国一些用 SPOT 卫星拍的法国马赛的立体影像，和我的三个研究生一起推导这些立体影像的区域网平差，并把 SPOT 立体影像的测量精度、高程测量精度做到了 5.5 米。

1988 年，我们出席在日本召开的国际摄影测量与遥感大会，做了关于 SPOT 影像的立体摄影测量处理的报告，并写了一篇关于 SPOT 立体影像的区域网平差的论文。这是我从德国回来早期做的工作。这次成功，也让我深深地意识到数据共享的重要性，这是推动中国乃至世界卫星遥感前进的关键。

王之卓先生早在 20 世纪 60 年代就著文预言：卫星测量地球是可能的。从 20 世纪 80 年代开始，很多同行开始研究解决地球测图问题。1988 年，我们成功通过 SPOT 立体影像做出了 1∶5 万地图，地面精度 10 米，高程精度 5.5 米，当时能达到这个精度的只有几个国家。

我们开始思考，中国人能不能自己发卫星做地球测图？改革开放以后，中国开始重视对地遥感卫星。刚开始以军用为主，民用卫星发射最早始于中巴资源卫星。1999 年，我和杨凯参与了中巴地球资源一号卫星的前期策划，这是"南南合作"的一个成功典范。

钱学森说过："科学是没有国界的，但科学家是有国籍的。"我把这句话改编成"科学没有国界，但是研究科学是有国界的"。在国防口，我们发现软件是从加拿大高价购买的，质量不好，而且买国外软件存在安全隐患。于是我们就毛遂自荐，提出由我们自主研发。相关部门负责人听了，表示难以置信："几百万美金买来的软件，几个老师和学生能做出来吗？"结果我们做出来了，不仅把成本大幅降低，性能也好了很多。外国的软件是在好器件的基础上做出来的，中国器件存在先天不足的问题，而武汉大学就有这个本事，把误差找出来，把不清晰的变清晰，也因此立下了在该领域的权威。

运用卫星定位精度，需要有 GPS 接收机，还有姿态测量的仪器，星象仪、陀螺等，当时都是从国外买的。买别人的就证明我们的本职工作没做好，于国家有愧。我们不能受制于人，要独立自主，要做好中国的卫星，用好中国的卫星。

二、在提高精度和质量上下工夫

我们不满足于有卫星，又开始在卫星精度和质量上下工夫。在元器件受限的情况下，用精细的算法提高数据质量。王密和张良培教授是我当年的研究生，他们分别研究如何提高几何质量和辐射质量。我们一起到相关部门了解原始数据情况，用几何遥感和物理遥感的理论强项提高数据质量，用误差理论和几何理论做卫星数据的接收、定标和校正，用图像增强、图像恢复理论提高图像质量，这就弥补了我们元器件不好、成像质量不如外国的缺陷。

我们建立了一个控制点数据库实时纠正，把无地面控制的卫星目标精度做到了 20 米以内。资源三号升天之后，我们做到了 10 米。进而，我们用中国所有 173 轨的 ZY-3 卫星数据做无地面控制的超大区域网平差处理。一共有 8810 景，20TB 数据，为自动剔除粗差，用 GPU 并行快速处理方法，利用 15 个计算节点，通过并行计算自动匹配约 20 亿个连接点。通过自动粗差剔除挑选出具有标准点位分布、最大重叠度以及高可靠性连接点像点约 300 万个参与无控制区域网平差计算，整整算了 8 天 8 夜，把平面、高程的精度都达到 5 米之内。这就为我国开展全球测图提供了基础。2013 年 4 月 26 日和 2014 年 8 月 19 日，我国高分 1 号和高分 2 号遥感卫星上了天，2014 年 12 月，中巴资源四号卫星上天。这个卫星上有 4 个传感器，分辨率分别是 5 米、10 米、20 米、70 米。

从资源三号到 2015 年 5 月，我们一共做了 20 多颗中国高分辨率卫星，分辨率从 5 米、3 米、2 米、1 米做到 0.5 米，这一连串数据直观地记录了中国卫星从无到有、从有到好的整个过程。我们的卫星和其他国家相比，不仅有更好的质量，而且有更宽的幅面，这就意味着效率更高。

三、不断壮大学科体系

从传统的光学测绘遥感，到高光谱和雷达遥感，武汉大学测绘遥感学科体系不断壮大。2000 年合校后，学科交叉与融合有了新突破，开拓了在高光谱、雷达遥感等领域的研究。从不入门到入门，从入门到创新，经历了漫长的过程。

20 世纪 90 年代，高光谱遥感逐渐兴起，当时我在加拿大当客座研究员，看到了这一研究领域的广阔前景，就带了许多研究论文和资料回国。张良培是学物理的，我就把资料给他研究。围绕高光谱遥感，我们做了四个方面的探索：波段选择、数据压缩、波谱数据库和混合像元。我把第四个命题交给张良培去做，全世界都认为混合像元有多种地物目标混合，是个线性的关系，就是线性混合像元。张良培独辟蹊径，最早提出非线性混合像元的理论。

因为我在这方面没有经验，就把张良培送到中科院遥感应用研究所，跟童庆禧院士学习。现在张良培的团队不断壮大，是世界上屈指可数的高光谱研究团队之一。在 2014 年影像融合和数据遥感分析大赛上，这个团队独揽前三名，他们做高分辨率、高光谱图像解译已经达到世界最高水平了。

学无线电的廖明生是龚健雅院士的学生，我们也把他送到中科院遥感所，跟郭华东院士学雷达，后来结识了意大利米兰理工大学罗卡教授，他正利用多时相的雷达数据来研究大城市的地表下沉。在中国东部地区，随着城市迅猛发展，高层建筑、地下工程越来越多，地表下沉严重。在与欧空局合作的"龙计划"中，我们当时就组成一个团队研究这个问题，由我和意大利罗卡教授做首席。廖明生教授提出了相干目标分析法的干涉雷达测量。随后我们到上海海洋地质调查局检验我们的方法，他们不太相信我们可以成功。但结果显示，用我们的方法测量可以达到 2 毫米至 3 毫米的精度，与罗卡教授的永久散射体干涉雷达测量相当，代表了世界水平。现在，武汉大学卫星遥感的定轨精度是厘米级，形变是毫米级，绝对位置是米级——这是我们团队的力量！

对于创新，我的思路是不断走出国门，了解世界发展的最新动向。我上学时不知道雷达，1995 年在苏黎世理工大学任客座教授时才初次接触。我用 4 个月的时间把那里所有关于雷达遥感的书都看完了，边看边复印，装了满满 3 箱，然后寄回国。回校后，组织几个老师和博士生建立了雷达遥感兴趣小组，把资料送给他们翻译、阅读和讨论。苏黎世理工大学是爱因斯坦的母校，一共培养出了 18 个诺贝尔奖获得者，这里科研环境好，国内外学者待遇都很好。我就是在这样的科学殿堂里接触并着手研究雷达遥感的。

在前进的道路上，每迈出一步都不是轻而易举的，要前进就必须拿出排除万难的魄力。例如在资金的使用上，有很多反对的声音，当然这是必要的谨慎。但是我坚持"好钢用在刀刃上"，坚持引进最好的设备来发展学科、推进学科创新。过于谨慎就没有创新了。

我们花 380 万元买 Modis 设备的时候，很多老同志不同意，认为这不是测绘。但是我坚持认为，这是摄影测量与遥感要做的，并且一定要做，还要应用到城市遥感、海洋遥感和灾害遥感中去。

买激光雷达也是如此。很多人认为，激光雷达成像的质量不如光学成像的点密集，打不到的地方就成不了像。但是激光雷达测量有它不可替代的优势，从飞机上打一束激光出去，再收回来，是主动而不是被动的，可以同时得到 4 个回波，还有全波形记录。实际上，激光雷达技术发展非常快，可以 1 秒钟打几十万个点，非常密。

我们在敦煌做了试验，用摄影测量和激光雷达测量同时为九层楼古建筑建模，结果激光雷达测量的精度是 3 毫米，摄影测量的精度是 5 毫米。随着激光技术的发展，激光雷达测量的精度可以比摄影测量高得多。在汶川地震抢险救灾中也充分展示了它的优越性。

四、地球空间信息要为大众服务

做卫星遥感，不仅要准确定位地面上某一个目标的位置，还要把它解释出来，这涉及国防、环境、土地利用、灾害分析等多个领域。具体来说，就是着眼于现实需求：研究一个灾区在哪儿，房子倒了多少，滑坡在哪儿，河流堵塞了几条，造成了什么后果。把这些信息告诉需要的人，总结起来就是四个 W，即：Where、What、When、What Change。这样地球空间信息就达到了"Geoinformation For All"的应用程度，也就是"为人人服务""为大众服务"。

那么，如何体现四个 W 的服务水平？我归纳为 4 个"Right"，即：Right Time，Right Place，Right Data、Information and Knowledge to Right Person。我们一步步把地球空间信息科学提升为服务的科学，在规定的时间，在需要的地方，把正确的数据、信息、知识，送给需要的人，这样我们就把整个学科延伸到一个更高的水平。这也是我们这个学科现在和未来需要继续努力的。

国家减灾中心联合实验室成立，我和张祖勋院士任首席科学家，用气象环境卫星做干旱水灾预报、干旱检测、水灾检测。后又成立了环境灾害遥感应用科技组，刘良明教授为负责人，每个月向国家测绘局提供植被覆盖指数，反映地表植被覆盖状况。

2008 年 5 月 12 日汶川地震，我们接到消息：唐家山倒下来，把湔江堵了，洪水涨得很快，形成堰塞湖，屯了近 3 亿立方米的水。如果堰塞湖漫过来，会危及下游的城市，尤其是我国重要的核工业基地绵阳，后果不堪设想。当时全国有七线阵航空扫描仪的机构不多，拥有机载激光雷达系统的机构更是少之又少，武汉大学是为数不多的同时拥有这两个设备的机构。于是，我们主动请缨，协助抗洪救灾，由于时间紧迫，我们就在机场租了个会议室研究泄洪方案，准确找到了泄洪点，解决了堰塞湖险情。

接着我们还做了一件利国利民的好事。一架飞机失事，找了三天三夜都没有线索。我们的设备可以看到三维多光谱景观，装了设备之后，定位了三个可疑点，果然找到了。马洪超因此成了抗震救灾模范，成都军区在表扬信中写道：你们积极响应、主动请缨、积极参战，发挥科技优势，在提供直升机失事疑似位置方面给予了无偿的大力支持，对准确确定失事飞机位置起到了重要作用。

关于救灾应急，我认为要建立一个集成系统。因为灾害时刻在变化，涉及的单位较多，如果每个单位搞一个系统，系统与系统之间会有重合或冲突。为了提高效率，就要避免重复劳动，注重分工协作。所以我们提出要做大系统，做"系统的系统"，英文称为"system of systems"。

测绘不仅在理工科领域有大显身手的空间，在人文社科领域也有"用武之地"。

我的夫人朱宜萱教授，在香港认识了敦煌研究院院长樊锦诗教授，她的先生彭金章曾经是武汉大学历史系的教授，主要研究历史和文化遗产，常年驻守在敦煌。2005 年，我和朱老师参观敦煌，樊锦诗院长忧心忡忡地对我们说："像敦煌这样的文化遗产，不可复生、也不可能永生。"我就想到可以用测绘遥感技术解决敦煌莫高窟文化遗产的保护，把它们拍下来，导入电脑中，做成真三维数字敦煌，不就在数字中永生了吗？

这样我们就开始了敦煌文化遗产保护项目，朱老师带队，从第 158 窟的释迦牟尼卧佛像做起。敦煌整个城市和鸣沙山整个大区都使用航空激光雷达测量。做崖面，沿着崖面的沟进去，深入每个洞里。运用地面激光雷达把整个敦煌地区的三维地形图做出来。由于崖面比较高，就用 20 米升降梯来回移动在 0 米、5 米、10 米、15 米、20 米的高度，做多次的激光扫描，把敦煌崖面的三维扫描出来，精度为 3 毫米。

2021 年 11 月，李德仁荣获第四届"全国最美科技工作者"称号

2021 年 11 月，李德仁团队获得国家科技进步奖一等奖

我的博士仲思东，用他发明的四目立体摄影系统去扫描石窟群中段的标志性建筑——九层楼，数据量多且是自动化的，就这样做了九层楼和月牙泉的三维重建。他的博士论文写的就是《四目立体摄影系统用于摄影测量的研究》。

多种方法结合使用，有房子有结构的用摄影测量，沙漠用激光雷达，各有所长，相互弥补。470多个洞窟，我们一个个做。这个项目得到了世界教科文组织的认可。之后我们和敦煌研究院申请了一个国家"973"项目，研究三维重建、色彩回复和可视化表现。由李清泉教授牵头在做，朱老师也有参与。

我们的文化遗产保护，不再是囿于传统的形式。这充分体现了人文社会科学也可以用现代科技手段进行研究，历史学家解读文献，我们让历史在数字中永生。

五、创新永无止境

我的老师王之卓先生曾说过："跟着外国人走不叫创新，开拓国家科学发展需要，为实现还没有实现的目标去努力。这才是真正的原始创新。"原始创新的过程相当艰辛，因为立项审批需要专家同意，获得其他人的认可是一个漫长的过程，难免耽误了时机。

2003年，我们在全国率先做了武汉市街景影像，当时国外没有，相关部门对此表示怀疑，就耽搁了研究进程。三年后美国人做出来了。街景影像隐含着重要的现实意义和历史价值，相当于数字化的清明上河图。清明上河图的历史价值在于它真实再现了当时经济社会景象，街景影像也能够记录人们的衣食住行，描绘世界特征，反映社会变迁，相信在未来大数据时代也会显现出重要的政治、经济和文化价值。

此外，原始创新需要宽松的政策支持。孙中山先生有句话："先知者先觉，后知者后觉，不知者不觉。"搞创新就是先知先觉。一方面，我们要争做先知先觉者；另一方面，国家应当对超前创新给予宽容，允许失败。

创新永无止境。十年前，我提出建立天际互联网，将天上的几百个卫星囊括到一个网络中，使任意两颗卫星都可以产生通信联系，使数据处理在天上自动完成，这样就可以把对灾害的响应速度提高到1分钟以内。

我们为这个设想足足准备了八年，现在终于立项着手做了，这也是未来 5 年至 10 年，地球空间信息技术协同创新中心的主要工作。

实现天际互联网，单靠我们自己的力量是不够的，还需要导航、通信、组网的专家，所以我们就采取协同创新中心的方式，联合中国航天科技集团、清华大学、北京航空航天大学等核心协同单位共同组建，一共有 7 个研究方向、18 个研究团队。

同时，我们还邀请了武汉大学的相关团队加入，让尽可能多的武大人参与天际互联网的建设，为我们学校的长远发展创造条件。

2002 年，我们建议发射高分辨率遥感卫星，国家采纳了；还有建议发射北斗导航卫星，国家也采纳了；对于组建天际互联网的设想，我满怀期待。

2015 年 2 月初稿，2022 年 8 月修改

【作者简介】

严航，1989 年出生。2013 年毕业于武汉大学新闻学专业。2013 年 7 月留校参加工作，曾任《武汉大学报》记者，现为国家教育部教育督导局干部。

张权，1993 年出生。2011 年考入武汉大学法学专业，曾任《武汉大学报》学生记者。

回顾全数字化自动测图系统的发展历程

张祖勋口述　杨欣欣整理

张祖勋，1938 年出生，武汉大学教授。1995 年当选国际欧亚科学院院士。2003 年当选中国工程院院士。主持完成了多项国家和部委重大科研项目，在航空（天）影像测图自动化方面取得了国际一流的研究成果，曾获得国家自然科学二等奖、国家科技进步二等奖等。撰写论文、著作 200 余篇，被 SCI、EI 检索 70 余篇。1999 年，《数字摄影测量学》获"全国优秀科技图书奖"暨"科技进步奖（科技著作）"三等奖。拥有自主知识产权的数字摄影测量系统 VirtuoZo，在国内外推广应用 1000 余套，经济效益逾亿元。

前不久，在遥感信息工程学院校友群里传开了一个视频，是 1992 年我在 CPGIS（国际华人地理信息科学与技术大会）成立大会上的致辞。这是地理信息科学领域久负盛名的国际学术大会，每年召开。成立大会在美国纽约州立大学布法罗（Buffalo）分校举行，当时我是武汉测绘科技大学副校长，代表学校对大会的成立表示祝贺。大家看了视频很感动，感叹学科的飞速发展。

当年，我们是在华盛顿参加国际摄影测量与遥感大会后，转赴布法罗参加这个成立大会的。在华盛顿大会上，国际上第一次推出了数字摄影测量工作站。整整 30 年过去了，武汉大学全数字化自动测图系统不断发展，从 VirtuoZo 到 DPGrid 到云控制，今后我们还要进一步加强学科的交叉融合，更好地服务国家经济社会和国防需要。

回顾学科发展的历程，我想用"生逢其时"这个词来概括，因为我们人生的际遇和学科发展的际遇，都是时代赐予的。

一、瑞士半年

时间往前推到 1976 年，我和我的同学宣家斌（也是武测的老师），一起到瑞士的测量仪器 WILD 厂学习半年。我一生中有三个难忘的"半年"，其中一个是在瑞士 WILD 厂学习的半年，另一个是到连队当兵的半年，还有一个是在农村的半年。所以我的经历比一般的老师要丰富一点。我是怎么当兵的呢？我研究生毕业留校，武测在"文革"中被撤销，我便调到军测（原解放军测绘学院）任教 5 年多。调去时从没当过兵，一来就是四个兜兜（干部军服），不合适，必须到连队去当兵。当了半年兵，档案里却没有记录，幸亏找到了 486 团给我的一个嘉奖令："……负重 50 多斤的情况下，带着敌情长跑 6 华里不叫苦，没掉队……"当时我们在河南拉练 1700 多里。

在瑞士学习的半年，是 20 世纪 70 年代中期，当时我国地形图测绘正处在从 1∶50000 到 1∶10000 的转型期，测绘仪器相应也要改变。以前我们都是用多倍仪来绘制 1∶50000 的地形图，这个时候中国从瑞士进口了一二百套当时最先进的 B8S 仪器，需要派人出去学习怎么使用、维修。本来应该从生产单位派人，考虑到武测的老师不需要带翻译，国家测绘局决定由学校派两个人去瑞士学习。我从留校就喜欢搞仪器，航测系有个仪器研究室，我对摄影测量仪器很有兴趣。虽然学了什么现在都忘了，但当时是很喜欢学的。现在有机会到瑞士仪器厂学习，正中我的下怀，当然很高兴。

我们出发到北京是 1976 年 9 月 9 日下午，毛主席就是那天逝世的，这是一个永远也不会忘的日子。在北京上飞机时就我们两个中国人，其余全是老外。我们乘坐瑞士航空公司道格拉斯公司的 DC-10，由北京、上海、孟买、雅典，经 19 小时航程到苏黎世，再驱车到瑞士首都伯尔尼，最终来到目的地 WILD Heerbrugg。

当时我国与瑞士的差距非常大，我们第一次进超市，第一次见高速路，第一次用投币电话……就像《红楼梦》里的刘姥姥进了大观园，一切都是新鲜的。别人看我们也"新鲜"。例如，我们凌晨在苏黎世下机后，大使馆商务一秘、二秘由伯尔尼到苏黎世机场接我们，事后他们说，远远一看，就像中国人民解放军来了，两个人统一着装：中山装、雪花呢大衣，戴着帽子，一人挎一个带"北京"字样的人造革包。他们把我们接到伯尔尼，又送到仪器厂所在的瑞士东部小镇 Heerburg，办完一切手续后，他们陪我到超市买了一台短波收音机，以便每天晚上 9 点收听北京的早新闻，后来我们就是从收音机里知道"四人帮"垮台的消息。大使馆秘书跟我们一起回到住地后，我们想，用什么招待一下表示感谢呢？宣家斌是上海人，想来想去泡了两杯糖开水。他们没有喝，过后他们说，以后千万不要用糖水招待客人，你们多买点啤酒，你们自己今后也可以多喝啤酒。我们深深体会到"发达"和"不发达"的差距：糖水和啤酒，这就是差距，太明显了。

看看这个 TOSHIBA 计算器，只有加减乘除开方，三角函数都没有。别看这个计算器，我当时特别喜欢，而且觉得很新鲜，加减乘除，比我们手摇计算器查对数表方便多了。过了这么多年，我把这个计算器翻出来，装上电池还可以用，你看我敲一下 789，然后开方，它马上给你算出来，这个质量真是不错。我把这个计算器带回国以后，计算机系的杨全兴老师经常借去，说这就是新一代的计算机。小小计算器，代表了时代的变化。

二、攻克难关

我很幸运，总能碰上好的时间节点。从瑞士回来没多久就遇上了两件大事，一件是 1978 年 12 月党的十一届三中全会召开，标志着我国进入改革开放的全新时代；另一件也是在 1978 年年底，我的老师王之卓先生在学校第二届科技大会上提出"全数字化自动测图系统的研究方案"，标志着摄影测量进入计算机时代，不再用过去的模拟方法而全部用计算机来计算。

在王先生的方案手稿(图 1)中，第一页是全数字化研究方案；另外一页是最新的参考文献，是 1976 年的，第一篇是博士生论文，作者是德国的 Kreiling。1988 年，我在日本京都 ISPRS 大会的展览会上遇到 Kreiling，问他全数字化做得怎么样了，他回答"forget it"。他完全不做了。而王之卓先生是怎么做的呢？我们说向科学家学习，特别要向老一代科学家学习。看看当时的条件，他用的纸张比前面说的我做教学笔记的还差。他当时就是这样研究全数字化。

图 1　1978 年王之卓草拟的全数字化自动测图系统研究方案

　　设计方案要论证，需要时间，需要经费。但谁也没想到，国家迎来了科学的春天，项目很快通过论证，然后立项，很快实施了。我常跟我的老师王老先生开玩笑地说，第一，这个方案只有你提得出来，高瞻远瞩，叫全数字化；第二，也只能是你提出来，如果是别人提出来，肯定一棍子打死。为什么呢？参加方案论证的都是王老先生的学生，不好直接反对，大家肯定方案大方向正确，但在会下说为时过早。为什么说为时过早？因为我国的胶片还是用传统的照相机。

　　项目通过了论证，立项 120 万元。大约 1981 年，我们从英国进口了全套设备，首先要将胶片数字化，用扫描仪扫描，然后进计算机。我们使用英国的 NOVA3/12 计算机和滚筒式扫描仪时，在临时封闭改造的一个房间里，只有一个窗户，条件艰苦，项目也有很多难点。当时 NOVA 机的内存只有 64K，我专门到香港学习三个月，学会从 FORTRAN4 语言中加汇编语言，用"页式映射"，扩充内存至 256K。而两张照片的数据量需要 256M，完全没法处理，这是一个大矛盾。另外，当时的计算机没有显示器，搞图像处理只能摸黑。例如核线排列，现在学生的课间实习就能做，很简单，那时没有显示器，只能用打印机打出来，看看两条核线排得差不多了，这就花了我 4 个月到半年的时间，难度很大。还有其他难点，比如特征点的概念刚刚提出，我们还来不及学习；匹配要快、要准。到后来，我的博士生来做的时候就完全不一样了。

图 2 所示是 20 世纪 80 年代末 90 年代初我的第一个博士生，中间是我的老师王先生来参观我们的研究。王先生看完后就说：好玩吧，两张照片进去，三维立体就出现了，好玩不好玩？这在当时很新奇，记得自然科学基金委一位工作人员说，其他的先进科技，化学啊物理啊看得多，但两张照片进去就转出三维立体，从没见过，感到很惊奇。这就是全数字化项目，得了自然科学二等奖。

我们的产品用 64K 内存做出来了，很不容易。科研是花时间的、烧钱的。科研能不能成功，事先也不知道，但是有一条是肯定的，机会都是给有准备的人。你磨了这么长时间，磨出了经验，也做出来了，即使在内存很少的情况下也能做出来。当时 10 年间内存从 64K 到 64M，计算机发展是 1000 倍的速度，这 1000倍给谁？给的就是有准备的人。科研就是必须提前做准备，绝对不能等到成熟了，大家都来做了，就没有你的份了。

不只我们国家，全世界都是这样。前面说到，德国的 Kreiling 博士 "forget it"，放弃了；瑞士的 Kern 也没成功。国际上 1992 年最早提出全数字化，其实瑞士 Kern 公司于 1988 年就在日本京都大会上推出了 DSP1 全数字化产品，计划一台售价 50 万瑞士法郎，但是一台也没卖出去，当时条件不成熟，最后这个公司也被收购了。但是我们的产品最终走向了国际市场。

我们成长过程中，如果没有多方面因素互相促进，是很难有进展的。看看这张照片(图 3)，这是时任武汉市长赵宝江(右)，以及我们武测的校长宁津生院士(左)，他这时候还年轻，身材很苗条，我当时是副校长，看起来就像年轻人。

1992 年一次国际会议，对全数字化走向国际是一次关键会议。那次，日本的村井俊治教授带了一个产业界代表团来找产品，跟我说想用 10000 美元买一套我们的软件；澳大利亚的库比克教授也说 5000 美元买一套。我都说可以，反正比放在我抽屉里强。后来村井俊治要担任国际摄影测量与遥感学会主席，把这事放下了。他在 2002 年写文章回顾 10 年前这次访问，题目是"中国 IT 产业登陆日本"，还提及此事。

图 2　1992 年张祖勋(左一)、王之卓(中)

图 3　1992 年武汉市赵宝江市长(右)与宁津生(左)、张祖勋(中)会谈

我们从 1992 年开始和库比克合作，1994 年和澳大利亚签订了一份长达 23 页的协议。一开始，澳方把协议书传真给我，如果同意就签字。但是他们说合作之后知识产权两家共享，我不能接受。当时年轻，初生牛犊不怕虎。所以他们邀请我去澳大利亚，谈判了两个星期，终于签订了销售合同。我坚持我们的知识产权，以及在大中华地区和日本等地的销售权。那年 10 月在澳大利亚黄金海岸第一次正式发布了 VirtuoZo 工作站，由澳大利亚在全球(除指定国家和地区外)销售。这就是我们全数字化自动测图系统的发展过程。

那么，我们在摄影测量全数字化以后干什么？事实上，摄影测量分内业与外业两部分，2000 年之前"全数字化"主要解决内业的问题，而进入 21 世纪后我们开始设法减少外业工作量，也就是解决航测外业像控与调绘的问题。像控本质就是摄影测量大数据问题，21 世纪第一个 10 年我们研制出了 VertioZo 的第二代，数字摄影测量网格 DPGrid，由单机处理到多机协同处理，生产效率提高 10 倍以上，并且出口到了美国。

三、天生我才

有句话叫"天生我才必有用"，我们团队的同事就是这样。这张照片(图 4)是 1986 年我们课题组的主要成员，年龄最大的不到 50 岁。其中我想介绍两个人：一个是张剑清(图 4 的前排左三)，他是 1969 年南开大学毕业的，学数学的，是我的主要帮手，数学基础很好，在影像匹配、影像相关的功率谱、摄影测量基础算法方面都做出了重要贡献。

另一个是当时的青年教师徐轩(图 4 后排左二)，他是研究硬件的，为我们的仪器维护做出了很大贡献。当时我们实验室用世行贷款 100 多万元从瑞士进口的正射投影仪 OR1，影像出不来，瑞士专家来给我们检修过，但他们走后还是老毛病，时好时坏。徐轩发现，可能是仪器设计的延时电路有问题，他加了一个电阻，将时间延时稍微延长一点，问题就彻底解决了。他后来去了徕卡公司，专门维修保养测量仪器，大家叫他"千手观音"，因为他心灵手巧，任何尖端精密仪器到了他手里都会变得温顺服帖。从他身上我们可以看出，"才"就是一种"悟性"和"灵感"，不是教科书上能学到的。大学如果全是教授，全是博士，发展是

图4　1986年张祖勋(后排右一)课题组合影

张剑清(前排左三)、徐轩(后排左二)

有困难的，一定要有各种各样的人才。会写文章的肯定是人才，会动手干事的也
是人才。光靠一种人才是不行的，团队要有各种不同的人才，才能做成事。

　　这是我们团队2022年新年茶话会的照片(图5)，相比40年前，我们都老
了。我已经85岁了，不服老是不行的。我们这一辈都老了，但是老了不要紧，
后继有人就行。教师的职业就是传承，除了搞科研，更重要的是培养学生，后继
有人是很重要的。现在我们的团队更强了，人多了，队伍也大了。

　　我们这个队伍里有张永军，他已经是遥感信息工程学院的院长了。今年学院
毕业仪式上他也来和我合影，说毕业20年了，来补上这一课。现在他也有了自
己的团队。我们的团队越来越壮大，而且各种各样的人才都有。张永军本科不是
学摄影测量的，博士是我和刘经南院士合带的。

　　团队有的老师办公司也成了大事，郑顺义教授就是一位有点传奇色彩的人
物，他创办的中观公司多项核心技术处于国际领先水平，多款新产品全球首创，
因此海克斯康花巨资收购。以前他从没在公司拿报酬，为科技发展做出了很大的
奉献。

图5　2022年，张祖勋(前排右三)课题组新年茶话会合影。

　　现在的团队和40年前不一样了，有的去开公司，有的当了院长，还依旧是那个团队吗？我觉得有一点是不变的，那就是气氛融洽，互相支持，成果共享。我们经常举办一些活动，联络感情，也互相了解最近在干什么，手上有什么资源、什么软件可以共享。如研究人工智能的胡翔云教授，现在还经常帮我编软件。

　　我们最高兴的还是后继有人，有年轻人。例如，段延松是1975年出生的，在与美国ESRI合作后，段延松实现了我们20世纪80年代末90年代初提出的跨接法匹配，ESRI称它又快又好。他现在成了全国有名的大面阵相机标定专家，还承担并完成了"十三五"高分辨率对地观测系统重大专项。

　　另外一个年轻人，是1986年出生的陶鹏杰特聘副研究员，他是战略支援部队航天系统部1900万项目的总设计师，这也是我校第三个型号项目，解决了计算机分布系统I/O问题，项目评审获得优秀。另外，基于"云控制"为中国资源卫星应用中心研发了国产陆地观测卫星姿轨精化软件，显著提高了卫星定位精度，并为国防做出了重大贡献。

学科的发展，创新是核心，团结是基础。2016 年，在测绘学科建立 60 周年时，《武汉大学报》请测绘学科的六位院士谈测绘学科的文化。每个院士总结了两个字，很经典，也很好记。李德仁院士讲创新，宁津生院士讲团结，刘经南院士讲责任，我讲传承，龚健雅院士讲融合，李建成院士讲进取。测绘学科文化对武汉大学其他学科都有借鉴意义。另外，学科要交叉融合，如果光靠摄影测量发展自己，再大的本事都没用，必须靠其他学科支持，比如计算机学科。我们完成项目的过程中，测绘学院王甫红教授对卫星影像定轨定姿给予了重大帮助，兆格公司陆涛高工帮我们解决了多源系统分布读写的关键问题。学科交叉融合是我们武汉大学的强项。

总而言之，不忘初心，牢记使命，学科才能不断发展。

2022 年 7 月

【作者简介】见第 150 页。

从机器语言到高级语言程序设计

李鸣山

1959 年春天，苏联专家在北京中科院计算技术研究所（简称计算所）讲授电子计算机原理和程序设计。我当时在南开大学数学系读四年级。我们系派青年教师每周六、日两天从天津到计算所听课，听完课急忙返回天津，星期一上午开始就给我们班上一部分学生讲计算机原理和程序设计。这样持续几个月，计算机原理和程序设计两门课就学完了。

当时学的计算机原理和程序设计，是针对苏联的 M-3 计算机（我国仿制称为103 机）。这是一台电子管计算机，单是表示一个二进制数位的触发器，就有一本 16 开本词典那么大。计算机共用了近 800 个电子管和 4000 个二极管。用磁鼓作为主存储器。一台计算机占很大一个机房，运算速度每秒 30 次。

那时电子计算机功耗高，可靠性差，运算速度慢。但比起当时普遍使用的手摇计算机或电动计算机已有本质的不同，它是数字电子计算机，按照事先编写并存储的程序完成计算和其他信息处理任务。那时，还是用具体计算机的机器指令编写程序。一条机器指令是一台具体计算机规定的一个特定动作或基本操作。这些机器指令，就是这台计算机的指令系统。指令系统中的指令通常有数十上百条，程序员根据计算机的指令系统编写计算机应用程序，这种程序称为机器语言程序。机器语言程序的缺点是：编制程序工作量大，容易出错；依赖具体计算机，因而程序通用性、可移植性差。20 世纪 50 年代末，已有为 M-3 计算机编写的用于测量计算任务的程序。虽然是机器语言程序，但已显示出电子计算机应用于测量计算的巨大潜力。

我 1959 年大学毕业分配到武汉测绘学院工作。武测派到北京计算所进修的邹海明、华彬文、甘伯祥等老师也先后回校。1960 年下半年，我们就为大地测量专业 56 级学生开设程序设计课，随后其他测绘专业也开设此课。这在武汉地区高校中是最早的。1961 年年初，我们着手编写教材，并于 1961 年 8 月由中国工业出版社出版《电子计算机及其在测量计算中的应用》(邹海明、李鸣山、华彬文、甘伯祥编著)。这也是国内正式出版的关于电子计算机原理和程序设计的第一本教材。

武测 1974 年恢复后，国家测绘局 1976 年下半年斥资 100 万元，为武测购置当时国内先进的 TQ-16 计算机(上海无线电十三厂生产)。该机采用小规模集成电路，磁心作内存，运算速度每秒 12 万条指令。程序设计采用当时国际上最流行用于计算的高级程序设计语言 ALGOL60。

高级程序设计语言，是指接近人类的自然语言和数学语言的程序设计语言。用高级语言编写程序的优点是：编程相对简单、直观、易理解，不易出错；高级语言是独立于具体计算机的，所以程序的通用性、可移植性较好。用高级语言编写的程序称为源程序。计算机不能理解和执行源程序，必须通过一个语言处理系统将其转换为计算机能够认识、理解的称为目标程序的程序才能被计算机执行。这个目标程序，通常就是用计算机指令系统中的指令表示的，类似于前面说到的机器语言程序。

对 TQ-16 计算机，这个语言处理系统称为编译系统。编译系统通过对源程序进行语法分析、词法分析、语意分析、机器代码生成等一系列步骤，将源程序转换成用机器指令表示的目标程序。

1978 年，我们就有了校内铅印版的《TQ-16 计算机 ALGOL 程序设计》一书。1982 年 7 月，此书由测绘出版社正式出版。

因为武测计算站对 TQ-16 计算机软、硬件维护较好，又有相应教材，此教材还被上海无线电十三厂作为培训教材，所以武汉地区不少单位到武测计算站用机，这对武汉地区计算机的推广和应用起了很好的作用。

记得当我们还只有校内铅印版的《TQ-16 计算机 ALGOL 程序设计》一书时，铁道部第四设计院(那里有 TQ-16 计算机)经武测同意就开车将铅字版教材拉到他们那里印成书，供本系统和其他单位使用。

1979 年，我对上海无线电十三厂的 TQ-16 计算机 ALGOL 编译系统作了重要的改进，即将数组存储分配由静态分配改为动态分配。计算机处理或计算的对象主要不是以单个数据而是以数组形式出现的。原来厂家的 ALGOL 编译系统要求源程序中对数组事先给出数组大小（即数组分量个数）值，编译系统就是根据这个大小值给数组分配存储的。这就是数组存储的静态分配方法。这对编译系统来说工作简单一些。但因为数组的大小在程序运行过程中是可能变化的，而且不同场合使用同一个程序其中涉及的数组大小也可能不同，所以这个源程序中事先给出的数组大小值往往是一个估计值。这对计算机实际应用会面临两方面问题：若数组大小的估计值小了，程序运行时会因数组存储空间不够而使程序无法顺利运行；若估计值大了，可能会浪费大量存储空间，而 TQ-16 计算机内存空间只有32K，十分宝贵。

为此，我对上海无线电十三厂的 TQ-16 计算机 ALGOL 编译系统的各部分做了较大修改，在源程序中不必再对数组大小给出估计值，而是根据程序在运行过程中数组实际大小分配存储空间，这就避免了上述两方面的问题。这就是数组存储的动态分配。该成果当时已投入实际使用，并写入前述出版的教材中。有关文章发表在《武汉测绘学院学报》1980 年第 2 期。

2021 年 11 月

【作者简介】李鸣山，1936 年出生，武汉大学教授。1959 年毕业于南开大学数学系，同年到武汉测绘学院从事计算机专业教学科研工作。与人合著《电子计算机及其在测量计算中的应用》《TQ-16 计算机 ALGOL 程序设计》等教材。1998年退休。

武汉测绘学院创办计算机专业的艰辛历程

刘镜年

　　1956 年高等教育部汇集全国高校测绘精英夏坚白、陈永龄、金通尹、王之卓和叶雪安等五位国家著名教授于江城，成立武汉测量制图学院（以下简称"武测"）。这些有远见卓识的教授专家，深知测绘学科经纬度的大量复杂、繁琐计算，而当时依靠计算尺和手摇计算机是万万不能的。他们早已知道，1946 年 2 月在美国诞生世界上第一台电子计算机（ENIAC），运算速度虽然只有每秒 5000 次，但这是依赖电子为载体的快速计算，是一种新生事物，有无限的发展前景，测绘复杂计算必须和电子计算机结合。

　　刚好 1956 年 6 月中国完成"十二年科学技术发展远景规划"的制定。中国科学院开始了计算技术研究所的筹备工作，并组建筹备委员会。1956 年 6 月 19 日，华罗庚主持召开第一次筹备委员会会议。6 月 25 日，国务院正式批准成立中科院计算技术研究所筹备委员会。同年，计算技术研究所组建了计算机整机、元件电路、计算数学三个研究室。计算技术研究所也派技术人员到苏联访问、学习，并引进了当时苏联的 M-3 电子计算机。中科院计算技术研究所的技术人员，根据图纸开始学习组装电子计算机，培养了第一批计算机人才。

　　1958 年 8 月 1 日，中科院计算技术研究所成功制造出我国第一台小型电子管通用计算机 103 机（八一型），标志着我国第一台电子计算机的诞生。就在此时，为了推广计算机的应用，计算技术研究所举办培训班。武测以夏坚白为首的学院领导就派出了当时数学教研组的邹海明老师到北京中科院计算技术研究所学习计算机。他学习计算机原理和机器语言程序设计，在计算所边学、边干，有理论、有实践，1958 年年底学成结业回到武测。1959 年上半年，又派出了大地教研组的甘伯祥和华彬文到中科院计算技术研究所学习，加强计算机师资培养。

邹海明学成后回到武测，夏坚白院长指派他筹备武测的计算机专业（当时称计算技术专业）、筹办计算机（当时称计算技术）教研组，并任命邹海明为教研组主任。

筹办计算机专业需要大批人才，邹海明首先派当时工测、大地和航测专业的大四、大五的学生到著名高校去培养武测的自动控制和计算机方面的教师。据我当时知道的1960年就有：到哈尔滨工大的王葆元、黄连团，到中国科学技术大学的有章启俊，到华南工学院的有李锦祥、邱锦海，到华中工学院的有陈赛云、陈国钞和邱竞男，到成都电讯工程学院的有杨宝生。这还不够，邹海明又从工测专业、大地专业四年级调来刘镜年、韦裁冠、骆克敏和童隆恩等在自己的教研室亲自培养。

我们没有到外面培养的4个学生，一切听从邹海明主任的指挥：首先到房产科家具仓库搬来桌椅、板凳、书架、文件柜等，放到武测3号教学楼202教室，为成立计算机教研组搭架子，挂出计算技术教研组的牌子，对外开始办公。

接着随班听课。当时武汉大学聘邹海明为武大数学系讲课，开设计算机原理与程序设计，我们武测未出去进修的4个学生就随班听课。首先讲二进制、逻辑门电路、计算机构成和机器语言程序设计。所以，邹海明老师是我们的计算机启蒙老师。

随后，我们在邹主任领导下学习电工基础，教材是俞大光编的上册和中册（下册是电磁场理论，与计算机关系不大，未学）。邹海明主任严格要求，按章节轮流讲课。主任带头讲第一课。还要做练习题（有俞大光编的习题集），直到学完上册和中册。随后就着手建数字电子计算机实验室和模拟电子计算机实验室（当时有模拟电子计算机课程）。

1960年，武测抽调1959级其他专业学生转入计算机专业学习。这些学生基础课已学完，就直接上专业基础课，如脉冲技术、自动控制、自动控制元件等。刚好到1962年、1963年，在外校培养的教师先后结业回校任教。1963年，武测就开始上数字电子计算机和模拟电子计算机等专业课。青年教师积极向上，认真备课，为上好每一堂课，付出辛勤汗水，为培养计算机人才做出了努力。

武测接连招了 1959 级、1960 级和 1961 级三届计算机专业学生共约 80 余名，毕业生分配到全国各地，为中国的电子计算机发展做出了贡献。

2020 年 11 月

【作者简介】刘镜年，1937 年 9 月出生，武汉大学教授。1960 年起参与创建武汉测绘学院的计算机专业，1961 年毕业后留校任教。著有《测绘、土建类专业微机原理课程建设研究》等多部教材。1998 年退休。

武汉大学医学病毒学研究所的成长历程

杨占秋

中华人民共和国刚刚成立，百废待兴。正是在这种背景下，一批爱国知识分子放弃了国外的优渥生活和良好的工作条件，毅然回国，投入中华人民共和国建设的大浪潮中，大家熟悉的我国原子弹之父钱学森就是典型的代表人物。在湖北医学院，也有一位钱学森式的人物——向近敏。当时，湖北医学院的建设和发展更需要大量的人才参与，向近敏放弃了国外的生活待遇，毅然回国，加入湖北医学院的建设，从事医学微生物的教学与科研工作。

20世纪50年代，流行性出血热（EHF）在我国东北流行，死亡率较高，但病因不明。带着这一问题，向近敏教授带领他的同事开展了流行性出血热的病因研究，他上书卫生部，申请成立专门的研究机构。1965年，卫生部批准建立湖北医学院病毒室。随着研究的需要，1978年，湖北省教育厅批准成立湖北医学院病毒研究所，今天的武汉大学医学病毒学研究所就是在这个基础上发展起来的，它是我国高校最早建立的医学病毒学研究机构，现隶属于武汉大学基础医学院。

医学病毒学研究所的建立与发展，形成了湖北医学院研究特色与优势之一，也促进了学科的发展与壮大。1978年获得微生物学硕士学位授予权，1995年获得病毒学硕士学位授予权，同年，医学病毒学获批为湖北省首批重点学科立项建设。1997年国务院调整学科后，1998年获得病原生物学博士学位授予权，实现了湖北医科大学基础医学博士点零的突破。

2000年8月，湖北医科大学与武汉大学等四校合并后，病毒所的发展进入了新的时期。2003年，与武汉大学生命科学学院共同申报微生物学国家重点学科成功，2005年又申报病毒学国家重点实验室成功。由杨占秋教授牵头负责的"人类

重大病毒性疾病研究平台""重大感染性疾病的基础与防治研究"和参与建设的
"肿瘤与免疫"分别是国家"211 工程"三期建设和"985 工程"二期项目。

著名医学病毒学家、本所奠基人向近敏教授以及陈敏诲、冯珏荪、孙瑜、赵
文先、郑志明、姚学军、张天明教授等一批病毒学工作者为病毒所的创建与发展
呕心沥血，鞠躬尽瘁，为我校医学病毒学的发展做出了重要贡献。经过 50 多年
的发展，本所已经在医学病毒学领域形成鲜明的学科特色以及结构合理的研究队
伍和较为完善的研究条件。在教学方面，本所承担学校 7 年制、8 年制本科生和
博硕士研究生的高级细胞与分子生物学、肿瘤生物学、实验室生物安全、病原生
物学、艾滋病防治、细胞培养技术、医学生物技术等 8 门专业基础课、必修课、
通识课、公共选修课的教学任务，招收 10 多个不同研究方向的病原生物学、微
生物学专业博士、硕士研究生和博士后研究人员。

本所的主要研究方向是临床病毒学、分子病毒学和肿瘤病毒学。自建所以
来，承担国家"七五"科技攻关、"863""973"项目、国家科技攻关及国家自然科
学基金和国际合作等项目 150 多项。在汉坦病毒研究中，1980 年，向近敏、郑志
明等与美国国立卫生研究院(NIH)、美国军事医学传染病研究所合作，在国内外
首先证明了中国 EHF 患者血清与朝鲜出血热(KHF)病毒的相关性，此后与美国
军事医学研究所合作证实了病毒唑治疗早期出血热的效果，并获得了国家新药证
书。在病毒溯源方面，20 世纪 80 年代初，郑志明等首先从儿童红斑性肢痛症
(现称为手足口病)体内分离到新的肠道病毒 71 型；杨占秋等首先从病人尿液分
离到病毒，提出了病毒形态发生的新观点，并发现了几个新的汉坦病毒进化分
支。这些工作获得了省、部级奖励和美国国防部奖励 5 项，病毒唑的研究成果编
入了中华人民共和国药典 1995 年版第二部。在肿瘤病毒研究中，陈敏诲等在鼠
体内证明了疱疹病毒(HSV)疫苗对宫颈癌的预防效果。赵文先、伍欣星等先后证
明了 HSV、人乳头瘤病毒(HPV)病毒与宫颈癌的关系，2000 年后通过宫颈癌高
发区现场—临床—实验室三结合，重点探讨了 HPV 在宫颈癌病因学中的地位及
其与细胞癌基因、抑癌基因的关系，宫颈癌相关信号传导网络及调控机理。首次
报道了中国高危 HPV16 地方株基因的一级结构及其编码的多肽与标准株的明显
差异，在功能上更易逃逸细胞免疫应答；首次构建了有广泛实用价值的宫颈癌人
工神经网络风险评估预警模型，实现了对宫颈癌高发区妇女的宫颈癌风险进行评

佶。上述成果获国家科技进步奖及省自然科学奖共 4 项。在病毒溶癌研究中，董长垣在国内外首先从动物体内分离出蓝舌病毒湖北株，在体内外证明了多株蓝舌病毒具有选择性抗癌作用，为肿瘤的生物治疗提供了新的途径。2003 年，一种新的病毒传染性疾病——SARS 在我国爆发流行，杨占秋等研究人员证明了 SARS 冠状病毒灭活疫苗对恒河猴感染 SARS 冠状病毒有保护作用，它为 SARS 的再次爆发流行提供了新的预防手段。在抗病毒药物中，发现了阿比朵儿、大黄等药物有抗呼吸道病毒、肠道病毒等多种病毒作用。这些研究成果，有的获得了国家发明专利、新药证书和技术转让，实现了科研成果为保障人类健康服务的良好愿望。

积极开展国际合作与交流是本所的特色。20 世纪 80 年代初，我们就与美国 NIH、美国军事医学传染病研究所、耶鲁大学建立了科研合作关系，开展汉坦病毒研究，并联合培养研究生。同时，我们邀请了美国、英国、加拿大等国的病毒学家主办了三届全国病毒学高级讲习班，聘请了诺贝尔获得者盖德奇教授为首的 9 名国外专家担任名誉教授，指导科研与教学工作，为国内培养了一大批病毒学高级专业人才。

立足中国、面向世界。位于东湖之滨、珞珈山下的武汉大学医学病毒学研究所在国家"青年千人计划"获得者，新任所长夏宇尘教授带领下，正以新的面貌振兴与发展。以病毒学国家重点实验室为平台，以医学病毒学学科前沿发展和国家重大传染病防治需求为导向，医学病毒学研究所将发展成为在国内外具有重要影响的医学病毒学教学、科研、技术集成和转化中心。

2021 年 12 月

【作者简介】杨占秋，1952 年出生，武汉大学教授。曾任政协湖北省第九届委员会常务委员、教科文委员会委员；湖北省第十一届人大代表、常委会委员、教科文委员会委员；第十二届全国政协委员。2018 年退休。

首家获得国家认可的 A3 实验室

李湘东

2020 年新冠病毒在全球肆虐，给世界带来了广泛而深远的影响，各国抓紧研制新冠疫苗，以求尽快遏制疫情蔓延的势头，护佑人类健康。在疫苗研制过程中，生物安全实验室作为必备的设施，逐渐进入大众的视野。很多校友可能不了解的是，我们武汉大学就有这样一家全国著名的生物安全实验室，它曾在 2003 年抗击非典(SARS)过程中，为研制 SARS 疫苗建立奇功。之后，又在结核病、艾滋病等国家重大传染病防治科研攻关中发挥了重要作用，成为高级别生物安全实验室国之重器，也赢得国际同行的高度认可。它就是中国首家被国家认可的生物安全实验室——武汉大学 ABSL-3 实验室(Animal Biosafety Level 3 Laboratory，生物安全三级动物实验室，简称 A3 实验室)。2001 年开始建设至今，它从一间名不见经传的小小动物室，如何成为国内一流、有国际影响的 A3 实验室？下面与大家分享几则小故事。

一、临危受命 承担 SARS 疫苗攻关任务

2003 年年初，传染性非典型肺炎(SARS)暴发，我国科学家争分夺秒地开展 SARS 疫苗研制科技攻关。同年 5 月，当疫苗科技攻关需要进行猴子实验时，科学家们发现国内缺少规模足够大的、能够开展猴子实验的生物安全三级动物实验室(当时叫 P3 动物实验室，后更名为 A3 实验室)，疫苗研制进度严重受阻。

就在这时，全国防治非典型肺炎指挥部科技攻关组从武汉带回去一个令人振奋的消息：武汉大学有刚刚建成的大型 A3 实验室，可以同时进行 20 只猴子的

实验。

5 月 28 日，科技攻关组十几位专家疾驰武汉。看到武汉大学自筹 2000 万元资金、历时 2 年建成的 A3 实验室，专家们一致认为：这是国内目前规模最大、设施完备的动物生物安全三级实验室。科技攻关组当即决定，停止其他实验，在此扩建规模更大的 A3 实验室，为国家 SARS 科研服务。据悉，当时武汉大学急国家之所急，在中午专家就餐的餐桌旁，与专家组一起讨论、制定扩建方案，部署扩建工作。短短一个多月后，扩建工作即完成，扩建后的 A3 实验室具备能同时承担 50 只猴子实验的能力（SARS 实验室后又扩建到 100 只猴子的规模）。国家"非典"科技攻关组专家再次抵达实验室，对扩建后的 A3 实验室进行了验收。2003 年 8 月，国家防治非典型肺炎指挥部科技攻关组发文，准予武汉大学 A3 实验室从事 SARS 病毒动物实验。速度之快，充分体现了武大人的家国情怀和使命担当。

2003 年 9 月，中国医学基金会新药发展基金管理委员会找到了武大 A3 实验

2003 年国家防治"非典"指挥部科技攻关组检查 A3 实验室

室，该单位组织多家单位联合研发的"人用 SARS 病毒灭活疫苗"的猴子实验任务需要与实验室合作，A3 实验室当即答应了合作事宜。时任武汉大学医学院副院长兼 A3 实验室主任孙理华回忆，当时并非没有顾虑，毕竟 SARS 疫苗动物实验风险和难度都很大，偌大的武汉，没有保险公司愿意为实验人员承保。"但是，如果我们不接这个项目，国内其他地方又没有这样标准的实验室，'人用 SARS 病毒灭活疫苗'研制就得暂停。SARS 是全人类的敌人，为了让 SARS 疫苗早日问世，我们义不容辞！"孙院长说。

　　2003 年 10 月至 2004 年 4 月，A3 实验室全体工作人员本着高度的使命感和责任感，先后进行了 2 批共 38 只猴子实验，除了上述"人用抗 SARS 病毒灭活疫苗"外，还有时任武汉大学现代病毒学研究中心主任田波院士主持研制的"抗 SARS 病毒生物多肽药物"的猴子实验，实验均取得了满意的实验结果，"人用抗 SARS 病毒灭活疫苗"被国家食品药品监督管理局批准进入 I 期临床试验。孙院长说："没有科研人员的责任感、使命感，没有团结协作、不怕吃苦、临危不惧的献身精神，SARS 疫苗动物实验不可能成功。"

二、亲身接种 SARS 灭活疫苗

　　正如前所述，由于 SARS 疫苗动物实验的风险大，没有保险公司愿意为实验人员承保。实验过程中，需要对实验人员进行医学监护，由谁来做？

孙理华副院长在中控室指挥 SARS 疫苗动物实验

孙理华副院长(主任)让其在医院工作的女儿来承担医学监护的任务。尤其难能可贵的是，孙院长还亲身接种了尚在实验中的 SARS 灭活疫苗。孙院长不仅为 A3 实验室的创立和建设立下汗马功劳，而且作为此次 SARS 动物实验的总指挥，他每天亲临实验一线指挥，创造性地建立了一套行之有效的管理体系及管理制度，确保了实验安全运行，也为后来 A3 实验室成为国家首家被认可的生物安全实验室奠定了基础。

时任武汉大学副校长周创兵(右)代表学校接受国家认可证书

2003—2004 年新加坡和我国相继发生实验室人员感染 SARS 病毒的事件，引起社会的恐慌。人们认识到，实验室生物安全不仅关系研究人员的生命安全，也是关系到公共环境、公众健康和社会稳定的大事。在此背景下，我国进一步加强了对高级别生物安全实验室的管理，2004 年 11 月 12 日，国务院发布了第 424 号国务院令，颁布了《病原微生物实验室生物安全管理条例》，《条例》规定三级、四级生物安全实验室必须经过国家认可。

在孙理华副院长(主任)带领下，A3 实验室建立了完备的管理体系，编制了 32 万字的管理体系文件，建立了健全的管理制度、操作规程，开展了规范的人员培训。经中国实验室国家认可委员会(现中国合格评定国家认可委员会,简称CNAS,为国家指定的三级、四级生物安全实验室认可机构)严格的文件和现场评审、验证,实验室在国内首家通过了国家认可,武大 A3 实验室也被业内认为"树立了实验室管理的标杆。"

2005 年 7 月 26 日,国家认证认可监督管理委员会在北京举行新闻发布会和颁证仪式,向武汉大学 ABSL-3 实验室颁发了编号为 BL0001 的国家首张生物安全实验室认可证书。国家发改委、教育部、科技部、卫生部、农业部、国家质检总局、国家环保总局领导,时任武汉大学校长刘经南、副校长周创兵出席了新闻发布会和颁证仪式。据当时中国实验室国家认可委员会介绍,我国当时 BSL-3、ABSL-3 实验室有 100 多家,但是真正符合国家标准的还不多,特别是在管理制度、操作规程、人员素质等方面存在很多问题。尤其是在国内外相继发生实验室人员感染并传播 SARS 病毒的事故,引起了社会的极大关注,再次凸显了加强对实验室生物安全管理的迫切性和重要性。武汉大学 A3 实验室通过国家认可,填补了我国生物安全领域的空白,是我国国家公共安全体系建设与发展过程中具有里程碑意义的一件大事,标志着我国生物安全领域已经步入制度化、规范化、法制化建设的轨道。

A3 实验室自 2003 年建成以来,根据国家防治重大传染病的战略需求,以SARS、艾滋病、结核病、出血热、肝炎、新冠等重大传染病为研究方向,开展猴子及小鼠、大鼠、豚鼠等动物实验近 140 项,其中国家重点研发计划、"973"计划、"863"计划、国家攻关课题、国家自然科学基金等项目占 6 成多。2008 年北京奥运会期间,A3 实验室还承担了国家"奥运百日公共卫生突发事件应急检测"任务。2012 年暴发"中东呼吸综合征"(MERS)时,实验室也被国家列为应急储备实验室。

2003 年建成投入使用的 20 年间,武汉大学 A3 实验室成为猴子感染动物实验特色明显、大小动物实验经验丰富、国内使用频率最高的 A3 实验室之一,为重大传染病发病机制研究、疫苗和药物研制等提供了不可或缺的研究平台,成为国家重大传染病防控的国之重器。

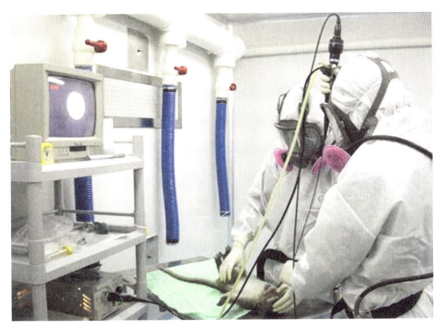

实验人员用纤维支气管镜给猴子接种结核分枝杆菌

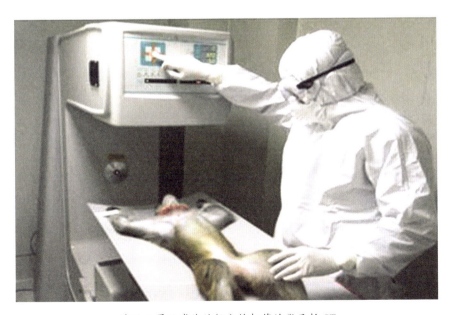

实验人员给感染结核分枝杆菌的猴子拍 CT

三、与国际接轨成就一流团队

A3 实验室 SARS 疫苗动物实验成功后，海内外多家主流媒体进行了报道，引起了国外大学和科研机构的注意。2006 年 10 月，美国国立卫生研究院（NIH）官员及美国有关大学的专家一行 10 人访问了 A3 实验室，访问期间双方共同举办了第一届中美研讨会"中国恒河猴 SIV 模型的建立"。2007 年 7 月，美国 Aeras 全球结核病疫苗基金会（主要受美国比尔 & 梅琳达·盖茨基金会资助，简称 Aeras）总裁兼首席执行官杰拉德·赛道夫博士率基金会首席科学家等访问了 A3 实验室，寻求与实验室的合作。在与 Aeras 基金会开展合作前夕，孙理华副院长（主任）专门召开了实验室全体职工大会，统一认识，凝聚共识。当时，部分职工认为，实验室在人员队伍、技术标准、管理等方面与国外一流科研机构尚有差距，开展国际合作挑战不小。经过充分讨论，大家形成了共识：实验室必须开展国际合作，在与高手过招的过程中经风雨、见世面、长本事，从而为国家和人类的健康做出更大的贡献。为了深入融入国际科研合作，A3 实验室在没有先例可循的情况下，

2011 年 9 月，实验室人员与美国 Aeras 专家交流

实验室人员与霍文哲教授(右五)、美国 Aeras 首席执行官兼首席科学家埃文斯博士(右三)、
匹兹堡大学动物实验专家福林博士(右二)合影

在湖北省率先通过了国际 AAALAC(国际实验动物评估和认可协会)认证,作为国
际动物实验的"金标准",国际 AAALAC 认证为 A3 实验室国际合作铺平了道路。
经过多轮艰苦的谈判、细致的考察,2008 年 1 月,Aeras 全球结核病疫苗基金会
与武大 A3 实验室签订了 88 只猴子结核实验的合作协议,为实验室打开了国际合
作的大门。2015 年,双方终止了合作。

　　2010 年,在孙理华副院长(主任)的积极推荐下,A3 实验室引入美国天普大
学终身正教授霍文哲博士担任 A3 实验室主任,A3 实验室的国际合作进一步深
化,国际学术交流日趋活跃。A3 实验室共承担国际合作课题 15 项,主办国际会
议 3 次,参加国际学术会议 37 次,聘请国外客座教授 2 人,接待国外专家来访
交流 47 人,A3 实验室工作人员出国研修 11 人次。广泛而深入的国际合作,为
A3 实验室打造了一支在国内屈指可数的、与国际接轨的一流技术和管理团队,

专业包括医学病毒学、医学微生物学、免疫学、临床检验、病理学、医学影像学、药理学、动物医学、实验动物学、生物安全管理等多学科，团队在重大传染病动物实验方面的研究和保障能力获得国内外同行的高度认可和好评，是 A3 实验室的核心竞争力所在，也是我校人才队伍中一笔宝贵的财富。

2013 年 8 月，鉴于武大 A3 实验室与 Aeras 全球结核病疫苗基金会(简称 Aeras)多年卓有成效的合作，武汉大学与美国哈佛大学、斯坦福大学、宾夕法尼亚大学、英国牛津大学、英国皇家医学会等单位一起，被 Aeras 列为其全球学术科研机构合作伙伴，武汉大学是 Aeras 在中国列出的唯一合作伙伴。

2021 年 12 月

【作者简介】李湘东，1969 年 2 月出生。1989 年毕业于湖北医学院卫生事业管理专业，并留校工作。曾任武汉大学教育科学研究院党委副书记，现任武汉大学动物实验中心(ABSL-3 实验室)副主任。

四　人才培养

回顾武汉大学人文科学试验班的实践探索

李进才　　陶梅生

一、开设人文科学基础理论人才培养试验班的由来

武汉大学一直重视本科生的教学，强调人才培养应适应社会发展和科技进步的需要。当今世界，自然科学和人文社会科学都出现高度分化和高度综合、又以高度综合为发展趋势之时，我们敏锐地意识到，大学必须培养复合型跨学科的高素质人才。尤其是我国经济体制转型过程中，原有以专才教育为主的教育理念和办学模式，已经不能完全适应时代的需要。于是武汉大学很快利用学科专业齐全的优势，组合教育资源，进行教育改革，开办了一批跨学科试验班。应该说这批试验班，连同改革开放以来在全国最早实行的较完善的学分制、主辅修制、双学位制、插班生制、导师制、学术假制，较好地解决了高等教育不适应社会需要的问题，使武汉大学的本科生教学改革走在全国的前列。

记得最早开办试验班，是从与法国合作开始。1980 年开办的中法数学试验班，强调学法语、数学跟经济结合。1992 年正式启动了跨学科交叉，培养复合型人才。1993 年经当时的国家教委批准，招收了中文、历史、哲学基础学科打通学习的人文科学基础理论人才培养试验班。接着，各院系打开了思路，办起了数理经济试验班、数理金融试验班、中法经济双学位试验班、世界历史试验班、中西比较哲学试验班、国学试验班、法语—法学双学位试验班、材料科学与技术试验班、WTO 第二学位试验班、中法临床医学试验班等。这些试验班，形成了武汉大学教学改革的热潮，积累了丰富的跨学科人才培养的经验，提升了人才培

养的质量，引起了全国高校的高度关注，产生了积极的影响，探索出了新的人才培养模式改革的新路。

这里我们重点剖析人文科学试验班（以下简称"人文班"）的办学思路和实践。

1992年下半年，副校长李进才提出开办人文科学基础理论人才培养的想法，与教务长吴贻谷，处长刘花元，副处长陶梅生、刘国等，反复商量其可行性，最后决定开办人文班，报校长办公会批准后，由教务处陶梅生副处长落实具体教学活动。教务处开展了三次教师讨论会，探索人文科学教学改革。教师们从纵向的教育发展历史和横向的我国社会转型的需求出发，广泛发言，开阔了思路。结论是：必须培养人文科学复合型人才，举办人文科学基础理论人才培养的试验班。教务处写出了开办人文试验班的报告，报国家教委高教司，高教司很快商请学生

国家教委办公厅文件

教高厅 [1993] 4 号

关于批准武汉大学举办人文科学理论
人才培养试验班的通知

武汉大学：

　　你校 [1993] 14号文收悉。我委同意你校举办人文科学理论人才培养试验班，现将有关事项通知如下：

　　一、同意你校举办人文科学理论人才培养试验班。保送指标由学校内部调剂解决。具体有关招生事项，请与高校学生司联系。

　　二、该试点班学制为六年。第四年结束时，对学生进行严格考核，符合硕士研究生推荐免试条件的，方可进入硕士研究生阶段学习。

　　三、学校要采取措施，制定相应政策，帮助试验班解决经费问题，我委将视情况给予一定的支持。

　　希望你校加强对试验班的领导，配备较强的教学和管理人员，努力办好试验班，为文科教学改革创造新的经验。

国家教育委员会办公厅
一九九三年六月十日

主题词：高等教育　学科　试点　武汉大学　通知
抄　送：湖北省教委

《关于批准武汉大学举办人文科学理论人才培养试验班的通知》

司、思政司等六个司，由国家教委办公厅下文《关于批准武汉大学举办人文科学理论人才培养试验班的通知》（教高厅〔1993〕4号）。当年便由教务处、招生办公室报国家教委学生司，列入了国家招生目录，单独以"人文科学试验班"的名义在全国公开招生。武汉大学成立了由时任校长陶德麟、副校长李进才，教务处处长刘花元、副处长陶梅生，文学、历史、哲学三个学院管教学的副院长组成的人文班领导小组，并成立由10人组成的人文班教研室，具体落实人文班的教学工作。

二、举办人文科学试验班的指导思想

古今中外的科学家、大学者、领袖，他们共同的特征，除独特的个性品质外，都具有创新精神和广博的、综合的跨学科知识，超强的发现问题、提出问题、分析问题和解决问题的综合能力。马克思精通哲学、经济学，对政治、历史、文学、军事、自然科学也很有造诣。毛泽东不光是政治家、军事家、哲学家，而且是难得的诗人、书法家、历史学家。我国的人文科学，从来是文史哲不分家，出现了如孔子、孟子、庄子、韩非子、孙膑、张衡、李白、杜甫等各类大家。世界本来就是立体的。在当今世界政治多极化、经济全球化的环境中，任何重大问题都离不开人文科学、自然科学、技术科学、社会科学等联合攻关。我们既需要深井式微观研究的人才，又需要综合能力强的跨学科的广博知识的人才。目前，本科专业越分越细，而综合能力被削弱了，科技进步和社会发展都需要跨学科的有专业背景的人才，文学、历史、哲学是人文科学的基础，也是自然科学、技术科学的基础，是传统文化的核心。广大学生的人生观、世界观、价值观的树立，更离不开文、史、哲等基础学科。

在人文学科，学哲学应该具备文学、历史知识，哲学本来就是自然科学和人文科学、社会科学的概括；学文学的，即使写任何文章都离不开智慧的哲学和历史经验教训；学历史的，不懂各个历史时期的政治、军事、文学、思想等，就根本谈不上看懂历史。所以，培养文学、历史、哲学的专业人才，必须具备有广博的人文视野和深厚的专业知识。大学本科阶段，应该具备基础面宽、理论扎实的基础人才；而硕士研究生阶段应培养专业强的有研究能力的人才；到博士阶段，应培养专业研究能力强的独立创新人才。阶段性的分工不同，其重点培养的侧重面则不同。我们强调的人文学科本科生阶段的人才培养，应强调跨学科培养，不应该一进入大学就立即进行"深井式"的挖掘，应有人文学科的广博知识。

一个民族一个国家必须重视科学技术能力，更需要提高整体文化素质。除了提高智商之外，还要提高情商、伦理、精神信仰和价值观。在科技发展日新月异的今天，人们更呼唤人文精神的引导和关怀。基于以上思路，武汉大学人文科学试验班就从专才教育中破蛹而出了。

为此，人文班旨在培养德、智、体、美、劳全面发展，理论基础宽厚，创新精神强，能从事人文科学研究、教学、管理及对外文化交流的基础理论人才。

三、人文班的培养模式、课程体系及教学内容

人文班的培养模式是"两个打通""两次分流""三段培养"，采取"金字塔"式的课程体系。"两个打通"是打通文学、历史、哲学三个人文基础学科的界限，打通本科生与硕士生学习阶段的界限，6 年里整体安排学习任务。"两次分流"即是头两年不分专业，共同学习文学、历史、哲学的基本核心课程，厚基础，宽口径，第三年按专业分流到具体专业中学习专业知识；第二次分流是本科四年后，推荐优秀学生免试进入研究生阶段学习。"三段培养"是本科两段，前两年学习文史哲的共同基础课，中间两年学习专业知识，最后两年学习硕士生课程。"金字塔"式课程体系，指前二年宽基础，重点学习综合性人文学科课程和文史哲的主干课程以及通识课程；两年后分头学习三个专业课程，塔顶部分则学习研究生专业及方向课程。

教学内容是学生知识结构的体现。为了支持宽口径，提高学生的理论思维，人文班教研室安排了五组课程，一组是通识课程，如马克思主义原理、中共党史、政治经济学、高等数学、外语、计算机原理及应用等；第二组是人文科学综合知识，如人文科学概论、人文科学研究方法、人文科学史、人文科学原著选读、中外文化比较、宗教学、伦理学、中外经济史等，并编写了教材；第三组是文史哲的主干课，如中国文学史、中国哲学史、西方哲学史、科技哲学、中国历史、世界通史、文学概论、古代汉语等；第四组是人文学科工具类课程，如文献

学、文字学、逻辑学、普通心理学、写作、社会学等；第五组是原典及导读课，如马克思主义哲学原著导读、西方哲学原著导读、《诗经》《楚辞》导读、《史记》导读、《汉书》导读、《老子》《庄子》导读、明清小说导读、西方史学典籍导读。

进入专业学习及硕士研究生的学习阶段，则重点开设专业课和研究方向课程。

四、人文班的教学方法改革

人文班强调在实践中摸爬滚打，训练学生运用理论知识，培养综合能力，要求起点高，思路新，能力强。

一是每学期组织若干次教师和学生都参加的专题讨论会，如"人文精神大讨论""孔孟思想讨论""传统文化讨论"等，锻炼学生口头表达能力，促进学生主动找书看、勤思维、多思考，多研究问题的习惯。有一次，一位教师在辩论会上说中国传统文化如何欠缺，西方的东西如何好，当场受到学生的反驳，学生旁征博引，滔滔不绝，驳得这位老师哑口无言。

二是组织多次"读书交流会"，引导学生将自己独立思想、读书心得表达出来，互相启发，互相交流，相互辩论，很多学生和青年教师几乎每两周一次，学术气氛很活跃。

三是鼓励学生参加武汉大学辩论赛，再推荐到湖北省、全国、世界大学生辩论会。武汉大学辩论队多次获得湖北省冠军，8次获得全国辩论赛冠军、3次亚军，2010年和2011年国际大学群英辩论赛冠军。辩论队5人中，人文班学生就有2人，而且最佳辩手也是人文班的。同时，人文班教师多次鼓励并辅导学生参加武汉大学一年一度的樱花诗会、樱花笔会、珞珈金秋艺术节。如"唇舌烽火"辩论赛，让学生"思以明理，学以致用"。学校多次支持学生参加湖北省、武汉市戏剧汇演、文学笔会、哲学讨论会、党史革命旧址实地考察等活动，以扩大学生的视野，增强学生的社会知识。

四是强化学生的典籍感知与储备。要求学生多读、多思、多背、多体会。每门课一般开出3本以上原著、教学参考书让学生阅读，背诵其中重要的经典作品。"人文科学名著导读"三年学习不断线，设置原著阅读学分，促进学生学习先人的思想精华。

五、改革教学管理体制

教学管理体制的改革，重点放在有利于学科专业间的横向联系和渗透。

学校专门成立了由陶德麟校长任组长，李进才副校长、刘花元处长、陶梅生副处长和文史哲三个学院分管教学的副院长组成的人文班领导小组，由教务处分管文科教学的陶梅生进行研究并具体协调三个学院的关系；成立了人文班教研室，抽调文、史、哲三大学科的优秀教师各三人研究和落实教学，贯彻领导小组的决定，设计课程体系，教学内容和教学方法的改革，编写人文班跨学科教材，并配备这些教师担任思想和业务导师，负责学生的考核和分流、推免硕士研究生等工作。教研室主任为孙东临教授，其成员有哲学的汪信砚、王贵友、张传友三教授，历史有吴剑杰、陈勇、何德章三教授，中文有杨合鸣、李中华、孙东临三教授。

1998年，文、史、哲三院连同建筑系合并为人文科学学院以后，人文班纳入人文学院直接领导，学院党委书记陶梅生直接过问学生日常管理，由文、史、哲三院轮流负责一个年级的管理，有利于各系对人文班的重视和竞争。学生在本科教育阶段始终为统一的班集体，前二年打通文史哲的课程学习，后两年按专业方向分流到各系学专业课时也是如此，这样促进了学生之间的交流和探讨。

人文班实行导师制，每3个学生配备一名导师，负责指导学生的思想和业务学习。导师根据学生的特点和兴趣，有目的地指导学习课程，推荐到适合的专业攻读研究生。导师主要从人文班教研室和三系内聘请优秀教师担任。这样形成了人文班的校、院两级领导及教研室具体落实的管理体制。

为了调动"教"与"学"的积极性，学校采取了激励政策。学校给予人文班学生享受基础学科奖学金，同时还享受人民奖学金，推荐优秀学生免试进入硕士研究生阶段深造。人文班学生在二年级后比照教师享受借阅图书的待遇，如可进入中文、历史、哲学资料室阅览教师用书，进入学校英语阅读中心不限时，计算机实践机时由一般文科学生100机时增加到300机时。对担任人文班课程的教师由学校发放课时津贴，鼓励教师出版跨学科综合性创新教材，鼓励教师大胆进行创造性教学改革。

六、人文班取得可喜的成果

从 1993 年开办到现在，经过各方努力，人文班学生大多基础扎实，知识面宽，综合素质高，能力强，富有创新精神。人文班的教学成果，2001 年获湖北省人民政府教学成果一等奖，2002 年获得国家教学成果二等奖。人文班学生的平均成绩，高于同年级非人文班学生 12 分；大学英语四级考试，历届学生基本通过，其中大部分学生（80%）通过英语六级考试。据统计，1993 年到 1998 年 5 年间，人文班学生在全国报纸和学术期刊上发表作品达 500 多篇，其中在《学术月刊》《哲学动态》等权威或核心期刊发表的有 27 篇。学生还自办了《珞珈人文》杂志，并产生一定影响。5 年间，有 7 人当选为校学生会主席或副主席或院系学生会主席，有 30 多人担任学生党支部书记或校团委负责人或学生社团主要负责人。1993 年至 2001 年，10 人获得"三好学生标兵"称号，90 人获得"优秀研究生"称号。

从教育部人文基地中期检查的专家感受中，也可知我校人文班学生的质量。2002 年，教育部高教司对全国 51 个文科基础学科人才培养和科学研究基地（简称"文科基地"）进行中期检查，著名的历史学家、思想史家——西北大学校长、清华大学双聘教授张岂之先生负责华中地区文科基地检查，我校的历史基地班、中文基地班、哲学基地班属于检查之列。在教育部高教司组织的文科基地专家碰头汇总会上，张岂之教授见到原武汉大学副校长李进才教授时说："武汉大学的学生真不错，我去武汉大学与学生座谈，事先没打招呼，任抽几个学生提问，他们马上回答。我提出不少文史哲方面的问题，让我很吃惊，学生有问必答，反应很快，回答问题起点高看得准，一般大学本科生回答不到那么好，真不简单。问学生是学什么专业的，他们说是人文班的。"由此看出，能得到学识渊博、学术造诣深的著名历史学家如此高的称赞，的确不易。

人文试验班所取得的办学成绩在社会上产生了较好的影响。《光明日报》《中国教育报》《中国高等教育》《湖北日报》《长江日报》《武汉晚报》《楚天都市报》等报刊，多次报道了人文班的办学经验。国家教委（教育部）也很关注武汉大学人文班的办学。高教司在全国高校工作会议和文科教务处长交流会上，多次安排武汉大学副校长李进才、教务处处长刘花元、副处长陶梅生介绍人文班办学经验，引起了全国高校的关注，有18所高校举办了类似的跨学科试验班，苏州大学文科试验班还获得了国家级教学成果奖。

人文试验班毕竟是新生事物，办学过程中也存在一些困难和问题。如何培养我国国学大师级学者？如何真正使文、史、哲三大基础学科进行科学融合？如何编出非拼盘式的跨学科教材？如何让学生不受市场经济追求眼前利益的影响、稳定专业思想？又如，人文试验班的教师大多是原文、史、哲的专业课教师，对跨学科教学还有些不太适应等。这些需要进一步探索才能完成。

我们相信，经过几代人的努力，我国高等教育一定能探索出成功培养中国式高质量国学大师、跨学科高级人才。

2020 年 12 月

【作者简介】

李进才，见第 184 页。

陶梅生，1946 年 12 月出生，武汉大学教授。1970 年毕业于武汉大学并留校工作。先后任武汉大学教务处副处长、人文学院党委书记、教育学院院长。2009 年 3 月退休后，分别担任武汉大学老年协会、老教授协会副会长，武汉大学老年书画协会会长，湖北省老教授协会副会长等职。

回忆武汉大学本科课程体系建设

陶梅生

我于 1987 年至 1998 年在武汉大学教务处工作，这 11 年，见证了武汉大学本科教学的鼎盛时期。记得一次参加在南京大学召开的全国大学教务处长会议上，国家教委(1985 年 6 月至 1998 年 3 月期间的名称)有一位领导说，武汉大学的本科教学应该排得上第二。这种评价并无全国教学评估的依据，但全国大学对武汉大学本科教学质量是认可的。1987 年和 1988 年，大学允许跨校转学，不少大学的学生提出申请，要求转入武汉大学学习，有 100 多人。当时，我作为教务处副处长分管教学行政科，有四川大学、中山大学、湖南大学等，甚至还有北京大学、清华大学、中国人民大学的学生。当然，武汉的大学最多。可见武汉大学率先实行学分制、主辅修、双学位等改革的影响大，有吸引力。

1993 年，武汉 5 所名校 (武汉大学、华中理工大学、华中师范大学、武汉工业大学、武汉地质学院) 尝试开展联合办学，学生可以在 5 校听课，互认学分，如达到规定的学分标准，允许获得听课大学的辅修证明，并获得第二学位证书，30 元一个学分。结果形成一边倒，其他 4 校学生大都到武汉大学听课，用"蜂拥而至"一词不为过。学生们说：听了武汉大学的课，感到课程内容新、老师讲得精彩，毕业后很管用。当时武汉大学听课的盛况是，课间铃一响，武汉大学校园里，路上到处都是人。都是赶下一堂课的学生，热闹非常。

为什么出现上述这些现象？我身临其境，有三点体会：一是各专业培养目标和任务与国家人才需要配套，课程体系设计很到位；二是学分制措施得力，主干课、指选课、公选课等课，均采取了实实在在的建设，课程建设很扎实；三是善于调动教师开课的积极性，学生听课的热情高。

一、根据国家需要设置专业和课程体系

武汉大学教务处曾受当时的国家教委委托，具体参加修改《全国高等教育本科专业目录》，从 1984 年开始，由李进才、刘花元、娄延常牵头，带领教学科同志在全国调查，根据国家需求修订本科专业目录。第二次是 1993 年开始，由李进才、陶梅生与教学科同志一起，受教育部高等教育司的委托，对全国大学文科专业目录进行精简修订。两次在全国进行了大规模的调研后，根据国家经济建设和社会发展的需求，对原有的专业目录进行了大量的合并、删减和增补。经广泛征求全国大学的意见后，由国家教委发文在全国执行。因此，经过这个过程，我们对武汉大学各专业的设置以及课程体系的配套，应该是比较准确的。

专业设置合理，适应社会。截至 1997 年，武汉大学的本科专业大致分为三类：一类为基础学科专业，二类为应用技术专业，三类为交叉学科专业。

基础学科专业。又称基础理论学科，这是任何专业的基础，应用技术类专业大都是基础学科的延伸和发展。如数学、物理、化学、生物、中文、历史、哲学、经济、法学、管理等。基础学科的某个领域，也可能直接应用，也可以综合应用。不少基础学科还设置了几个专业方向。

应用技术类专业。改革开放以来，随着国民经济和社会发展，这类专业增长最快最多。因为武汉大学的基础学科雄厚，门类比较齐全，学术思想活跃，所以申报新的应用技术类专业最为积极。例如，从数学学科生成出应用数学、计算数学及应用软件、统计与概率、计算机软件、计算机及应用专业；从物理学科生成出应用物理、材料物理、无线电物理、光学电子学与信息系统、电子工程、信息安全、精密仪器等专业；从化学学科生成出无机化学、有机化学、分析化学、高分子化学等专业；从生命科学生成出生物学、微生物学、病毒学、药学等专业。文科中，从中文学科生成出新闻学、广播电视新闻、广告学、编辑学等专业；从历史学科生成出中国史、世界历史、考古学、博物馆学、旅游管理等专业；从哲学学科生成出中国哲学、西方哲学、辩证唯物主义与历史唯物主义、宗教学等专业；从经济学科生成出国际经济与贸易、国际金融、社会保障、审计学、会计学、企业管理、投资经济、工商行政管理、市场营销、理财学等专业；从法学学科生成出经济法、国际法、宪法学；从政治学科生成出思想政治教育、行政管理等专业；从图书馆学科生成图书馆学、档案学、情报学等专业；从外语生成出英语、俄语、日语、德语、法语等专业。

武汉大学很重视交叉学科专业建设。当代科学技术和社会发展，已经进入到学科之间高度综合与高度分化、又以高度综合和互相渗透为趋势的状态，很多大型科研成果和工程技术都是学科综合交叉的结果。武汉大学很重视交叉学科，如当时将物理与化学交叉，设置了物理化学专业、金属有机化学专业、环境化学专业；将生物与化学交叉，设置了生物化学专业、药学专业、环境学专业、生态学专业；将生物与管理、工学交叉，设置了环境规划与管理专业；将工科与文科交叉，设置了城市规划专业；将工学的技术与文科的管理交叉，设置了科技信息学；将法学、哲学、中文交叉，设置了社会学专业；将历史与经济管理交叉，设置了旅游管理专业；将物理与数学、信息等交叉，设置了信息安全专业。

二、培养复合型跨学科人才，是武汉大学教育改革 很有特色的举措

从 1992 年开始，以试验班的形式，进行学科交叉，拓宽专业口径。有中国与法国合作的中法经济学双学位试验班，有文史哲交叉的人文科学理论人才培养试验班，有数理经济试验班、数理金融试验班、世界历史试验班、中西比较哲学试验班、WTO 试验班、国学试验班、法语法学双学位试验班，还有后来的七年制法语法学试验班，材料科学与技术试验班等。

这里穿插一个设置新专业的小故事。物理学系 1995 级有 4 位学生原来成绩好，老师突然发现二年级上学期考试，必修课有 3 个学生 2 门课不及格，1 个学生 3 门课不及格，按当时规定不能补考，必修课不及格只能肄业。物理学系老师反映到教务处教学行政科，科长问我如何处理这几个学生。我说，请这几个学生过来，问清原因。据老师说，他们沉迷于玩计算机电脑，耽误了学习，没听课。我想了一下，对这几个同学（名字不记得）说：你们这个做法，要么按学校规定，再不及格就劝其退学，要么必须认真改正错误。改正的办法，一是写出令人信服的检讨，一是看改正错误的行动，必须每堂课到堂，考试合格。并且不再制造病

毒，从前你们合伙制造的病毒，必须每一种病毒要有解除病毒的方法。成绩和解除病毒必须向专业老师汇报，确认以实际行动改正了错误。事后他们真的将自己制造的病毒都找到了解除病毒的办法，而且，他们在计算机上发现病毒，也主动想办法解密，并且都及时跟老师做了汇报。物理学系的老师从此受到启发，一年后，经过认真研究，做了大量的调研工作，经过专业准备，整理计算机安全的各类知识，又进行了市场调查，向学校提出了筹建"信息安全"专业。学校认真研究后，同意这个想法，提出规范建设专业的要求。谁知第二年信息安全招生，很受考生欢迎，成了当年武汉大学最高录取分数的专业之一。

建立科学的课程体系，组成合理的课程结构，是武汉大学很重视的工作。按照专业培养目标的要求，增强学生适应社会独立工作能力。将课程分为三类：必修课、指定选修课、任意选修课。必修课包括公共基础课又叫通识教育课，如政治理论课、外语、体育、计算机原理及应用等。专业基础课，又称主干课，文理交叉的部分课程。指定选修课，主要是体现专门化知识和技能的课。尤其是新兴的社会经济和科技需要的行业知识，我们称之为专业方向课程，一个专业有可能产生几个专业方向，每个专业方向都有一组必备的知识结构。都会有一组指定选修课。第三类是任意选修课，即公选课，主要是为了扩大学生的知识面和合理构件学生的知识结构，提高学生某种兴趣。还加上全校性学术讲座和各专业活跃学术气氛的专题讲座。学生可以自由听课，不计学分。

各专业的课程体系设计得到了各院系教师的大力支持，都能认真落实教务处的意见。有的管教学的院系领导还进行了宣讲。这种课程体系好比一只跃跃欲飞的大鹏。大鹏的头部是政治理论课，如马克思主义原理、中国革命史、中国社会主义建设、国际政治经济与国际关系等课，为公共必修课；脚部是工具性的课，如外语、计算机原理及应用、体育、社会实践等必修课；大鹏的身体主体是专业主干课，为专业基本理论、基本知识和基本技能；大鹏的两翼，一只翅膀为适应社会新兴产生的专业方向课，可设计为几组，学生可选修一或二组，作为指定选修课；另一只翅膀为公选课，跨学科知识课，主辅修课，各种专业讲座。学生学起来既有基础扎实的基本理论，又学到活的专业知识，还有大量很活跃的任意选修课，自由度很高，加上全校很热很红的学生很感兴趣的讲座，使得武汉大学教学工作很有起色，学风很浓，不需要辅导员在学生宿舍赶学生上课堂。大鹏活起来，一到毕业就能飞起来。

三、武汉大学注重每类课程的落实，有整套的建设措施

公共课建设。教务处对公共课，尤其是对政治理论课特别重视。学校每年安排专项经费，支持和鼓励公共基础课教学，按教师的学时给予课时补贴，给每种公共基础课订立建设目标，给予建设费用，支持编写高质量教材和教学方法改革，鼓励教师课堂教学与课后实践相结合，讲授与讨论相结合、学生参与教师科学研究，创新和探索最有效的教学方法。鼓励有造诣的政治课教师，在开好一门公共基础必修课的情况下，再开一门全校性公选课（可以按公开课按学生听课人数给予讲课补贴）。

专业主干课建设。由各院系学术带头人组织的教学指导委员会讨论确定各专业的主干课，一般只有几门，都是支撑该专业的必修课程。学校从 1987 年起，有计划地抓一批主干课建设，每院系每年重点建设 1~2 门专业基础课，学校使用教改基金，每年资助 30 门左右，从师资队伍、教学内容、教学方法、教学条件、科学考核等方面进行建设。经过五年建设，武汉大学的主干课教学有了长足的进步。重点建设的主干课，由学术水平高的高职称教师带头，2 名以上教师主讲、老中青队伍合理；大多建设有质量高的教材，有的编写了适用的自编教材，学校每年支持出版 15~30 门高水平教材，有认真执行的教学大纲、教学日历、实验指导书、教学实验仪器设备、开放实验室；精选了教学内容，改进了教学方法，加强了实践教学，习题课、讨论课、学年论文、电化教学；采取了符合本课特点的真正反映学习水平的考试方法，大多建设有 400~700 道习题的试题库。

专业方向的课程建设。各院系专业教师对专业方向课很积极。各专业为了适应经济建设和社会发展的需要，派教师到社会进行调查研究，按科技发展的前景，设计了 2~3 个专业方向，每个方向设计了一组指定选修课，并分工落实到人进行扎实的建设，注重新的教学内容和方法，摒弃了老化的陈旧的内容，并编写自编教材，没有完整的备课内容不得上讲台，使武汉大学的专业跟上了时代的需要，提高了专业教学质量。

任意选修课建设。武汉大学的公选课在湖北省乃至全国高校中是有名的。不

少课程很受学生欢迎，有的课堂还没上课，位子早已抢坐满了，上课时不少人没座位，教室里三层外三层都是人，走廊上后面站的都是人，还有不少外校和社会上的人来蹭课的。为什么教师的课开得这么好，是什么调动了教师的积极性？

这是从学生提出的要求开始的。1995 年，教务处搞了一次课程评估，公布了 18 位上课好、评估分在 90 分以上的教师名单，引导了学生都到这些教师课堂听课。由于教室容不下，学生到教务处强烈要求，实行学分制和主辅修制，要开大量选修课，可是教室容不下，你们要想办法，哪怕出点钱我们也要听这些老师的课。

教务处很快思考，全校选修课多，涉及 33 个院系 64 个专业，专业选修课和文化素质课达 900 多门，其中素质课达 200 多门，担任选修课教师每学期近 400 人。选课学生达 7000 多人，如何管而不死，活而不乱，秩序井然，保质保量，而且操作起来简单，调动教师积极性？还不能增加学生经济负担。教务处问技于学生。我当时请了学生会 2 位主要干部，请他们组织学生开展一次公开辩论，题目是"跨系选修该不该收费？"辩论双方都到教务处找"炮弹"，经过 2 周激烈的辩论，教 3 楼 101 教室人山人海。最后结论是：应该收费。因为跨院系专业，教师额外付出了劳动，但收费要少。可以采取简单办法选课。教务处很慎重，经研究和请示，采取了"持卡选课"的办法。即所有选修课，第一周学生试听，学生到院系买选课卡，听一个学期课一学分 2 元钱（每学时 0.33 元），确定听该门课后，第二周前将选课卡交任课教师，任课教师拿选课卡到财务处兑现讲课费。这种象征性收费只限于本专业教学方案之外的课程。

这项教学运行机制，适应当时市场经济和科技发展的需要，培养了复合型人才，提高了教学质量。学生很珍惜选的课，因为是自己花了钱的，所以每课必到，促进了学风建设；教师认为自己的劳动得到同学们的积极响应，有了最大的宽慰。因此备课极其认真、加大了信息量，精心设计讲授方法，所以讲课受到学生热烈欢迎，课堂气氛使教师受到很大的鼓舞，学校又按学生听课人数给予授课补贴。如果课讲得不好，则自然淘汰。当时有一大批课程很受欢迎，同学们争相抢座位，堂堂爆满，如西方文化概论、古代诗词的鉴赏与创作、演讲与口才、礼仪学、西方哲学思想、管理学概论、经济法、决策学、组织行为学、社会调查与统计分析、现当代历史人物研究、马克思主义名著研读。当代海峡两岸关系研究、天体物理学、电子电工技术及实验，情报学概论、制图基础、办公自动化、摄影技术、文献检索、武术气功保健、健美操等。为此，学生中对讲课好的教师，编出了"四大名嘴"，有的说"十大名嘴"，如赵林、李敬一、李工真、尚重生、伍新木、周运清、唐荣昆等，掀起了听选修课和听讲座的热潮。学生们口口相传，各种媒体也争相宣传，使得武汉大学的课程质量在全国叫得很响。

总之，武汉大学的课程体系建设，效果是好的，与各专业的培养目标和规格配套，适应了我国经济建设和社会发展的需要，教师和学生大多是认可的。

2021 年 10 月

【作者简介】见第 268 页。

武汉大学教学管理制度改革亲历记

娄延常

20 世纪 80 年代，武汉大学教学管理制度改革风生水起、勇立潮头，在全国高校率先推出诸多创新性制度，在武汉大学校史乃至我国高教改革发展史上，留下浓墨重彩的永难磨灭的一页。我自 1976 年 10 月至 1987 年 4 月在武汉大学教务处工作，先后任教学科科员、副科长和教务处副处长，其间借调教育部高教司办公室工作 2 年余。在武汉大学教育教学改革中，我扮演了"弄潮儿"角色，是武汉大学教学管理制度改革的参与者、探索者、实践者和见证者。现将我亲身经历的一系列本科教学管理制度改革情况，口述记录，以期对丰满校史有所补益。

一、在全国高校率先试行、全面推行学分制

在改革开放新时代，我国高校谁率先实行学分制？学界有不同声音。武汉大学在全国率先试行、全面推行学分制，是不可争辩的铁一般的事实。

1. 实行学分制的提出与倡导

1977 年 4 月，我被借调到教育部高等教育司办公室工作，有条件接触全国科学大会和全国教育工作会议及其筹备期间诸多简报信息材料。在中央高端领导召开的座谈会上，有的专家为早出快出人才，提出高校可试行学分制，有的专家还印发了国外实行学分制的资料。在 1978 年 3 月 18 日举行的全国科学大会上，主管科教工作的方毅副总理首次在报告中正式提出："有条件的高等学校可以实行学分制。"时任教育部党组成员、高等教育司司长的刘道玉(后任武汉大学校长)

同志坚决拥护，大力倡导推行学分制，但在物色先行一步的高校遇冷，多以不具备条件婉拒。

2. 武汉大学率先试行，全面推行学分制

在全国科学大会前，刘道玉同志就得知实行学分制的信息，及时向在北京的武汉大学领导透露，教育部拟在某些高校先行一步实行学分制的消息，希望武汉大学认真研究可否先行一步。此后不久，让我专门给武汉大学党委办公室打电话，建议武汉大学先行试点试行学分制，并尽快回电话。武汉大学党政领导对此非常重视，经认真研究决定：大力支持教育部工作，同意先行试点试行学分制，立即成立由分管教学工作的童懋林副校长和教务处、教学科干部组成的专班，对学分制教学计划方案和有关规定进行研究，自 1978 年上半年起，在 1977 级历史学、政治经济学、数学三个专业试行学分制。1978 年 4 月，全国教育工作会议在北京召开，我是这次会议材料组的成员。武汉大学向大会提交的交流材料就是试行学分制的基本情况与做法。

1978 年 7 月，教育部在武汉军区第四招待所(位于武昌八一路)召开全国高校文科教学工作会议，我又是会议秘书组的成员。武汉大学向会议提交了文科各专业的学分制教学计划方案，童懋林副校长应邀在大会上做专题报告，全面介绍了上半年武汉大学试点试行学分制的基本情况、经验做法和有待解决的问题，宣布自 1978 年下半年全校文理科各专业普遍实行学分制。这次文科教学工作会议，通过了文科各主要专业的学分制和学年学时制两套教学计划方案，供高校参照执行。自 1978 年下半年，学分制在我国少数高校开始推行。

3. 武汉大学实行学分制的实践探索初见成效

1979 年，我国主流媒体开始关注武汉大学实行学分制。有的报刊发表以"肚子大的能吃饱，腿子长的跑得快"为新闻导语的深度报道，宣传学分制有利早出快出人才的初步实践效果。7 月 19 日，《人民日报》发表我校李进才老师等写的《实行学分制好处多》的文章。《高教战线》杂志刊发了武汉大学实行学分制的教学计划方案，介绍有关情况。1981 年，在总结经验基础上，我们教学科编印了彩色封面的全国第一本教学指导书《武汉大学教学指导书》，内容包括各专业学

分制教学计划、开设课程的内容、学分与教材、学分制教学管理有关规定等，深受学生欢迎。我们还加强了对学分制的研究，1981 年《教育研究》发表我和李进才老师合撰的《试论学分制的优越性》论文，并被《新华文摘》全文转载，为多种报刊摘登，引起强烈反响。1982 年，《教育研究》发表了我和李进才老师合撰论文《学分制教学管理初探》。1985 年为进一步完善学分制，我们修订编印了第二版《武汉大学教学指导书》及有关规章制度。

二、关于导师制、主修辅修与双学位制、学分绩点制的实践探索

学分制作为一种具有主导地位的教学管理制度，需要其他教学管理制度的改革与之相配套。1982 年，我出任教务处教学科主持工作的副科长后，与张杰副科长和全科同志一起，在学校和教务处领导下，根据领导指示要求，对导师制、主修辅修与双学位制、学分绩点制等创新性的教学管理制度，进行了大胆积极的实践探索，并在全国高校率先推出与实施。

1. 关于导师制的实践探索

我任教学科副科长后，学校主要领导和教务处提出，为加强对学生的指导，拟实行导师制，要求我们教学科尽快拿出方案。何谓导师制？我们都不清楚，就分三个方向调查：一是在师生中调研。发现不少学生选修课程具有盲目性，学生要求加强对选课的指导，为导师制实行奠定认识基础。二是到图书馆学系的资料室查找导师制有关材料。从中华人民共和国成立前出版的《教育大辞典》等资料得知，导师制诞生于 14 世纪英国牛津大学等高校，旨在加强对学生学业、生活、就业等指导，学生一进校就配备导师，拟订导师制实施方案就有了借鉴。三是到学校档案室查找中华人民共和国成立前我国高校和武大实行导师制的资料，对拟订导师制方案有某些参考价值。

在充分调研基础上，我们教学科草拟了武汉大学实行导师制草案文稿和有关规定的建议。教务处领导和我们一起对文稿进行认真研讨、逐条逐句修改，制订出了《武汉大学教师指导学生责任制（简称导师制）试行条例》，并于 1982 年 8 月

18 日经学校批准颁布，且决定自 1982 级在全校普遍试行。《条例》对导师任职条件、职责任务、指导学生数量、导师管理等作出具体明确规定，如导师由讲师及以上职称教师担任，每位导师指导学生不超过 10 人等。

1982 年 9 月 25 日，学校正式发文聘请 117 位教师为 1982 级学生导师，对导师进行岗前培训并颁发聘书。1986 年我在教务处副处长岗位上，教务处对学校实行导师制情况进行了全面调研，学校专门召开了导师工作经验交流会，评选了优秀导师并进行表彰。同时，根据学校教育事业发展，修订完善了导师制试行条例。我和李进才老师合撰的《试论导师制》于 1984 年在《教育研究》发表并被《新华文摘》全文转载。

需特别说明的是，所谓"武汉大学实行导师制取消了政治辅导员"是不符合实际的误传。武汉大学导师制试行条例中专列有"导师与政治辅导员的关系"条款，明确二者职责任务分工，强调导师侧重学业、学术指导。我离开教务处后，武汉大学的导师制不断改革、发展和完善。

2. 关于主修辅修制与双学位制的实践探索

主修辅修制，简称主辅修制，又称主副修制，是允许学生主修一个专业，经批准可辅修另一个专业的教学管理制度。武汉大学在全国高校率先推出主修辅修制，不是心血来潮的盲目求新，而是学分制下课程选修制健康发展的必然。

我们在对学分制实施情况调研中，有学生反映"我们围绕另一专业选修课程，修满另一专业的专业基础、主干课学分，应发给另一专业的毕业证明，否则不公平"。有的教师反映"现代科学技术发展急需跨学科复合型人才，建议将学生选修课程积极性引导到辅修另一专业的专业课程上来。"我们教学科参照国内外高校曾实行的"主修副修制""双主修制"的情况，制订了实行主修辅修制方案的草案。经与学校、教务处领导共同讨论和认真修改，《武汉大学主修辅修制条例》于 1983 年 4 月 25 日颁布，自 1983 级始在本科各专业实行。《条例》规定，允许学习成绩优秀、学有余力的学生，在主修一个专业的同时经批准辅修另一专业的专业基础课和主干课 40 学分以上，毕业时可颁发注有主修、辅修专业的武汉大学毕业文凭。

"双学位制"是在实行主修辅修制和学位制基础上发展而来的，即学生辅修专业达到了该专业授予学士学位的规定与要求，学生毕业时授予主修、辅修两个专业的学士学位。在教学改革中还可通过"双主修制"或"第二学士学位制"获得两个专业的学士学位。

主修辅修制与双学位制的实行，把学生选修课程的积极性引导到了跨学科复合型人才培养的健康轨道，使他们毕业时具有两个专业的知识技能，端上两个饭碗，增强了学生的择业竞争能力、科研的攻克能力和社会职业转移能力，在人才市场上成为香饽饽，深受欢迎。

3. 关于学分绩点制的实践探索

学分绩点制又称绩点学分制，即将课程学习量的单位"学分"，与课程考核等级规定的"质"的单位"绩点"相乘，求得学生的课程学习质量的单位"学分绩点"数，将学生课程学习的量与质相统一，是客观、量化反映课程学习质量的教学管理制度。

为什么要实行学分绩点制？我们教学科在对实行学分制的调研中发现：有的学生片面追求学分而不刻苦学习，甚至喊出"60分万岁"；教师反映，仅凭学分难判断学生课程学习质量的优劣；管理干部反映，在学生评奖评优时，仅凭获得的学分难判断学生真实的学业水平和差距。为进一步完善学分制，引导学生刻苦学习并注意学习质量，在学校和教务处领导的倡导与指导下，我们教学科经认真研究，初步拟了实行学分绩点制方案的草案。教务处领导和我们对草案共同讨论和逐条修订，于1985年推出了《武汉大学学分绩点制实施办法》，经学校批准，在1986级本科生中实施。武汉大学在全国高校率先实行了学分绩点制。

我校的学分绩点制规定，学生课程考核成绩分优秀（90~100分）、良好（89~80分）、中等（79~70分）、及格（69~60分）、不及格（59分及以下）五个等级，相应的绩点分别为4、3、2、1、0。如某2学分课程，五个考核成绩等级分别获得的学分绩点数为8、6、4、2、0。某学生一个学期获得的总学分去除这个学期获得的学分绩点总数，就是某学生这个学期的平均学分绩点。这就为评奖评优、推免读研、转系转专业、学籍异动等，提供了量化的科学的参考依据，以体现客观、公正、公平。在教学管理尤其是学习成绩、学籍管理和评奖评优中，深受教师、学生、管理干部的欢迎，既促进提高学业学习的质量，又进一步完善了学分制，同时也消除了"60 分万岁"的不良现象，树立了优良学风。

三、插班生制、作家班及其他管理制度改革的实践探索

在教务处工作十多年，我还参加了其他有关教育教学管理制度改革的探索，如插班生制与作家班、优异生制、学生能力培养制度、教学检查评估制度等。现择若干忆述：

1. 插班生制与作家班的实践探索

所谓"插班生制"，是对有大学专科毕业及同等学力者，经严格考试择优录取插入本科三年级学习，毕业时符合有关规定颁发本科毕业文凭和学士学位的一种招生培养制度，也是一种教学组织管理制度。它既是对高考一次定终身的招生制度不足的改革，也是教育教学管理制度的创新。插班生制与作家班的创立，由时任校长刘道玉同志在高校率先推出并大力倡导实施。

1984 年 3 月，武汉大学向教育部提出招收插班生的请示，经刘道玉同志和武汉大学党政领导的努力，1984 年 12 月获教育部批准："同意武汉大学试行插班生制度，先在中南地区招生。"据说，中央有关领导称这是多快好省培养人才的举措，应予以支持。1985 年年初，武汉大学招收插班生的消息在主流媒体披露后成社会热点之一。3 月至 5 月，教务处就收到上万封报名、咨询信函，接待 6000 多名青年来校报名咨询。1987 年 6 月，首届插班生毕业。同年秋，国家教育部批准武汉大学招收插班生范围扩大至西北西南地区，后面向全国。

作家班是在插班生基础上由武汉大学和中国作家协会签订协议联合创办的，不同点主要有：作家班招生时报考的青年作家需经中国作家协会推荐；考试科目中的英语改为古代汉语；录取后单独编班组织教学，英语要求与其他本科生相同；学习环境略优，以利其课余写作与创作。

我参加了《武汉大学 1985 年插班生招生细则》的制订，参与了插班生与作家班的招生考试、择优录取全过程以及培养方案修订。招生纳入国家招生计划，考试为教育部授权代行国家考试；择优录取极为严格，根据相关专业一二年级基础课笔试成绩、面试成绩、考生代表性成果（科研成果、学术论文、作品等）评审

成绩，按比例综合参考择优。招生过程中确有故事证明其严格性：如一位报考的企业青年，提供了一批科技成果证书和证明，但面试时对相关知识一问三不知。经与所在企业核查，科技成果、证书是假的，证明公章是偷盖的。这位报考者偷鸡不成蚀把米，被企业开除。又如一位南方某省一男青年作家班报考者，提供的代表作及评价材料中有"是晋军崛起的代表作"一语。审核教师疑惑："怎么南方作家成了北方晋军的代表"，立即报教务处。一天这位心神不定的青年来教学科探班，正好有两位青年作家在场。我们问："这位晋军作家代表某某你们认识吗?"两位齐答："晋军作家某某是女的，他是骗子!"那位男青年拔腿飞跑。我们喊"抓骗子"追到梅园小操场。

武汉大学的插班生制与作家班的创立具有创新性，确实发现、培养了一批优秀拔尖专业人才。作家班毕业生为武汉大学作家群的形成、发展、壮大，为国家学者型作家队伍建设做出贡献。我离开教务处后，插班生招生范围、规模和办学组织都随高教事业的发展，在改革中不断变化。随着高等教育进入大众化发展阶段和武汉大学的事业发展，大约 2004 年停止了插班生招生。

2. 鼓励学生创新与科研

1980 年秋，教学科在科长李进才老师领导下，成立了武汉大学尖子学生成长研究组，对经严格选拔出的 100 名尖子学生进行跟踪调研。我们每学期发一次调研问卷，每年都召开尖子生座谈会，常深入学生宿舍与尖子生深度交谈，以探索其创新能力和人才成长规律。同年，武汉大学在全国高校率先建立"大学生科研与创作成果奖励制度"，以鼓励学生创新和发明创造。1984 年，武汉大学又率先建立"大学生科研基金制度"，颁发了《武汉大学大学生科研基金条例》，对经评审批准的大学生自选科研与创作项目，每项资助 200 元至 500 元科研经费（那时一般中学教师月工资只几十元钱），以加强大学生科研能力的训练和培养。1984 年，武汉大学还正式推出"选拔和培养优异生制度"，颁布了《关于选拔和培养优异生的决定》，经层层严格审核选拔出 76 名优异生，规定给优异生颁发享受教师待遇的"优异生借书证"，评定甲等奖学金，每年发几十元书报购置费，配备副教授及以上职称的教师作学术研究导师等。自 1986 年起，学校还先后设立"数学生物学新星奖"和分别以李达、曾昭抡、闻一多、周鲠生、桂质廷等大家名师命名的奖励基金。

上述创新性改革举措,大大激励了学生从事科研创新的主动积极性,促进了学生创新能力、科研能力、创作能力等的培养,取得了丰硕成果。据对 1984—1986 年三届应届毕业生的统计,学生在校期间共公开发表学术论文、文章、作品等 2500 多篇,公开出版各类著作 14 部。中文系有三位学生分获全国优秀短篇小说、诗歌、电视剧奖。

3. 教学检查、评估、奖励制度的实践探索

教学检查、评估、奖励制度,是教学管理制度建设与改革的重要组成部分。1980 年下半年,武汉大学在全国高校率先建立教学检查制度。我们教学科草拟了《关于开展全校教学质量检查的意见》,经教务处和学校领导审批后,于 10 月 28 日颁发实施。教务处组织专班,对各系本科教学质量进行全面检查,对检查中发现的 20 个问题逐一研究解决。教务处撰写的《教学质量检查的启示》在《高教战线》杂志公开发表,在教育部和高校引起良好反应。在此基础上,武汉大学形成每学期开学初、期中和期末三次教学检查制度,并坚持至今。1984 年始,武汉大学建立了优秀教学成果奖励制度。自 1987 年开始探索教学评估制度建设,由课程教学评估发展为学生评教制度。由校学生会组织发《课程教学评价表》,由学生给每位主讲教师打分,还评选出武汉大学首届"讲台上的好老师"。我离开教务处后,武汉大学教育教学改革不断深入发展。

我在武汉大学教务处工作十多年,我为参与诸多教学管理制度改革的实践探索而自豪,为武汉大学教育教学改革曾在全国高校发挥某些示范和引领作用而骄傲。

2021 年 10 月

【作者简介】娄延常,1945 年出生,武汉大学教授,曾任武汉大学党委副书记。发表论文 150 余篇,出版独著、合著、主编、副主编著作 19 部,获国家级优秀科研、教学成果二等奖各 1 项。2005 年退休后连任 3 届武汉大学教学督导团副团长。

武汉大学基础课教学实验室的发展脉络

王洪英

一、实验教学改革建设问题的提出

历来，武汉大学理工科的各门理论课程设立以后，相应地各理论课程之实验课程也应运而生。在新武汉大学组建之前，就化学学科而言，化学基础理论课程的基础实验课程有无机、分析、有机（本系和外系）、物化等五门，它们之间互相交叉、渗透，使得实验内容和所需仪器设备，不可避免地出现一些相近和重复。再如，生科院设有生物学、生化、微生物、动物植物、遗传、细胞共七个基础实验室，其中多有"1门1人1室"（即1门课、1个老师、1个实验室）的现象，其内容和实验仪器设备的分散独立性、相似性、重复性则更为严重。又如，物理学院共有九个基础实验室（力、电、光、近代、表演、普物、电子、微机应用、物理微机），电信学院共有五个基础实验室（低频、数字、微机原理、算法语言、近代电子）。这些学院的基础实验室同样存在分散独立、相似、重复等现象。自20世纪80年代后，理工科大学生重理论、轻实践的现象越来越严重，实验教学质量滑坡得很厉害。同时，导致人力、物力、财力浪费，进而造成对实验学科建设发展阻碍，所以实验教学必须进行改革。

二、实验室管理体制的重大改革

20世纪80年代中期，教育部高教司在理工科各学科中推行实验教学改革试点，全国高校化学学科于 1988 年在兰州大学研讨会上成立了"化学实验教学改革组"，决定在浙江大学化学系进行试点。1993 年改革组对浙大化学系实验教学改革进行评估，代表们对浙大化学系率先在全国高校建造了第一栋化学实验大楼，统筹全系四大基础课实验(无机、分析、有机、物化)和相关专业基础课实验的全部人力、物力、财力及职称评定工作，并将全部实验内容重组为"基础实验——专业实验——综合实验"三个层次的做法，作了充分肯定，并将这次评估总结及时地向高教司做了汇报。我从浙大回校后也即向系、校做了汇报。

1994 年，为了贯彻《中国教育改革和发展纲要》，加强高等学校教学实验室的建设与管理，保证基础课的教学质量，提高实验室投资效益，国家教委印发了《关于征求对〈高等学校基础、技术基础实验室评估的实施办法和标准表〉意见的通知》(国家教委教备司〔1994〕114 号)。1995 年 7 月，国家教委正式印发《高等学校基础课教学实验室评估办法和标准的通知》(教备〔1995〕33 号，简称"39条")。经过积极准备后，1996 年，湖北教育厅开始抓大学基础实验室的评估工作，先后颁发了鄂教高〔1996〕093 号、〔1996〕098 号、〔1997〕003 号等文件，组成专家组先后对华中理工大学(今华中科技大学)、华中师范大学、湖北大学、武汉纺织工学院、武汉体育学院、咸宁师范学院等 6 个不同类型的高校进行了试点性评估工作，我被聘为湖北省专家组副组长。通过试点评估，给我们最重要的启示是：要抓好基础实验室管理体制的改革，成立校、院(系)两级领导的实验教学中心，明确"管理体制改革是关键"在这次评估工作的关键。

湖北省在取得一定经验后，按鄂教高〔1997〕065 号文件，组成了 3 个省评估专家组，对当时申报的华中农业大学等 14 所高校进行了评估，使湖北省大多数高校的实验室建设工作迈出了一大步。当年，我受聘担任省专家组第二组组长。

1994 年，我校接到国家教委"39 条"后，即组成基础实验室评估专家组，对物理、化学、生物、电信、计科等共 31 个基础和专业基础实验室进行了评估。最后，对照国家教委的六类 39 项内容标准，专家组意见主要有两条：(1)应对基础实验室的管理体制进行改革。"39 条"规定，各高校应建立"校、院(系)两级管理体制的实验教学中心"，使分散独立的、规模小的、只从属于一门理论课程的实验教学转变成"实验教学中心"管理体制的新体系；(2)学校应投入约 1000 万元以改善基础课实验的仪器设备条件和环境条件。

1997年湖北省高校实验室评估专家组第二组成员（左一为作者）

此后，我校即按"39条"积极地准备。经过四年的努力，准备申请1998年的评估。1997年，我从化学系抽调到学校参与抓实验室评估工作，先被任命为顾问、后被任命为武汉大学基础实验室评估自评专家组组长。首先，是基础实验室的整合和实验教学中心建立的问题。经研究，物理学院由原来的九个基础实验室

1998年武汉大学党委书记、校长等汇报后同湖北省评估专家合影
（左三为本文作者）

调整为基础物理实验室、电学实验室 2 个，生科院由 7 个调整为 3 个，电信学院由 5 个调整为 2 个，化学学院由 5 个调整为 4 个，计科院由 2 个合并为 1 个。可想而知，要削去一个个"山头"，将那么多分散独立的实验室进行整合，是有多难。与此同时，各院、系也成立了"实验教学中心"，同时学校决定全校的基础课实验室均归属于学校设备处统一管理。这样，初步实现了按"39 条"要求的"实行校、院(系)两级管理体制"。在改善实验教学条件和环境条件方面，学校又艰难地筹措了 945 万元经费拨付至各院系，其中物理 206 万元，化学 204 万元，电信 211 万元，生科院 169 万元，计科院 155 万元。同时，学校成立基础实验室自评专家组，共对学校参评实验室进行了三次内评、整改。

经过一年多紧张而有序的准备后，1998 年 5 月 26—28 日，我校申报的第一批共 12 个基础实验室，全部通过了省专家组的评估。

通过这次评估，使我校实验学科的建设大大推进了一步，为进行下一步教育改革、培养创新性人才创造了条件。这时，我高兴地写下了一首小诗：

顾问组长一身担，抽调一载胜三年；
众人同心结硕果，举杯同庆尽开颜。

根据国家教委教备〔1995〕33 号文件精神，对于争取进入"211 工程"的高校的基础课(含技术基础课或专业基础课)教学实验室，在参加地区评估合格后，由学校提出申请报国家教委组织评估验收，即国家教委评估。国家教委采取抽样方式评估，抽样数量不少于应评估数的 1/4。因此，在通过湖北省专家组的评估后，我校接着又申报了国家教委的评估。

三、国家级实验教学示范中心的建设

2005 年，教育部颁布了《关于开展高等学校实验教学示范中心建设和评审工作的通知》(教高〔2005〕8 号，简称《通知》)。《通知》指出，教育部决定在高等学校实验教学中心建设的基础上，评审建立一批国家级实验教学示范中心。建设目标是：树立以学生为本，知识传授、能力培养、素质提高协调发展的教育理念和以能力培养为核心的实验教学观念，建立有利于培养学生实践能力和创新能力的实验教学体系，建设满足现代实验教学需要的高素质实验教学队伍，建设仪器设备先进、资源共享、开放服务的实验教学环境，建立现代化的高效运行的管理机制，全面提高实验教学水平。

根据教育部的通知精神，我校对标国家级实验教学示范中心的评审范围和申报要求，积极行动，举全校之力，进一步加强软硬件建设。通过努力，我校获教育部第一批公布的国家级实验教学示范中心共 8 个，分别是：生物学、化学、新闻传播学、物理、电工电子、水利水电工程、经济与管理、测绘实验教学中心。

生物学实验中心在 1998 年后连续三次获准实施教育部"国家理科基地创建名牌课程项目"，并成为教育部世行贷款 21 世纪初高等教育教学改革工程中"生物科学本科生实验教学创新体系的建立和实践"项目子课题单位。1999 年，生物学实验中心建立了开放的"大学生业余科研实验室"。该中心进行了深入的实验教学体系和教学内容实验室管理模式的一系列改革和实验队伍的建设，将全部专业实验课整合到中心统一管理，彻底改变了实验教学依附于理论课的传统教学管理模式，全面整合实验教学内容，构建了以能力培养为主线，与理论教学有机联系，基本实验技能系统训练与科学研究能力培养相结合，分层次(基础型实验教学——综合型实验教学——研究探索型实验教学)、多模块相互衔接、相对独立的实验教学新体系，同时逐步实现了实验教学内容技能化、多元化、个性化，科研渗入实验教学的改革目标。根据武汉大学的规模和发展，生科院已建成了 9 个教学实验室(基础实验室 4 个，综合型实验室 4 个，研究型实验室 1 个)、5 个共享仪器室，总面积达 3300 平方米。同时，进行了现代实验室配套装备设施、现代教学设备、常规实验仪器更新换代及配制先进仪器设备的建设工作，设备总值超过 1100 万元，各类仪器设备达 1590 多台套。该中心已是国内高校中具有重要影响的现代化生物学实验教学中心。

新闻传播学中心至 2006 年已建成摄影、电视节目制作、广播节目制作、多媒体等 4 个教学实验室，下设专业演播厅、广播录音室、电视制作室、网络室、非线性编辑室、摄影室、多媒体室、形体训练室等。同时进行了 T 兆局域网配套装备设施等建设工作，中心设备总值超过 600 万元，各类仪器设备近 600 台套，总面积达 1026 平方米。现在，中心已形成了以课程实验教学为基础、第二课堂社会实践为提高、专业大实习为创新的梯形结构的复合型实验(实践)教学体系，改进了开放实验模式和管理模式，完善了对不同年级、不同层次学生因材施教的实验教学方法. 对全国的新闻传播学科实验教学改革产生了重要影响。

物理实验中心对实验教学体系进行了系列改革，构建了体现实验技能训练与实践能力、创新能力培养相结合的分层次（基础型——提高型——研究创新型）的模式，打破了普通物理实验中力、热、电、光的界限，打破了普通物理实验与近代物理实验的界限，以及近代物理实验与专业实验的界限，将各门实验课程重组和融合，组建成几个基础物理实验室。2002 年，又建立了综合物理实验室，实行了开放式的实验教学（基础物理的分段开放——近代物理的选择开放——综合物理的自主开放）。中心成立以来，其专（兼）职人员承担了教改研究项目 34 项，获得教学成果奖 14 项，发表论文 90 余篇，出版《大学物理实验》《近代物理实验》等教材 6 种，自行研制开发用于实验教学的创新实验装置 8 种。中心拥有各类仪器设备 2075 台套，设备总值 1918 万元，实验室总面积 4736 平方米。在中心的开放式、研究创新型模式培养下，98 级学生许智在本科学习中就自己设计制作实验装置并取得了一定成绩，后来在中科院北京物理所读博士时组装了一台测量设备，编制软件，对原子进行了精确操控，大大提高了测量精度。

我校其他 5 个国家级实验中心，也都详细地提出了实验教学改革计划，并取得了许多可喜的成果。

综上所述，我校的实验教学已走过了"三级跳"的特色发展阶段：1994 年以前，实验教学是以做好与某门理论课程相配套为宗旨，多为验证性实验；1994 年后，根据教备司〔1994〕114 号文件精神，我校开始建立"实验教学中心"，其后是以进行全面体制改革、重组基础实验教学内容为主；2005 年后，根据教高〔2005〕8 号《通知》精神，开始建立和申报国家级实验教学示范中心，以建立"有利于培养学生实践能力和创新能力的实验教学体系"为目标。《通知》的目标非常明确，只有走基础型、综合型、设计型、开放型实验相结合的道路，才是培养学生科学思维、发展实验学科的好方法。因此可以说，从实验教学中心的建立到国家级实验教学示范中心的建设，是真正地、不断地彰显了实验学科发展的本色，它将使实验学科预期的建设目标得以实现。

2021 年 12 月

【作者简介】王洪英，1934 年出生，武汉大学教授。主要从事分析化学教学和研究工作，1998 年退休。曾任湖北省基础实验室评估专家组副组长、组长。

武汉大学发起召开第二次中美教育评估研讨会

李进才

现代意义上的高等学校教育教学评估，在发达国家已有上百年历史，在我国至 20 世纪 80 年代才开始研究和酝酿。1985 年 6 月，教育部在黑龙江省牡丹江市镜泊湖组织召开了全国高校工程教育评估专题研讨会，会议是我国有领导、有计划地开展高教评估的一个开端。此次会议是以教育部高教二司为主组织的活动，紧接着教育部高教一司在文、理科逐步开始了某些专业和课程的教育教学评估尝试。

为了推进这一工作，国内的一些高校在自行尝试进行教育教学评估的同时，还与国外高校开展了教育教学评估的交流活动。这对我国以后开展高校教育教学评估，起到了积极的促进作用。如 1990 年上半年，北京某些高校与美国高校及评估组织，在北京师范大学联合召开了"第二次中美教育评估研讨会"（简称"北京会议"），本次研讨会先后在北京、上海和武汉三地分别召开同样的会议。这时我正出差北京，经与此次会议的组织者联系和协商，同意我们主动请缨在武汉召开会议并由武汉大学承办。

回到武汉之后，经学校同意，武汉大学联合华中理工大学（今华中科技大学）发起组织并于 1990 年 8 月 10 日至 12 日，在街道口珞珈山宾馆召开了"第二次中美教育评估研讨会"（简称"武汉会议"）。出席会议的有来自全国 40 多所高校的近百名代表，其中包括主管教学工作的 20 多名正副校（院）长；湖北省教委副主任袁继凤、省高教研究会理事长张绪之、四川省教委副主任符宗胤等应邀出席；美方专家组有：余国良（美中教育服务中心总裁）、马徹斯（美国教育协会副主席）、艾吾尔（专家组组长，美国教育管理中心高级研究员）等。东道主学校武

1990 年 8 月 10—12 日，第二次中美教育评估研讨会（武汉）全体与会代表合影（前排左五为作者、左九武汉大学副校长陶德麟）

汉大学副校长陶德麟及我，华中理工大学教务长黄乃瑜等出席会议。

这次会议内容丰富，开得生动活泼。美方专家分别介绍了美国高校教育教学评估的情况、做法、经验及面临的问题等；国内代表就评估目的、原则、方法等方面共同关心的问题和一些初步尝试及构想，纷纷发表意见。在会议开法上仿照国际学术会议惯例，每位代表发言限定时间，发言后留有 5 分钟的提问，大家畅所欲言，气氛活跃。即使在会下，大家也感到机会难得，抓紧时间互相切磋、共同探讨，普遍感到很有收获。我向美方专家组组长艾吾尔教授探讨一个问题，即美国高校在教育教学评估中，是以定量为主，还是以定性为主？出乎我的意料的答案是以定性为主。过去我们认为我国长期以来，许多评估过分强调定性而忽视定量，并且认为这是最大弊端，但是没有想到美国教学评估经过多年摸索后，强调要以定量定性评估相结合，定性评估为主。所以，后来我在接受教育部的委托，担任我国高校本科教学水平评估、随机性水平评估和独立学院合格评估几个方案研制组组长时，和大家一道提出要从我国实际出发，同时借鉴国外评估的长处，实施"定量与定性相结合"的做法，得到了广泛的认可。

这次会议的一个亮点是，翻译工作做得好，美方专家非常满意。据说在北京开会时，因请的翻译多系从事美、英文学语言教学教师，他们对教育教学评估的专业内容及词汇比较生疏，所以翻译起来困难大、效果不够理想。美方专家从北京到武汉的当天晚上，坚持首先要见这次会议的翻译，国内专家开玩笑地说，他们是要"考翻译"。因事先我们请武汉大学外文系副系主任陈祖芳教授牵头，找了几位工作态度好、业务水平高，且在国外学过教育教学评估的教师担任翻译，与美方专家一接触，他们感到"面试"效果很好，在第二、三天大会开会时，这些老师果然翻译得非常顺利和比较准确。

研讨中，对于一些有重大分歧的问题，我们采取了鼓励争论、求同存异的办法妥善解决。有关研究表明，由于各国历史文化传统和社会环境的不同，其高等教育质量保障体系及其教育教学评估模式自然就有差异。应当说，不同体系和模式各有利弊。但在有的会议上因各持己见，相互否定，弄得很不愉快。我们这次注意避免了这点，强调鼓励争论，求同存异，既使会议开得生动活泼，进行深入探讨，同时又平心静气，不伤和气。

学校校办、教务、后勤等部门的同志，在会议联络、接待工作中做得热情、周到、细致，受到好评。会议结束时，组织代表们参观了武汉大学和华中理工大学，邀请美方专家游览了武汉风景名胜，使会议圆满结束。

2021 年 10 月

【作者简介】见第 184 页。

我为武汉大学与牛津大学的再次合作交流牵线搭桥的往事

秦金贵

岁月如梭，我进入武汉大学迄今已有 58 年了。本科毕业以后留校工作。1977 年国家恢复研究生招生以后，考取有机化学硕士研究生，毕业后继续留校任教。1984 年，受国家公派考取牛津大学博士研究生，师从英国皇家学会院士、牛津大学无机化学研究所所长 M. L. H. Green 教授，从事金属有机固体化学研究。1987 年获得博士学位，当月即回到武汉大学化学系工作。同时，继续保持与导师 Green 教授的友好合作关系。

2002 年年初，我的导师 Green 教授来信，邀请我回到他的研究室进行短期合作研究。2002 年 6 月的一天，学校国际交流部彭元杰部长、胡焰初副部长和对外交流办公室赵菊珊主任等约我面谈，并交给我一封侯杰昌校长的信，嘱我在重访牛津大学时，面交牛津大学校长 Colin Lucas（卢卡斯）教授。信的主要内容之一是，1948 年牛津大学曾向中国教育部发了照会，确认北京大学、清华大学、武汉大学、浙江大学等七所学校的本科毕业生平均分数在 80 分以上者，可享有牛津大学高级生（Senior Status）之地位。学校希望我利用这次重访牛津大学之机，为恢复两校交流作一些牵线搭桥的工作。

我跟 Lucas 校长此前并未谋过面。当年我在牛津读博时（1984—1987），他已离开牛津大学到美国芝加哥大学当教授。幸好，我和他都跟牛津大学 Balliol 学院有一些渊源关系。我曾是 Balliol 学院的研究生，而我的导师和他都是 Balliol 学院的教授。后来，他曾被 Balliol 学院请回来当院长（在 Balliol 被称为 Master），后又升任牛津大学校长。牛津大学及其各个学院都很重视同校友的联系。1990 年以来，牛津大学每学期都给校友寄一本名为 *Oxford Today*(《今日牛津》)的杂志，每年三期。Balliol 学院则每年都要给校友寄《年鉴》，扉页必有院长写给学院校友的一封信。当然校友也会不时地收到牛津大学或学院寄来的募捐信。

2002 年 8 月初，我回到了阔别 15 年的牛津。当时正是暑假，而牛津大学的暑假特别长，一般要到 10 月初才正式开学。9 月的一天，我向 Lucas 校长发了一封电子邮件。信中提到，我和他同是 Balliol Society 的成员，并说明我带来了武汉大学校长的信，希望能和他见面。信中当然还提到我的导师是 Green 教授。

很快，我就收到了他的秘书回复的电子邮件，说 Lucas 校长将很高兴与我见面，等忙完开学这一段时间以后，和 Green 教授一起找个时间和我面谈。

说起来，Lucas 校长和我的导师 Green 教授也是老朋友了。Lucas 教授研究历史，Green 教授研究化学，但二人都是 Balliol 学院的 Fellow，年龄相仿，都住在学院的教工住宅里，做过很长一段时间的邻居，关系很好。后来一个当了研究所所长，一个当了校长，都是 Balliol 学院的荣誉成员，都和学院保持密切的联系，经常见面。

我的导师 Green 教授，曾于 1985 年应刘道玉校长邀请访问武汉大学，被聘请为武汉大学客座教授。1986 年，胡耀邦、李鹏等国家领导人访问了牛津大学，还接见了在英的中国留学生的代表以及当时在牛津大学的全体中国留学人员。当时的牛津大学名誉校长、前首相麦克米兰(也是 Balliol 学院的校友)，就在 Balliol 学院设宴款待中国代表团。我的导师 Green 教授也被邀出席作陪。他在外衣上特意佩戴了武汉大学的红色校徽(教师和研究生佩戴的款式)，颇为醒目，因而引起了胡耀邦总书记的注意，据说两人还进行了愉快的交谈。我的导师对于我与 Lucas 教授见面一事十分热心，积极安排。他向我建议，利用 Lucas 校长每周到 Balliol 学院用一次午餐的机会面谈。就这样，我们最终约定：10 月 21 日在 Balliol 学院共进工作午餐。

10 月 21 日中午 1 点，我和导师如约来到 Balliol 学院的 SCR(Senior Common Room，教员活动室)。约 2 分钟以后，Lucas 校长也到达。他和我以前多次见过的照片一样，头发花白，穿一袭得体的西装，面带微笑，风度翩翩。握手以后，他便建议我们边吃边谈。我们走进隔壁的教员餐厅，吃自助餐。校长十分客气，进门时为我开门，让我先走，并帮我递盘子，让我站在他前面取食，还客气地说："你是我的客人，理当如此。"

我们三人各自端着自己的食盘，寻找一个僻静的餐桌，面对面坐在一起，边吃边聊天。饭后，我们回到牛津大学 Balliol 学院的教员活动室喝咖啡，开始了正式而又愉快的交谈。

（左起：Green 教授、Lucas 校长和作者）

谈话从我的自我介绍开始。我谈到 15 年前从 Balliol 学院和无机化学研究所完成博士学业后回到了武汉大学，并一直与 Green 教授和 Balliol 学院保持联系。接着，我就介绍了武汉大学，谈到武汉大学是教育部直属的一所重点大学，也是中国最漂亮的大学之一。尽管它不能和牛津大学 700 多年的历史相比，但也是中国最早的大学之一。尤其是在历史上，武汉大学与英国的大学包括牛津大学有相当密切的联系。武汉大学早期的骨干师资和学校负责人中，有不少是留学英国（包括牛津大学）回到中国的留学生。1948 年，牛津大学曾向当时的中国教育部发照会，确认北京大学、清华大学、武汉大学、浙江大学等七所学校的本科毕业生中，平均分数在80 分以上者，可以享有牛津大学高级生之地位。我着重谈到，这次我来牛津受武汉大学侯杰昌校长之托，希望能为恢复两校之联系、建立新的合作关系牵线。

其间，导师 Green 不时插话，谈到他 1985 年在武汉大学的访问情况和印象，也谈到他正在和我商量在单壁碳纳米管的研究方面进行合作，还准备 2003 年冬再访武汉大学。而 Lucas 校长近年多次到中国访问，对中国高等教育比较熟悉，所以不时会问到一些他感兴趣的问题，如武汉大学是否进了前十名、是否合校等。我分别作了回答。由于他的专业是法国革命史，我就特意提到，武汉大学的文科(包括外文系)很强，还是中国的 French Centre。

在听了我的介绍和回答以后，Lucas 谈了他的一些看法。大意如下：

在 20 世纪 70 年代前，牛津大学确实认可了国际上一些著名学校的学位，接受这些学校的本科生，不过这种政策后来就不再实行了。牛津大学很欢迎与武汉大学的合作。目前，牛津大学和世界上 80 所左右的大学有合作关系，合作方式多种多样。这种合作，通常是从两个教授之间或两个系之间的合作开始的，再逐步发展。牛津大学欢迎来自其他学校的研究生，也愿意自己的教授去其他学校讲学和互访，这都要由相关的教授或学院或系作出安排。比如，你们两位教授打算在纳米研究方面合作，这就很好。武汉大学和牛津大学在基层的合作当然也需要学校的支持，也许有时需要我出面。碰到这种情况，我将非常乐意代表牛津大学，支持和促进我们两校的交流与合作。

交谈中，我正式向 Lucas 校长转交了侯校长的信和当年牛津大学给中国教育部的照会的复印件以及武汉大学送给他的小礼物。他饶有兴致地看了信件和文件，对侯校长邀他访问武汉大学表示感谢，并表示要给侯校长回信。

跟 Lucas 校长道别之后，在和我的导师一同回实验室的路上，导师说今天的会见很有收获。他认为，Lucas 校长对于两校合作的态度是肯定的、积极的，关键是要真正和扎实的合作。他表示，下一步要更认真地讨论一下我俩的合作计划，也有利于为两校今后的合作打下基础。

第二天，我就将会见情况通过电子邮件向武汉大学国际交流部作了报告。2002 年 11 月，我回到武汉大学，带回了我导师起草的关于我与他进行科研合作的协议书，也当面向侯杰昌校长汇报了我和 Lucas 校长交谈的有关情况，还谈了自己的一些看法。

2004 年 9 月 18—30 日，学校党委书记顾海良率领武汉大学代表团一行 7 人前往英国，访问了牛津大学、剑桥大学等高校。我也是代表团成员之一。

在牛津大学，Lucas 校长和武汉大学代表团进行了友好的正式会谈，顾书记给 Lucas 校长和我的导师 Green 教授颁发了武汉大学名誉教授聘书。

牛津大学 Lucas 校长接待武汉大学代表团(右一为 Lucas 校长,右二为顾海良书记)

顾海良书记向牛津大学,Lucas 校长颁发武汉大学名誉教授证书

（左起：万红慧、彭宇文、顾海良、Lucas、秦金贵、彭元杰、蒋昌忠）

秦金贵为武汉大学名誉教授 Green 教授佩戴校徽

在剑桥大学，接待我们的是 Longsdale 副校长。有点巧的是，我在牛津读研时的房东太太恰好是 Longsdale 副校长的妈妈，那时 Longsdale 曾是牛津大学外事工作的负责人。Longsdale 副校长很热情地招待了武汉大学代表团，同我们进行了友好的交谈。

顾海良书记和剑桥大学 Longsdale 副校长亲切交谈

值得一提的是，2018 年 1 月 31 日，时任英国首相特雷莎·梅首次对中国进行国事访问的第一站即来到武汉大学。在老图书馆，韩进书记向特雷莎·梅首相讲解了学校情况，并且首先介绍了两份历史文书：湖广总督张之洞向清光绪皇帝上奏的《设立自强学堂片》和牛津大学于 1945 年、1948 年发给中国教育部门的函件。前者说明"自强学堂是武汉大学的前身"；后者是来自牛津大学的函件，确认包括国立武汉大学在内的中国七所高校的文、理学士毕业成绩平均在 80 分以上者，享有牛津大学的"高级生资格"。"Oh, Oxford!"（"哦，牛津大学！"）听到母校的名字，特雷莎·梅笑着点了点头。接着，韩进通过五张照片，介绍了近年来武汉大学与英国高校的密切交流和互动。

韩进向英国首相特雷莎·梅介绍武汉大学的基本情况

以上是我亲身参加过的和了解到的有关武汉大学和牛津大学友好交流的一些情况。让我们共同祝愿，武汉大学和牛津大学的合作关系越来越好，携手共进。

2022年6月

【作者简介】秦金贵，1947年出生，武汉大学教授。1969年毕业于武汉大学化学专业，并留校工作，曾任武汉大学化学学院副院长。2017年退休。现任武汉大学老科技工作者协会副会长。

武汉水利电力学院和葛洲坝工程局合办的三三〇工人大学

潘安福

1970 年年底，武汉水利电力学院（以下简称"武水"）的大部分师生在湖北长阳县，当时我在长阳县"三洞水"，听说上级要张瑞瑾副院长马上赶到宜昌。我们是水电人，都有一种有大事的预感。果然，张副院长是要去北京参加周总理主持召开的全国水电专家汇报葛洲坝工程建设问题。1970 年 12 月 24 日，周总理将《中共中央关于兴建宜昌葛洲坝水利枢纽工程的批复》送给毛主席审阅。毛主席于 12 月 26 日（生日那天）作出批示："赞成兴建此坝。现在文件设想是一回事。兴建过程中将要遇到一些现在想不到的困难问题，那又是一回事。那时，要准备修改设计。"

毛主席批示之后，国家马上就组建了"中国水利水电长江葛洲坝工程局"（简称"葛洲坝工程局"）。它是为兴建长江葛洲坝水利枢纽并继而建设三峡工程作实战准备的我国最大的水利水电工程建筑企业。武水有许多校友在工程局的领导岗位和下属各单位工作。我记得有一段时间，工程局的正副局长，校友占了四五位。

为纪念 1958 年 3 月 30 日毛主席视察三峡，于是又将葛洲坝水利枢纽工程改为"330 工程"。葛洲坝工程局随之也称作"330 工程局"。毛主席的批示又称"330 工程批示"。

正如毛主席批示中预想的那样。1971 年 1 月，由于准备不足，葛洲坝主体工程仓促上马，当时是"边勘测、边设计、边施工"，有些重大技术问题未解决，工程不得不在 1972 年年底暂停。直到"长办"（全称：长江流域规划办公室）将工程修改设计工作基本完成后，于 1974 年年底主体工程才重新开工。

这样的停工，教训是深刻的。"330 工程"重新开工之后，为进一步提高工程技术人员的水平，330 工程局和武水通过协商，决定合办"三三〇工人大学"（以下简称"工大"），为工程局培养专门人才，提高工程质量。

1975 年年初，武水要和工程局合办大学的消息便传开了，而且武水还希望去的教师和干部全家搬到"工大"工作。当时，我是二系（后改为水利工程建筑系）党总支副书记。我考虑了一下，当时"工大"急需的施工、水工建筑、力学等老师都在二系。我还年轻，家人也支持，应该去"工大"工作。于是，我便向武水临时党委崔连贵副书记表示，愿意去"工大"工作。很快，武水就正式通知，同意我去"工大"工作。

过了一段时间后，武水"革委会"副主任张瑞瑾教授就带着王宏硕、刘庚申和我一起去宜昌，会见 330 工程局刘书田书记，洽谈双方合办"三三〇工人大学"及准备开学等事宜，受到刘书记及工程局其他领导和许多校友的热烈欢迎。由于事先双方经过协商，许多问题已有共识，所以一拍即合，没花多少时间，合办"工大"的许多事项就定了。主要事项如下：

（1）分工问题：工程局和武水共同负责思政工作。工程局提出培养要求和考核选拔学员，负责校区建设和后勤保障等工作。武水负责制定培养计划和派出教师、组织教学等工作。

（2）干部问题：工程局派出孟昭峰为党委书记，黎锋瑞为校长。武水派出刘庚申、潘安福为党委副书记，侯文理为副校长，王宏硕为顾问。行政干部以工程局派出为主。

（3）专业设置问题：经过协商，"工大"设置施工、施工机械、水工建筑等三个专业，学制二年，大专文凭，武汉水利水电学院发证。考虑到工程急需，后来还办了一个混凝土质量控制进修班。

（4）校园选址：选在原武汉水利电力学院宜昌教学基地。

1975 年 8 月，湖北省"革委会"和水电部分别发文，批准成立"三三〇工人大学"。

"工大"开学前，武水有部分教师、干部职工全家搬去工作。他们是：潘安福和黄可青，李新福和郭银松，李亚杰和洪汉秦。侯文理、康念章、杨继武等人已在宜昌基地。我至今还记得我家去宜昌"工大"的情况。出发那天，我们在青山红钢城的一位朋友家吃中饭，之后就乘公交车去码头坐到宜昌的轮船。那是我全家首次出远门，大包小包，还带了两个小孩，心情紧张。那时真是怕什么来什么，匆匆赶到码头时，才发现钱包不见了，里面有船票。当时，我记得船票的舱位，但检票员就是不让上船。好在我身上还有钱，于是重新买了船票上船。

在"工大"，我除了负责思政工作外，有时也给学员讲课或带实习。侯文理是负责教学工作的副校长，李新福、郭银松、李亚杰、洪汉秦是教师，黄可青做教务工作，康念章、杨继武做后勤工作。王宏硕教授为"工大"顾问，他在"工大"住了相当长一段时间，我们有问题经常向他请教，真正起到了顾问作用。

"工大"离望州岗不远。在这里，有一座由工程兵部队兴建的 U 字形大楼，坐东朝西，三层灰砖楼，孤零零地建在小山头上，背面是不高的两座山，近处还有几个深坑，前面有几栋平房，没有运动场，连水泥马路也没有，只有一条通往望州岗的土路，弯弯曲曲，崎岖不平，下雨泥泞不堪。附近是生产队的农田和菜地，周围是一片荒山。在 U 字楼左前方，有一栋二层楼房子，一楼为武水常驻"工大"的教职工宿舍，二楼为接待临时到"工大"教学的教师宿舍。

1975 年 9 月 15 日，"三三〇工人大学"正式开学。

"工大"开学后，得到了武汉水利水电学院全面的支持。因"工大"的教师均由武水派出，有关教研室均派出理论水平高、实践经验丰富的教师到"工大"任教。由于到"工大"进行过教学工作的教师相当多，仅记得其中几位教师的名字。他们的工作都很出色，受到工程局和广大学生的交口称赞。在侯副校长(原为水院宜昌教学基地的负责人)的主持下，教学组织工作进行得很顺利。

"工大"举办了施工班、施工机械班、水工班，还有一个混凝土质量控制进修班。每个班大约 30 人。这些学生都是工程局从技术员、工人中选拔的优秀人员，有的是劳动模范。但是，学生的文化水平参差不齐，年龄相差很大，有的学生还带了家人租住在"工大"周边村民的家里。这给组织教学带来了一定的困难。不过，当时全国都是工农兵学员上大学。但"工大"这批学员，他们来自工程局，是根据"330 工程"的需要来学习，学完就回到工程局去工作，对他们来说学习的目的和要求是非常明确的。因此，他们都认真地努力学习，回去要为葛洲坝工程、继而为三峡工程作出更大贡献。事实也证明了这一点，回去后他们大多数成了技术骨干，有的还成了领导干部。

当时，"工大"的条件是比较艰苦的。例如，看病就医就比较困难，"工大"没有医院，看病要到工程局下面的一些分局的医院去看，比较多的是到浇筑分局的医院，但要翻过一座比较高的山才能抵达，对于有病的人来说，很不容易。当时，教职工的子女上学也是问题，只能到附近村子办的"红儿班"和小学去上学，村办"红儿班"和小学条件很差，去上学还要自带桌子和板凳。当时，我的一个小孩上"红儿班"，一个小孩上村办小学。当时，多是到生产队去买菜。冬天风大寒冷，我还买了一个手动打蜂窝煤的机子，冬天有时打点蜂窝煤来烧，但热力差多了。若是要买其他东西，只能到望州岗、夜明珠去买，那要走很长的路。但当时去"工大"工作的老师想到是为了支持葛洲坝工程建设，毫无怨言，大家热情很高，都在努力地工作。

合办"工大"，是为了支援葛洲坝工程建设。那时，我们也经常到工地去看看。当时宜昌是个水电城，330工程局是"十里工区半座城，十多万人奋战330"。那时正在进行的是一期工程中的三江工程（二号船闸、三号船闸和三江冲沙闸）。工地正在进行开挖和浇筑施工。每天中午十二时，准时拉响警报（当时起到每天报时的作用），实行交通管制，进行爆破。工地上，各种施工机械和运输车辆、大量工程技术人员和工人川流不息。有些车子的轮胎就有一人多高。路上运输车辆来回穿梭，红尘滚滚。这种局面实在震撼人心。有时，我们还组织学生一起到工地上去劳动，去体验一下这伟大的工程！

葛洲坝水利枢纽工程是三峡工程的前奏曲。那时，三峡工程的勘测、设计工作早已进行了。当时我还去了准备兴建三峡大坝的三斗坪中堡岛坝址。中堡岛是一个江心岛，当时还有"长办"的勘测人员在那里，那时是一片原始森林。据说在那里还挖出了一些文物。

1975年12月26日是毛主席诞辰日，也是毛主席"330工程批示"五周年纪念日。"三三〇工人大学"举行了隆重的庆祝活动。为此，我也写了一首诗贴在墙报里。

> 建坝育人办工大，
> 局院办校开新花；
> 团结奋战"三三〇"，
> 高峡明珠亮中华。

1976年9月6日毛主席逝世，10月国家进入了新的历史发展时期。"工大"召开了全校大会，我为了主题发言，做了充分的准备。

1977年8月，在全国科教工作座谈会上，邓小平同志决定马上恢复高考。10月21日公布恢复全国高考的决定。

这时，"工大"创办正好两年，各项工作也已走上正轨。1977年下半年，"工大"第一届学生完成两年的学习任务。由于当时高教形势的变化，经过协商，武水准备逐步撤出在"工大"的人员。到1977年年底，基本上撤完，撤回人员临时住在学生二舍。

在"工大"期间，由于我们没有照相机，故现在没有什么影像资料。

1997年11月8日，三峡工程大江截流，这是全国人民最激动人心的时刻，我有幸观看了这一盛典。11月8日，我到了"三三〇工人大学"旧址，那里变成了武汉水利电力大学宜昌校区(1996年葛洲坝水电工程学院与武汉水利电力大学合并，2000年5月又脱钩)。此时，我都认不出来了，变化真大。原来"工大"只剩下U字型楼和那个二层小楼，我在两栋楼前留了个影。

"工大"是经过湖北省人民政府和水电部批准的正规的"工人大学"，可以单独招生和发证。我们撤出后，"工大"继续由工程局举办，改名为"三三〇工程局职工大学"。以后，经过多次演变和发展，"工大"成为现在的"三峡电力职业学院"(不在U字型楼处，而是在宜昌市绿萝路36号)。

U字型楼那块地方，先后经历了5个大学：武汉水利电力学院宜昌教学基地→三三〇工人大学→葛洲坝水电工程学院→武汉水利电力大学(宜昌)→三峡大学。

现在，葛洲坝水利枢纽工程和三峡水利枢纽工程都已经完全建成，发挥了巨大效益，实现了"高峡出平湖"的伟大理想！三峡这颗明珠照亮了中华，震惊了世界。我为祖国的强盛感到骄傲和自豪！

2021年12月

【作者简介】潘安福，1940年出生。1992—1998年任武汉水利电力大学副校长，教授。1998—2001年任湖北工业大学校长。2004年退休。

"中国轮廓"大型科考实践活动纪实

沈建武　　汪正慧

　　"中国轮廓"大型科考实践活动是武汉大学城市设计学院师生于 2006 年暑假开展的一次沿祖国国境线开展的大型科学考察活动。当年我没有随队出征，作为分管本科教学的副院长，我和时任党委书记张龙根、院长助理黄正东教授以及相关工作人员留在了武汉总部。转眼 15 年过去了，有些故事仍然记忆犹新。

一、策划及由来

　　2006 年"中国轮廓"科学考察活动，由时任院长张在元教授（2005 年 4 月聘用，聘期 4 年）策划提出，经过学院主要领导和老师集体酝酿和筹备，3 月初确定了活动的人员选拔和开展形式，并于 4 月 19 日面向社会召开了新闻发布会。活动的主旨：大学生通过对祖国边境线的沿线城市、集镇、村庄、聚落、要塞、建筑、景观等，从历史渊源、地理区位、自然环境、人文社会、旅游观光、民族风情等多重视角进行考察，全面系统地研究国境线上的人居环境，深入了解不同地域的风土人情。学院在这个活动的策划书上，一开始就清晰地写了四点共识：

　　第一，国家意识。通过这次活动，直观地感受什么是国家，建立起清晰明确的国家意识。

　　第二，国家形象。国家形象不仅仅说的是黄河、长江、长城，大江南北，长城内外，事实上中国的国家形象还包括漫长的国境线。

　　第三，国家责任。作为城市设计学院的师生来说，我们未来要描绘的是祖国城市乡村的蓝图。如果我们对中国的国境、国家的地理、国家的文化都不了解，我们设计描绘的作品就是无源之水，无本之木。

第四，国家使命。青年学生是祖国的未来，未来的青年将要肩负对中国未来的建筑、城市、人居环境的设计和保护，进行有理性的规划和探索，是一种对国家的使命。

通过这样的活动，不仅考验意志，训练团队精神、合作精神；而且更重要的是，因为边境比较漫长、条件比较艰苦，我们怎么样去克服困难，怎么样达到既锻炼自己、考验自己，同时又在学术考察上获得专业成果的目的。

现在回想起来，可以用"创举"来形容这次活动，与社会主义核心价值观中的"爱国"不谋而合。用张在元院长的话来说，"这是人类史上首次对占世界人口五分之一、四大文明体系之一的中国国境线建筑与城市体系所进行的首次考察，对中国国境线多元建筑文化和广阔边疆城镇群研究，在人类文化史上并无先例。国境线对于国家来说，是一个国家的轮廓，这个轮廓的概念，不仅是地理边界，也不仅是国防军事防御，更重要的这个轮廓应该是国家文明框架支点的边缘，也可以理解为是一个国家的形象的轮廓构图。武汉大学'中国轮廓'活动成果，将进一步充实与完善中国文明的建筑与城镇体系，对漫长国境线上建筑与城镇的重新发现，将更加丰富人类文化宝库"。放到现在，这也是让同学们在现实版的考察实践中建立文化自信的样板工程。

其实，刚开始的活动名称确定的是"远征国境线"，并对外进行了近半年的宣传，得到中央电视台和《中国国家地理》杂志的大力支持。从积极的方向理解，这个名字气势磅礴，气贯长虹，充满昂扬的斗志和果敢的信念，学校有的领导认为"远征"二字有"征战"的含义，与当今时代和平发展的主题有冲突，经过慎重考虑，这才有了"中国轮廓"的最终名称，而"远征国境线"只能作为副标题存在了，但在很多人的回忆中，更习惯称为"国境线"。

第二年，"远征国境线"的活动名称和内容还被某知名企业借鉴，更被《中国国家地理》杂志报道采纳，并冠名在中央电视台播出。

二、从老图出征

"中国轮廓"出征仪式是 2006 年 7 月 9 日上午 9：09 举行的，地点选择在最具历史感的代表性建筑老图书馆。前来出席出征仪式的有时任武汉大学党委副书记王传中，纪委书记俞湛明，城市设计学院张在元院长、学院党委张龙根书记等领导和教师。同时，参加出征仪式的嘉宾还有本次活动的战略合作伙伴中央电视台科教频道的编导和赞助单位代表，以及考察队员、家长代表。出征仪式由时任武汉大学党委学工部部长朱伟主持。

在武汉大学工作的这么些年，这样大张旗鼓的学生活动实不多见。一来活动规模大、人数多，二来存在一定的风险。所以，当时的张龙根书记也是顶住了巨大的压力。如同张书记在后来的谈话中谈道："这次活动所有队员平安返回就是胜利。"最令人难忘的是出征仪式上，张龙根书记在讲话中对出征队员的三点要求：

> 作为武汉大学城市设计学院的一员，经过了近半年的筹备，几经周折，我们的"中国轮廓"科学考察活动终于在今天就要出征了！我们18支考察纵队百余人，今年的暑假必将成为你们终生难忘的旅程，你们不仅将做考察边境建筑与城镇的具体工作，更肩负着描绘记录我们伟大祖国的雄伟轮廓的重大使命。就像我们标语上说的："以青春激情和智慧重新注解中国建筑与城市，用远征考察的足迹重新描绘祖国的轮廓！"我要是年轻10岁，也必将加入你们的队伍，成为你们中间的一员，到"中国轮廓"科学考察活动中去发光发热！
>
> 在此，我向出征的勇士们提出三点要求：
>
> 第一是安全。队员们要有安全意识，要有安全保障，不要冒险，遇见危险要避让，不要逞能，不要"越是艰险越向前"。
>
> 第二还是安全。此次活动是建筑与城市的科学考察，而不是野外探险。一定要保障身体的健康，夏日炎热，又出门在外，很多考察队的条件也比较艰苦，特别是云贵高原、青藏高原、西北边陲，都要注意劳逸结合，防止中暑，预防蚊虫、毒蛇叮咬，还要规避自然灾害。
>
> 第三仍然是安全。团队要有合作精神，互助友爱，团结合作。队长要关心爱护队员，队员要服从领导，严格纪律，不能擅自行动。没有严格的纪律，就没有科考活动的成功！

当时的场景，字字戳心，历历在目。

45 天行程，18 路纵队，108 名队员，以及未成行的台湾纵队。

本次科考实践活动历时 45 天，可以说 45 个日日夜夜每个参与其中的人都有全然不同的体验。只可惜那时没有微信，不然每个队员的朋友圈肯定都会引来很多点赞。队员在祖国边境的日子，我们就在武汉大学工学部主教（2016 年 9 月拆除）的 15 楼每天经历日出日落，也经历了一回"运筹帷幄，坐镇指挥"的体验。在总部的 45 天，总部工作人员最频繁的工作就是打电话和各路纵队联系确认："今天在哪里，队员们是否安康？有什么活动安排？"每天都要对队员们嘘寒问暖，了解他们的身体状况，特别是前往西部的同学，要克服高原反应和恶劣天气带来的影响。总部每天不仅要记录各纵队行程，还要对他们下一步的安排进行审批，在总部当总指挥确实有诸葛孔明的风范！

最焦虑的就是作为赞助商的"中国联通"联不通。最为记忆深刻的是，第一纵队穿越茶马古道的那两天，因为队员们已经进入了深山老林，总部和一纵失去了联系。张龙根书记担心在"变形金刚"（工学部主教的别称）的 15 楼走廊踱步、抽烟，茶不思、饭不想，两天下来憔悴了不少，每隔半小时，就打手机再联系一遍，直到第二天打通了，心中的大石头才算落地。

据一纵队队长刘瑜南老师回忆，那天他们一行由藏族向导带路，徒步穿越千年茶马古道，一路都靠骡马驮着行李，他们一直都在拍摄，有时为了记录下一个全景的镜头，需要沿着山路来回跑好几趟。真正进山后，电池基本耗尽，由于无法充电，也没有信号，就与总部失去了联系。路途中，他们只能靠向导打酥油茶充饥解渴，住在山野的帐篷里还要思虑是否有蛇和毒虫，但队员们都非常听从指挥，平稳地穿越了茶马古道。还好最终听到他们的平安消息，若是提前了解到这些情况，张书记估计是不会同意他们走这一遭的。

"中国轮廓"活动设计了 18 路纵队，其中 10 路纵队为行走的纵队，选择边境线上的一个城镇作为出发点，沿边境线行进；另有 8 路纵队为定点纵队，对国境线上的一个固定地点城镇进行考察。

18 路纵队分别是：1 纵：瑞丽—拉萨。2 纵：厦门—三亚。3 纵：瑞丽—三亚。4 纵：厦门—上海。5 纵：天津—上海。6 纵：山海关—延吉。7 纵：海拉尔—延吉。8 纵：海拉尔—嘉峪关。9 纵：喀什—嘉峪关。10 纵：喀什—拉萨。

11 纵：香港。12 纵：台湾。13 纵：瑞丽。14 纵：喀什。15 纵：上海。16 纵：拉萨。17 纵：海南。18 纵：天津。

细心的读者会发现，考察的路线是经过精心设计的。有十个纵队的考察线路，分别以五个边境城市为起点相对而行，在五段线路上汇合；另设立八个特别考察纵队，对边境重点城市与建筑进行全面考察，同时也作为考察纵队的前方支援。其中，有些纵队出发点相同，有些纵队则汇合在一起，重要节点则有定点队伍驻扎，确实有点像部队行军打仗的阵势。

而所有队员自选拔后，每天都要进行体能训练，因为行程主要靠行走。另外，还要掌握考察实践中涉及的相关技能，因为要通过摄影、摄像、绘图、文字等不同方面记录国际线每天的日志。不同队伍也会不定期召开会议，制定具体的行程和考察方案；每个队伍的专业领队还会定期召开会议，沟通队伍的进展，互相学习借鉴。

第 10 纵队(喀什—拉萨)在这次行程中途经的地理线路可谓最具挑战性。他们组的队员每天都要在小腿上绑上沙袋，上下当时的主教 15 楼，为适应高原的生活做准备；而第 15 纵队(上海)因为要和来自澳大利亚悉尼大学的同学一道进行上海定点的考察，所以每次会上都要检查队员们的英语口语学习进展情况。同时，由于那时没有现在这么智能的手机，也没有各种出行 APP 提供可供参考的攻略和预定，再加上这次考察的侧重点是边境城乡规划、建筑、景观，所以队员们都需要通过查阅大量的专业资料，逐步确定考察城镇、村落、建筑、景观的节点、线路、停留时间，包括经费预算、交通工具的换乘、预定旅店等。第 1 纵队(瑞丽—拉萨)和第 10 纵队(喀什—拉萨)因为要经过无人区甚至做好了在野外安营扎寨的准备。

说来也巧，我们总共 18 路纵队的人数加起来，正好是梁山好汉的 108 这个数字。而那时的领队教师，有的已经成为学院的业务骨干，比如我们学院刚上任的两位副院长：魏伟教授和黄凌江教授。魏伟教授通过对国境线活动内容的梳理、分析、凝炼和总结，一举拿下了当年全国挑战杯比赛的特等奖；黄凌江教授在这次活动中，瞄准了西藏少数民族地区建筑环境的研究方向，在建筑技术研究领域申请到国家自然科学基金项目，后来还多次前往西藏地区，在此领域取得了不俗的成绩。这几位老师还出版了"中国轮廓"主题的书籍，形成了活动的系列成果。学生队员中也有许多成为有关高校的大学教师。比如：中国农业大学的刘超群，从事社会学、人类学方向的研究；中国浦东干部学院的焦永利，在城乡规划和经济学领域小有名气；同济大学的葛天任在政治经济学和城市经济学方面颇有建树；武汉大学的李欣在建设环境与信息技术结合上成效显著，等等。可以说，这些队员们在各自的领域中发着光发着热。毫无疑问，"中国轮廓"是他们重新认识专业、开展科学研究、进行学术思考的一个重要起点。

这次活动中的一大遗憾就是，第 12 纵队（台湾）未能成行。当时，不仅武汉台湾的自由行还未开放，就连台湾的团队旅行都没有出现。在很多人的观念里，宝岛台湾还是一个打小就知道，却到不了的地方，她是中国领土的一部分，也是中国国境线轮廓上的一个亮点，是我们在两个一百年目标交汇期的重要时间节点，仍然魂牵梦绕的地方。

三、梅操的凯旋

"中国轮廓"科学考察队于 7 月 11 日始发，8 月 18 日全部返回。往返行程 13 万千米，其中边境考察行程 6 万千米。共考察 160 个县级行政区，其中，考察港口码头 38 个，口岸 19 个，与 111 家政府部门和企事业单位建立了联系。

也是选在特别的日子，9 月 12 日晚 7 点半，在武汉大学梅园小操场举办了"中国轮廓"科考凯旋暨教师节庆祝晚会。在我这么多年的武汉大学记忆中，把一个学院学生活动庆功和学校教师节的庆祝活动合办的，这也算是一个经典了。

晚会在热烈欢庆的气氛中拉开帷幕，武汉大学校领导对参加此次科考活动的人员进行了表彰。这次活动还获得了"2006 年湖北省大学生暑期社会实践优秀团队"称号。随后，一台精彩纷呈的文艺晚会把现场气氛推向了高潮。2006 年"十一黄金周"期间，中央电视台根据队员们拍摄的影像资料制作了七集电视记录访谈片"中国轮廓"，在中央电视台播出。

有队员在心得中写道："作为规划、建筑和设计专业的学生，不仅要有相当的设计能力，更重要的是要有相当的组织、协调能力和对环境的适应能力。这次活动从策划到实施经过了整整六个月的准备工作，这期间学院完成了对队员们的专业知识、摄影技术、拓展训练、急救知识、野外生存技能等一系列的培训计划；对实践考察路线进行了多次的推敲、修改；在队员的选拔上经过了专业知识考试、面试、体能测试等。通过长达半年时间的准备过程和一个暑假的实践考察活动，同学们学会了如何去搜集第一手资料，培养了他们注重实际、实证、实地、考证、考察、研究、学习、组织、适应的能力。"

还有队员在自己的实践日志中写道："除了专业知识的增长外，我们学会了与人相处，学会了作为一个团队如何工作。同时教会我们为自己国家美丽的疆土更加骄傲。培养了我们作为一个炎黄子孙的文化责任感。同时也磨炼了我们的意志。让我们有更充分的准备去面对今后的人生，以及我们民族复兴的使命。"

一位队员谈到自己的收获时说："这次实践活动，是对身体素质与精神意志的双重锻炼。历时一个多月，每天近 8 个小时在烈日之下的奔波考察，对队员的身体素质与精神意志都是一个严格的考验，但我们没有一个队员出现严重的身体问题，更没有队员临阵退缩，大家都以良好的身体与精神状态完成了全程的考察活动。"

还有一位队员在自己的社会实践总结中写道："重要的是，我们能去切身体会亲身感受到国境线的美丽与震撼。不到边境，便不知祖国有多大。不上高山，便不知祖国有多辽阔。我们，正踏上的便是这样一条感受祖国的广博与宏大的道路。"

2021 年 12 月

【作者简介】

沈建武，1953 年出生。曾任武汉大学城市设计学院副院长，教授。2013 年退休，现任武汉大学城市设计学院老年协会会长。

汪正慧，1981 年出生。2006 年 6 月毕业于武汉大学新闻与传播专业，硕士，同年 7 月留校工作。2020 年 12 月至今，任武汉大学城市设计学院本科生办公室主任。

我的从教历程

陈慈萱

一、伴我步上讲台的课程"解析几何"

我生于 1933 年 3 月。我的教学生涯始于 1953 年,刚满 20 岁。刚从清华大学电机系毕业,作为师资研究生分配到哈尔滨工业大学(哈工大)。因为要师从苏联专家,学校安排我们这一批研究生和刚入学的大学本科生一起,在预科作为期一年的俄语强化训练。为了使学习不过于单调,学校决定,从研究生班中抽调一些学员为本科生讲授基础数学。我被选中,要求讲授"立体解析几何"。由此,我开始被学生称作"陈老师"。在和我交流时还时不时听到"您老"的称呼。我很

1953 年,作者讲授《解析几何》

不习惯。因为当时东北的学生从小入学较晚，班上有不少学生和我同龄，还有比我略长些的。光阴荏苒，历经六十余载，"陈老师"的称呼已伴随我一生，成为我最熟悉、最习惯听到的称呼了。

二、伴随我最长久的课程"高压电器"

按照苏联的高等院校办学体制，哈工大电机系设立有发电厂电力系统专业（简称发电专业）、电机电器专业、动力经济与企业组织专业（简称动经专业）等电力工程类专业。高压专门化隶属于发电专业，电器专门化隶属于电机电器专业。相应地，哈工大成立有高电压技术教研室、电器教研室。最初，我被分配到动经专业，后因家庭出身问题改派到电机电器专业的电器专门化学科。师从由莫斯科动力学院派来的专家耶·里·里沃夫（技术科学副博士、副教授）从事高压电器（包括断路器、负荷开关、隔离开关、互感器等）的研究工作。

1956年，我研究生毕业后留在哈工大的电器教研室任教，开始为电器专门化和高压专门化的学生开设"高压电器"课程，自此和高压专业结下了不解之缘。"高压电器"也就成为伴随我教学生涯最长久的课程。为使教学能结合我国的生产实际，我曾多次下到相关工厂熟悉产品的设计和制造过程，指导哈工大电器专业学生，做与断路器相关的课程设计和毕业设计。

1961年暑期，我随高压专业转入北京电力学院，正式成为高压教研室的一员，开始为高压专业的学生编写"高压电器"讲义（由学校油印而成）。

1965年，我又随高压专业转入武汉水利电力学院后，该教材在修改后再次打印。

1973年，我曾为武汉变电工区开办过有关高压断路器的短训班，编写了《高压断路器》讲义（该讲义曾被湖南省机电工程局、江苏中试等单位翻印，还曾被华中工学院"七·二一"工人大学用作教材）。后又为工农兵学员编写了《高压互感器》《高压避雷器》讲义。这些讲义也成为恢复高考后武汉水利电力学院高压专业"高压电器"课程的教材。我结合"高压电器"课程的讲授，多次带领学生赴西安电工城进行生产实习。

1983年，应全国高校电力类教材编审委员会的要求，开始为高压专业本科生编写"高压电器"教材(和西安交大马志瀛老师合编，由我统稿)。该教材于1985 年年底脱稿，1987 年 6 月由中国水利电力出版社出版，1992 年获能源部优秀教材二等奖。

三、"避雷器"带领我进入"电力系统过电压"领域

"避雷器"是电力系统过电压保护不可或缺的器件，隶属于高电压学科。早期的阀式避雷器由非线性电阻(阀片)和串联的火花间隙组成。火花间隙要熄灭电弧，和开关电器有共性，检验火花间隙熄弧能力的试验装置——振荡回路，又隶属于电器学科。因此，在解广润 1957 年编著、1958 年由中国水利电力出版社出版的《过电压及其保护》一书中，也就有了我编写的"避雷器"一章。

1958 年，我国开始开展三峡水利工程的前期科研工作，为三峡工程试制避雷器的协议书下达到哈工大。在"教学与生产劳动相结合"的办学方针指导下，高压教研室办起了避雷器厂。为了提高避雷器的熄弧能力，高压教研室联合电器教研室开始了磁吹避雷器的研制。我受电器教研室委派，同高压教研室的胡世雄老师一起带领学生搭建起振荡回路装置，试制成功 30 千伏磁吹避雷器(1958 年10 月 17 日《解放日报》曾有报导，被誉为"三峡水利枢纽工程的重要科研成果之一")，并在变电站进行了现场试验。以此为基础，1959 年 9 月我再和胡世雄老师带领学生赴西安，联合西安高压电器研究所共同参与了"330 千伏输变电技术"项目中的"330 千伏磁吹避雷器"的研究。1960 年制成了 330 千伏磁吹避雷器。该项目成果于 1978 年获全国科学大会奖。

1970 年，日本开始把原来用于低电压电子设备稳压和保护的压敏电阻应用到高电压的电力工业，制成了电力工业用的无间隙氧化锌避雷器，发展迅速。研制氧化锌避雷器成为我国电力部门的迫切需求。

1974 年，解广润领衔，我和江日洪老师参加的"电缆护层过电压的研究"，同武汉压敏电阻厂共同攻关，研制出我国最早的氧化锌电缆护层保护器，为降低电缆护层的绝缘水平、提高电缆的安全运行做出了贡献。1978 年，以此为基础，由我和胡世雄老师参与的高压教研室避雷器小组会同武汉高压研究所和武汉压敏电阻厂，采用与部分阀片并联间隙以降低避雷器残压的方法，开发出 10 千伏保

护旋转电机用的新型氧化锌避雷器，这在国内还是比较早的。

"电缆护层过电压的研究"和"氧化锌避雷器的研制"，使我对电力系统过电压的产生机理和防护措施有了进一步的了解。在解广润为工农兵学员编写，于1977年出版的《过电压保护》教材中，专门编写了避雷器和护层保护的章节。因此，1977年恢复高考后解广润在为《电力系统过电压》课程编写教材时，要我撰写理论基础部分（记得这部分书稿是我在美国当访问学者时完成后，托人带回国的）。该教材于1985年6月出版，1987年获水利电力部全国电力类优秀教材一等奖。2018年，由我主审的《电力系统过电压(第二版)》（解广润不幸在2018年离世），获2020年中国电力教育协会颁发的"高校电气类专业精品教材"荣誉证书。

2020年中国电力教育协会高校电气类专业精品教材荣誉证书

我于1985年开始为高压专业的本科生讲授"电力系统过电压"，教过的班级有8251、8451、8551、88551和88552班等。1991年"电力系统过电压"课程获能源部"一类课程"称号。2000年，我为国家电力公司委托武汉水利电力大学举办的"网省局调度局长、总工学习班"讲授了"过电压保护原理与运行技术"，并编写出版了教材。

1985 年，我曾受上海电瓷厂的委托，和解广润一起带领学生开发了氧化锌避雷器优化设计所需的计算软件。1987 年受水电部科技司和黑龙江省电业局委托，承担了"氧化锌避雷器操作过电压动作负载试验方法验证"的研究课题，参加人员还有胡世雄、程启武、蔡细楚等。

1979—1989 年，我曾在氧化锌避雷器领域内发表论文 7 篇，其中"氧化锌避雷器在保护无功补偿用电容器组时工作条件的理论分析与电算"一文，1986 年被中国电机工程学会评为优秀论文。1989 年，受聘为第二届电瓷避雷器分专委委员。1990 年，受聘为全国避雷器标准化技术委员委员，参加了 1997 年发布的《进口交流无间隙避雷器技术规范》的起草工作。

四、理论与实际的结合

在苏联专家的带领下，哈工大很注重实践在教学中的作用，在本科五年的教学计划中安排有 3 次实习：认识实习（三年级后的暑假）、生产实习（四年级后的暑假）、毕业实习（毕业设计前的寒假）。我在哈工大研究生学习阶段，为完成与"高压电器"领域相关的课题，熟悉产品的设计、制作和检验过程，我也曾下到相关工厂的生产车间实习。从教后又带领学生进行生产实习，让学生从生产劳动中学到相关知识。"磁吹避雷器"的研制，进一步加强了我和生产实际的联系，积累了一定的电气装置安装和调试的经验。记得 1965 年，刚从北京电力学院调到武汉水利电力学院时，我就曾受仇启琴主任的委托，和张兴昌师傅一起为落成不久的三教学楼进行 10 千伏配电装置的安装与调试，改善了三教学楼的供电。

1970 年 11 月，我们全家下放京山县农村插队落户（还有我系的段希健、陈昆薇、张文勤、谭乐崧、张哲、徐树铨、潘仲立、蓝世源、黄齐嵩、蒋德福、杨宪章、罗九儒、戚秉彝、王杏卿等）。在此期间，我带着四岁多的小女儿和张哲、徐树铨参与了京山县 35 千伏变电站的建设，使京山县由靠柴油机发电转变为电网供电，得到了"京山人民不会忘记你们"的口碑。随着工农兵学员入学的需要，下放教师在 1972 年 4 月和 11 月分两批回校。回校后的 1974 年，我还曾和胡世雄老师一起，带领 7251 班的工农兵学员到我校在钟祥的"知青点"帮助，那里的公社建设孙庙电灌站。由于当时的工农兵学员有些在入学前就是电工，给了我们不少帮助。

工农兵学员进校后，我几乎每年暑期都要带学生出去实习，少则一月，多达两月。去得最多的地方是西安的电工城，那里有开关厂、变压器厂、电瓷避雷器厂等。老师自带行李，和同学朝夕相处，同吃、同住(住的是暑假期间当地小学空闲的教室，以拼接的课桌为床)、同生产劳动，建立起深厚的感情。记得 1975 年，我带 7351 班的学生在西安实习时，不慎摔伤，左手克雷氏骨折，打了石膏。班上的女同学在生活起居上给了我很大的帮助。我也就吊着左臂一直坚持到实习结束和他们一起返校。

我想，正是得益于这些实践经历，我在访美期间能比较顺利地按 Nelson 教授的要求搭建起我并不熟悉的激光干涉试验装置并完成了试验。

五、知识面的不断拓展

从以上的叙述可知，"文革"前我的教学活动主要局限在"高压电器"和"避雷器"的范畴。除了 1963 年在北京电力学院时，曾为四年级的学生讲授过"高压静电场"外，只讲授"高压电器"。"文化大革命"的到来，彻底改变了这一局面。1968 年，我被要求为当时尚在校的高压专业的本科生讲授历来由发配电教研室承接的"短路电流"课程。钟祥火力发电厂和京山变电站的建设，进一步拉近了我和"发电厂电力网电力系统"专业的距离。

1972 年自京山返校后，我迎来了 1972 年入学的 7251 班工农兵学员，带领和陪同他们走过三年的求学生涯。而后又接手 7551 班，由于教师的流失，再加学员的文化基础参差不齐，作为带领他们学习的教师，要做到"一专多能"。我曾协助数学老师辅导过他们的"高等数学"，协助电工老师辅导过他们的"电工基础"。与此同时，我还被要求为发配电专业的工农兵学员讲授过"高压工程"，为高压专业的工农兵学员讲授过"高压概论""气体放电"以及原来由发配电教研室老师讲授的"电力工程"。相应地编写出适合工农兵学员学习的讲义作教材。其中《高压工程》讲义曾于 1979 年重印并为当时的华中工学院(今华中科技大学)

借用。

1978 年恢复研究生招生后，要求我们这些还留在教学战线上的教师，在自我不断提高的基础上开设新的课程。那时候，我曾经和李鹤龄老师一起为研究生开设过"网络理论课程"，由我讲授"近代理论"部分。

这段时间虽然艰苦，但对我后续的教学生涯以及退休后所承接的《电气工程基础》教材的编写不无裨益。

"电气工程基础"课程，是教学改革中为培养宽口径的"电气工程及其自动化"专业技术人才而设定的一门专业平台课。课程的设置，是由当时电气工程学院的院长陈允平教授提出的，这也是我曾经有过的意向。这一门课程，覆盖了电气工程学院各门专业课的基础知识，涉及面很广。我受院长委托，组织编写《电气工程基础》教材。此教材共计 85 万字，分成上下两册，参加编写的有 10人，要我统稿，当主编。时为 2001 年，我已于 1998 年退休。根据多年来编写教材的经历，我深知对这样一套知识面宽、参与编写人员又多的教材的统稿工作是非常不容易的。但多年来教学工作的实践又告诉我，一本好的教材对课程建设和教学质量的重要性。为实现在岗时的教改心愿，我义无反顾地承担起这一任务。

在教材主编过程中，我不敢掉以轻心。曾多次召集编写人员会议，讨论教改后这一课程在教学计划中的重要性，明确了该课程的先行和后续课程，详细制定了编写大纲。但终因编写人员较多，教材的统稿工作仍然十分繁重。从名词、符号和用语习惯的统一，到重复内容的删减，每一章、每一节都需要认真推敲，反复修改。经过一年多的奋战，该教材的上下册分别在 2003 年 9 月和 2004 年 4 月由中国电力出版社出版。那时，我已年达 70 岁，自认为身体还可以，但在 2004年体检时，检出了青光眼病，好心的同事劝我说："陈老师，您这病都是编书累出来的，以后不能让身体再这样透支了"，但我认为这是一种慢性病，泰然处之，坚持用药而已。

由于当时这本书没有列入出版社的出版计划，第一次印刷的 4000 册书要由编写单位自行销售，至今我还记得在电气工程学院的一间屋子里堆满书的场景。值得高兴的是，该书出版后得到国内高校相关专业使用者的认可，出版社很快就进行了第二次印刷。更令人高兴的是，在与电气工程学院毕业生的交谈中得知，在他们选择毕业要携带的书籍时，"电气工程基础"教材是他们的首选，而且这一本教材也成为与电气工程相关的技术人员案头的书籍。

教材的出版，为学院"电气工程基础"课程的建设创造了条件。为开设"电气工程基础"这一新课程，学院专门组成了"电气工程基础"课程教学小组，课程教学小组中大部分是青年教师，他们年轻、有热情，更重要的是他们没有传统观念的框框束缚，很快就成为这门课程改革的生力军。教材第一次使用时，我还是学院教学督导组的组长。考虑到"电气工程基础"课程建设是学院教学改革进程中的重大举措，为帮助青年教师吃透教材内容，使教改落到实处，我组织督导组成员开展了青年教师的试讲活动，试讲时课程小组全体成员参加，针对性地进行讨论和点评，上课时督导组指派成员全程实地听课，较快地提高了青年教师的讲课水平。在"电气工程基础"课程教学小组的努力下，"电气工程基础"课程于2008年获批为国家精品课程。

随着电力工业的发展，"电气工程基础"教材需要作一些修改和知识更新。应出版社和广大读者的要求，教材的修订工作于2011年开始启动。当时的电气工程学院院长仍委托我出任主编。虽然深知工作的繁重，也有编写第一版时得了眼病的教训，出于对电气工程学院教改工作的支持，为了不辜负广大读者的厚爱，我还是勉为其难地承担了主编的工作。只是要求出版社放宽了交稿日期。毕竟岁月不饶人，当时我已年近80岁，在第二版上册书稿交付出版社后，我终因身体不适住院，经诊断心脏装了3个支架。好在有惊无险，身体恢复较快，没有太耽误教材的编写。第二版教材的上下册分别于2012年和2013年出版，入选"十二五"普通高等教育本科国家级规划教材。更值得欣慰的是，教材的编写和修订促使我学会了在电脑上对文稿进行编排、批注和修改，学会了公式编辑器的使用、图形的简单修改以及表格和PPT的简单制作，虽然速度不快，毕竟是跟上了时代的潮流。

2016年出版了再次修订后的第三版，获2020年中国电力教育协会颁发的"高校电气类专业精品教材"荣誉证书。在第三版的修订过程中，我有意识地安排了熟悉这门课程的青年教师协助统稿，让他们能接替我的工作。

2020 年中国电力教育协会高校电气类专业精品教材荣誉证书

目前，参加这本教材编写，并且正在用这本教材进行教学的青年教师们，正在酝酿结合现代电力工业的发展再次对教材进行修订，相信编写第四版教材，可以由他们当主编了。

2021 年 9 月

【作者简介】见第 220 页。

湖北医科大学留学生工作的趣事

章光彬口述　施金忠整理

　　随着我国外事工作的需要，湖北省教委对湖北医学院下达了招收外国留学生的任务。当时，作为一个省属高校承担这个任务，既艰巨又感到自豪。在学校高度重视下，经大家共同努力，学校留学生工作从无到有，从小到大，直至被湖北省评为先进集体，在全国省属高校中具有一定影响。在这个发展过程中，他们饱尝了许多酸甜苦辣，更有着许多不为人知的有趣故事。

　　本人有幸专访了当时湖北医学院留学生工作负责人现年 87 岁的章光彬同志（首任外事处长），从而发现湖北医学院留学生工作中许多有趣的故事以及经验，对于现今做好留学生工作大有裨益。

2020 年，作者与 87 岁的章光彬

1986 年 6 月，湖北医学院成立留学生科，章光彬同志首任科长，隶属校长办公室。同年 8 月，开始招收外国留学生（本科），首届招收 11 名，1992 年开始招收研究生，截至 2000 年 8 月四校合并，共接受外国留学生（本科生）107 名，研究生 35 名。生源主要来自亚洲、非洲和拉丁美洲 20 多个国家。从数据可以看出，湖医在留学生工作方面为国家做出了一定贡献，扩大了学校影响。

章光彬同志深有体会地说，湖医的留学生工作之所以能取得一定成绩，现回想起来有几个做法是值得肯定的。

学校重视，为留学生创造良好的学习生活环境。首先，配齐了行政管理和后勤服务人员；学校在经费并不宽裕的情况下，拨出专款修建留学生楼和食堂，各方面条件比较完备。

开展教学辅导，让学生学得进，能消化。初期，留学生教学及管理是一片空白，一切从零开始。如教学制度、考核办法、学籍管理等，都是在摸索中逐步建立和完善的。学生来自不同区域，使用官方语言有英、法、葡萄牙语。入校前，从未接触过中文，虽然入校前在北京外国语学院进行过一年中文培训，但听老师用中文授课、特别是听医学专业课显得尤为困难。根据这种状况，采取先让他们同中国学生同堂听课，然后再对他们作集中辅导，并对中文水平特别差的进行个别辅导等办法。除此，抽出一定课时，将授课中的重点、难点再进行集体解答和个别解答，尽量让学生听得懂，学得进，能消化。这些措施，很多同学深有感触地说："西方国家老师讲完课教材一夹走人，当你有不懂的问题问老师时，他会说，要讲的我在课堂上都讲了，你还没有学懂的去图书馆查资料，这就叫学习，他们不像你们中国老师，耐心为我们辅导。"

当时，我们还很重视教与学两者的沟通。每学期举行一次师生教学座谈会，老师倾听学生对教学的意见和建议，重点对学生提出的问题进行改进。这些措施对提高学生的学习成绩产生了显著的效果。

章光彬同志还提到，为鼓励留学生的学习积极性，学校留学生科与基础部共同商定，设立了成绩优秀奖、文体比赛优秀奖、团结互助友好奖等奖项。

"向使馆通报留学生成绩也是我校留学工作的一大亮点。"章光彬同志回忆说。学期结束，将留学生的学习成绩向驻华使馆照会，让他们掌握本国留学生的学习和表现情况，共同督促学生努力学习。这一做法受到该留学生国驻华使馆的高度赞赏。他们接到我校发来的学生成绩单后，均回复表示感谢。如索马里驻华使馆照会我校讲道，"我国在贵国学习的学生有 80 多人，收到校方发来的学生成绩单还是唯一的一家"。

日常管理动之以情，学生从心理戒备到喊出中国爸爸。在专访中这是章光彬同志讲得最多、最动人的话题。我校招收的留学生多数来自非洲，他们从小接受西方殖民教育，加上宗教信仰的不同，认为社会主义国家的人民为异教徒，对我国社会制度、国情、文化、生活习惯了解甚少，从而把我们的管理人员误认为是对他们的监视、控制。特别可笑的是，他们总认为我是从宪兵队打进来监控他们的警察。章光彬同志说，有一次，一个留学生无意碰见我爱人（市公安局工作）穿的警服，这就更认定我是公安人员。心理上对我们处于一种戒备状态，处处敬而远之。这样，就难以掌握他们内心想法，给日常管理造成很大阻力。了解到这些情况后，首先大家端正思想，把他们看作自己的亲人，平时对他们主动接近，生活上处处关心，遇到问题不是训斥，而是以理服人，以情动人。

当我问章光彬同志，在生活上你是如何关心留学生的？他回忆说：起初，有的学生因故误了在食堂就餐时间，若在外面餐馆吃，一是他们没粮票，二是又没有清真教的饭菜。如是便把学生领到自己家里为他们做吃的。时间一长，就经常有学生到家要饭吃的局面。有的学生进门就说："老师，我还没吃饭呢！"要知道，当时国家对粮食还在实行定量供应呢！

章光彬还说，有的留学生患病开刀，我们科总是有人在手术室外等候，学生出手术室第一眼见到的是我们的管理人员，这时他们感到多么亲切！一个人远在异国他乡生病时最需要的是亲切的陪伴。最典型的例子莫过于 1986 年入学的几内亚比绍学生卡里托斯。来华前，他是该国反殖斗争少年英雄，驻华使馆任命其为来华学习三人中的组长。当时，学校并不知他过去的经历。在开学迎新会上未安排他大会发言，因此与我产生思想隔阂，处处不服从管理。有一次，天气突然降温，见他还穿着一双塑料拖鞋，衣服穿得也很单薄，我便关心地对他说："天冷了你该多穿点，以防感冒了"，他不仅不道谢，反而横眉冷眼地回一句"我又不是幼儿园的小朋友，我知道"，便扬长而去。不久，也就是这个卡里托斯患了阑尾炎，手术前他对我说："你给我国使馆和我爸打两个电话，就说我会死在手术台上的。"这时，我们不生气，并鼓励他不要怕，并说这种手术在我国是很小的手术，我还会在手术室外等你的。手术室会随时与我保持联系，使他情绪得到了稳定，手术顺利完成。果然，出手术室第一眼就见到了我，这时该生已是泪流满面，激动地向我招手打招呼。稍后我问他："还要不要给你爸爸打电话呀？"这时，他痛哭流涕地说："不要了，因为你就是我的爸爸。"出院后，我老伴为他煨了一大吊子莲藕排骨汤用自行车推着送去，被他同班的中国同学碰见，并说在我国只有爸爸妈妈才这样做的呀！从此，卡里托斯与我便成了亲密无间的好朋友，处处支持配合我的工作。学习也十分刻苦，与同来的三位同学一道圆满完成学业。回国后，三人被葡萄牙首都里斯本一家医院聘用。2009 年，三人中的巴卡尔因公回母校，首先要求来我家看中国爸爸，在交谈中深情地说："当地华侨很多，我们为了向中国感恩，向母校感恩，在给他们看病时，利用一口流利的中国话，不仅细致、耐心而又热情。这样，华侨病人感到我们既亲切，又负责。因此来找我们看病的华侨病人就越来越多。这些与当年章老师的教诲是分不开的。"这么多年过去了，他们三人每逢春节、元旦时总忘不了给我打电话致节日问候。

章光彬同志还清楚地记得，1986 年第一届留学生入校的那年 10 月，一场寒潮突袭武汉，这使得从热带地区来的学生措手不及。第二天，同学们聚在一起嚷嚷，昨晚很冷呀，我心想学校为你们配了毛毯和两床棉絮呀，我到他们寝室一看，发现放在衣柜里的棉絮没动，这怎么不冷呢？我与大家一起取出被套套上棉絮，并帮他们叠成长筒状放在床上，此时，多明戈斯同学高举双手，猫着腰，且面带疑惑地问："老师，我是不是从被子下面爬进去睡呀？"因为他们从未盖过棉被而闹出这种令人啼笑皆非的笑话。

章光彬同志有一件至今记忆犹新的事。马达加斯加学生莫尼克患阑尾炎手术后，为了给她增加营养，食堂师傅专门为她做饺子，其他同学知道后逢人便讲，我们再也不怕生病了，因为生病有饺子吃，有中国爸爸照顾……

把留学生视如亲人，不仅管理人员是这样做的，任课教师也是如此。有一次非洲同学多明戈斯上人体解剖课，他为了穿白大褂脱下了羽绒服，任课教师张友云教授走到身边，将他脱下的羽绒服又给他披上。这位同学课后对我说："我觉得她很像我的奶奶！"学校给予他们无限的关爱，促进了相互了解，激发了学习热情，增加了对学校、对中国的热爱。学成回国后，许多留学生已成为两国友谊的传递者。

积极支持留学生参加社会活动，促进留学生全面发展。留学生来我国主要任务是学习专业，在完成专业课学习的同时，我们还积极为他们提供全面发展的多种平台，使他们在中国的学习、生活丰富多彩。章光彬同志还清楚地记得，1988年，由中央电视台、上海电视台联合举办的《在华外国友人学唱中国歌大赛》活动，各省级电视台选拔选手参赛。湖北电视台将我校留学生莫尼克选上，安排与湖北大学外籍教师一同表演女声二重唱湖北民歌《洪湖水浪打浪》。莫尼克扮演秋菊姑娘。在排练中刻苦认真，深刻领会剧情动作。比赛时，莫尼克模仿秋菊的划船动作真可谓惟妙惟肖，二人配合十分默契。她们的精彩表演获得观众经久不息的掌声，折服了众评委给予高分而获得金奖。同时，莫尼克女声独唱《让世界充满爱》也获得金奖，成为这次比赛中唯一获得两项金奖的选手。《新民晚报》抢先发布了此消息，各路记者对这位两块金奖获得者进行采访。这时她总是先说："我是湖北医学院大二的留学生"，然后再说"我来自马达加斯加"。随后，在湖北电视台举办的《外国人学唱中国歌》中，莫尼克、美尔耶姆（摩洛哥留学生）、乔治（加蓬留学生）、欧马尔（索马里留学生）均获不同等级奖项。

章光彬同志印象最深的还是来自尼泊尔留学生塔姆的那次比赛。1988年由外国专家局、人民日报共同举办的在华外国专家题为《我眼中的中国》征文比赛。来自尼泊尔的留学生塔姆，是此次比赛中唯一的留学生参赛者，她写的《我爱中国》用中文投稿，其他参赛者是在华专家，而且用的是外国文字。由于他对我国有着深厚的感情及扎实的中文基础，他的征文评为并列第一名，获得一等奖。这个奖，也是湖医留学生参加社会各类比赛中含金量最高的，至今我仍保存着组委会寄来的征文原件。

随后，我校又多次组织留学生参加湖北省高校举办的体育比赛。如湖北高校举办的中国武术散打比赛，加蓬留学生乔治获得第一。所获各类级别之高、数量之多的奖牌，不仅是湖北医学院留学生全面发展的真实写照，也是对湖医留学生工作者们辛勤付出的褒奖。

采访中，当我问到湖北医学院从1986年至2000年8月间培养的留学生中表现最为突出的是谁时，章光彬同志不假思索地说，那就是来自尼泊尔的留学生塔姆，该生在我校读完五年本科后，又继续读完三年研究生，取得了神经病学医科硕士学位，毕业回国后被加德满都医院聘用，现任主任医师。在从事繁重的医治

2016 年 3 月 14 日，塔姆(右三)做客"校友之家"

病人工作的同时，还抽出大量的时间传递中尼两国人民的友谊、把中国文化传递尼泊尔，现任尼泊尔"阿尼哥协会"主席。这个协会是由该国留学中国的专家组成，得到我国驻尼泊尔大使馆的赞助，历史最悠久的民间组织，现有成员 400多人。

　　塔姆为中尼友好做了大量的工作。2001 年至 2008 年，他先后组织尼泊尔悉达多学院教师访问中国多达 8 次，推荐来我国留学人员 55 名。2012 年 6 月，塔姆负责组建了尼泊尔武大校友会并任会长，时任校党委书记李健等曾出席成立仪式并赠送武大校旗。2020 年 4 月应长江日报社之邀，参加"市民之家"、长江日报社与武汉市外事侨办联合主办的市民大讲堂活动，他的报告受到与会者们一致赞成。2001 年至今，塔姆几乎每年来武汉，有时一年来几次，致力于传递中尼友谊，传播中国文化，被武汉市人民政府授予"荣誉市民"称号。

"武汉的八年是我人生最重要的八年，我的大部分人生观、世界观是在这里形成的。"塔姆说。

从专访章光彬同志的过程中，我深深地感到，湖北医学院全体留学生工作人员的无私、诚实、耐心、友善的情怀及辛勤劳动是值得的！他们播下的友谊种子，已在世界各地生根开花！

2020 年 12 月

【作者简介】施金忠，1950 年 6 月出生，1969 年入伍，1973 年 9 月进入湖北医学院学习，1976 年 12 月毕业留校工作，曾任湖北医学院纪委副书记兼监察审计处处长。2000 年 8 月四校合并后任武汉大学机关党委副书记，副研究员，2010 年 10 月退休。曾任武汉大学老年协会副会长兼秘书长。

五

校园建设

话说武汉大学校园建设

戴礼彬

我今年 87 岁。1976 年 9 月担任武汉大学"革命委员会"副主任，1980—1992年担任武汉大学副校长，分管学校基建工作 16 年。本文谈一谈武汉大学校园建设问题。

一、成功的校园规划

1. 先师们的远见卓识

武汉大学的前校址在武昌东厂口，辛亥革命后学校几经变迁更名，学校的规模有较大的发展，由于校舍不适应学校教学的需要，简陋狭小，没有发展的余地，无法适应建成新型大学的需要。著名地质学家、国立武汉大学筹备委员会委员李四光便向当时中华民国大学院提出拟建新校舍的意见，并得到采纳。1928年 7 月，大学院指令李四光、王星拱、叶雅各、麦焕章以及湖北省财政厅长张难先、湖北省建设厅长石瑛等为国立武汉大学建筑设备委员会委员，任命李四光为委员长。

在 20 世纪 30 年代初期，这批著名学者筹建国立武汉大学新校园及大型建筑，为振兴中华、发展中国高等教育事业，留下了传世业绩。在校园选址、规划布局、建筑风格、设计艺术、坚固应用等方面，充分体现了先师们眼光远大、高瞻远瞩、务实求真的科学精神和雄才大略。他们在选址、总体规划、设计施工等一系列的决策，为建设中国式大学校园做出了卓越的贡献。

2. 校园选址的最佳典范

得天独厚的校址是怎样选定的？建筑设备委员会对校址选择重视，借鉴清华和交大的校园选址，均在市外近郊，环境僻静，有利于教学，是读书的好地方，利于学生身心健康，征用土地比较容易，并留有发展余地等条件。

从地形图上看，离武昌城15华里的地方，有个水域广阔的郭郑湖，就是现在的东湖，沿湖低山林立，其中落驾山（闻一多先生改为珞珈山），靠武昌城较近，约8千米。一批著名学者，亲临踏勘，登山瞭望，东北面临郭郑湖，西边是茶叶港（郭郑湖的汊湖）。三面环水的半岛上，东可远眺磨山，西临洪山，南有三国古迹卓刀泉寺。这里有十几个大大小小的山丘，山形起伏，湖岸曲折，海拔20～118米，征地范围3000多亩。这里视野开阔舒展，湖光山色辉映。新校址依据国外著名大学校园的理想模式，遵循了中国古代书院选址重风水的优良传统，以及"山含瑞气，水带恩光"、乐山乐水的传统理念，在这山明水秀、风光旖旎的环境中营造高等学府，是最为理想的。以上总结出几条选址经验，为今后新的高等学校选址提供了最宝贵财富。

3. 在规划中巧妙地利用自然

当时的校长王世杰提出：武汉大学新校舍的建设方针是：实用、坚固、经济和美观，八个字，就是要求达到一流水平。

为了达到校舍规划建设的高标准，选择建筑师也非常重要。经过多方面的努力，选择了美国著名的建筑师开尔斯以及助手莱文斯比尔、萨克斯等中外建筑师。开尔斯1907年毕业于美国麻省理工学院建筑系，对中国传统建筑文化颇有研究，他亲自从空中到地面进行多次实地勘察，王世杰称他完全是个艺术家。

武汉大学新校址占地3000亩之多，以珞珈山为主体，珞珈山的北面有十来个小山头，形成广阔的坡陵地区，尤以狮子山位居中部，顶峰突出，自成中心。这片区域，三面环水，湖光山色，风景宜人。建设文、法、理、工、农、医六个学院，堪称中国大学校园建筑的典范。

珞珈山南麓，缓坡延伸至湖岸，夏季南风吹来，备觉清凉。这么好的基础条件，如果运用得法，真是一个清凉的世界。

整个校园交通，往西同市区衔接，校门邻街，靠近大道，商业供需两利，无论是步行还是车行，都是最佳的选择，便于教学科研，方便学生教师的生活和出行。

规划中的平面布置，教学区以狮子山为中心，狮子山上又以图书馆为中心。图书馆的东侧是文学院大楼，西侧是法学院大楼，图书馆与文、法两院，采取对称平衡、中央突出的手法。图书馆的南面是狮子山的南坡，沿山坡布置学生宿舍，自校前路拾级而上，直达宿舍屋顶平台，这就是图书馆的楼前广场。

人们从珞珈山北麓远眺狮子山建筑群，好像是一座很高大、很宽阔的宫殿，是很壮观的。

还有一组建筑群，以运动场为中心，一条南北向轴线，另一条东西向轴线。在南北轴线上，北边规划理学院建筑群，南边规划工学院建筑群，两个建筑群遥遥相对。东西向轴线与南北轴线的交叉点在运动场，妙用地形。在东西向轴线上，原规划方案东为大礼堂，西为体育场馆。运动场在山谷低处，东、南、北为峡谷山坡，可建台阶。运动场东边大礼堂，是这组建筑群的主体，直到 20 世纪 90 年代建造人文科学馆(又名逸夫楼)后才完成规划。

校园规划充分借用校园内外众多的风景资源为建筑服务，外借东湖、磨山等，借景生辉；内借大小山丘奇特的地貌景观，充分体现了中国建筑顺其自然、与自然融合、天人合一的建筑思想。武汉大学利用得天独厚的地理位置，巧用自然，妙造自然，经过一代代人的建设，终以风景之秀丽、校园之博大、建筑之精美、文化之浓郁享誉海内外。

4. 设计与施工的精益求精

当时利用狮子山的地形，成功设计了老图书馆一组建筑群，山的东边设计了理科建筑群，山的西边设计了学生俱乐部和学生饭厅，整个狮子山的利用，因山就势，错落有致，设计巧妙。

工学院和理学院对称的两个建筑群，利用两山的峡谷，建造大型体育活动场所，这是设计的又一重大精妙成果。

在单体设计中，如体育馆、女生宿舍、男生宿舍、教工住宅等，从方案到构图，从整体到局部，从大部到细部，都具创新理念，都超越时代，是先进的创新思路。

施工质量、使用材料、钢筋水泥、琉璃瓦屋面等，都采用新材料新工艺，大屋顶玻璃都采用了最新产品。

在施工中，钢筋混凝土墙面、斗拱等处，都是能工巧匠所为。将近百年，现在看来，这些建筑的施工质量是上乘的。

5. 育人环境的最优化

校园是教师治学和学生读书的场所。珞珈山新校区，达到了育人教学最优，学生们到教室听课方便，在宿舍读书、到食堂吃饭、在运动场活动等都很随意，给学生的学习整体优化。教师们上课、辅导、做实验以及安居，都在安静的校园进行，感到很舒畅。记得有一年，我们中国大学校长代表团考察美国时，斯坦福大学有一位负责人说："中国大学生全部住校的做法，我们想学也学不到。"他说的是真话，我们的条件保障和后勤服务，对于促进青年成长成才，育人环境是最佳的模式。

二、中华人民共和国成立后四十年校园建设的成绩

1. 中华人民共和国成立初期到 1966 年的十七年

这一时期我国社会主义建设取得了伟大的成就。武汉大学也一样，学校的建设和发展也取得了巨大成就。此时的校园建设，在早期校园建设与规划的基础上，向前跨越了一大步，学校新建设了今天被称为梅园和桂园的两个学生生活区，以及物理楼、生物楼、化学楼、工农楼（今桂园田径场北侧）、教一楼等。这个时期校园建设的特点是：重使用功能，体量适中。

与此同时，学校也制定了校园总体规划。但因当时历史条件限制，出现了一批建筑质量低劣的建筑，如桂园学生宿舍、四区新饭厅等。另外，当时学校领导不注意保护土地，校园被多家单位"借用"，土地流失严重。这样，学校的整体性受到了影响，七零八落。实践证明，校园规划、建设、土地保护是办学的坚实基础。

2. 从 20 世纪 70 年代后期至 80 年代初

因学校教育改革发展的需要，学校经过了三次规划论证会，大体上五年一次。最成功的一次是 1984 年，经过许多专家论证，同时也召开了许多小型规划论证会，派管理人员和技术人员到全国著名高校考察，到外国考察，取得了丰富的经验。请武汉大学长沙校友会会长潘基礩（当年是湖南省人大副主任）支持，出面约请了大批专家参加学术研讨会，对武汉大学的总体规划提出了许多好的意见。经过反复调研和论证，武汉大学正式提出了整体规划。这是一部较为科学的规划，得到了国家教委和武汉市人民政府的批准，武汉大学的发展蓝图确定下来了，它的意义十分重大。

第一，有了规划就有了目标和方向，为学校建设提供了科学的依据，为武汉大学建成世界一流大学创造了条件。

第二，经过政府批准的规划，就有法律效力，有法所建，依法管理，有利于排除干扰，学校的校长就能集中精力办学，学校就能提高办学效益，更多地出人才出成果。

第三，规划是科学与艺术的结晶。规划为进一步建设好校园提供了轮廓，同时为今后校园建设精品佳作，展现中国教育家、建筑师的智慧提供了保障。校园规划是学校发展的蓝图，是目标和方向，我们一定要坚持下去。但规划也不是永远不变的。在实施过程中，由于情况发生了变化，肯定会有修改、补充和完善。为了维持规划的严肃性和原则性，规划只能锦上添花，而不能随心所欲。

3. 依据校园规划，进行了几次大规模的拆迁

第一，把原来混在教学区的四区、五区、六区、七区、八区等六个教职工住宅进行了拆除，在经济很困难的情况下，进行这样大规模的调整，如果没有胆识是很难办到的。

第二，搬迁了一批外单位。由于历史原因和复杂情况，校园被一些单位和居民以种种借口占据。学校成立了专门班子，采取了一系列有效措施，搬走了校外单位和社会居民，收复了失地，校园得以整治。

4. 根据教学改革的需要，进行了大规模的建设

这是在极端困难的条件下采取自筹经费的方法进行的。改革开放初期，国家有很多困难，高等学校的基本建设拨款不多。而武汉大学"文革"期间基本建设的重点又投到襄阳分校和沙洋分校，因此房子是矛盾的焦点，不抓房子，一切都很被动。所以，我们真是革命加拼命，采取"几条腿走路"的方法抓房子建设，建成了各类校舍大约50万平方米，为武汉大学的改革发展创造了良好的条件。

三、校园的五大特色

经过一代代武汉大学人的努力，学校校园基本实现了管理目标："文明、整洁、优美、安静、适宜"。初步实现管理目标，并不意味着一切都好，还存在许多有待解决的问题，还可画出更美的图画来，还要不断的努力，有所前进，有所创新，向着新的更高的目标继续努力。

武汉大学校园之所以魅力无穷，根植于她明显的特色。武汉大学的山并不高，东湖水也不深，为什么这么有名？因为她的环境优美、景色宜人；内在原因是有学问的人多，形成了茂密的师林，才堪称优美的、园林式的大学。归纳起来，武汉大学校园有武汉大学特色：

第一大特色，有一批宫殿式的建筑群，布局精巧，美轮美奂，建筑艺术之精美，建筑风格之新颖，设计思想之先进，建筑质量之优良，堪称校园建筑史和中国建筑史上的奇迹。

第二大特色，它是一幅大自然的山水图画。武汉大学坐落在东湖珞珈山，依山傍水，风景秀丽，"山含瑞气，水带恩光"，这是自然赋予的。山重水复，柳暗花明，这是得天独厚的山水园林。

第三大特色，树木茂密，古木参天，苍松翠柏，品种繁多，年份古老，有的是珍品。四时之景，无不可爱。有"树木园"之称的武汉大学校园，曾是园林世博会的会员。

第四大特色，花草。花和草，是武汉大学园林的一大特色。一年四季如春，梅花、樱花、桂花、桃花、蔷薇、迎春等无数的花种，构成了花中之园。武汉大

学园林以樱花著称，樱花本来不是什么新鲜物，但花的品种众多，是其中的奥秘。

第五大特色，人文景观。如名人塑像、艺术雕塑……有专家指出，像武汉大学这么历史悠久的学校，要进一步扩大它的功能，要加强"观赏功能""精神文明功能""科普功能""文化启迪功能"等，启发青少年立志成才，刻苦学习，其意义是重大的。

学校基本建设属于后勤工作。我们的后勤工作是努力的，责任心、事业心是很强的。但我深深地感到，规划好校园、建设好校园是不容易的。

2022 年 2 月

【作者简介】戴礼彬，1935 年出生。1949 年 6 月参加工作，1956 年当选全国劳动模范，1965 年从武汉大学毕业留校工作。1976 年 9 月任武汉大学"革委会"副主任。1980 年 6 月至 1992 年 10 月任武汉大学副校长。1995 年退休。2005—2016 年，任武汉大学老年协会、老教授协会会长（两届）。1998—2013 年，任湖北省老教授协会常务副会长（第一至第三届）。

回顾 20 世纪 90 年代整治校园环境工作

张清明

武汉大学贯穿 20 世纪 90 年代的校园整治工作，是学校这一时期与举办百年校庆、争进"211"工程建设、深化改革发展等相关的几大重心工作之一。

开展校园整治的主要原因是，进入 20 世纪 90 年代，学校办学层次增加、规模扩大，而校内及周边却有大片土地被不少校外单位与社会居民占用，使办学用地被不断地压缩穿插分割，办学环境日趋复杂混乱，教学、科研与生活秩序被严重干扰。据调查显示，1990 年年初，学校已有 10 多片共约 240 亩用地，被 32 家校外单位与 600 户社会居民占用，常年在校大门内外、进校大门主干道杨家湾一侧、709 所周边、老菜场片周围，以至校中心区及学生宿舍，经营副食店、小餐馆、舞厅、电脑室、卡拉 OK 室、台球室、音像室的，就多达百家。同时还有不少社会居民及少数校内职工家属，在校内多处(包括学生宿舍)摆摊设点、占道经营，这种摊点大约有 40 个。由此，使得校区人员混杂，秩序混乱，环境恶化。先后发生多起重大盗窃、抢劫、团伙械斗、寻衅纠纷及致伤致死案件，其中 50% 的治安案件和 70% 的刑事案件，都与上述校外人员相关。如 1990 年珞珈山庄盗窃案，1991 年枫园学生宿舍团伙盗窃案，1992 年 3 人抢劫案，1992 年校外小车在桂园运动场跑道撞死化学系一名学生案，1993 年杨家湾音像室播送淫秽录像案，1993 年校外团伙持械进校报复案，1993 年附中一名女教师被校外进校吉普车挂带拖死案，1994 年杨家湾人员在湖边食堂杀人、伤人案。

鉴于上述严重状况，学校在樱花开放期间所进行校园秩序管理基础上，于 1990 年年初到 2000 年 8 月，开展了有组织、有计划、逐步深化的校园整治工作。

武汉大学贯穿 20 世纪 90 年代的整个校园整治工作，大致包括前后基本相衔接的两大阶段；每一大阶段又包括互相衔接的两期与两步：

第一阶段：校园整治综合治理阶段。

第一期——校园环境综合治理（1990 年 6 月—1993 年 11 月中旬）；

第二期——校园拆违综合治理（1995 年 4 月中旬—1997 年 2 月中旬）。

第二阶段：校园整治拆迁治理阶段。

第一步——拆迁整治老菜场及杨家湾 1/3 片区（1995 年 11 月初—1997 年 12 月底）；

第二步——拆迁整治杨家湾 2/3 主体片区（1999 年 4 月中旬—2000 年 6 月底）。

一、校园整治综合治理阶段

武汉大学校园整治综合治理阶段，大体从 1990 年 6 月初开始，到 1996 年年底拆除老菜场片违章乱搭乱盖为止。本阶段实际又分两期：第一期，校园环境综合治理；第二期，校园拆违治乱。

（一）第一期，校园环境综合治理（1990 年 6 月—1993 年 11 月中旬）

第一期校园环境综合治理又以治安为中心的校园治安综合治理和以治乱为中心的校园治乱综合治理两小段。

1. 校园治安综合治理（1990 年 4 月—1991 年 4 月）

1990 年初，学校在改革开放中有较大发展，校内人员快速增加，社会多种负面影响对学校的冲击也相应增大，学校状况逐渐复杂，尤其是治安形势明显恶化。对此，学校及时动员校内公安、学工、后勤等部门进行了治安综合治理。与此同时，省公安厅下发了在高校开展治安综合治理的《通知》，并将适时进行检查。于是，学校根据《通知》精神，进一步加强了校园治安综合治理。

（1）学校领导高度重视。为开展治安综合治理，先后召开大小会议 10 多次，研究决策、宣传动员、部署实施。撤销了 1989 年 11 月成立的校园整顿领导小组，成立武汉大学校园管理委员会，下设独立建制的办公室。

加强了校园整治领导小组，下设办公室，具体组织、执行。

（2）宣传发动组织全校师生员工参与治安综合治理。确立了各级治安责任人并建立了相应的制度。动员组织学生参与了对校园、宿舍、公共场所的治安管理。

（3）加强了全校学生宿舍的门禁制度，并坚持了由学生轮流进行治安值班的日常制度。同时，恢复并加强了教职员工对住宅轮流值守的门栋值班制度。

（4）加强了对要害部位及多事地点如校大门、行政大楼、新落成人文馆、重要实验室及测试中心的治安保卫工作，配备改善了必要的器材设备，给予必要的人、才、物保障。同时，加强巡逻力量，进行全日制的值守。

（5）研究并促进了新校大门及隔离杨家湾围栏的建设。通过两次校务委员会的研讨论证通过了这两个建设项目，并建议抓紧筹备，及时施行。整修了常出事故的桂园运动场。拆迁了为学校进行基建的武汉市建筑六公司在校占地及临时用房。整治新图书馆、新物理大楼门前与周边杂乱环境。外迁了12路公交车站及附近校外单位和社会居民，方便了人员进出，减轻了人车混流、事故多出的重大压力。

同时，在文理学部生活住宅区开辟场地，搭建了近200平方米的集贸市场（今校工会的东侧），显著缓解了老菜场片区及校内路边道口乱搭乱盖、占道经营的混乱现象，减少了治安纠纷，也方便了教职工。

（6）加强了樱花开放时节的校园治安管理。以往每年4月上中旬，校内樱花开放期间，都有数十万人进校赏樱参观，给学校教学秩序和治安管理造成较大干扰与压力。为此，学校在当年3月初，就修订完善了相应的管理制度，改善了门禁及补偿性门票收费管理，清理了占道经营的摊点，加强了赏樱参观的指导，进行不间断的清洁卫生管理，强化了校园治安巡逻。正是这一套经过修改完善的管理制度及相关措施，保证了当年樱花开放期间参观游览的治安秩序与顺利成功，也为此后同一活动的管理提供了健全与发展的借鉴和基础。

2. 校园治乱综合治理（1992年年初—1993年11月中旬）

为巩固前段校园治安综合治理的成果，针对当时校园尚存在且还在恶化的环境问题，学校继续开展了深入一步的校园环境综合治理。

1993 年 4 月，学校撤销校园管理委员会办公室，成立校园土地管理与周边开发办公室，并将校园环境综合治理与筹备百年校庆、争取进入"211"建设行列，尤其是其时由国家教委在全国 13 所院校开展的"校园环境综合治理"及"欣赏评估"活动相结合进行。

（1）治理校大门及周边的拥堵失序。经多次行动，清除了门前及周边摆摊设点、占道经营的乱象。在武汉市、武昌区政府及交管部门的支持协助下，迁走了校门对面道边的 12 路公交车站，并保留了门前广场的值班交警。推移了杨家湾靠近校大门的出入路口，移除其出入口道旁的自行车棚。从而基本上消除了校大门前多方人流与各种车流混杂拥堵、事故频发的混乱状况。

（2）修建隔离杨家湾干扰的铁栅栏。杨家湾是我校西部紧邻校大门及进校主干道的一片 64 亩被占土地的居民区，这里杂居有 15 个校外单位，还有约 480 户社会居民，人员复杂，环境脏、乱、差，其严重的负面状况与人为干扰，直接损害了我校的整体形象，局限了办学发展空间，严重破坏我校的育人环境。因此，学校在此次校园环境综合治理期间，在复制修建校大门之后，也贴近进校主干道北侧，从校门直到化学大楼、再折向西的长 150 多米铁栅栏，将杨家湾与校园隔离开来，从而限制、缓解了杨家湾严重的负面影响与人为干扰。

（3）集中整治校园内摆摊设点、占道经营顽疾。当时，在校大门周边、进门主干道栅栏沿线、校中心区多条道路及路口，常年尤其在节假日里，都有杨家湾及校周边社会居民以及少数教职工家属任意摆摊设点、占道经营。这些游散在各处的摊点，有 40~60 个。在 709 所后面至友谊门一带，还出现夜市摊点、小吃摊点，逐渐形成大排档以至夜市一条街。这种乱象严重影响校园环境，滋生不少纠纷事故。对此，学校先后进行了两次集中清理，并组织专班力量，开展了日常性的巡逻管理，有效遏制住了这种混乱状况。

（4）拆除违章建筑、乱搭乱盖的棚子。当时，在老菜场片区、杨家湾靠栅栏沿线、文理学部南三区、北三区以及湖边宿舍等处，都先后出现不少违章建筑和乱搭乱盖的棚子。如老菜场背后就有 8 处见缝插针违章修建的小平房和搭建的棚屋，用于经营早餐、台球、照相、电游。家属区有 50 多户擅自扩充延展阳台、厨房，随意在门前、屋后空地搭建厕所、厨屋、杂物用房，使得这些地方更加拥挤、杂乱。为此，学校召开全校教职工开展综合治理的动员大会，拆除违章建筑、乱搭乱盖棚子。把维护生活住宅区的整洁有序，作为重点治理任务提出，并责成有关教职工所在单位的领导负责配合学校做好工作，督促完成治理任务。经过近两个月逐家逐户的艰苦工作，基本完成上述治理任务。

（5）整治运动场地，新增运动设施。修缮大操场（9·12广场）场地，修建了操场东、北、西三面的多层看台及铁杆围栏与进出口，还补建了靠东边的主席台。在校内10多片区增修了近30个篮、排球球场，增加了一批运动设施，进一步改善了学生及教职工的运动和锻炼条件。

（6）全面维修了老旧学生宿舍，排除了安全隐患。发动学生制定了关于实行自我管理、增强文明素质的规章制度，调动、加强学生自我管理的意识和能力。在校园环境综合治理期间全校学生自己动手，进行了两次宿舍内外的清洁卫生大扫除，并坚持了日常自我管理。

（7）整治改善了小操场的面貌。小操场是全校大型集会和周末放映电影及演出活动的传统场所，当时即将举行的百年校庆大会同样要在这里举行。但因此处使用较久，显得老旧简陋，故而通过这次综合治理，对其进行了较大程度的维修整治，翻修了中央场地，整修了后场的阶梯座位，后移重建了放映室，维修加固了舞台，更新了电路和电器设备，加固了围墙，改建、翻修了四方的大门及进出道路。节俭而精心的治理，使得作为学校形象之一的小操场面貌焕然一新。

（8）校园环境综合治理成效明显。1993年11月18日，国家教委高校校园环境综合治理评估检查团到武汉大学检查评估后，团长温纯作了长篇总结讲话，现据个人当场记录，摘录如下：

"在学校检查了两天多，昨晚全体检查团成员通过认真逐项讨论，秉公评估，严格审定分数"，"结果表明，武汉大学的校园综合治理已取得突出成绩，基本达到了治理目标"。"武汉大学近两年特别是今年以来，紧抓校园综合治理，管理水平上了一个很大的台阶"，"学校领导高度重视，统一齐心，真抓实干"，"1992年3月就成立了校园环境综合治理小组，1993年校领导班子换届，又调整了领导小组。治理中前后召开过14次会议，两次全校学生动员大会，1次教职工动员大会，每位副校长还分片包干，直接到基层指导治理。夏都锟副校长还住在桂园一个月"。"通过治理，武汉大学焕然一新，硬件方面，变化很大，到处赏心悦目……精神方面更是如此……经过评估审定，武汉大学这次校园环境综合治理的总成绩，优秀！检查团一致建议国家教委表彰奖励。"

(二)第二期，校园拆违综合治理(1995 年—1997 年 2 月底)

在第一期校园综合治理取得阶段性成绩，助推百年校庆成功举行之后，学校针对校园环境尚存在的严重问题及前期治理成绩的回潮状况，继续加大力度开展了第二期的校园拆违治理。其主要概况如下：

(1)固化了一期重要成果。如整修强化隔离杨家湾的铁栅栏，就是一项此类重要的治理措施。这段长达 150 多米的隔离栅栏建起之后，基本阻隔了杨家湾乱象对学校的严重影响与干扰。但自建起之后，一直遭到湾内居民的强力破坏，其铁质栏杆多次被截断、扭曲，最多时被锯开 10 来个洞口，供人进出。与栅栏相连的化学大楼南侧围墙，也常被洞开。当时学校只有不断地焊接栏杆、修墙补洞，但却始终无效。为此，学校在充分准备和组织之后，于 1995 年 3 月 7 日午后，开始分段上人对被破坏的栅栏进行堵口，再砌砖混围墙，但却遭到湾内 30 多人的强力阻挡。其间，学校还在现场不远的软件基地大楼，临时召开了校党政联席会议，商定支持砌墙。接着，又通过与湾内人员近 8 个小时的纠缠、争斗以及对他们艰难地劝说，终于在次日凌晨，乘势在铁栅栏基础之上，堆砌起一道高 2.5 米、长 150 米的砖混隔离墙(原铁栅栏夹在墙体中间)，并安排 24 小时换班(每班 10 多人)在现场守护，连续 15 天日夜轮班守护，半月后墙体水泥凝固，才改为日常的巡逻守护。

(2)彻底清除老菜场片的乱搭乱盖与违章建筑。前述老菜场片及二区老宿舍之间 8 处乱搭乱盖、占地违章经营乱象，虽经治理，却又死灰复燃，且此处邮局还趁机违章在后院占地扩建了用房和车棚。1995 年 11 月 15 日，学校在武昌区领导及公安部门支持下，采取坚决措施，进行了更大力度的整治。此后，又经两次后续行动，于 12 月上旬全部清理完毕。与此同时，学校采取"任务到单位，责任到领导"的硬性措施，在校园其他地区也开展了同样拆违行动。到工期尾期，全校共清除近百处危旧平房、棚屋，自拆和处理了近 180 处乱搭乱盖的违章建筑。

（3）治理校外人员强占或违规占用住房的乱象。多年以来，不少校外人员通过转租、转让和暂住不退等方式，长期强占学校住房，还有不少离校或去世教职工的亲属违规长期占用应退住房。至 1996 年年底，这类被长期强占和应退不退的学校住房多达 120 多处，总面积达 5530 多平方米。此种现象，侵占了学校房产权，使学校教职工住房更加紧张，并因内外混杂，不便管控，所滋生的纠纷、事端也严重干扰了校园环境。对此，学校也加大了治理力度，通过说服劝离、限期搬出、强行收回及合理变通处理等项耐心艰苦的工作，于 1997 年年底基本收回处理了上述绝大部分失控住房，堵塞了管理漏洞，维护了校园生活秩序。

（4）进一步整治校园及周边治安。1996 年 4 月，中治委、公安部、教育部联合下发了《关于整顿高等学校治安秩序的通知》，学校在前段治安综合治理基础上，针对当时有所反复的状况，依据《通知》精神，在市政及公安部门支持下，加大力度，整治了校内及周边 10 多处经常滋生事端的各类娱乐场所，并配合当时的“严打”斗争，重点侦破打击了跨校园内外、长期寻衅滋事的两个流氓团伙及一个带黑社会性质的犯罪集团，惩治了一批违法犯罪分子，进一步维护了校园及周边的治安秩序与安全。

（5）明确形成了拆迁根治校园环境的续治计划。前一阶段校园综合治理成绩明显，但多是被动而为，且常是前面治理，随后反复。几处长期造成严重干扰破坏的“重灾区”，不仅未被触动，反而继续生乱。由此，学校深感要想取得未来校园整治的理想成效，必须治根，乘势开展第二阶段的整治——拆迁老菜场片和杨家湾片，收回被占土地。1995 年 10 月上旬，学校将经 10 多次研究所形成的拆迁收地的设想，报请国家教委批示（抄报省、市）。11 月 14 日，国家教委主任朱开轩专程到武汉大学视察，他花 2 天时间约见省、市 7 位主要领导人，共同支持武汉大学整治育人环境，得到地方政府的积极回应，迅速推动了武汉大学根治性的校园整治。

二、校园拆迁收地整治阶段

1996 年 2 月 27 日，湖北省委、省政府“整治武汉大学校园环境现场办公会议”（简称二·二七会议）在武汉大学召开。会议决定，采取坚决态度和过硬措施，整治武汉大学校园环境，按照"全面规划、突出重点、分步实施、先急后缓"的原则，逐步将校外单位和社会居民迁出校园，彻底清除干扰破坏武汉大学校园环境的根源。

根据上述会议精神，在省、市政府及相关部门支持下，学校迅即开展了拆迁收地的整治工程。

1. 调整加强校园整治专门领导机构

将原校园土地管理与周边开发办公室，调整为"武汉大学落实省委、省政府'二·二七现场办公会'精神领导小组"及其办公室，在省、市政府及相关部门支持帮助下，具体组织实施整治工程。

2. 确定了拆迁整治的实施步骤和经费预算

拆迁整治阶段拟分两步：

第一步，拆迁老菜场片及杨家湾 1/3 片。此步又分两期，第一期，拆迁老菜场片；第二期，拆迁杨家湾靠隔离墙的 1/3 片。第二步，拆迁杨家湾余下 2/3 主体片。

本阶段拆迁经费，由国家教委(含学校)与省、市各筹措 1/3。而实际投入的总经费为 6914.46 万元，其中，省资助 1800 万元，市资助 850 万元。

3. 拆迁整治简况

(1)拆迁整治第一步第一期——拆迁老菜场片。此片位于学校老二区(现图书馆北部至万林艺术馆区域)，是教学中心区与教职工生活区的中间过渡地带，主干道珞珈山路穿过其间。这里散布 8 个校外单位(含其部分家属宿舍)：武昌区珞珈山国营菜场、副食店、合作饮食店、合作副食店、煤店、理发店及珞珈山邮政支局、新华书店珞珈山分店。到 1996 年 12 月底，除珞珈山邮局外，通过拆迁还建或异地安置方式，拆除了老菜场片 7 家校外单位商业用房 2462.27 平方米。拆迁此片耗资 324.6 万元，省、市各分担 110 万元，国家教委出资 94.6 万元。

(2)拆迁整治第一步第二期——拆迁杨家湾靠隔离墙的 1/3 片。此片占地 22.4 亩，有洪山区房管所和武昌区房管所的公房、洪山区供销联社、洪山区商委等 4 校外单位，以及洪山区财税局、武汉市东湖水厂、珞珈山邮政支局、洪山商场等 4 家校外单位的职工宿舍，另有社会居民私房 142 户。从 1998 年 4 月底至 8 月底，通过拆迁还建或货币补偿方式，拆除了上述外单位全部房屋 9881.78 平方米；拆迁总经费 2190 万元，教育部、省、市各 730 万元。接着，由学校筹资，委托武汉市征地拆迁事务部整建了从现本科生院到振华楼的隔离围墙，平整了拆迁工地。

(3) 拆迁整治第二步——拆迁余下的 2/3 杨家湾主体片。

杨家湾未拆迁的主体部分，占地 41.6 亩，有校外单位 5 个，社会居民 251 户，房屋总建筑面积 23620.97 平方米。2000 年 6 月完成拆迁工作，拆迁总经费为 4500 万元，其中教育部承担 2000 万元，湖北省承担 1000 万元。

显然拆迁这一片区，情况更复杂，任务更艰巨，所需经费更巨大。因而第一步拆迁整治工程完成后，没能及时跟进第二步，直到 1999 年 4 月 15 日，教育部批下经费后，学校于 5 月 7 日报请省、市批准，启动第二步拆迁工程。经过 7 个月的工程筹备，于 1999 年 12 月下旬，学校在市、区(武昌、洪山)及相关部门以至街道政府的大力支持下，委托武汉市征地拆迁事务部具体实施拆迁。2000 年 6 月底拆迁完毕，武汉大学校园整治中拆迁收地的关键性工程大功告成。

三、值得细述的一些人和事

武汉大学 20 世纪 90 年代开展的校园整治，尤其是第二阶段拆迁收复失地，收回了老菜场片和杨家湾片的近百亩土地，这是武汉大学历史性成果。整个整治过程，不仅逐步治理维护了当时的办学秩序，优化了育人环境，也在相当程度上开拓了学校后续建设的用地空间，满足了学校多少代师生员工包括海内外校友、社会友人几十年来的殷殷愿望，激发了大家的办学热情，有力促进了学校的改革发展。

校园整治尤其是第二阶段拆迁收地工程，复杂艰难，用资颇巨、耗时也长。若不是武汉大学师生员工包括广大海内外校友殷切愿望的强力支撑与部分参与，若不是上级领导和省、市政府及其相关部门的鼎力支持与巨额资助，若不是学校党政领导与所设具体整治机构及人员的执着与艰苦努力，那是绝不可能完成这一艰巨任务的。

下面，叙述几个有代表性的人和事。

1. 武汉大学校园整治关键阶段——拆迁收地的直接推动者，是当时的国家教委主任朱开轩

1995 年 10 月 14 日，朱开轩主任专程赴汉，当晚和次晨两次视察了校园环境。15、16 日两天，他分别约见了湖北省委书记贾志杰、省长蒋祝平、省委副书记杨永良、副省长韩南鹏以及武汉市正副市长赵宝江、李昌禄，商请他们帮助武汉大学整治校园，解决育人环境问题，并提出了具体措施建议。赴约的省、市领导均作出了坚决、诚恳的积极回应。

1995 年 10 月 31 日，国家教委综合司通过长途电话，将朱开轩于 10 月 19 日在我校 14 日的相关请示上的批示传给学校："……请天保同志阅示。我抽了一个晚上，仔细看了报告所列各处的实际情况，确实严重。我分别会见贾志杰书记、蒋祝平省长……及武汉市正副市长，拜托他们关注此事，先解决老菜场搬迁及保卫杨家湾围墙，其他问题从长计议，可能要花一点钱，希望省、市、教委、学校共同分担；但最关键的还是政府出面。"

由上述，我们可以清晰地感受到，朱开轩主任是何等深切地关注和切实地推动武汉大学的校园整治。正是他的直接推动，开启了武汉大学在省、市政府大力支持下根治校园整治工作。

2. 省委、省政府"二·二七会议"

1996 年 2 月 27 日下午，湖北省委、省政府在武汉大学人文馆召开"整治武汉大学校园环境现场办公会"。省委书记贾志杰、省长蒋祝平、省委副书记兼武汉市委书记钱运录、省委副书记杨永良、副省长韩南鹏、省长助理王少阶，武汉市长赵宝江、副市长殷增涛等出席会议，省、市计委、财政、教育、公安、工商、税务、城建、房地、土地、城市规划、广电、新闻等部门负责人与会。国家教委副主任张天保专程赴汉出席会议。会前，参会领导在学校领导人陪引下视察杨家湾、老菜场片区，接着到会场听取了学校相关负责人的情况介绍及问题回答，然后展开会议。会议认为，支持武汉大学发展、为武汉大学创造良好育人环境，是省、市义不容辞的责任。要求省、市政府职能部门要站在优先发展教育事

业、推进"科教兴国"和"科教兴鄂"的高度，采取坚决态度和过硬的措施，整治武汉大学校园环境。会议确定整治的基本原则是"全面规划、突出重点、分步实施、先急后缓、妥善安置、保持稳定"。具体措施是，逐步将校外单位和社会居民迁出校园，彻底清除破坏武汉大学校园环境的根源。

因开会时间而冠名的"二·二七会议"，是湖北省委及省、市政府动员、部署彻底整治武汉大学校园环境的重大举措。其对武汉大学这段时期建设发展的推动作用，与前述国家教委主任朱开轩一样会在武汉大学校史上留下浓重一笔。

3. 为整治武汉大学校园而积极协调、艰辛工作在一线的人们

(1)参与辅助协调武汉大学校园整治的上级负责人员中，颇具代表性的有国家教委前后两位副主任张天保、张宝庆。

张天保副主任，当时是朱开轩主任关注推动武汉大学校园拆迁整治的主管副主任，1995年10月19日，朱开轩对武汉大学10月14日给国家教委关于开展校园拆迁整治的请示批示第二段就是："请天保同志阅示。"10月27日，张天保即直赴武汉，下午在校领导陪同下，察看了老菜场片、杨家湾片、709所围墙。此后同校领导细商拆迁整治细节。当谈及先拆迁老菜场片的经费问题时，他当场表示："拆迁老菜场，在百万元内，不报告。过百万，打报告。"1996年2月27日，他又代表国家教委直赴武汉出席了湖北省委、省政府在武汉大学召开的"二·二七现场办公会"。会前会后，都同校领导进行了详细沟通，给予了切实指导建议。

国家教委张宝庆副主任(后为教育部副部长)，是接手张天保副主任来处理推动武汉大学校园拆迁整治的。1999年4月15日，在学校正为拆迁杨家湾2/3主体片筹措经费之际，张宝庆副部长带着两位司长到校，当天下午他只身在有关校领导陪同下，从当时的杨家湾出入门绕过隔离墙进入湾内，进行了两个小时的观察。近下午5时，赶回珞珈山庄二会议室，听取了有关校领导的汇报：拆迁杨家湾1/3片的情况，以及坚持迅速拆迁杨家湾2/3主体片的理由。在汇报接近尾声时，宝庆副部长笑着打断了汇报："我听清楚了，你说，需要教委出多少钱？"校领导人回道："2000万元。"宝庆副部长："我们给2200万元。"在场校领导和在会议室内外听会的近百人中，响起好大一阵掌声。

(2)积极辅助协调武汉大学校园拆迁整治的武汉市、武昌区、洪山区负责人

员中，具有代表性的有：原武汉市副市长殷增涛、涂勇，原市政府副秘书长阮成发，原市规划土地管理局副局长栗建新，武昌区副区长宋必建、洪山区副区长廖家本等。

阮成发是最早直接帮助武汉大学整治校园环境的市政府负责人。1993 年 3 月 20 日，他就应学校请求，带领公安、规划部门及武昌区等单位的 10 多位负责人到校，帮助处理校大门及隔离杨家湾的铁栅栏和围墙屡遭破坏的问题。

殷增涛是较早全面支持帮助武汉大学进行校园整治的市政府负责人。1994 年 1 月 11 日，他带领市政府秘书长、市建委主任等 10 多个相关部门的 40 多位负责人，在学校主持召开了"武汉市政府解决武汉大学校园整治中几个问题的现场办公会"，并签发了《会议纪要》。他和赵宝江市长参加了省委、省政府"二·二七现场办公会"之后，即于 3 月 27 日，带领 30 多位市政有关方面负责人，在武汉大学召开了"落实武汉大学第一阶段校园整治任务的督办会"，并即时签批下达了武汉市的相关经费。

涂勇副市长于 1998 年 1 月中旬接替调任的殷增涛，支持帮助武汉大学完成了拆迁杨家湾 1/3 片的整治任务。接着，又支持帮助武汉大学具体决策、启动实施，直到顺利完成拆迁杨家湾 2/3 主体片的关键任务。

武汉市规划土地管理局栗建新副局长在武汉大学校园整治尤其是第二阶段拆迁收地整治过程中，积极发挥了重要的参谋作用，并组织执行了不少具体任务。第二步拆迁杨家湾 2/3 主体片的任务更加艰巨，有可能延时甚至搁置，栗建新及时、诚恳地向校领导建议：应该乘势实施第二步，彻底拆迁杨家湾。这一审时度势、业务性极强的宝贵建议，很快被学校采纳。

武昌区副区长宋必建，早在 1993 年 3 月就随阮成发到武汉大学解决隔离栅栏及围墙被破坏的问题。此后直到拆迁整治结束，他都恪尽职守，积极支持配合学校，直接或参与处理了如老菜场片拆违、保护杨家湾隔离墙等多项艰难的整治任务。

(3)武汉大学校园整治的直接推动者及具体组织执行人员。学校十年的校园整治，是由校党政领导研究组建的临时管理机构来具体组织、执行的。现罗列如下(并非完全准确)：

"校园整治领导小组"(1990—1991 年年底)，其成员先后有：戴礼彬、张清明、夏都锟、张杰、朱胜利、蔡时来、袁希华、姚英胜等。戴礼彬先任组长，后由张清明代组长。

"校园环境综合治理委员会办公室"和"校园土地管理与周边开发办公室"（1992 年 3 月—1996 年 2 月），其领导小组成员：组长：张清明，副组长：夏都锟。成员：张杰、熊咬卿、姚英胜、蔡时来等。办公室主任：张杰。成员：周景明、林继奋、周光应等。

"武汉大学落实省委、省政府'二·二七现场办公会议'精神领导小组及其办公室"（1996 年 3 月—2000 年 8 月）：组长：任心廉、陶德麟、侯杰昌（陶德麟校长离职后任组长）。副组长：侯杰昌、张清明、陈昭方。成员：张杰、何祥林、任珍良、刘家旭、袁希华、王连之。办公室主任：任珍良；副主任：徐应荣。

（4）积极支持、参与校园整治的广大师生员工。在综合治理阶段，治理学校大环境、恢复全校宿舍门栋值班、提高学生素养和自我管理能力，清除住宅区乱搭乱盖等整治任务，都在全校 2 次动员大会之后，由全校师生员工参与完成的。又如隔离杨家湾的砖混围墙，是由 60 多位后勤职工经 2 天分工准备、多段突击抢修而成的。事后，又有近百名教职工连续 15 天自愿参与对新建隔离墙的日夜轮班守护。再如，前述张宝庆副主任在山庄会议室代表国家教委承诺拆迁杨家湾的资助经费时，赶到会场听会的 100 多位教职工顿时给予一片掌声，这都是广大教职工高度关注、积极参与的深刻体现。显然，武汉大学师生员工多少年来让校园更优美的殷切愿望，以及他们对校园整治的高度关切与积极参与，也是武汉大学十年校园整治得以圆满成功的动力。

2000 年 8 月，新武汉大学组建。原武汉水利电力大学、原武汉测绘科技大学和原湖北医科大学的校园和周边，同原武汉大学一样，依然存在校园育人环境堪忧问题。

新武汉大学的校园整治工作任务仍然在路上。

2021 年 3 月

【作者简介】张清明，1941 年出生，武汉大学教授。1965 年毕业于武汉大学中文系，并留校工作。曾先后任武汉大学党办主任、秘书长、副校长等职。2001年退休。

缅怀汤商皓学长兼说樱花的来历

刘以刚

我与汤商皓学长相识是在 1985 年。这年的 5 月 25 日，旅居美国的汤商皓学长回到阔别 42 年的母校访问。当时，我任武汉大学高等教育研究所校史研究室主任，有幸忝列参加接待工作。能够再亲眼看看母校的一山一水、一草一木是汤先生的夙愿，过去由于众所周知的原因，始终未能成行。改革开放后的 1985 年，当汤先生重新踏上这片与他有着不解之缘的校园故土时，他的心情是何等的激动和兴奋啊！

当时陪同汤先生回母校的有：他在武汉大学的 2 位同班同学——华中科技大学大学教授张培刚、武汉大学经济系教授黄永轼，汤先生在湖南工作的儿子汤原华及外甥许廉发等人。学校相关部门热情地接待了他们，并向他们介绍母校现在的情况。汤先生对 1949 年后母校的巨大发展变化表示惊讶和赞叹，不停地称赞道："这可比得上世界一流的大学！"当有关部门同志送给他一套武汉大学彩色图片时，汤先生一脸惊喜，连声说："这是母校送给我的最好礼物啊！"汤先生在台湾生活很长时间，他回忆起一段往事：1961 年，不知哪位校友得到一本从祖国大陆带过去的武汉大学画册，在台校友如获至宝，纷纷翻印，聊慰对故园的热爱、对母校的思念之情。

我们陪同汤先生游览了校园。在老图书馆阅览大厅里，他环视四周，抚摸着桌椅，追忆已逝的岁月。当他和张培刚、黄永轼两位同学并排坐在一起，沉浸在当年负笈求学的青年时代的回忆中时，有人为这三位年逾古稀的老人拍了一张照片。汤先生参观了老斋舍、教学楼和正在开饭的学生食堂，又兴致勃勃地找到他曾经住过的列字斋寝室，和现住这儿的计算机系的三位同学亲切交谈，合影留念，勉励学弟们为国家用功学习。

在参观过程中，我私下向张培刚教授提出，想请汤先生谈谈武汉大学校园内樱花树的来历。于是，张教授有意识地大声说道："我们当年读书的时候，这里还没有樱花树吧？"言外之意，委婉地请汤先生作答。但是，汤先生没有应声。可能是一两句话说不清楚的缘故吧。我又对他儿子汤原华提出，是否能请他父亲写写当年留守珞珈山护校和有关樱花树的故事，以便弄清楚当年武汉大学的樱花史实，他答应了。第二天送汤先生到南湖机场(后搬迁到黄陂，即今天河机场)，临登机前，我又对汤原华提及此事，得到应允。

这里还有一个小插曲，参观完毕，在半山庐旁的原教工小食堂二楼(此处现为武汉大学校友事务与发展联络处、校友总会办公室、教育发展基金会和董事会办公的场所)，设宴款待汤商皓先生一行，我也作陪。厨师刘师傅烧了一桌丰盛的美味佳肴，张培刚教授连声赞道："味道不错，不错！"并问道："厨师是谁？"当刘师傅出来和客人们见面时，张培刚教授惊呆了："是你啊，刘师傅，当年你结婚时我还是你的证婚人哩！"说罢，汤商皓等人哈哈大笑，并给刘师傅敬酒。张培刚教授原是我校经济系主任、总务长。1952年华中工学院建校后，调往华中工学院任总务长，参加创建工作。

1934年7月，汤商皓毕业于武汉大学法学院经济系的学位照

数月后，汤先生从美国给我寄来一文：《1985年回国重游珞珈母校武汉大学忆往感怀记》，文中详述了1938年他受王星拱校长和杨端六教授之托，留守珞珈护校的往事及樱花树栽种的历史，对今日母校的发展变化表达了欣喜和敬佩之情。1988年，我主编《武汉大学校友通讯》，写了一篇《白云游子意 落日故人情》的文章，详细介绍了汤商皓先生这次母校之行，并附上汤先生的《1985年回国重游珞珈母校武汉大学忆往感怀记》一文。于是，武汉大学樱花树种植的时间，武大学人留守护校的壮举，以及当年武汉大学校园的情景等第一次被公之于世，弥补了武汉大学在抗战时期缺失的这段校史。

汤商皓学长1912年出生于湖南省大庸县（现张家界市），1934年毕业于武汉大学法学院经济系（那时经济系设置在法学院）后东渡日本留学，专习国际贸易与国际金融。1937年"七·七"事变不久，回到母校执教。1938年2月，武汉大学大部分西迁四川乐山，毕业年级学生和小部分教师职工坚持到6月底。行将迁校前，王星拱校长和法学院院长、迁校委员会委员长杨端六教授考虑到汤商皓谙熟日语，其夫人铃木光子又系日本女子，于是指派他留守武汉，保护学校。同时留下的还有总务处3人、秘书组1人。1938年10月26日，武昌沦陷，武汉大学被日军侵占。当时校园内驻扎一个日军联队，联队部设在文学院，联队长是荒原大佐。过了不久，汤商皓冒着风险，嘱托夫人铃木光子前往"武汉治安维持会"，联系前往珞珈山巡视校园事宜。获准后，他俩从汉口由学校预先租定的一间民房出发，过江上岸，沿途遭日军数次盘查。一路上，只见兵车辚辚，路断人稀，一幅战时景象。一行6人，无不暗中垂泪。在文学院原王星拱校长办公室，见到了荒原大佐。汤商皓在与他谈话时，要求他将驻扎在校园内的千余名日军调往城外，迁出若干校舍，以便保留学校原貌。荒原大佐最终答应，将住在天地玄黄至辰宿列张16个单元学生宿舍的大部分官兵调往城内。但是，文、理、工学院已被日"华中派遣军"文职人员使用，一区18栋教授宿舍也由日军高级军官居住。学生饭厅楼上楼下为日军野战医院，拒不迁出。汤商皓一行乘车从学校大操场转到湖边女生宿舍，又转到东湖边的自来水厂，然后回到理学院，绕往山后的教授宿舍巡视，只见各处门前都有日军出入。武汉大学附中（今武汉大学第一附属小学）军车云集，成为车辆调度场。邮局附近（今图书馆东北角至梅园二舍）已经成为一片马厩。宋卿体育馆，已成为日军军官俱乐部。大好湖山校舍，不久前还是传道授业的地方，现在忽然变成日军驻扎的兵营，汤商皓一行无不悲痛万分。

1939 年春，汤商皓一行又来到珞珈山巡视校园。此次接待的是日军高桥少将，此时校内驻军减少，校园已成为日军办理后勤的地方。高桥表面和善地对汤商皓说："惟值此春光明媚，尚欠花木点缀，可自日本运来樱花栽植于此，以增情调。"随即带一行人到文学院前，遥指将要栽植樱花的地方。汤商皓回答："可同时栽种梅花，因为中国人甚爱梅也（他的意思是，樱花是日本国花，梅花是当时中国国花）！"高桥婉拒，并说："樱苗易得，梅种难求。"要他们明年今日来此赏樱。汤商皓栽种梅花的设想没能实现，但维护民族尊严的精神却昭然若揭。

1939 年冬，学校留下的守校经费即将用完，汇兑又不畅通。于是汤商皓派两人设法入川，请示返校复命，一人回到黄陂原籍家中，另一人和他一起继续留汉护校。在此期间，铃木光子向日侨批发部购买日用品，沿街出售，维持生计。每过数月，则到珞珈山巡视一次。1942 年冬，铃木光子病逝，两个儿子无人照料。

1943 年夏，汤商皓与现在的夫人刘崇贤女士结婚，一家四口生计维艰。夫妻商量后，决定将二子寄养岳父家中，两人借故先乘船到上海，再转香港赴湘入川。而另一名留守护校的涂君，因年已老迈，也先回到原籍湖北汉川去了。临行前，汤商皓最后一次回到珞珈山护校巡视。见到尚未光复的校园，他徘徊良久，暗自落泪，久久不忍离去。1943 年冬，他在上海由朋友介绍，在一家银行工作，等待返校时机。

1945 年 8 月，抗战胜利了。汤商皓与学校取得联系，周鲠生校长嘱咐他返校。正准备成行时，台湾光复，新建立的台湾省行政长官公署急需留日学生前往协助接收，于是汤商皓应邀前往台湾工作。

诚如汤商皓所言："予毕业武汉大学，返校任教，受命于危难之际，留汉护校，五年苦守，校舍无恙，幸未辱命。夫以当时数百万国防军，犹不克阻顽寇，而纷纷损兵失土。而予与数同仁，皆手无寸铁之文弱书生，尚克冒险犯难，与寇酋数度周旋，完成此一艰巨任务，未负学校当局之苦心！"

因此，当汤商皓学长在阔别数十年后，重游珞珈旧地，抚今追昔，怎能不感慨万分呢？他说："所幸予曾守护之校舍益见壮丽，珞珈东湖愈觉明艳，尤以弦歌大振。昔日全校师生约只千人，今则学院及科系增加甚多，学生已达 15000 余

1985 年汤商皓(中)、张培刚(左)、黄永轼(右)在武汉长江大桥合影

人。遍地厅舍林立，人潮澎湃，非复昔日之疏落气象(予昔宿列字斋，独居一室，今则上下铺 3 人)。新中国前途全赖此济济多士之后辈同学矣!"这段言语，表达了饱经忧患的老一辈学长的喜悦心情和对新一代武汉大学学子的殷切希望。

汤商皓学长自 1985 年回母校访问后，又曾 4 次回国观光讲学(最后一次是 1996 年冬)，受到武汉、长沙、张家界等地领导的欢迎和赞扬。他热爱祖国，在自己的名片上用中文楷体印着"原籍中国湖南省张家界市"，以此表明自己作为一个中国人的骄傲和自豪。他留在大陆的两个儿子虽历经坎坷，但均刻苦追求，也都事业有成。长子汤原华，曾是湖南张家界市政协委员、张家界市人大代表、张家界市归国华侨联合会副主席。次子汤少皓，曾任新疆建设兵团侨务经济工作联络员、石河子市侨联委员、石河子诗词学会会员。汤商皓经常写信鼓励在大陆的儿子服务祖国、建设祖国。1995 年 4 月 5 日，他在给二儿子汤少皓的信中写道："报载(指美侨报)新疆加强文物保护工作，此点至关重要。国内物质与精神建设能如此齐头并进是大可喜的。祖国由此翻益富强，吾辈华侨在海外可益受外人敬重。出国愈远愈久，愈知祖国富强之可贵!"1996 年 7 月 10 日，他在给汤少皓的信中赋诗一首，表示切盼香港回归的心情："百年割地今归还，旧耻回忆泪不干。惊叹虽觉头已白，故国亲人笑震天。"拳拳赤子之心，令人感佩！

最能表现汤商皓爱国情怀的还有一件事情。1997 年 3 月 23 日，中国海军舰艇编队访问美国，到达美国海军基地圣地亚哥，数以万计的旅美华侨纷纷前往参观。居住在洛杉矶的汤商皓虽已 80 多岁高龄，仍抱病同夫人驱车数小时赶往圣地亚哥参观中国海军军舰。汤先生一踏上军舰，就激动地对中国水兵说："我们虽然来到了美国，但还是中国人！"汤夫人也说："中国军舰气派，中国人能在美国看到自己这么好的军舰还是第一次，真感到自豪和扬眉吐气！"两位老人还和哈尔滨号军舰政委夏克伟合影留念，并给我寄来照片。

1997 年 11 月 2 日，汤商皓学长因患肺癌与世长辞，享年 86 岁。汤商皓学长生前给我来过几封信，对当年的接待表示感激，并极为关注《武汉大学校友通讯》。他在有一封信中说："每读寄来的母校通讯，如重返故国，其间珞珈山光，东湖水色，辄萦怀五内。"他为在美去世的胡国材学长写来纪念文章：《追忆诗词权威胡国材学长》，刊登在《武汉大学校友通讯》上。汤商皓学长辞世后，其家人给我寄来一本怀念他的纪念册，二子汤少皓还与我有过一段文字联系。汤商皓学长在台湾地区时，先在政界任职，20 世纪 60 年代后告别政界转往杏坛，先后任中兴大学、淡江大学的教授，著有《国际贸易与国际金融》《国际贸易实务新论》《中国经济史》《台湾史纲》等。1982 年，应在美子女之邀移居美国。他热爱公益事业，曾任加州湖南同乡会监事主席、加州华人参政促进会会员、美国西部武汉大学同学会理事等职。汤商皓去世后，时任武汉大学南加州校友会会长的赵保轩学长及武汉大学在美的一些校友前往悼念。

在汤商皓学长逝世二十多年后，我重新整理了这篇文章，以表达对这位老学长的敬重、缅怀与哀思之情！

2021 年 2 月于珞珈山

【作者简介】刘以刚，1942 年出生，1967 年毕业于华中师范大学中文系。1977 年调入武汉大学，从事高等教育和校史研究工作。1993 年调入武汉大学校友总会工作，主编《校友通讯》，副研究员。2002 年退休。

图说武汉大学校门及其嬗变

徐应荣

校门，是学校发展历史和校园文化的重要组成部分，也是学校的主要标志之一。探究一所学校校门的设计及其演化过程，也是了解和感受这所学校历史、文化、形象的一种途径。

武汉大学的历史，源于1893年(清光绪十九年)清末湖广总督张之洞创建的自强学堂。2000年8月2日，武汉大学、武汉水利电力大学、武汉测绘科技大学、湖北医科大学合并组建新的武汉大学。在130年的办学历程中，校名数次变更，其间还穿插几次合并组建。本文从建筑设计、材质、内涵等多个维度，介绍每一款校门，并以此文向校庆130周年献礼。

一、湖北自强学堂的校门

1893年11月29日，湖广总督张之洞在《设立自强学堂片》中提道："兹于湖北省城内铁政局之旁，购地鸠工造学堂一所，名曰自强学堂。"

从已知的历史资料当中，未发现自强学堂的真正校门。曾有人撰文配图，言之凿凿地说是自强学堂的校门，但说服力不强。

根据清末书院改革方案和张之洞次第兴办学堂的规划，参照同期武昌城内的大学堂、中学堂和小学堂的校门的流行建筑式样，推测自强学堂的校门，应当是简约的阙门，有一对或两对方形立柱，立柱顶部有四角攒尖，立柱与院墙相连。

关于自强学堂的位置，过去多表述为"位于大朝街三佛阁"。笔者发现，这种说法，值得商榷。该说法最早见于1921年版《湖北通志》(张仲炘等编纂)。

2013年版学校校史、有关校史文章沿用这一说法。这显然与张之洞奏折中里"铁政局之旁"的说法不一致(见图1、图2)。

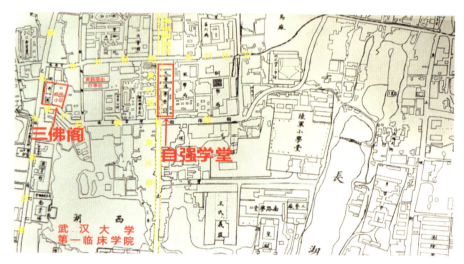

图1　自强学堂旧址在1909年版《武昌省城最新街道图》上的位置

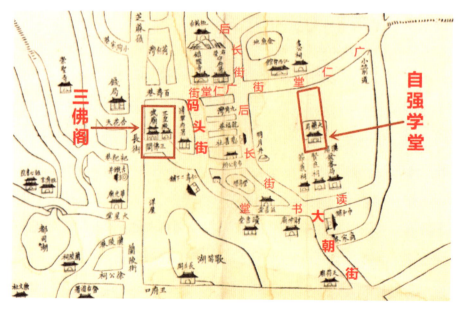

图2　自强学堂周边的街道示意图,截取于1883年版《湖北省城内外街道总图》

湖北铁政局成立于 1891 年，由 1890 年设立的矿政调查局改名而来，地点在武昌后长街的东侧。1936 年，铁政局更名为硝矿局。

从图 1 可以读出三个确定信息：①自强学堂的校址，位于明朝楚王府(太平天国时期烧毁)旧址的正中位置。②自强学堂的东侧是银币局(1893 年创办)和铜币局(1898 年创办)。③此时自强学堂的校址上，标注为文普通中学堂。这是因为，自强学堂的学产属于官产，自强学堂之后改办方言学堂。1903 年方言学堂迁出后，湖北省学务处将学产拨给了 1902 年创办的文普通中学堂(1911 年停办，当时对应的有武普通中学)。1913 年，在自强学堂旧址上改办湖北省立第一师范学校。1949 年至今，自强学堂旧址的一部分用于兴办武汉市第 31 中学(中华人民共和国成立之初，武汉大学的多名子弟在此上中学)；另一部分为国营七四三五厂(军工企业)，目前厂区的一隅改建为职工住宅区——首义园。

综合图 1 和图 2 的地理信息可以看出，大朝街距三佛阁有一段距离。大朝街基本呈南北走向(今属复兴路和地铁 5 号线)，与读书堂街(今读书院路)垂直交叉；而三佛阁街呈东西走向，与长街(今解放路)垂直交叉，今与读书堂街西段衔接。如今，武汉市文物办公室将"三佛阁遗址"的铭牌，镶嵌在读书院街 3 号威宝小区的大门墙垛上。

二、湖北方言学堂、国立武昌高等师范学校的校门

1902 年 6 月 3 日(清光绪二十八年四月二十六日)，张之洞札湖北省学务处"设立方言学堂一所，以城内旧日农务局屋舍充用。即将自强学堂原有学生移入，仍另行定章，分别去留"。湖北方言学堂教习英、法、德、俄、日等五门语言。1904 年，方言学堂迁至东厂口的原湖北农务学堂旧址。1907 年(清光绪三十三年)，张之洞在《请奖各学堂毕业生及管理教员折》中强调："惟方言学堂原名自强学堂，开办远在定章之前。"奏折中所言"定章"，是指光绪二十八年(1902 年)下诏的《钦定学堂章程》。

根据华中农业大学的校史记载，湖北农务学堂于 1898 年 4 月创办于武昌城的保安门附近的大公馆(今保安街)。1899 年迁入高观山(武昌蛇山最高的一座

山)南坡的四川会馆旧院。1904年,因校园逼仄不适合培养农务人才,迁至武昌城武胜门外的宝积庵,并更名为湖北高等农业学堂。

方言学堂时期,校园约45亩。"四至"是:东毗邻高观书院和江夏高等小学堂,西临清军的辎重营房和陆军医院(注:1904年武昌路及武昌洞竣工),南至方言学堂路(1903年定此街名),北至高观山的陡坡。1910年,湖北省图书馆由武昌城的兰陵街迁入高观书院,此时方言学堂东边的邻居变为湖北省图书馆。

方言学堂最初的校门(见图3),为简易的阙门(单阙),与围墙栅栏相连。门前有一条经宾阳门(今大东门)→东厂口(今阅马厂)→广仁堂路(今彭刘杨路)→终点至银元局铜元局的窄轨铁路。

图3 国立武昌高等师范学校的校门,大约摄于1916年

1911年3月,清政府学部奏定停办湖北方言学堂。辛亥革命成功后,武昌军官学校进占了方言学堂校园,黉舍变成了军校。

　　1912 年 9 月，中华民国教育部颁布《大学令》《师范教育令》。1913 年 2 月，中华民国教育部又公布了《高等师范学校规程》。由此，中国师范教育制度正式确立。中华民国在直隶区（北京）、东北区（沈阳）、湖北区（武昌）、四川区（成都）、广东区（广州）、江苏区（南京）设立 6 所国立高等师范学校，北京再加设 1 所女子高等师范学校。

　　1913 年 7 月，中华民国教育部派贺孝齐负责筹建国立武昌高等师范学校，筹备处设在原武昌方言学堂西侧的一栋房子，旋即任命贺孝齐为校长。1913 年 8 月，湖北都督黎元洪饬武昌军官学校从方言学堂迁出。1913 年 11 月 2 日，国立武昌高等师范学校首届 124 名学生正式开学。

　　武昌高师的后期，校门有三进（见图 4）。从图 4 可以看出，第一进大门沿用湖北方言学堂的阙门；第二进校门为穿堂门，挂有校牌；第三进大门上，对称地斜插 2 面中华民国国旗——五色旗。

图 4　国立武昌高等师范学校的校门，大约摄于 1919 年

三、国立武昌师范大学至国立武汉大学早期的校门

1922年9月，中华民国北洋政府教育部公布了《学校系统改革案》（又称壬戌学制），同年11月又颁布了《学校系统改革令》。根据这2个文件，全国高等师范学校逐步改为师范大学，改革学制，提高招生条件。于是，武昌高等师范学校于1923年6月11日召开评议会，决定自1923年下学期起，将学校改名为国立武昌师范大学。1924年2月，北洋政府教育部核准国立武昌师范大学的校名。

1923年6月30日，武昌高师拆除了第二进的穿堂门，随即在原址新建了一座新校门（见图5、图6）。此时，学校大门有两进，保留了方言学堂时期的阙门（见图6），新校门成为"门中门"。

国立武昌师范大学校门，融合了20世纪早期中西建筑思想。中国元素有：戟房五间，明间开门，左右为次间，两头是梢间。古罗马的建筑元素有：①梁柱拱券结构。②门廊柱式为艾奥尼克（Ionic）柱，柱体修长，少许收分，柱头式样称作涡漩纹，似女性的发卷。③大门有外、内两道，外门为券门型，位于走廊，由艾奥尼克柱和拱券合体而成；内门运用同心、多层小圆券造型，以减少沉重感。④窗户细长，每间2扇，赋予神秘感。⑤屋顶为平顶。

图5　1923年建成的国立武昌师范大学校门

图 6　国立武昌大学的"门中门"，摄于 1924 年

　　1925 年 1 月 13 日，北洋政府教育部再次命令，将国立武昌师范大学更名为"国立武昌大学"。1926 年 8 月底，国民政府北伐军开始进攻武昌城，学校因"围城"不得不停学。10 月 10 日，被困 40 多天的武昌城守军打开城门。

　　北伐胜利后，广州国民政府决定迁都武汉。1926 年 11 月 20 日，湖北省政务委员会决定将国立武昌大学、国立武昌商科大学、湖北省立法科大学、湖北省立文科大学、湖北省立医科大学合并，组建国立武昌中山大学（后又称国立第二中山大学）。1926 年 12 月 28 日，国立武昌中山大学筹委会成立，筹委会由周佛海、邓演达、董必武、戴季陶、郭沫若、徐谦、顾孟余、章伯钧、李汉俊等 9 人组成。国立武昌中山大学实行委员会制，委员会由徐谦、顾孟余、李汉俊、章伯钧、周佛海等 5 人组成，徐谦为委员会主席。1927 年 2 月 20 日，国立武昌中山大学举行开学典礼，孙科等多名中央委员出席。12 月底，国立武昌中山大学遭到国民党桂系军阀非法解散，校产由湘鄂临时政务委员会代管。

　　国立武昌中山大学因由 5 所大学合并组建，故分 3 个校区办学，分别称作一院、二院和三院（见图 7）。理科和医科设在"中大一院"，校址在方言学堂街原国立武昌大学校址，即今黄鹤楼公园的东门入口处。文科、师范科和预科设在"中大二院"，校址在武昌三道街原武昌商科大学校址，今武昌三道街小学以西至武昌横街之间。商科和法科设在"中大三院"，校址在武昌贡院(凤凰山南坡)原湖北法科大学校址，位置在今武昌区火炬路和楚材街交会处的湖北省武昌实验中学校园。

1928年6月，中华民国大学院决定，将国立武昌中山大学改建为国立武汉大学，聘请刘树杞、王星拱、李四光、周鲠生、麦焕章、黄建中、曾昭安、任凯南、涂允檀等9人组成国立武汉大学筹备委员会。

从时间轴来看，从国立武昌师范大学到国立武汉大学，短短6年，学校3易校名，校区由一处到三处，直到1932年2月迁址珞珈山。这一时期，学校有3处校门：一院校门、二院校门、三院校门。

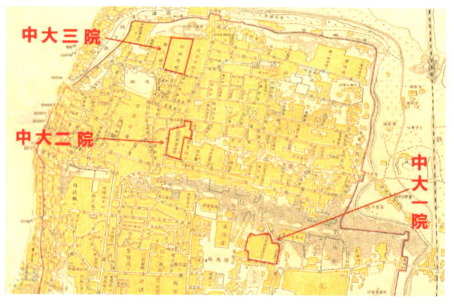

图7　国立武昌中山大学的三个校区在1922年版《武汉三镇街市图》上的位置

1. 中大一院(东厂口)的校门

综合各种文字记载和图片资料得知，从国立武昌高等师范学校后期(1923

年）、国立武昌师范大学、国立武昌大学、国立武昌中山大学（一院）到 1932 年国立武汉大学迁到珞珈山，从 1946 年复员珞珈山再到 1952 年全国院系调整，东厂口国立武昌师范大学时期修建的校门没有变化。1947 年 9 月，武汉大学招收医学预科 1 个班，教学地点放在东厂口老校区。

1950 年，学校聘请"国营武汉工程公司"在原方言学堂阙门的位置上重建了一座"方形门"，校门上额题写"武汉大学医学院"（见图 8）。此时，"门中门"的景象依然如故。

图 8　1950 年武汉大学在医学院修建的新校门，摄于 1950 年

1951 年，武汉大学医学院与同济大学医学院合并组建成中南同济医学院（今华中科技大学同济医学院的前身）。我校医学院的校区，被划给湖北教师进修学院。"高师老校门"和"方形门"，也就成为湖北教师进修学院的校门了。1958 年，湖北省教育行政干部学校（1955 年 8 月由湖北教师进修学院所属的进修部独立建制而来）迁出。

1958 年年底，湖北省中医学院迁入原湖北教师进修学院的校园（1954 年 5 月创办时校址在武昌花园山 10 号），"高师老校门"和"方形门"又成为湖北省中医学院的校门（见图 9）。1964 年 4 月，湖北省中医学院改为湖北中医学院（见图 10）。

图 9　1958 年年底湖北省中医学院校门

从图 10 可以看出两点：①不知何时，湖北中医学院在"高师老校门"前移栽了一株雪松。②武昌师范大学时期栽植的小柏树，经过 40 年生长后，其高度接近校门的屋檐。

图 10　1964 年湖北中医学院校门

1979 年，湖北教育学院（武昌花园山 10 号）和湖北中医学院（武昌熊廷弼路 51 号，熊廷弼路并入了武珞路）经过协商，互相对调校园，各自回到原有的校园。此时，武汉大学医学院的"方形门"又回到湖北教师进修学院的怀抱（见图 11），但此时，却不见"高师老校门"了。据湖北教育学院的老同志回忆，"高师老校门"大约在"文革"后期被湖北中医学院拆除的，然后修建了图书馆和办公楼（见图 11）。因此，"高师老校门"存世 50 多年。

图 11　湖北省教育学院校门，摄于 20 世纪 80 年代中期

同样在 1979 年，湖北省教师进修学院改为湖北省教育学院，1990 年更名为湖北教育学院，2007 年改为湖北第二师范学院。2003 年，武汉市实施"显山透绿"工程。同年，湖北教育学院整体迁至武汉东湖高新技术开发区。于是，1950 年修建的医学院"方形门"被拆除了，存世 53 年。

2. 中大二院的校门

国立武昌商科大学源于 1916 年 9 月创办的国立武昌商业专门学校，校址在武昌三道街原 1907 年创办的存古学堂旧址（再上溯是 1869 年张之洞任学政时创办的经心书院）。1923 年 5 月，国立武昌商业专门学校根据北洋政府教育部颁布的《学校系统改革令》改为国立武昌商科大学。

1926 年年底，国立武昌商科大学与国立武昌大学等 5 校合并后，其校区改称

"中大二院"。1929 年后，部分校舍成为湖北省教育厅的办公用房，部分校舍为省立第三小学校园。1946 年起，武汉市第 46 中学在此办学，"文革"后停办。1981年，武汉警官职业学院在此创办，新盖了教学楼，原武昌商科大学的斋舍变成职工住宅，并统一加盖了镀锌板小厨房(见图 12)。现该校迁往汤逊湖、东西湖两个校区。

2022 年 3 月 26 日，作者首次踏勘武昌商科大学旧址，但见校门门房和 2 栋斋舍依然"健在"。适逢地铁 5 号线正在施工(见图 13)，此处将建设黄鹤楼站、中华路街社区卫生服务站、停车场等。

图 12　原国立武昌商科大学的斋舍，摄于 2022 年 3 月

图 13　原国立武昌商科大学校园的局部，摄于 2022 年 3 月

　　国立武昌商科大学的校门是否保留至今？答案是肯定的。据湖北省粮油公司退休职工潘福全介绍，他家四代住在三道街，他对三道街、粮道街、武昌贡院等历史比较了解。潘老认为，国立武昌商科大学的校门，是沿用武昌经心书院的校门，内部结构没有改变，变化的是梁架下添加了砖墙。

　　2022 年 6 月 26 日，作者时隔 3 个月再次来到国立武昌商科大学旧址。此时，校门门房被揭开了屋顶(见图 14)，但 2 栋老斋舍仍然存在。令人高兴的是，终于看清了校门的内部结构，同时也验证了潘老的说法可信。

图 14　原国立武昌商科大学的校门，摄于 2022 年 6 月

　　校门门房，为清末武汉民居式建筑，硬山顶，大门朝南，正对黄鹤楼；面阔 5 间，其中明间 2 间相连、东次间 2 间相连、西次间 1 间；共有 5 组屋架，其中西头 1 组屋架与山墙相距不足 1 米。走进细看，粗大的檐檩支撑着屋架，脊檩、檩子、椽子等，均为老物件。

　　2022 年 8 月 5 日，潘老电话告知，武昌商科大学的大门终于拆没了，但斋舍还在。潘老还补充说，有关部门制订了保护经心书院斋舍的方案。

3. 中大三院的校门

　　要讲清"中大三院"的校门，还得从省立湖北法科大学的源头说起。

　　1908 年 5 月，湖北法政学堂创办，校址在武昌胭脂山的抚院街。辛亥革命爆发后，该学堂停办。1913 年，法政学堂复校，并更名为湖北省立法政专门学校，后将校址迁到武昌贡院(见图 15)。

图 15　湖北省立法科大学在 1926 年版《武汉三镇市街实测详图》上的位置

　　1924 年，湖北省立法政专门学校按北洋政府教育部"壬戌学制"的要求改为湖北省立法科大学。1927 年年初，该校与国立武昌大学等 5 校合并，组建成国立武昌中山大学。因教学工作需要，"中大三院"继续使用武昌贡院的院舍(图 16)。此时，"中大三院"的校门，借用贡院的"龙门"。

　　武昌贡院是清末 18 座贡院之一，由湖北总督官文、巡抚胡林翼在 1858 年(清咸丰八年)重修。其规制同江南贡院、北京贡院、定州贡院等一样，有三道牌楼：第一道为"辟门吁俊"门(见图 17，北面)，第二道为"文运天开"门，第三道为"朱衣点首"门。

　　"中大三院"迁出后，湖北省立第三中学二部入驻。中华人民共和国成立后，湖北省武昌实验中学成为武昌贡院的"主人"。1958 年，武昌贡院的牌楼在大风中倾覆，明远楼等老建筑也先后被拆除。2010 年，武昌实验中学九十周年校庆时，仿建了武昌贡院的"辟门吁俊"牌楼(见图 18)，以赓续武昌文脉。

图 16　武昌贡院的西院，摄于 1920 年

图 17　1858 年曾国藩为武昌贡院题写"惟楚有材"牌坊

图 18　2010 年武昌实验中学校庆 90 周年仿建的"惟楚有材"牌坊

四、国立武汉大学的校门

　　1928 年 7 月，大学院决定在国立武昌中山大学基础上筹办国立武汉大学，建立了筹备委员会。1928 年 8 月，大学院任命刘树杞为代理校长；同时，决定成立国立武汉大学新校舍建筑设备委员会(以下简称建委会)，任命李四光、王星拱、张难先、石瑛、叶雅各、麦焕章等 6 人为委员，李四光为委员长，专司新校区建设。随后，国民党中央政治会议武汉分会指令，加派张知本、胡宗铎、白志鹏、张难先、石瑛、王世杰为建委会委员。国立武汉大学的筹备委员会与建委会，是两个并列的组织机构，各自职责不同。

　　1928 年 11 月，国立武汉大学最终勘定武昌城外东部的罗家山(多张清末民初地图标注此名)作为新校址。1929 年 3 月开始新校区测量工作。1929 年 8 月国民政府批准新校址的征地申请。1929 年 9 月 20 日，武昌市工程处公布的《武昌城内马路干线及街道图》上，出现"珞珈山"的标注。1930 年 3 月，新校址开工建设。

1932 年 3 月 3 日，国立武汉大学在珞珈山新校址开学。5 月 26 日，学校举办隆重的新校址落成典礼。从此，学校离开拥挤的武昌城。与此同时，学校设立城区办事处，管理和经营旧校区的房产、部分实习工厂。1932 年 2 月至 1936 年 7 月，省立武昌第二女子中学租用旧校区的部分校舍。1946 年，医学院在旧校区筹备(见图8)。1947 年 9 月，医学院预科新生开学。1947 年 8 月 9 日，附属医院在旧校区开业。

自 1932 年迁到珞珈山以来，学校先后 4 次修建校门，分别是：1935 年款、1936 年款、1993 年款和 2013 年款。在 4 款校门中，1935 年款和 1936 年款为原创，1993 年款和 2013 年款均为 1936 年款的仿造品。按材质分类，木制 1 款、钢筋混凝土 2 款、花岗岩 1 款。目前 2 款"健在"的校门，1936 年款校门俗称"文物牌坊"，2013 年款校门人们一般叫做"新牌坊"，两者比例为 1∶1.12。

1. 1935 年款校门——牌楼(木制牌楼)

1935 年，武汉大学在街道口建造了木制牌楼(见图 19)。此牌楼由缪恩钊(结构师，建委会聘请的监造工程师)和沈中清(缪恩钊聘请的助手，设计师，后任学校建筑设计室首任主任)共同设计，并负责施工建造。缪恩钊获麻省理工学院的学士学位和哈佛大学的学士学位，与代理校长刘树杞在麻省理工学院同窗，后来成为国立武汉大学工学院土木工程系的教授。

牌楼为四柱三间三楼庑殿式木制牌楼，其风格为典型的南方牌楼，与南京贡院的"天下文枢"牌楼、武昌贡院的"惟楚有材"牌楼、湖广总督府牌楼、汉阳铁厂牌楼、汉阳敦本堂牌楼等同款。设计仿制难度不大，明楼五脊四水 5 攒斗拱，次楼三脊三水 2 攒斗拱，飞檐翘角，屋面黑色板瓦，额枋油漆彩绘，四根立柱以夹柱石(又称夹杆石、抱鼓石)包夹。匾额(又称牌额)正面"国立武汉大学"六字为颜体楷书，白底黑字。因牌楼构造细弱单薄，亭亭纤细，故其稳定性不如北方带多根戗杆的牌楼扎实，头重脚轻，因此难逃风灾厄运。

遗憾的是，《国立武汉大学周刊》《国立武汉大学一览》都没记载这件大事。查阅国立武汉大学校务委员会 1928—1932 年近 200 次会议记录，未发现有关"校门"的记载。究其原因，在于建设校园的任务属于建委会的职责。而建委会的 7

箱档案，在学校抗战迁往四川乐山前存于汉口特二区的新泰堆栈（英商）。1940年3月4日上午10时，日军抢走暂存于新泰堆栈的全部资产821箱（其中包括7箱建筑档案），英商却无力保护货主的财产安全。

1982年，原建委会工程处的沈中清撰写回忆录——《工作报告》，其中列举了截至1937年3月建成的共计32栋建筑（含一期和二期），但唯独没有校门牌坊的记载。1983年，他在《武汉大学校友通讯》创刊号上写了一篇176字的短文——《街道口牌楼考》。笔者经考证后发现，沈中清在50年后关于牌楼建成时间的说法，同学校档案馆的历史资料相矛盾。

那么，首座木制牌楼究竟何时修建？又在何时悲壮地倒塌？目前，还没发现直接证据，作者尝试从已知的共计10份档案和有关材料中进行谨慎的推断。

第一类证据：图片档案

（1）1933年12月编印的《国立武汉大学建筑摄影集》（档案号6L71933-18）中，有听松庐、珞珈石屋、游泳池、汽车站、大学路等照片，没有"木制牌楼"照片。这说明，1933年前不可能有校门。

（2）1934年《国立武汉大学一览》的后半部分，附有41栋建筑共计45张建筑图片，涵盖截至1934年年底各类大小建筑，但不见"木制牌楼"照片。此书1935年2月成书，这说明1934年前不可能有校门。1935年《国立武汉大学一览》中没有附照片，无法推论。

（3）在1935年夏印制的《国立武汉大学第四届毕业纪念册》中，首次发现"木制牌楼"照片（见图19）。由此推论，"木制牌楼"可能于1935年上半年修建。

第二类证据：文字档案

（4）1929年12月3日，《国立武汉大学周刊》"创刊号"正式出版。该刊扉页公布了珞珈山新校址的《建设计划大纲》，第一期建设8栋建筑，第二期建筑5栋建筑。在总计13栋建设计划中，没有"木制牌楼"。

（5）1932年《国立武汉大学一览》对"新校舍建筑设备"的进度作了记载：1931年下学期开学时竣工11栋，1931年下学期结束时女生宿舍和第二教工住宅楼竣工。这里提到的13栋建筑，与1929年《建设计划大纲》完全吻合，正好都是13栋，且都没有提及"木制牌楼"。

图 19　1935 年修建的国立武汉大学校门牌楼

（来源：1935 年《国立武汉大学第四届毕业生纪念册》）

（6）1933 年《国立武汉大学建委会建筑修缮明细表》（案卷号 6L71933X007）中，详细罗列了截至 1933 年年底 31 项建筑的支出明细，从中没有发现"木制牌楼"的支出。

（7）1935 年 10 月 29 日，学校根据教育部"教字第 12001 号训令"，分别填报了甲种调查表（建筑）、乙种调查表（校舍与土地）。在甲种调查表的第三页，清楚地写明"大门牌楼一座"，金额 584.30（银元）。在乙种调查表的"校舍"栏注明"有牌楼一座"。这说明，1935 年 1 月至 10 月期间，建造了"木制牌楼"，支付了工程款，并且有整有零。

（8）1936 年 10 月 18 日，学校向教育部填报《国立武汉大学明细表》。表中列有 51 栋建筑（武昌城的旧校舍算作 1 项），第 13 项的原文为"大门楼"，在备注栏有"四柱牌楼壹座"字样。在支出明细表的第 41 行，写有"大门牌楼"1468.10 元（法币，初发行时与银元 1：1 兑换）。这说明，1936 年 1 月至 10 月期间，学校再建了一座校门，造价是前款校门的 2.5 倍。

（9）国立武汉大学中文系苏雪林教授有写日记的习惯，其日记有很高的历史价值和文学价值，台湾地区已公开出版。但因 1935—1937 年日记留在中国大陆而没有收入。1936 年 4 月 22 日，她在日记中写到（见图 20）：

> 昨日温度竟达八十五度。晚间十二时许，飓风第二度降临武汉，其势汹汹，有排山倒海之状，令人恐怖。余与大姊起床数次，关闭窗户，移猫入斋，直到二时风势始稍弱。今日温度斗降，闻全校屋瓦被掀，窗玻璃破者有之。而大门壮丽堂皇之牌楼亦被大风吹倒，实为可惜。下午曾冒雨往观，皆木柱过细而材料又不坚固之故。上午上课二堂，勉强敷衍而已。下午精神疲乏，久久不能作事。二时半赴医院治痧眼，新来医士用药过多，眼痛不能视物，睡了一大觉。起来看牌楼，直到晚餐后，方校对文学史四章。

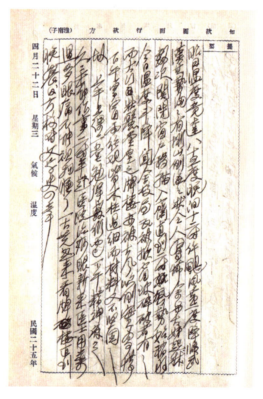

图 20　苏雪林于 1936 年 4 月 22 日写的《日记》

（10）1936年8月，学校出版了《国立武汉大学欢迎新同学专刊》。在《校史概要》一章介绍了各类建筑，但此刊既没有提及旧校门，也没有展示新校门。作者推测其中的原因是：此时"木制牌楼"被大风吹倒不存在，而新牌坊还未竣工，无法编入专刊。

在上述10个历史资料中，尤其1935年和1936年的工程付款、教育部年报和苏雪林的日记，是4份最直接且能互相印证的证据。因此，作者大胆地得出的结论是："木制牌楼"建成于1935年上半年，毁于1936年4月21日夜，建设经费584.30元(银元)。1936年夏天，学校重新建造了一座冲天式牌坊(见图21)，建设经费1468.10元(法币)。

图21　国立武汉大学牌坊竣工时的面貌，大约摄于1936年9月

2. 1936年款校门——牌坊(文物牌坊)

大学不能无校门。第二座校门，仍由缪恩钊、沈中清设计，继续沿袭古风古韵的设计思路，同时吸取"木制牌楼"毁于风灾的教训，改用钢筋混凝土材料，建成四柱三门三楼冲天式牌坊(图21)。

冲天式牌坊大约于1936年9月竣工。设计简洁大方，超凡脱俗，省略了上额枋、下额枋、承露盘和朝天吼，加大了匾额的尺寸，外立面为水砂石。4根八棱柱挺立，柱头环绕双层如意云纹，屋顶覆盖孔雀蓝琉璃筒瓦。匾额正面，楷书"国立武汉大学"六字，为数学系萧君绛教授所书。匾额背面"文法理工农医"六字小篆，为中文系主任刘赜（字博平）教授所书，意指学校建成六大学院的宏大愿景。

1936年款"文物牌坊"，归于文庙、贡院、书院等惯用的形制，与山东曲阜孔庙的金声玉振坊、太和元气坊、洙水桥坊等冲天式牌坊相似。

这里特别说明两点：一是牌坊与牌楼的区别。牌坊是由柱子、横梁、匾额、额枋等构成，结构较简单，以石制居多。而牌楼由柱子、匾额、额枋、斗拱、翘角、檐楼等构成，结构较复杂，以木制居多。二是牌坊也有形制讲究。按形制分为两类：一类是柱头高出正脊的叫"冲天式牌坊"，一般立于路口或大门，起着指向、借景作用；另一类是柱头藏于正脊下的"不出头"牌坊，一般用于宫廷。

2001年6月25日，学校有15处26栋建筑被国务院列为第五批全国建筑文物保护单位，目录编号为5-497。其中，就包括1936年款"文物牌坊"。该牌坊见证了武汉大学的历史，承载着武汉大学精神。

但是，在牌坊的"身体"上，也发生了两件值得后人铭记的大事：

第一件：其间，额枋上的校名换成毛体"武汉大学"（见图22）。该字体的校

图22　1968年更换毛体校名的校门，摄于1980年左右

名，选自毛泽东写给陈文新同学的信封。1951 年 4 月 29 日，毛泽东给 1948 级农业化学专业陈文新(毛泽东的同窗陈昌之女)同学回信。而毛泽东在新中国成立后给李达校长的 3 封信、给历史学系谭戒甫教授(毛泽东在湖南第一师范学校的英语老师)的信件，均不在校名选字之列。

1983 年校庆前，学校对 1936 年款牌坊进行了全面维修，换上了由湖北省书法家、画家、金石家曹立庵(见图 23)先生题写的颜体楷书"国立武汉大学"校名(见图 24、图 28、图 29)。20 年后，学校档案馆收藏了曹立庵书写校名的底稿。曹立庵在青年时期就很出名。1945 年国共重庆谈判时，曹立庵也在重庆，经柳亚子牵线，为毛泽东治印 2 枚，毛泽东用这 2 枚印章钤于赠给柳亚子的《沁园春·雪》的条幅上。

图 23　曹立庵(张尤提供图片)

第二件大事：牌坊"受伤"。2020 年 6 月 6 日凌晨，"文物牌坊"牌匾的下沿，被一辆混凝土罐装车撞缺(见图 24)，武汉市文物保护部门依法对肇事者进行了处理。同年 10 月 8 日，本着"修旧如旧"的原则，撞缺部位由武汉巨成加固工程公司修复。

图 24 2020 年 6 月 6 日被撞缺的文物牌坊

3. 乐山时期借用文庙的棂星门

早在 1938 年 2 月 3 日，国立武汉大学致函四川省政府，请求将乐山（旧称嘉定）的文庙等处房屋拨为战时校舍。文庙（即孔庙，图 25）位于乐山市的高标山（旧称老霄顶）东坡，建筑遵循孔庙规制，布局依山就势，坐西朝东，由高向低，错落有致，围垣完整。

此前的 1937 年 8 月，国民政府颁布了《战区内学校处理办法》，要求战区学校内迁。1938 年 2 月 21 日，学校第 322 次校务会议决定，除大四毕业年级学生坚持至毕业外，其他迁往乐山。3 月 26 日，学校第 323 次校务会议再作决定，推举杨端六、方壮猷、刘廼诚、曾珹益、郭霖、叶雅各等 6 人（后增加邵逸周）组成迁校委员会。

4 月 2 日，先头部队到达乐山。4 月 8 日，学校校务委员会决定，将先到乐山部分暂定校名为"国立武汉大学嘉定分部"（见图 26，郭霖教授书写校名）。4 月 29 日，先到乐山的师生复课。至 7 月，后续的教职员工随王星拱校长抵达乐山。1940年夏，校名恢复"国立武汉大学"（见图26）。

图25　乐山文庙外景，英国植物学家威尔逊摄于1908年

图26　国立武汉大学乐山时期"借用"的校门

　　学校的校牌，挂在文庙的贤关门(垣墙的左门)，而右侧的圣域门常年关闭。跨过贤关门，就是棂星门(见图27，红雅石材质)，是文庙的正门。

　　棂星门肇始于宋仁宗天圣六年(1028年)，象征天体。到南宋时，曲阜的孔庙仿制棂星门，作为孔庙的正门，意指孔子比肩天上施行教化、广育英才的棂星。元明时期，各地的文庙纷纷添建了棂星门，意指天下文人汇聚于此。到清朝时，棂星门象征尊孔如祭天。

　　1945年9月1日，学校遵照国民政府教育部的训令，成立"武汉大学复校委员会"。1946年10月31日，学校举行复员珞珈山的开学典礼。

图27　文庙牌坊：道冠古今(左)棂星门(中)德配天地(右)

五、武汉大学的主校门——珞珈门

1. 1993 年首次仿建文物牌坊

1993 年，仿建文物牌坊有以下两个背景：

第一个背景：迎接百年校庆。1983 年校庆时，学校在珞珈山路与八一路交会处修建了四方柱型的简易校门，与杨家湾的校外单位和社会居民同进同出。随着改革开放的逐步深入，杨家湾的个体经营野蛮地滋生。至 20 世纪 90 年代初，主干道上白天餐馆生意红火，流动摊贩到处蹿游；夜晚校门口大排档烟气熏天，热闹非凡；游戏厅、卡拉 OK 厅、台球室、小电影室等昼夜经营，环境脏、乱、差。为迎接校庆，学校不得不对校大门一带环境进行综合治理。1991 年 12 月 10 日，学校校友总会向全校师生和广大校友发出倡议，募捐修建新的校门牌坊（见图 28），并立碑纪念。

图 28　1993 款武汉大学校门（1993 年 9 月—2012 年 9 月），左图摄于 2000 年元旦

第二个背景：为迎接"211 工程"预审。1993 年 2 月，中共中央、国务院印发了《中国教育改革和发展纲要》（中发〔1993〕3 号）。《纲要》提出：面向 21 世纪，重点建设 100 所左右的大学和一批重点学科，使之达到或接近世界先进水平（简称"211 工程"）。

1993 年 7 月，原国家教委印发的《关于重点建设一批高等学校和重点学科点的若干意见》(教重〔1993〕3 号)指出,"211 工程"建设的主要内容包括:学校整体条件、重点学科、高等教育公共服务体系等 3 项一级指标。而在第一项整体条件之下,"教学、生活等基本设施"是重要的二级指标。

1993 年 9 月上旬,首次仿建的牌坊落成,其建筑式样是对街道口牌坊的"仿制",但某些细节部分略有差别。

与 1936 款"文物牌坊"相比,1993 款仿制牌坊有 3 个不同之处:一是新牌坊仅作学校的标志和象征,不具通行功能。二是牌坊的后面加了"照壁",正面镌刻"自强 弘毅 求是 拓新"的新校训,背面刻有捐款单位和捐款人的姓名。三是学校仅使用校门的东边通道,西边通道留给杨家湾的校外单位和社会居民通行,马路中间以 2.8 米高的"柏林墙"分隔。

需要澄清的是,"柏林墙"是在 1993 年校庆的次年添建的。刚开始,新校门到化学学院的马路中间是一条隔离带,以顶戴尖矛的钢筋栅栏分隔。不久,有的居民锯断钢筋打洞进出校园,有的在栅栏上悬挂梯子翻越,还有居民在栅栏上晾晒衣被,弄得钢筋栅栏惨不忍睹。1994 年上半年,学校迫不得已以钢筋栅栏作筋骨,两边各建厚 0.4 米、高 2.2 米的砖墙。为防止杨家湾的居民破坏,学校安排年轻职工日夜守护半个月。本人有幸参加了义务"护墙"活动。1998 年 12 月,学校完成杨家湾一期拆迁工程,1999 年 1 月拆除了"柏林墙"。拆迁杨家湾一期和"柏林墙"这两项工程,恰巧都是由作者具体负责的。

2003 年校庆时,学校开展了地名命名工作,将 1993 年仿制的牌坊命名为"珞珈门"。更幸运的是,我又参加了命名工作小组。

2. 2013 年第二次仿建文物牌坊

2000 年 8 月 2 日,武汉大学、武汉水利电力大学、武汉测绘科技大学和湖北医科大学等四校合并。为改善学校大门一带的交通状况,将文理学部和信息学部连为一体,新武汉大学多次行文,呼请武汉市人民政府修建八一路地下通道。2012 年 6 月 20 日,武汉市举行八一路地下通道开工典礼。而 1993 款仿制牌坊正好位于下穿通道的施工断面,不得不拆除。

2012 年 10 月 9 日,是拆除 1993 款牌坊的日子。该款牌坊虽不是文物,但拆除公告发出后引起了轩然大波。有的提前拍照留念,有的诘问学校为何拆除。就在拆除当天，有的目击现场扼腕叹息，有的敲击键盘抒发感情，还有的捡一块残片收藏。

　　在度过一年艰难的苦等之后，2013 年 9 月 8 日，学校举行第二次仿建牌坊（见图 29）的揭幕典礼。此时，正值新生开学时间，新牌坊以崭新姿态，首次笑迎年轻的学子们。

图 29　2013 年 9 月 3 日竣工的牌坊，摄于 2022 年 5 月

　　2013 款复制牌坊的石材，采自福建省泉州市惠安县的花岗岩。2013 年 7 月 3 日安装开始，9 月 3 日竣工。其位置从旧址向后平移了大约 10 米。

　　2013 款牌坊，通体呈芝麻白，着色素雅，具有历史厚重感。面阔 14.70 米、通高 8.40 米，进深 3.5 米，是 1936 款文物牌坊的 1.12 倍（见图 30）。4 根空心八棱柱，内切圆直径 72.5 厘米，棱间距 30 厘米。柱脚与基座之间以混凝土浇筑，各构件以卯榫拼接。柱头浮雕双层如意云纹，每圈由 16 朵云纹环绕。檐楼覆盖孔雀蓝琉璃筒瓦。4 对抱鼓石，稳稳地挟牢 4 根立柱，侧面满雕梅云纹宝相花。正面额枋沿用 1983 年曹立庵题写的颜体楷书"国立武汉大学"6 字，背面沿用刘赜教授的小篆"文法理工农医"六字。

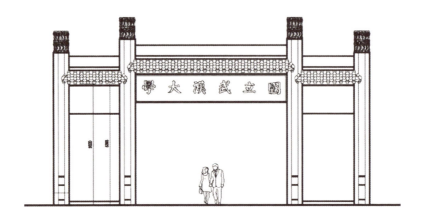

图 30　2013 年第二次复制牌坊的立面图

六、武汉大学的次校门

四校合并前，原武汉水利电力大学、原武汉测绘科技大学、原湖北医科大学都有各自的校门。为与珞珈门区别开来，作者将它们统称为新武汉大学的次校门。

1. 原武汉水利电力大学的校门——文澜门

1954 年 12 月，国务院批准成立武汉水利学院，校址在武汉大学狮子山山脚以北至东湖湖滨地带。1959 年 9 月，校名改为武汉水利电力学院。1965 年 12 月 24 日，董必武为校庆 10 周年题词，并题写校名。1993 年，学校更名为武汉水利电力大学，校名选用毛泽东的书法字组合校名。1994 年校庆 40 周年时，广东校友会捐建主校门——迎宾门，其设计创意源于水利水电大坝的造型，并高悬校徽。2000 年 8 月，新武汉大学在"迎宾门"门左侧悬挂"武汉大学工学部"校牌，并对其进行了美化(见图 31)。

图31   1994年武汉水利电力大学校庆40周年修建的迎宾门

2011年，学校为安装门禁系统需要拓宽道口，拆除了"迎宾门"左边的"坝体"建筑，代之以方形立柱，并保留右边的门房（见图32）。2013年校庆120周年，学校将"迎宾门"改名为"文澜门"。

图32   2011年学校改建后的文澜门，摄于2022年2月

补充一点，2000年年初，原武汉水利电力大学在第一教学楼前建有真正意义的主校门（见图33），只是留在人们的记忆里。2000年8月合校后，新武汉大

学取消了此门的机动车通行功能，仅保留行人通道。2003 年校庆 110 周年前夕，学校将其命名为"北门"。2016 年 9 月 8 日，在拆除工学部第一教学楼时，一并拆除了这个校门。2020 年，重建的工学部第一教学楼竣工。因此，这个主校门和工学部"主教"，将永远留在武汉大学人的记忆里。

图 33　原武汉水利电力大学主校门，摄于 2005 年

2. 原武汉测绘科技大学的校门——珞瑜门

1955 年，国家决定，汇集同济大学、天津大学、南京工学院、华南工学院、青岛工学院等 5 所院校的测绘专业师资和设备，在武汉创办一所民用测绘高等学校，任命高教部工业教育司司长唐守愚兼任筹委会主任，夏坚白、陈永龄、金通尹为筹委会副主任。

1956 年，武汉测量制图学院成立(见图 34)。1958 年 12 月，学校易名为武汉测绘学院。1985 年 10 月，学校再次更名为武汉测绘科技大学。从 1956 年到 2000 年 8 月，原武汉测绘科技大学共有两款校门。

图 34　1956 年立于珞珈山路的武汉测量制图学院校牌，郭沫若题名

第一款校门：此款校门使用 38 年(1958—1996 年)，图 35 武汉测绘学院的校名由郭沫若题字，图 36 武汉测绘科技大学校名由许德珩题字。

图 35　1958 年修建的武汉测绘学院校门，郭沫若题名，摄于 1963 年

图 36　1985 年 10 月更名的武汉测绘科技大学校门，许德珩题名，摄于 1986 年

　　第二款校门：1996 年，原武汉测绘科技大学庆祝校庆 40 周年之际，修建了新校门（见图 37、图 38），造型取自拼音"测绘"的大写声母"C"和"H"，校名是

图 37　1996 年武汉测绘科技大学校庆 40 周年重修的校门，启功题名，摄于 1997 年

启功题写的。合校后,学校将原武汉测绘科技大学的校门定为南门,字体改为"毛体+宋体"组合(见图38)。2022年2月,学校公布2021年版《武汉大学校园道路、建筑、景观命名方案》,将南门改为珞瑜门。

图38 武汉大学南门,摄于2022年2月

3. 原湖北医科大学校门——杏林门

1942年秋,经朱裕璧、杨光第、卢镜澄等人积极筹办,湖北省立医学院(筹备中)首届招收60名医科生,在湖北省恩施县土桥坝沙湾开启办学历程,场所借用湖北省高级护士职业学校(该校隶属于湖北省医院)的校园。1943年5月14日,湖北省立医学院正式成立,朱裕璧出任首任院长。同年,将湖北省立医院(今武汉大学人民医院的前身)纳为教学医院。1946年2月,湖北省立医学院迁至武昌的两湖书院旧址。1949年11月,湖北省立医学院更名为湖北省医学院。1953年9月12日更名为湖北医学院。1954年7月,湖北医学院迁至武昌大东门

的千家街(后为湖北省药检高等专科学校校址,2003 年并入湖北中医药大学)。
1957 年 8 月,湖北医学院迁至现址高家湾。湖北医学院初创时期(1942 年至 1957
年)历经了 3 个校址,但目前尚没发现真正的校门图片。1957 年 8 月,湖北医学
院搬到高家湾现址后,历经 3 款校门。

第一款校门:1957 年修建。此款校门形似棂星门(见图 39),是 20 世纪比较
常见的校门。4 根方柱平地起,2 根中柱高于侧边的立柱,立柱上部以梁板衔接,
中门高大,而 2 个侧门稍小。"湖北医学院"校名从鲁迅的书法中集字而来。

图 39 1957 年修建的湖北医学院校门,摄于 1959 年

第二款校门:20 世纪 60 年代末,湖北医学院修建了新校门(见图 40)。

1993 年 1 月,湖北医学院更名为湖北医科大学,张爱萍将军题写校名。2000
年 8 月 2 日合校当天,在原湖北医科大学校门的立柱上悬挂武汉大学校牌(见图
41),形成"一门两校牌"的奇观。2011 年,学校将原湖北医科大学校门定名为杏
林门。

图40　20世纪60年代末修建的湖北医学院校门

图41　新武汉大学的医学部校门揭牌仪式，招手者为时任校长侯杰昌

第三款校门：校庆120周年前夕，学校重修了杏林门（见图42），两边的门房为盝顶式建筑。

图42　2013年重建的武汉大学杏林门，摄于2022年2月

2022年6月

【作者简介】徐应荣，1962年出生，1983年考入武汉大学哲学系，1987年毕业，并留校工作，2022年退休。曾参编《今日武大》（2003年）、《辅导员工作指南》（2009年）、《老年文化概论》（2014年）等著作，发表论文10多篇。

潘鹤与武汉大学校园里的雕塑

范湘军

潘鹤(1925—2020)，是我国著名的雕塑家、书画家，广州美术学院教授。曾任中国美术家协会常务理事、全国城市雕塑艺术委员会副主任、广东省美协名誉主席等职，是文化部首届"中国美术终身成就奖"的获得者。

潘鹤创作的大型户外雕塑作品有 105 座，分别立于国内外 60 多个城市的广场上，如深圳的《开荒牛》、珠海的《渔女》等，它们已成为城市的标志物。室内雕塑作品 18 座，为国家级的美术馆和博物馆所收藏。他的艺术成就载入《中国美术史》和《世界美术史》。

潘鹤还兼任武汉大学、清华大学和汕头大学的客座教授，他为武汉大学创作了 6 件大型雕塑，使珞珈山成为萃集先生艺术作品最多的地方之一。先生多次来到武汉大学，他喜爱珞珈山的湖光山色，他的这些作品都免除了不菲的艺术创作稿酬，他说，非常高兴能在中国最美的大学校园里安放自己的作品。

我最早知道潘鹤先生，是在 1996 年物理系 56 级同学聚会上，校友们建议给母校武汉大学捐建一座爱因斯坦雕像。方中坚同学推荐广州美术学院雕塑系的系主任潘鹤教授来创作，潘鹤和方中坚同学的父亲方人定(著名画家)是同事和挚友。1998 年春天，我到广州出差，适逢新落成的广东美术馆开幕，我在馆内的潘鹤雕塑园看见了他创作的爱因斯坦头像。爱因斯坦硕大的头颅，蓬松飘逸的乱发，专注沉思的神情，深深震撼了我。于是我和方中坚、邓和、梁学海等同学相约，去广州美院拜访潘鹤先生。

第一次见到这位年已古稀的老教授，给我的印象是仙风道骨、和蔼可亲，没有一点大艺术家的架子。他向我们谈起了参加中国雕塑家代表团去欧洲访问的观感，谈论了意大利、法国和俄罗斯的雕塑艺术，谈到罗丹和米开朗基罗。我向他讲述了自己一个人在罗马拿着地图到处寻找米开朗基罗的雕塑《摩西》的经历。老人兴奋地说，他也是一个人在罗马偏僻的温科利圣彼得教堂找到《摩西》的。当方中坚向潘鹤提出，我们想请他为武汉大学建造爱因斯坦雕像时，老人满口答应，并且说你们捐资为母校建雕塑的行为令人感动，你们只要付铜雕的材料和人工费用就可以了。

回校后，我们留校的同学立即向全国各地的物理系 56 级校友发出信件，介绍这次访问潘鹤教授的成果，得到同学们的热烈响应，并且慷慨捐资。我们原计划 5 万元的筹款一再被突破，最后筹集到 14 万多元，其中香港的邹尚金同学一人就捐资 5 万元。

爱因斯坦雕像完成后，我去广州美院，征求潘鹤教授对雕像基座建设的意见。他在纸上画出了基座的草图，详细列出了承重要求、外形尺寸和使用材料，并且对花坛的布置也提出了意见。

潘鹤教授设计的雕像基座，是个双层花岗岩高台，我们请潘鹤题写《爱因斯坦》，并和爱因斯坦的亲笔签名一起镌刻在铜板上，镶嵌在基座正面。铭牌下面镌刻了三个物理方程，即爱因斯坦获得诺贝尔物理学奖的光电效应方程、划时代的狭义相对论的质能方程、广义相对论的引力场方程。这是刘福庆教授的建议，他给我看了他拍的华盛顿美国科学院爱因斯坦全身雕像，基座上有这三个方程。

基座后面，我们原来打算请侯杰昌同学（时任武汉大学副校长）题写碑记，但他一再谦辞，最后我和徐知三、孙震宇同学商量由我起草，代表物理系 56 级校友写了这样一段话："三十七年前，我们告别母校，奔赴天南海北。为了报效祖国，实现人生价值，我们义无反顾，奋力拼搏，历经坎坷，无私奉献，尽了中国知识分子对国家、对事业的天职。今天，我们建赠爱因斯坦雕像，表达对母校的感激和眷恋之情，并以此勉励珞珈学子勇攀科学高峰。感谢雕塑大师潘鹤教授，他的名雕'爱因斯坦'将为校园的湖光山色增添异彩。"碑记最后由校友会刘以刚老师请陶德麟校长书写。基座两个侧面刻上 56 级 6 个小班全体 178 名同学的名字。

孙震宇同学找来获得诺贝尔奖的杨振宁评价爱因斯坦的一段话："在 20 世纪初，发生了三次概念上的革命，它们深刻地改变了人们对物理世界的了解，这就是：狭义相对论、广义相对论和量子力学。前两次革命是爱因斯坦本人发起的，他并且影响和帮助了第三次革命的成形。他是我们这个时代最伟大的物理学家，和牛顿一道是历史上两位最伟大的物理学家。"我们请武汉大学车英教授书写，镌刻在黑色花岗岩像前。车英的行书龙飞凤舞，我很喜欢。他也很敬重潘鹤的书法，刻了一方图章送给潘鹤，并托我代他向潘鹤先生求了一副字。

敬立爱因斯坦雕像，得到学校和物理学院的大力支持，侯杰昌副校长是我们年级的同学，他非常关心这项工作，校友会派刘以刚老师直接参加整个工程的协调工作，帮助我们解决了许多问题。基建处梁洪光副处长、园林科的黄德明工程师都很热心，派出了工程队，积极完成了基座和花坛的建设和绿化任务。雕像安放在物理大楼门前广场上，得到了学院领导和师生的支持和帮助。1吨多重的铜像从广州运来，搬运吊装全靠加速器实验室的彭友贵、叶明生、付强等老师的辛勤劳动，他们为此洒下了汗水。

1998年11月，潘鹤创作的爱因斯坦塑像(铜质)落成

　　1998 年 11 月 29 日，校庆 105 周年纪念日，潘鹤创作的爱因斯坦雕像在武汉大学校园落成。红色花岗岩基座上，这位 20 世纪最伟大的科学家在默默沉思，注视着千百年轻的物理人走进现代物理学的殿堂。揭幕仪式简约而隆重，学校和学院的领导、同学代表发表了热情洋溢的讲话。

左一邹尚金、左二陶德麟校长、中为潘鹤先生，右三王少阶副省长、右二侯杰昌副校长、右一彭友贵教授，摄于 1998 年 11 月 29 日

　　潘鹤先生在校逗留期间，建筑系请他做了建筑美学的学术报告，学校聘请他为客座教授。刘以刚老师和我陪同他参观了湖北省博物馆和黄鹤楼。在黄鹤楼贵宾室，他应邀题写了《昔人已乘黄鹤去 今鹤又登黄鹤楼》的条幅。他另写了一副字并一笔画了一只飞鹤送给了我，我把它们装裱好挂在客厅里。

　　为了纪念校庆 110 周年，学校决定在校园建立张之洞、李四光、王世杰、王星拱、周鲠生五人的雕像，以纪念他们为武汉大学的创建和发展做出的历史贡献，侯杰昌校长决定邀请潘鹤先生创作。此时，潘老已年近八旬，他不顾年高慨然应允，在同为雕塑家的儿子潘奋的陪同下来到武汉大学，侯校长亲自接待，如数家珍般地介绍了这五位先贤为武汉大学做出的贡献。

2003 年 11 月，侯杰昌校长（右三）会见潘鹤（中）和潘奋（左三）

潘鹤根据侯杰昌口述的校史故事和学校提供的资料照片，创作了张之洞提笔给光绪皇帝写奏折申办自强学堂的《拟奏兴学》，李四光骑着毛驴寻访东湖登临珞珈山的《踏勘校址》等宏大的雕塑作品。

2003 年潘鹤和潘奋创作的张之洞塑像（铜质），

2008 年敬立于侧船山的西山头脚下

2003 年潘鹤和潘奋创作的李四光雕像（大理石），同年敬立于
文理学部教四楼的北面

2003 年潘鹤和潘奋创作的王世杰
塑像（铜质），同年敬立于狮子山
老图书馆的东侧

2003 年潘鹤和潘奋创作的王星拱塑像（铜质），
2008 年敬立于狮子山老图书馆的西侧

2003 年，潘鹤和潘奋创作的周鲠生塑像（铜质），2005 年，敬立于法学院大楼的西北角

　　由于年代久远，张之洞的影像资料很少。我在"文革"前曾去过湖北大冶钢厂出差，依稀看过张之洞的雕像，于是我和刘以刚老师驱车前往寻找。幸好这座在张之洞逝世两年后建造的半身雕像在"文革"中没遭破坏。大冶钢厂非常珍视张之洞创办中国第一个现代钢铁联合企业"汉冶萍公司"的历史，将这尊雕像从原来厂办的小院内迁至厂外广场的中央，我们绕着它前后左右拍了许多照片寄给了潘鹤。我认为潘鹤创作的张之洞全身雕像，不是想象中虚拟的历史人物，他的形象应该非常接近真实的本人。

　　在 2003 年的五座雕塑中，潘鹤最看重的是《张之洞》。他亲自为这座雕像在校园内寻找安放地点，最后选中珞珈广场东侧生物楼前的花坛中央。我理解他的意思，武汉大学百年校史是从张之洞创建自强学堂开始的，把这座雕像放在校门口的显著位置，可以彰显学校的历史传承。

　　潘鹤的作品是国宝级的，在北京、上海、广州、深圳、珠海、厦门等重要城市都安放在显著位置。2020 年，95 岁高龄的潘鹤仙逝，我希望学校能按照潘老的遗愿把《张之洞》迁移到他生前选定的位置上去，让更多的世人能观赏到这件艺术瑰宝，了解武汉大学的历史渊源。

我每次去广州出差，都会去看望潘老，受到他亲切的接待。他像对待老朋友一样，向我讲述他在创作中遇到的许多故事。譬如，他年轻时创作的《艰苦岁月》，原来是描写海南红军游击队的，后来送到北京参加美展，被一些元帅和将军们看到，大加赞赏，成为描写红军长征的最佳作品，登上了《红旗》杂志的封面，现藏于中国人民革命军事博物。1984 年潘鹤等人创作的《和平少女》，由胡耀邦总书记题字，作为中国政府的礼物，安放在日本长崎的和平公园，胡耀邦亲笔题写的《和平》条幅就挂在他的客厅里。

1984 年潘鹤等创作的《和平少女》塑像（铜质），矗立于日本长崎和平公园

有一次，我和刘以刚老师去潘老的工作室，观看他创作的张之洞、李四光等的泥雕稿，发现潘老竟是亲自操刀，雕刻这些体量巨大的作品。我告诉他，我曾去过罗丹故居，知道罗丹工作室有许多年轻的助手，有些作品是在罗丹指导下由

助手完成的，所以作品数量不少。潘鹤说，艺术作品就像是艺术家的孩子，自己的孩子只能自己生。

2001 年，我和爱人去广州探亲，曾去看望潘鹤先生。我送给他一本在德国买的《罗丹作品画册》，先生十分高兴，马上打开画册一页一页地欣赏，并且说这里面有些作品他是第一次看到。先生先后送给我画册《潘鹤——走进时代的艺术》、谭元亨写的《潘鹤传》以及他自己写的《潘鹤少年日记》，使我对这位艺术大师有了进一步的认识和崇敬。

2021 年 11 月

【作者简介】见第 179 页。

回忆两次参加校园植树劳动

郭星寿

每当我漫步于武汉大学校园的林荫大道，满目的苍翠、四季的鲜花、清晨的鸟鸣和清新的空气，时常让我想到：如此优美的校园环境并非天生而成，实则来之不易。它凝聚了无数武汉大学人的辛勤汗水和心血。这也自然让我想起两次参加职工植树劳动。

我第一次踏上珞珈山，是在 1959 年 9 月 4 日。清晨 5 时许，学校迎新的卡车将我们新生从武昌火车站拉到武汉大学体育馆。我从车上跳下来，映入眼帘的是一片朦胧的山色，一种神秘感油然而生。当我扛着行李从体育馆上山走向宿舍——法学院楼附近时，迎接我的是山路两旁高大的法国梧桐。这是我第一次亲眼所见的最大的树。这对于来自树少不成林的一个沙洲之地的我来说，仿佛一下子置身于"古木参天"的林海之中，令我兴奋和惊叹。我与珞珈山树木之缘由此发端。

我第一次参加武汉大学"职工校园植树劳动"是在 1964 年 3 月 23 至 28 日。学校对于这次植树劳动作了周密的组织安排。因为我（当时在校图书馆工作）受指派，参加了 2 月 29 日学校专门召开的这次植树劳动的"干部会议"，所以对情况有所了解。在会上，学校领导进行了具体的部署，要求各单位遵照执行。植树劳动正式开始的前一天即 3 月 1 日（周日）下午，学校还专门召开了参加植树劳动全体职工的动员大会，以激励大家的劳动热情。

根据学校安排，图书馆、生物系和经济系三个单位属于第 4 批，共十来人参加，任务是在四区（今桂园）栽种桂花树。在珞珈山栽树是一项很费体力的活，因为铁铲挖下去尽是石子，有时火花直冒。要是碰到大石头，那就更费力气了。

因此，我们每天的劳动都是汗水湿透全身。

我印象深刻的是，这次植树活动之后，四区的面貌有了很大的改观。可以说，这次植树是绿化桂园的开创之举。之所以这样说，是因为我对于四区"旧貌与新颜"了然于心。要知道，我们图书馆学系学生宿舍从 1960 年秋季开学时搬到四区新 8 栋，我们是桂园第一批居民。到毕业时，我在桂园生活了 3 年，对情况了如指掌。现在的桂园，一到秋天桂花飘香，沁人心脾。但回想我们在四区生活的 3 年，对于桂花飘香，只能是一种期盼。

我第二次参加职工校园植树劳动，是在 1965 年 4 月的植树节，地点在宋卿体育馆与教二楼旁边的那片荒坡上(即现在的鲲鹏广场)栽种樱花树。这应算是我校扩大樱花栽种数量的一次植树活动。其实，这是我第二次参加栽种樱花树。第一次是在 1960 年 3 月 13 日下午，我班参加了栽种樱花树。我在日记中记载："3 月是武汉大学樱花盛开的时节，今天下午的劳动是种植樱花树。这是我第一次种植樱花树的体验。珞珈山的春天真是美丽极了，因为有盛开的樱花来装点。"这一次植树劳动，我亲手种下的两棵樱花树，至今还清楚地记得它们的位置。此后多年，只要我路过那里，都要仔细观察其生长情况，就好像对老朋友的问候，以解我丝丝的牵挂。这次植树劳动使我知道了樱花树的生命周期，只有短短的二三十年。因此，我对樱花有了一种格外珍惜的情感。

我校现在的樱花树早已遍布全校园了。在樱花盛开之际，校园真是美如仙境。可是你知道吗？直到 20 世纪 60 年代初期，当时的樱花树不过数十株，它们主要分布于现在的樱花大道靠山一侧。1964 年 3 月 29 日(周日)，我的日记中有这样一段记述："正是樱花盛开时，游人不少。我也特意去观赏了一番。老斋舍下面的一排樱花树，好似一条素带围在山腰上，很是好看。只可惜，现在的樱花树还不是很多。"据说，1939 年侵华日军在武汉大学种下的第一批樱花树是 28 株，到 20 世纪 60 年代初已有了数十株，说明 1946 年武汉大学复校珞珈山之后，因为持续地栽种，10 余年间数量有了增加。不过，同现在 1000 多株还是不能相比。现在樱花盛开时，珞珈山已成为一片花海，不再是"一条素带"绕山腰。可见，这数十年来，我校不断扩大樱花树的栽种面积，并且经年累月地科学管护，才形成了今天樱花盛景。武汉大学的樱花现在享誉全国，名扬四海，有力地提升了学校的知名度和影响力，应该说，这是对武大人数十年辛勤付出的回报。

现在优美的校园，除了得天独厚的自然条件外，主要得益于武大人（尤其是园林人）数十年为校园建设心甘情愿地付出。这让我想到，1964年学校组织的那一次"职工校园植树劳动"的意义。因为这是在度过"三年困难时期"之后学校实施的补偿性的植树活动，是植树活动中断的接续。要知道，从1960年下半年开始，全国都处于最困难时期，学校为了渡过难关，采取了各种措施，如做"双蒸饭"、学生食堂自己养猪、发动学生开荒种菜等。有一次，学校副校长何定华在全校大会上传达当时高教部的指示精神，号召师生要劳逸结合，多晒太阳。总之，保存体力，成为当时的一项重要任务。我在1961年7月15日的日记中有这样的记载："在困难时期要实行劳逸结合，保重身体。今年的暑假放两个月。"可见当时一些稍重的体力劳动，如每年春季植树劳动，也不得不暂停下来。

我两次参加职工植树劳动，说起来只是小事一桩。但这两件"小事"，却成为我在珞珈山生活60多年的幸福源泉。这是因为：

首先，我对于珞珈山日愈增进的情感，缘于"树"之引发。入校的第一天，珞珈山的大树就给了我非常深刻的印象，真可谓"一见钟情"。我第一次在珞珈山种下的就是从未见过的樱花树，令我好奇和兴奋。我在珞珈山"以树为友"，得到了它们数十年的陪伴。婀娜多姿的樱花树，笔立挺拔的落羽杉，香气袭人的桂花树，亭亭玉立的广玉兰，高大粗壮的香樟树，还有高耸入云的法国梧桐，等等，都是我的朋友。它们炎夏为我遮阳，寒冬为我挡风，日夜供给清新的空气。你说，朝夕与之相处，怎能不使我心情愉悦呢？

其次，由于我对这些树木之钟情，由此生发了我对那些专职的园艺师傅们的敬佩之情。有一件事让我津津乐道。2013年八一路地下通道建成之后，其地面上成为一个小公园，种满了树木花草。我观察过，在武汉无论酷暑还是严冬，它们都显得枝繁叶茂，生机盎然，格外惹人喜爱。这让我对武汉大学园艺师傅的技艺水平由衷地赞佩。我们生活在珞珈山，常年享受着不是公园胜似公园的美景，真得感恩于园艺师傅们的辛勤付出。

最后，我参加的校园植树劳动，只是付出了一点汗水，但却得到了我意想不到的终身福报。这种满足感和幸福感既有精神层面的，也有物质层面的。

从精神层面而言，在武汉大学校园，我的家乡情和珞珈情相互交融。这种交融饱含着对于"劳动创造美"的感悟。这让我常年保持着愉悦的心情。每当我漫步校园，满眼繁花茂木，情不自禁地想起我的家乡。今昔对比，在我的家乡，往日如荒漠的沙洲，如今也是橘树成林，瓜果飘香，也有了"千树万树梨花开"的盛景。这说明，正是劳动创造"生活之美"。

从物质层面而言，珞珈山茂密的树木，绿色的植被，日夜供给人们新鲜的空气，这是生活于繁华都市的人们难得之所。而我们生活在珞珈山，身处于绿色之中，每天都呼吸着清新的空气，满山的苍翠和四季的鲜花，让人大饱眼福，有助于我们身心的健康。

国内外的有关研究表明：小区的绿化程度高，可降低心脏病的发病率；公园行走20分钟可缓解压力；环境绿色多，心理更健康；沐浴着清新的空气，已成为人们养生的追求。也有文章指出："花香阵阵，防病治病宜养生。"生活在珞珈山的八九十岁的高龄老人很多，甚至百岁的寿星亦不少见，这是优美的校园环境所给予的福气吧。

2021 年 12 月

【作者简介】郭星寿，1937 年 1 月出生，武汉大学教授。1959 年考入武汉大学图书馆学系，1963 年毕业后在图书馆工作。1972 年转入教学岗位，曾任图书情报学院图书馆学系主任。1998 年退休。

武汉大学四个湖的前世今生

徐应荣

武汉大学的师生、校友和许多社会友人，都知道校园有 4 个小湖。其中，3 个湖在本部，分别叫落英湖、月湖、星湖；还有一个叫都司湖，位于第一临床学院(见图 1)。下面，分别对 4 个湖的情况作些粗浅的探寻。

图 1　4 个湖在校园地图上的位置

一、多次改名的落英湖

落英湖位于狮子山的西南坡与火石山的西山脚交会处，属于两山交会的漕沟地形。之前，为村民灌溉、生活之需而修建的水塘，东、南、北三面为缓坡土坎，西面为土堤。据国立武汉大学建筑设备委员会的征地契约（武汉大学档案号6L71929143）载明：该水塘为耕心堂（祠堂公产之一部分），属于陈姓的族产，面积17.9亩，水深1~4米（见图2）。当时出卖人签字代表有4人：陈尚曾、陈渡生、陈晓葵、仲仁康（见图3）。

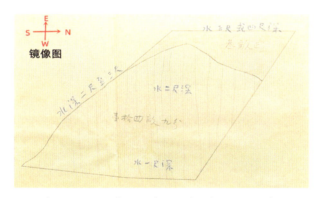

图2　1930年6月，国立武汉大学征购耕心堂的水塘示意图（硫酸纸）

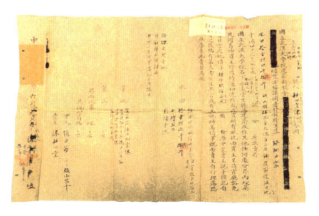

图3　1930年6月，陈尚曾等代表将耕心堂出让给国立武汉大学的契约，含水塘、山地、水田和荒山

按照农业生产的一般规律，凡在塝田或冲田的上方，必有一口水塘。珞珈山和狮子山的山脚下也不例外，有多口水塘。在规划校园建筑时，学校建筑设备委员会填埋了多口水塘，独保留了耕心堂的水塘(见图4)。

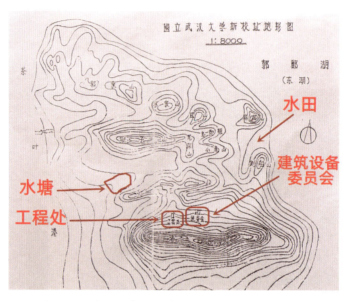

图4　1932年国立武汉大学新校址的地形图(1∶8000)

2020年，本人在孔夫子旧书网发现了一块有污渍的牌匾图片(见图5，局部)。遗憾的是，他人抢先竞价买走了，本人只好"剪切"图片。通过这块牌匾，可以"回看"落英湖的原貌。

从图5不难判断，拍摄地点在珞珈山西北面的半山腰，拍摄时间应为1931年冬。因为国立武汉大学迁入珞珈山新校址是1932年2月，新校舍一期工程的竣工时间必在1931年年底以前满足开学的基本条件。而图5显示，学生食堂的操作间还在施工当中；再结合图中的地貌特征、物候特征，可以断定拍摄时间应为1931年冬季。

从图4的等高线、图5实景图进行综合分析：落英湖的土堤被垫高了。根据国立武汉大学建筑设备委员会工程处沈中清在《工作报告——参与国立武汉大学新校舍建设的回忆》(武汉大学档案号4X221982XZ11006)，并结合其他档案，可

图 5　1931 年冬，珞珈山新校园建设进展情况的场景(西部)

以得出结论：一期工程建设男生斋舍(4 栋)、学生食堂和礼堂、文学院、理学院(共 3 栋)等 9 栋房屋，狮子山的山头降低了十几米，开挖的土石方正好用来修建"校前路"(今樱花大道)和垫高水塘埂。这也算是建筑设计人员的精妙之作。

从建筑工程施工来讲，落英湖为施工提供了不可缺少的用水保障。因为尽管珞珈山新校址被郭郑湖(东面)、东湖(东南面)、天鹅池(西面)环绕，似是"水漫金山"之地，但输水距离远、扬程高。

一期工程由汉口的宁波籍商人沈祝三创办的汉协盛营造厂中标。该建筑商是当时武汉本土比较有实力的施工单位，拥有从英国购买的混凝土搅拌机、打桩机、绞车等，还有运输车辆和一批技术熟练的施工人员。但建筑施工需要大量用水，如混凝土预制件、水泥灰浆、浇铸梁柱等，都需要用水。而在 20 世纪 20 年代末至 30 年代初，中国的建筑施工企业普遍缺乏大功率抽水泵。因此，汉协盛营造厂无法将郭郑湖或天鹅池的湖水输送到狮子山的山顶。

据学校档案记载，汉协盛营造厂在施工过程中，用小型水泵将水输送到狮子山的山顶，储存在小水池和木桶里，以解决施工用水。

　　智者乐水，仁者乐山。从校园规划来讲，落英湖是自然赐予国立武汉大学的礼物（见图6）。落英湖的湖水清澈，狮子山的建筑群和火石山的工学院倒影湖中（见图7）。

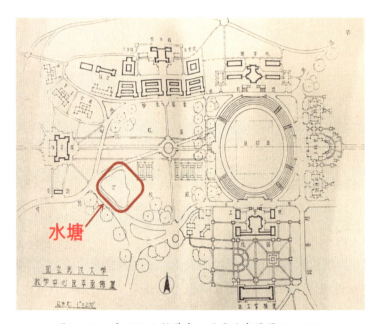

水塘

图6　1930年珞珈山教学中心区平面布置图（1∶200）

图7　国立武汉大学的建筑倒影，摄于1936年夏

"文革"时期，学校在四周修建了驳岸，在西南角树立了毛主席像，在南堤修建了宣传橱窗。1998 年，学校对 6400 平方米湖底进行了清淤，硬化湖底，拆除了水塘南侧的玻璃橱窗，拓宽了道路，加装了护栏。然后，在湖中安装了喷泉和涌泉，盆栽睡莲。2003 年校庆时，学校又对水塘的驳岸进行了美化。2013 年校庆时，在周长 230 米的湖岸安装了 34 盏庭院灯和 10 盏草坪灯，南岸观景台放置了盆景(见图 8)。

图 8　落英湖的映像，2022 年 7 月截取遥感地图

更名"落英湖"前，此湖经历了多次命名。1930 年学校购买土地时，契约上提到耕心堂的水塘。2000 年 8 月，新武汉大学合并组前，武汉大学的大多数人习惯地称作"中心湖"。2000 年 10 月，本人在校长办公室工作，有幸牵头绘制新武汉大学的首张地图，一起参加的有档案馆的徐正榜和出版社的庞玉华、刘永利等3 人。当时，因为没有正式命名，故在地图上标注的是"中心湖"。2003 年，学校第二次启动地名命名工作，本人和徐正榜具体负责，还专程到武汉市地名办公室咨询相关政策和技术规范。地名方案拟订后，在学校主页公开征求意见，当时"中心湖"有几个候选名字。后因各种原因，2003 年的命名方案被搁置。2013 年，学校第三次启动地名命名工作，发布了中英文版的地名方案，其中将"中心湖"

定名为"鉴心湖"。2022年1月,学校发文更名为"落英湖"。

本人爱校之情浓烈,比较熟悉校史,了解地名工作,故借撰写本文之机,夹带"私心",将"中心湖"称作"太阳湖"。理由有四:一是太阳一词,妇孺皆知,是中国古老的纹饰之一,也是世界诸多族群的图腾。二是湖的形状似太阳,清晨太阳从珞珈山、狮子山之间冉冉升起,阳光洒在湖面,湖面似银色的圆镜。三是以太阳、月亮、星星等3个天象对学校的3个小湖命名,正好组成地名序列。四是以太阳湖命名,寓指武汉大学的教育事业蒸蒸日上,武汉大学的学子像太阳一样活力四射,武汉大学的教师像太阳一样发光发热。

二、破镜重圆的月湖

2003年,学校正式将侧船山和半边山(原名扁扁山,又名半侧山)之间的小湖命名为"月湖",此后"月湖"的名称一直稳定。据学校的征地档案记载:月湖区域原是咸宁的王职夫出佃的水田(见图9)。

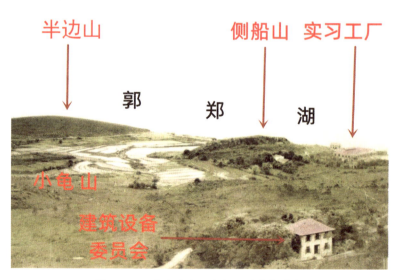

图9　1931年冬珞珈山新校园的东部景象

1933年9月,农学院筹备处成立后,便积极地经营学校的农场和园圃(档案号 6L71933007）。1935 年 10 月 29 日，学校向教育部呈报《调查表》中《校舍及土地(乙表)》中写明：农场土地 1100 亩(此时磨山林场还未征用)。这说明，国立武汉大学当时在新校区耕种有大量的农田。

1946 年 10 月，国立武汉大学复员珞珈山，学校将侧船山和半边山之间的农田改建为鱼塘，加高、加宽了湖堤，并修建了通往东湖的涵闸。

1954 年，国家体委领导致信武汉大学，转达湖北省体委的意思：借用武汉大学湖边的土地，修建"武汉航海俱乐部"(先后改为湖北省水上运动中心、湖北省第二体工大队)。在没有办法的情况下，学校只好将半边山以南的山脚地和月湖的约三分之一湖面"借给"武汉航海俱乐部。1957 年，武汉航海俱乐部建成，北边的三分之一湖面用于停放皮艇和划艇，叫做"航停区"。到 20 世纪 80 年代末，湖北省第二体工大队占地 52 亩。

月湖剩下三分之二的湖面，生态一直堪忧。1953 年 4 月 3 日，武汉市建设局来函，要求在珞珈山修建东湖水厂蓄水池(在今珞珈山庄的斜对面)，占地 40 多亩，并同时收购学校自办的水厂。东湖水厂每天要制水消毒、定期清洗水池，废水顺沟直接地排入月湖。在没有办法的情况下，学校沿侧船山北面的山脚修一条明渠，将废水引排至东湖。2001 年，武汉市全面实施"湖改江工程"，东湖水厂停止制水。2015 年，学校收回失地 17 亩(相当于被占土地的 40%)。

月湖一直得到学校的呵护。1958 年暑假，生物系 1956 级动物专业、植物专业、微生物专业共计 5 个班的学生，在"度过一个有意义的暑假"的口号下，苦战半个月，对月湖的淤泥、杂草等进行了清理，垒砌了湖岸，扩大了月湖的水深(见图 10)。2022 年 6 月上旬，笔者采访了杨学仁(1937 年出生)、宋运淳(1936 年出生)、齐义鹏(1938 年出生)等老教授们，他们对当年参加清理月湖的情景历历在目。还说，新华社在 1958 年 7 月 14 日专门进行了报道，赞扬武汉大学大学生们的共产主义劳动热情。

从 1959 年开始，学校农场开始在月湖养鱼，为学校度过三年自然灾害、缓解生活物资供应紧缺立下大功。据许多老同志讲，学校在月湖养鱼，连同西部鱼塘的鱼一起，每年过年能为教职工分到 1~2 条鱼。直到 20 世纪 80 年代末，月湖因水体污染严重而停止了养鱼。

图 10　1958 年暑假生物系 1956 级学生清理月湖的场景

2009 年，湖北省第二体工大队搬迁至武昌二妃山的奥林匹克中心。2014年 1 月，经过 30 多年的努力，学校终于与省体育局签订以"共建高水平运动队协议"的名义，收回了占用 60 多年的土地，月湖终于"破镜重圆"，回到学校的怀抱。

整整 70 年的光阴，月湖演绎了一场真实版的"月有阴晴圆缺"情景剧。虽然演出时间太长，结果还是让武大人满意的。

2020 年，学校对月湖周边实施了雨污分流工程，整治、美化了湖岸。如今，月湖成为学校靓丽的一处景观(见图 11)，沿岸高大的羽杉苍劲挺拔，水中栈桥直达湖中小岛，驳岸改为亲水草坡。北岸新建了武汉大学质量发展战略研究院大楼，南岸是生命科学学院的杂交稻国家重点实验室基地。

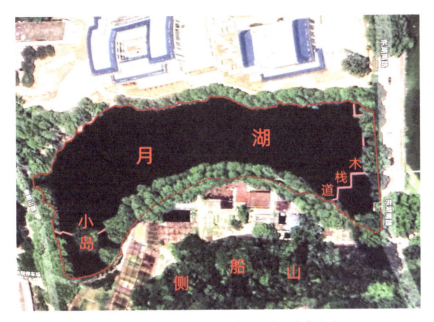

图 11　月湖的映像，2022 年 7 月截取遥感地图

三、"亭亭"玉立的星湖

　　1955 年 6 月，国家决定，汇集同济大学、天津大学、南京工学院、华南工学院、青岛工学院等 5 所院校的测绘专业师资和设备，在武汉创办武汉测量制图学院，成立了筹委会。筹委会主任由时任高教部工业教育司司长唐守愚兼任，夏坚白（同济大学副校长）、陈永龄（华南工学院副院长）、金通尹（青岛工学院院长）为筹委会副主任。同时，撤销青岛工学院，新校址的建设任务由青岛工学院负责，包括选址、勘测、规划、建设施工及开学准备等工作。

　　1955 年 6 月 18 日，筹委会副主任陈永龄、青岛工学院党委书记兼副院长刘宿贤等一班人，经过多日勘测和比较，最终圈定珞珈山西南端的天门山（又名狗头山）和栗子园一带作为校址。此处位置优越，地势平坦，毗邻武汉大学、华中师范大学，交通便利。从 1955 年至 1956 年，筹委会共进行了 6 次征地（武汉大

学档案号 2JJ30830-29、30、31、32、33、34）。1957 年 6 月 16 日，武汉市建委
会批准了《武汉测量制图学院总体布置草图》（见图 12），征地总面积 45 公顷（675
亩）。需要说明的是，1974 年从洪山区建设局复制的征地红线图（武汉大学档案
号 2JJ30830-35），与 1957 年总体布置草图完全一致。

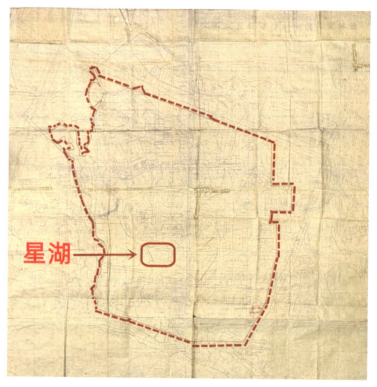

图 12 1956 年武汉测量制图学院的征地红线图（1∶1000）

关于校园规划方案，筹委会负责人夏坚白、陈永龄、金通尹等人，既是新中
国测绘科技的专家，又都在各自学校担任领导职务，他们对高校的校园规划建设
比较熟悉。经过反复讨论，定下建设总体方案，最后由同济大学建筑系哈雄文教
授负责规划设计。新校园整体布局采取南北主轴线、东西对称的规划方案：南部
为教学区和学生区，北部为教工生活区。其中，将地势较低的、既有的两口水塘
予以保留（见图 13）。

1955 年 10 月 20 日，武汉测量制图学院新校址正式破土动工。1956 年 9 月 1 日正式开学，10 月 28 日举行建校开学典礼。

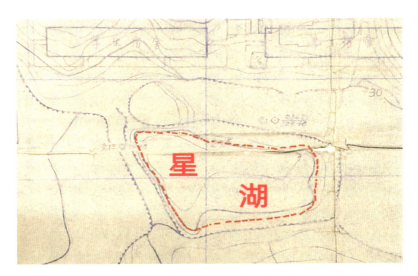

图 13　星湖在 1956 年武汉测量制图学院总体布置图上的位置

既有的两口水塘，对解决施工用水问题起到了关键作用。据原武汉测绘科技大学副校长杨长庚讲，他于 1957 年 6 月从武汉体育学院毕业，7 月到武汉测量制图学院报到入职。他说，武汉体育学院与武汉测量制图学院相距很近，上学期间有时看看武汉测量制图学院的建设情况。他入职时，学校有一大一小两口水塘，一个是现在的星湖，原来供农田灌溉和村民洗涮；另一口小塘位于星湖园食堂以东、老同志活动中心以北的空地，大约在 20 世纪 80 年代末被填平了。

另据李维今、张平等老同志回忆，一开始星湖叫"前大湾"，20 世纪 70 年代末定名为"星湖"。原武汉测绘科技大学基建处处长彭海文回忆说：1996 年校庆 40 周年，学校对星湖进行了升级改造，修建了驳岸、湖心亭、流芳廊，沿湖一圈还栽种了樱花（见图 14）。2011 年，新武汉大学安放了经纬石，宁津生院士题写碑名。

图 14　星湖的映像，2022 年 7 月截取遥感地图

星湖同其他 3 个湖的最大区别在于湖中有座湖心亭（见图 15）。此亭为六角单

图 15　星湖中央的湖心亭，摄于 2022 年 6 月

檐攒尖亭，6 根水泥柱下方上圆，枋额彩绘，檐角飞翘，屋顶黄色琉璃板瓦，亭间还设置了"美人靠"。每到 3 月樱花开放季节，湖心亭被花海簇拥着。春雨绵绵，漫步廊桥，让人心旷神怡。

四、相伴百年的都司湖

都司湖的历史文化厚重，也是 4 个湖泊中最早与学校结缘的湖泊。

探究都司湖，还得从"都司"一词的由来说起。都司源于明朝的官衔制度，是"都指挥使司"的简称，为明朝武官的官衔，位阶相当于中级军官。明朝开国皇帝朱元璋，封其第六子朱桢为楚王，在武昌城修建了规制的楚王俯。楚王府属于"城中城"，在楚王府的西面设置了都司衙门（见图 16）。都司湖由此而得名。

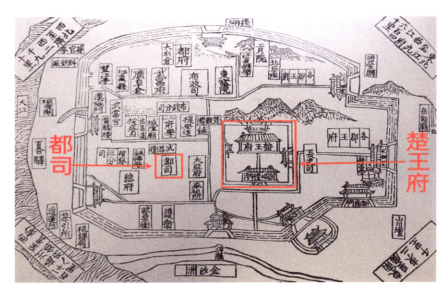

图 16 "都司"在 1521 年《湖广图经志图》上的位置，
出版：湖广布政使司，收藏：武汉市地方志办公室

清朝沿袭明朝的官衔制度。1644 年，清顺治帝设湖广总督，总督府靠近武昌城的望山门（南门），在今武昌造船厂的厂区（见图 17）。总督一般另加尚书衔，

握有兵权,官阶为正一品,辖制省巡抚。清朝军衔等级分为九品十八阶,京城京外两个序列。京外的军衔序列依次有:将军、都统及副都统、提督、总兵、副将、参将、游击、都司、千户、把总等。其中,"都司"定为正四品(第七阶)。

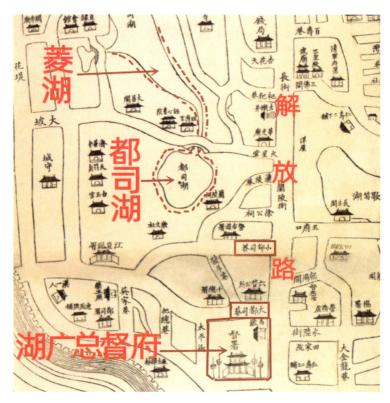

图 17　都司湖在 1883 年湖北善后总局出版的《湖北省城内外街道总图》上的位置,陈思从美国国会图书馆复制,收藏于武汉市图书馆

　　从图 17 可以看出,清朝的都司衙门迁到了湖广总督府的北边。于是,围绕"都司",便出现了"一湖三街"的关联性名称:"都司湖""都司街"(今张之洞路)"小都司街""大都司街"。

　　"都司湖"名称在地图上的出现,最早见于 1864 年(清同治三年)杨守敬绘制的《武汉城镇合图》(刻印本)。此图与 1883 年湖北善后总局出版的《湖北省城内外街道总图》几乎完全一样。为清晰起见,故采用在相隔 20 年后的《湖北省城内外街道总图》上标注"都司湖"(见图 17)。此图收入 1998 年出版的《武汉历史地图集》。

　　都司湖属于潟湖。其形成的原因，一般认为是因长江裹挟的泥沙沉积而成。同时，因人类从事农业生产、兴修水利、建设城市街道及房屋等活动，又不断地改变地形地貌。都司湖的形成和演化过程，同样离不开人类活动。笔者相信，张之洞督鄂期间，大修江堤和配套水利工程。其中，在武昌城外的巡司河上修建了武泰闸。这些举措，实现了对都司湖水位的可控可调。

　　讲到都司湖，不能不提及菱湖。两湖本来是一南一北的"邻居"，中间有座明月桥，湖水相通。在明月桥的西端，有文昌阁、既济宫、经心书院（1869年创办，1891年改为经心精舍）等。1890年（清光绪十六年）4月，湖广总督张之洞在经心书院的院址上创办"两湖书院"，此后都司湖成为两湖书院的内湖（见图18）。

图 18　清末武昌城的两湖书院

　　1902年6月，两湖书院改为两湖大学堂（首先开办大学预科），1903年2月更名为两湖高等学堂（又称高等学堂），1904年改名为两湖总师范学堂（甲级师范学校，1911年辛亥革命爆发停办）。1921年湖北医学专门学堂在此创办。1966—1976年，武汉久安制药厂等周边单位竞相填湖。如今，菱湖的西部成为武汉市四十五中学校园，菱湖的东部变成湖北省武昌实验小学校园。在武昌实验小学操场上，插着一块令人心酸的牌子，上面写着"记忆中的菱湖"。

图 19 都司湖，2022 年 7 月截取遥感地图

　　清朝，武昌城有九湖，但司湖、西川湖、菱湖（又名宁湖、明月湖）、西湖、歌笛湖、教唱湖、长湖（方言学堂正南面）等 7 个湖不复存在，仅剩下都司湖和紫阳湖（又名墩子湖）了。目前，都司湖被定为武汉市保护性湖泊。

　　探究了都司湖的历史后，那么她又如何与武汉大学 2 次牵手呢？

　　第一次牵手，要追溯到陈雨苍创办的湖北医学专门学校。1921 年，获得德国柏林大学医学博士学位的陈雨苍（湖北荆门人），上奏北洋政府教育部，要在武昌两湖书院的旧址上创办湖北医学专门学校。1923 年，学校正式成立。1924 年，学校升格为湖北省立医科大学，设医学、药学、中医、护理四个专业，并开设实习医院（即人民医院的开端）。1926 年年底，湖北省立医科大学与国立武昌大学、国立武昌商科大学、湖北省立法科大学、湖北省立文科大学一起，合并组建国立武昌中山大学（后又称国立第二中山大学）。1927 年 2 月 20 日，国立武昌中山大学举行开学典礼，医科和理科设在东厂口的原国立武昌大学校区（称作"中大一院"）。1927 年 12 月底，国立武昌中山大学因学生进步活动遭国民党桂系军阀非法解散。1928 年国立武昌中山大学改组为国立武汉大学后，原国立武昌中山大学的部分医科生陆续转学去广州国立中山大学和上海国立同济大学。

1929 年，湖北省立医院在都司湖畔的原湖北省立医科大学实习医院的基础上成立，这是湖北省的第一家公立医院。

1938 年 10 月 26 日，武昌沦陷。湖北省立医院不得不提前迁往恩施县土桥坝沙湾续办，都司湖院址的药房和病房遭到日本华中派遣军的轰炸。

关于第二次牵手，要从湖北省立医学院创办时说起。1942 年秋，湖北省立医学院在湖北省恩施县土桥坝沙湾创办，并将湖北省立医院纳为教学医院。抗战胜利后的 1946 年 2 月，根据湖北省政府的复员方案，湖北省立医学院迁至武昌两湖书院的旧址（即原湖北省立医科大学的校址）。而湖北省立医院先于医学院回到武昌，于 1945 年 11 月迁回武昌的商家巷 4 号湖上园（今解放路 238 号）开诊，并在 1949 年 11 月合并其他医院后改名为湖北省人民医院。

1954 年 7 月，湖北医学院（1949 年 11 月湖北省立医学院更名为湖北省医学院，1953 年 9 月更名为湖北医学院）迁至武昌大东门的千家街，两湖书院旧址被划给湖北省人民医院。由此，湖北省人民医院得以续写与都司湖的缘分。同年 11 月，湖北省人民医院再次被纳为湖北医学院的附属医院。1957 年 8 月，湖北医学院迁至现址高家墩，旧校址成为湖北武昌护士学校（后改为湖北药检高等专科学校）的校址。

从两次牵手的历史起点算起，今年都司湖与武汉大学相伴正好百年。

目前，都司湖位于第一临床学院校园的中心，湖岸西北面是武汉音乐学院。在西岸，还能看见两湖书院的南斋（以地支命名，共 10 栋百间）、图书馆等（见图 20）老建筑。

都司湖也有过"伤痛"。到 20 世纪 80 年代后期，都司湖因不断填占缩小至 10 亩左右，水质为劣 VI 类。从 2006 年开始，武汉市通过实施退地还湖、湖底清淤、污水截留、湿地净化等措施，湖面扩大至 17650 平方米（26 亩），湖岸周长550 米。沿湖不仅有水阁、凉亭、长廊、雕塑等，而且添加了健身绿道、健身器材，沿湖还种植了奇花异草和名贵树木（见图 21）。

图 20　都司湖西岸两湖书院的斋舍(南斋)面貌, 摄于 2022 年

图 21　美丽的都司湖, 摄于 2018 年

　　"风廊月榭, 荷红藻荇, 雅擅一城之胜。"如今秀美的都司湖, 是对张之洞题词的最好诠释。愿都司湖与武汉大学长相厮守, 永远相伴。

2022 年 9 月

【作者简介】见第 394 页。

湖北医学院修建毛主席塑像的故事

施金忠

当你走进武汉大学医学部(原湖北医科大学)大门,一尊雄伟的毛主席塑像便跃入眼帘。无论是在原湖医学习过的研究生、本科生、专科生、成教生,还是在此工作的教职员工,只要走到这尊塑像面前,一种对伟人无限崇敬、爱戴之情便油然而生。

1968 年 10 月 8 日敬立的毛主席塑像,摄于 2021 年

　　老湖医人都知道，自 1968 年 10 月 8 日毛主席塑像落成之后，凡是学校举行各类大型活动，如学校召开党代会、职代会、团代会、学代会、校庆、对外学术交流会以及各类学生毕业纪念等，都选择在这尊塑像前合影。尤其校友回母校相聚，把在毛主席像前合影作为必选内容，以此作为历史的见证。可见，这尊伟人塑像早已成为原湖北医科大学永不褪色的红色名片，更是老湖医人心目中永远的丰碑。

　　这尊毛主席塑像，在老湖医人心中占据着神圣的位置，但对其修建的历史背景以及其中的许多故事却鲜为人知。随着时光的流逝，知道的人越来越少。

　　本人与大家一样，怀着对毛主席无限崇敬的心情，本着抢救真实历史和记录故事的宗旨，在无文字资料可查的情况下，走访了原湖北医学院 1964 级、1965

1967 年 8 月 18 日，吴庭高、李恒奎、张锡桂到
上海教育学院学习铸像时与其他单位学员合影

级学生，请他们回忆当年情况，如现已退休的钟立厚、孙理华、王永棣等校领导，施方、章光彬、周兰仙、钟满堂、张玉华等老职工。重点采访了当时赴上海学习铸造像体、现仍健在的张锡桂师傅，并从她家中搜集到了在上海教育学院学习浇注的合影。

随后，本人在施方家中搜集到落成揭幕前模型厂的吴庭高、李恒奎、刘坤生三位师傅的合影。

1968 年年底，湖北医学院模型厂吴庭高、
李恒奎、刘坤生三人在毛主席塑像前合影

这两张照片是目前最原始的照片，十分珍贵，也是修建毛主席塑像的见证。通过走访并结合照片获知，原湖北医学院修建毛主席塑像，于 1967 年 8 月动工，1968 年 10 月 8 日落成。

当时湖北医学院领导机构是"革命委员会"，由宣传部具体抓落实，师生员工积极响应。模型厂承担塑像的铸造工作。吴庭高、李恒奎、张锡桂三位工人同赴上海教育学院接受培训，与其他几所学校一起学习设计、托模、铸造，历时近两个月。为便于运输，经过精细包装，由轮船沿长江运回学校，途中三位师傅轮流守护。整个塑像由三部分组成：一是基座，二是底座，三是像体。基座设六级，使用的是钢筋混凝土瓜米磨石，抽调几名学生参与了打磨。基座四周种植不同颜色的矮株侧柏，拼出"战无不胜的毛主席思想万岁"字样。基座外围种植白兰、金桂、万年青及雪松相衬。底座为正立方体，由钢筋水泥浇筑而成，四周由红色三峡大理石贴面，底座高3米，正面镶嵌有一块白色大理石，刻有"伟大的导师、伟大的领袖、伟大的统帅、伟大的舵手毛主席万岁！万万岁！"底座后面嵌有一块白色大理石，刻有"湖北医学院革命委员会　一九六八年十月八日敬立"。这两块白色大理石在2003年维修时未予保留。

像体由钢筋白色水泥铸造，高2.88米。设计造型是按照毛主席的特型动作、神态及穿着，并按照全国最流行的塑像造型，即毛主席身着中山服、足穿方头皮鞋、昂首挺胸、右手向前挥的姿态，寓意"毛主席挥手我前进"。看上去给人一种伟岸、自信、坚毅、睿智并具有强大号召力的神态。每当清晨太阳升起的时候，阳光照射这尊塑像时，栩栩如生，光彩夺目。

2020年12月，张锡桂讲述铸造毛主席塑像的故事

采访张锡桂师傅，当提到当年参与铸造毛主席塑像时，她心情十分激动，一直泪流满面，泣不成声，几次中断采访。她动情地谈到，没有毛主席，就没有我们今天国家的强大，没有我们今天的幸福生活，我们要感谢毛主席，感谢共产党。当时修建毛主席塑像的任务是我们模型厂争取过来的，在这个过程中大家十分团结，处处为学校节约开支。三位工人师傅为了给学校节约开支，吴庭高是上海人，晚上便回家住，另外一男一女只租了一间房，而李恒奎师傅每天就住在走廊上。当时到上海只有坐船，来回都是无座位的五等舱。

据时任外事处处长的章光彬同志回忆，有一次中南医院召开一个国际学术交流会，一名外国专家提出瞻仰毛主席塑像。他来到像前，先是深深地鞠了一躬，随后面对塑像凝视良久，感慨地说："这尊塑像坐北朝南，面向湖面，视野开阔，四周名树相拥，彰显这尊塑像高雅、圣洁。她犹如一件巨大的精美的艺术品，充分展示出了艺术家的水平，也展示出了贵国人民对开国领袖的崇敬和爱戴。"

本人清楚地记得，毕业留校工作时后就听孙洁讲过，政府曾对全市不合标准的毛主席塑像进行拆除。当时，有关部门对我校的毛主席塑像进行了全方位的评估，认为我校的毛主席像在全市几十尊塑像中，无论是塑造比例、造型、工艺都符合标准，特别是神态上更具独特之处，造型逼真，从而得以保留。90 岁的周兰仙教授，88 岁的章光彬处长，曾经在模型厂工作过的张玉华科长、张锡桂师傅也都证实孙洁的说法。

回想起毛主席这尊塑像，修建时处于"文革"时期，又经历过"去留风波"，能保存至今，这实属原湖医人之大幸。

湖北医科大学于 2000 年 8 月与武汉大学合并，新武大更是尊重历史，爱护文物。我相信，这尊毛主席塑像将永远屹立在武汉大学医学部，永远铭刻在老湖医人的心中。

2021 年 11 月

【作者简介】见第 328 页。

六　校友故事

一个人办一所大学

刘晓林

她是一个瘦弱矮小的女人，采访她时，桌上的一堆书竟能将她埋没。她是一位果敢而讲效率的女人，虽然身居校长却从不设秘书。她是一位功成名就的女人，她的名字收入美国出版的《国际最杰出领导人物索引》。她是一位令人刮目相看的女人，1997年被武汉大学评为第一届杰出校友，2007年又被评为"感动中国"人物。她是著名的教育家、法学家、社会活动家、香港基本法咨询委员会委员、港事顾问、香港树仁学院（2006年升格为树仁大学）校长钟期荣博士。

一、我心目中的巨人

香港回归前的1995年，武汉大学决定每两年评选一次杰出校友，评选的标准定位在"为人类和社会做出巨大贡献"上。认识钟期荣校长，是因为她是武汉大学第一届杰出校友。那时，我正好在武汉大学校友总会工作，被安排去机场迎接这位首届杰出校友。因为不认识她，连最起码的照片也没见过，只有按常规举着牌子在出站口等候，因为她从香港过来，所以特意买了一束鲜花。

在拥挤的人流中，我终于看到了这位事业有成的女性。可是我却非常惊讶，惊讶她的衣着如此朴素，惊讶她的身材如此矮小瘦弱，我不知道是什么力量，使她的双肩能够担负起"为人类和社会做出巨大贡献"这副担子的。第一面，她给我留下了一个谜。

第二天，我陪与钟校长一同来的树仁学院老师到书店去购书。趁这次大陆之行，她们准备为学校采购一批图书资料，只因大陆的图书比香港便宜。从这位老师的嘴里，让我知晓了钟期荣校长的二三事，以及她事必躬亲的勤俭态度。一般来讲，形容工作态度，绝少用"勤俭"二字，这个词常常用来形容生活作风，可是我觉得对于钟校长来说是再合适不过的了。在她的学校里，校办只有她一人，桌面上堆满了文件，由于她身材过于矮小，那些文件居然把她埋没在办公桌后面，使人看不到她。每逢有客人到学校来办事，她总要陪同客人走很远的路，到学校食堂去吃饭。在香港，她已经属于社会名流了，当时她还是香港特别行政区基本法起草委员会委员。为了办教育，她可以倾其所有，投资毕生积蓄四五个亿。但对待自己，不论是吃穿衣着还是在办公人员的雇佣，"小气"得让人不可思议。钟校长身上这种巨大的反差，从另一个侧面反映了她的品德和品格。

2007 年，钟期荣夫妇双双被评选为"感动中国"人物，组委会的颁奖词写道："狮子山下的愚公，香江边上的夫子。贤者伉俪，本可锦衣玉食，却偏偏散尽家产，一生奔波。为了学生，甘为骆驼。与人有益，牛马也做。相信教育能改变社会，他们为教育做出了楷模。"做好事不难，难的是一辈子做好事，始终不渝地做好事，把一件好事做到终生！他们的信仰，观照了许多社会无力的角落，当我们每个人都去弥补社会缺位的时候，其实也弥补了更多缺位的人心。他们为百年树人，更树仁义于百年。一座树仁学院就是一座丰碑，永远感动中国。

二、从湘江到香江

钟期荣，1920 年 7 月生于湖南长沙，在抗日战争的烽火硝烟里，毕业于国立武汉大学法律系，旋获全国司法官考试第一名，就职四川璧山地方法院刑庭推事。与胡鸿烈大律师结婚后，便一同远赴法国巴黎大学留学。十年的旅欧生活，钟期荣不仅完成了法学博士的研习、答辩，取得博士学位，更重要的是深受欧洲人文主义精神的熏陶，为日后开创民众教育事业奠定了思想基础。

1955 年 6 月，钟期荣偕同夫婿东渡重洋，折还香港，在刚成立的联合书院（后合并为香港中文大学）任教；随后又陆续任教于浸会、珠海、崇基等院校，出任崇华书院名誉董事兼文史系主任。钟期荣所授课程内容丰富而思想深邃，语言生动而条理清晰，常使教室爆满而名誉学界。教育之余，钟期荣还密切关注时代发展，研究社会问题，不断撰写专题论文，翻译文学作品。1965年出版《香港青少年问题》一书，紧扣香港社会，深入剖析香港青少年心理、生活、教育、就业、犯罪等方面的问题，为港府制定政策提供主张和决策，其真知灼见，一时震动香港社会。

三、寄志"树仁"

长期以来，香港作为英国殖民地，教育政策一向跟随英国，直到1911年始建立香港大学，20世纪60年代初才创办香港中文大学。当时适龄青年中，只有1.5%的学生有幸升入大学，其他人若不想失学，只能远渡重洋去海外求学。

面对这片"文化沙漠"，钟、胡二人感慨良多，痛感香港这片英国殖民主义旗幡下的"浮岛"，大有改革之必要。早在1956年，钟期荣就纵论香港的教育问题，认为"教育关系一国之盛衰，民族之兴亡，人种之优劣，社会之良莠以及前途之吉凶。"胡鸿烈博士亦有同感："目睹本港青年有志深造而被迫失学者日众，心甚不安。"并认为："香港只有工业人才，这是不够的，必须培养其他多种类型人才，方能满足社会发展需求。"夫妻二人经过几个月艰辛探索，决定出资兴办树仁学院。

在后来回忆中，钟期荣校长这样写道："1971年春，胡鸿烈大律师在港岛跑马地成和道购得一幢三层楼宇，原拟我退休后办一间幼稚园，怡情寄兴。我俩经过反复斟酌商讨，终于决定在此开办一间大专。究其原因，我俩深受中国文化熏陶，为典型的中国书生，一腔热血，报国无由；慕古思贤，忧时忧国，咸信兴绝学于当今，重振人文，乃大丈夫应有之壮志，故此不避万难，要以愚公移山精神，负起海内外复兴中华文化之重任，来推行仁者教育，己立立人，己达达人，培养仁人君子，故创立树仁。"

四、"树仁"的抉择

创业初期，一切从零开始，成和道的三层花园洋楼，成为第一块教学基地。

其中七间为教室，一间办公室，当年就招收 200 多名学生，开设 6 个学系。钟期荣亲任校长，胡鸿烈任校监。有着一个人能办完的事绝不两个人干性格的钟期荣，在办学初期，更是将其作风施展得淋漓尽致。这种作风一直保持着，独树一帜地开创了整个校长办公室只有她一人的纪录。

经过 5 年多的艰苦努力，树仁声誉日隆，社会好评如潮，迫使港府于 1976 年宣布，依 1964 年《专上学院条例》，承认树仁为继浸会之后正式注册的专上学院，并无偿提供宝马山官地兴建校舍。随后不久，布政司专函承认树仁学院文凭，政府部门表示，欢迎树仁学院的毕业生前去应聘任职。自此，树仁迈出了坚实的一步，真正为香港社会所接受和承认。

1977 年，钟期荣夫妇又购入湾仔峡道万茂里的校舍，创立"树仁英文书院"，使之与大专衔接。此校舍为 7 层独立园林式建筑，古树掩映，环境清幽，宜于学习。是年，新生人数倍增，全校充满欣欣向荣的气象。

正当树仁学院迈向坦途时，一股寒流突然袭来。1978 年 10 月，港府发表《高中及专上教育发展白皮书》，提议以经济援助、港府认可的浸会、树仁、岭南三所私立大专院校，换取这些学院改行"二二一"新学制（二年预科，二年本科，一年荣誉文凭），以求与英国学制衔接。这意味着树仁如接受经济援助将要改制，降低人才培养规格与学术水准，并难以与中国和国际大学学制衔接。然而，如拒绝改制，将失去经济援助，难以筹措经费兴建耗资巨大的新校舍，何谈更大发展？是坚持原有的办学方向，还是接受改制以换得经济援助？这一严重挑战，摆到了钟期荣面前。

勇者无惧。钟期荣深邃地洞察到，社会发展对人才素质日益提高的需求，并真切体会学生往海外升学、衔接国际教育的实际需要，决意不改初衷，毅然舍弃港府的经济援助，大无畏地踏上荆棘满途的道路，并继续承诺给予学生免息贷款。事后，胡鸿烈校监说："君子因为读书通了，明白了做人的道理，有分辨是非的能力和标准，而且目光远大，心襟豁达，淡泊明志，首重个人节操，故威武不能屈，富贵不能淫，贫贱不能移。"这简短的话，描绘出钟校长的风骨和"树仁形象"。

五、永远的中国心

事实验证了不改学制的正确性。树仁于 1979 年招生 1000 余人，报考者竟达 5000 人，全校学生增至 3000 人，课程增至 300 门，增设多项硕士课程，每周授课达 5000 学时，知名教授慕名而来，学校欣欣向荣。而宝马山新校舍也破土动工，港督尤德亲临主礼，许多政府首长莅临致贺，轰动一时。

宝马山新校舍的动工兴建，蕴含着重大的政治意义。此时，中英正展开香港回归谈判，社会各阶层动荡不安，一些人挟资移居国外，香港弥漫着悲观的气氛。但是，钟期荣独具慧眼，深信香港回归祖国，必将更为稳定繁荣，对人才需求更为迫切，这正是树仁学院发展的大好机遇。因而，毅然决定动工兴建宝马山新校舍。穷其所有，拿出房契作押，倾尽毕生积蓄，拨作建校经费。直至 1985 年，一座 12 层高的宏伟建筑，巍然耸立于宝马山上，钟校长以实际行动支持了香港回归，对动荡的民心起了安定作用。当新校舍启用时，许多学生目睹学院的迅速发展，眼噙热泪，亲切地敬称钟校长为"树仁之母"。

随着香港回归日近，钟期荣又洞烛先机，把国际学术交流与合作，更多地转向祖国内地。1984 年，欣逢中华人民共和国三十五周年国庆，钟期荣应邀赴北京观礼，第一次考察内地教育，再度晋京交流，与中国人民大学签订学术交流合作协议，双方同意树仁毕业生可升入该校法律研究所攻读硕士学位。其后，又与北京大学合作，在港开设 4 个兼读硕士学位课程，为第一个经国家教委批准在外创办的硕士学位课程。

汇总树仁学院的 18 项合作课程中（6 项为学士课程，12 项为硕士课程），与内地著名大学合作的多达 10 项，其中 9 项为现职兼读硕士课程。这里值得着重提出的是有关中国法律的课程，该课程创办最早（1987 年起），就读人数最多（每年达数百人），至 1994 年又与中国司法部律师资格考试中心、中国人民大学合作，在港首创中国律师课程培训班，培训班毕业生首次获准参与中国律师资格考试，创下了中国向港澳台人士开放司法考试的先例。影响所及，在香港蔚然掀起学习中国法律的热潮。

如今的树仁大学，已成为国际公认的、颇具规模的高校，它未受香港政府任何资助，未动用纳税人一分钱，而为香港社会提供 1000 多个学位，在香港拥有最多的国际合作的课程。它已造就了逾万名的毕业生和合作的多项硕士毕业生。其中，毕业生陈华硕曾为香港第一位华人惩教长，张念慈名列香港亿万富豪榜，树仁的成就已为举世公认。

六、游子归来

1997 年是不平常的一年。香港回归成为世人注目的大事。在回归前夕，武汉大学第一届杰出校友颁奖大会，于当年 5 月 10 日下午在珞珈山庄举行，钟期荣作为杰出校友中唯一的女性，特别是来自即将回归的海外游子，在颁奖会上异常激动。她满怀深情地回忆了在母校学习的情景。她说："在武汉大学学习四年中，最令我难忘的是母校的校风。记得当时的教务长朱光潜先生就把校风视为学校的生命线。尽管那时我们的生活很清苦，在文庙里读书，点的是煤油灯，吃的是'八宝饭'(有稗子、砂子、老鼠屎)，但是在求团结、守纪律、钻学术的校风影响下，使我培养了刻苦学习的习惯，培养了坚韧不拔的毅力。在离开母校的半个世纪中，我就是靠着母校打下的坚实思想基础和厚实的知识底蕴走上人生的创业道路。如今，香港就要回到祖国的怀抱了，在这个重大的历史时刻，我应邀回到母校，回来拿这个杰出校友奖，从内心来说，我感到很惭愧，有点滥竽充数。不过我明白，这个奖不仅仅是对我个人的鼓励和希望，也是对在海外奋斗的众多校友的鼓励和希望。我要感谢母校给我的这个荣誉，我一定要坚守自己的岗位，为香港的回归和繁荣做出自己的贡献。"

一番发自肺腑的话，感动了台下的大学生。会后，钟校长成为年轻学子们追逐的对象，大家纷纷请她签名留念。

当晚，钟期荣应邀又向全体师生作了题为《香港殖民教育面面观》的报告，在报告中和回答提问环节，会场不断地响起热烈的掌声。大家都被她精辟独到的见解、幽默风趣的话语、机智敏锐的思维和民主开放的作风所深深吸引。

半个多世纪阻隔，没有隔断钟期荣怀念母校的拳拳深情。她没有忘记给母校捐款设立奖励基金，奖励法学专业品学兼优的学生；更没有忘记将自己全部的杰出校友奖金回赠给母校。她既给母校留下宝贵的"树仁"精神，也给青年学子留下了启迪和思考。

在树仁学院成立 25 周年纪念特刊上，钟期荣在卷首语中这样写道：

> 树仁情怀似海深，酸甜苦辣在我心；
> 书生报国本吾志，朝夕耕耘力传薪。
> 春风化雨同此乐，桃李成荫誉士林。
> 鞠躬尽瘁未觉苦，但期仁遂得倡行。

这是她的心声，也是她毕生的追求。

2020 年 7 月

【作者简介】刘晓林，女，生于 1953 年，1970 年参加工作，2008 年退休。现任武汉大学新闻与传播学院退休教职工党支部书记、老年协会副会长。

受毛主席多次接见的校友陈文新院士

涂上飙

陈文新(1926—2021)，女，湖南浏阳人，土壤微生物及细菌分类学家，中国科学院院士，中国农业大学生物学院教授、博士生导师。1952年毕业于武汉大学，1958年获苏联季米里亚捷夫农学院副博士学位。1959年学成回国后，进入北京农业大学(今中国农业大学)执教。2001年，当选为中国科学院院士。

校友陈文新一生三次受到毛主席的接见，其中两次在毛主席家中做客。学校现在使用的校徽毛体"武汉大学"四个字，就来自毛主席给她回信的信封上的四个字。

一、写信向毛主席汇报学习情况

1948年的秋天，陈文新考入武汉大学农学院。1951年春节学校放寒假，陈文新回到老家过年。这次回家团聚，母亲告诉了她们一家与毛泽东的交往往事。母亲还说，收到了毛主席的来信。毛主席在信中亲切问候了陈文新的母亲，并且表达了自陈昌同志去世后未能照顾其家人的歉意。中华人民共和国成立后，毛主席希望能尽快收到陈文新母亲的回信，确认陈昌同志家人的状况，并且在力所能及的范围内给予一些帮助。

陈文新作为家中文化水平最高的一员，在母亲的督促下，承担起了给毛主席回信的任务。寒假结束后，陈文新回到珞珈山，怀着崇敬又兴奋的心情给毛泽东写了两封信。一封是代母亲毛秉琴写的，讲了家里的近况，三姊妹的学业及母亲的工作问题，并转达了母亲的问候，祝愿中华人民共和国在毛主席的领导下繁荣昌盛；另一封是汇报了自己在武汉大学的学习情况，介绍了所学农学专业情况，表达新一代大学生对于中华人民共和国的祝福和祈盼。

原来陈文新的父母与毛主席都很熟。父亲陈昌，与毛泽东、蔡和森同为湖南省立第一师范学校的学生。毕业后，毛泽东、陈昌共同任教于一师附小。毛泽东、陈昌、蔡和森及另外一名教师都住在一个院落里。经毛泽东提议，四家人同吃一锅饭，由陈昌的妻子毛秉琴做饭。由于同姓毛，毛泽东认毛秉琴做姐姐，毛秉琴认毛泽东做弟弟，毛秉琴的女儿喊毛泽东舅舅。陈文新也就成了毛泽东的"外甥女"。

当时毛秉琴不光是掌管四家人的吃饭问题，还筹办过毛泽东和杨开慧的婚姻大事。1920年的冬天，毛泽东准备和杨开慧结婚，但家中好像没有什么像样的东西，毛泽东不免喜中带有忧愁。毛秉琴知道后说，这等好事，不用担心，她来张罗。她与陈昌商量后，把自己的结婚礼物拿来为毛泽东布置新房，还拿出一部分费用置办了一些生活用品。在毛秉琴的精心准备下，婚礼得以如期举行。

后来，在毛泽东的影响下，陈昌先后参加了北伐、南昌起义。不幸的是，在开展轰轰烈烈的土地革命运动中，陈昌在湘鄂西革命根据地落入国民军反动派之手。1930年2月24日，陈昌与杨开慧之兄杨开明一起，在湖南长沙浏阳门外被国民党处以极刑。中华人民共和国成立后，中央人民政府追认陈昌为第9号革命烈士。

陈昌牺牲后，毛秉琴抚养陈文新姐妹3人。陈文新是最小的一个，陈昌牺牲时，她只有3岁。

给毛主席的信寄出去已多时，陈文新有些惴惴不安，虽然知道自己父亲和毛主席有着战友情，但毛主席在中华人民共和国成立后公务繁忙，在百忙之中能抽出时间回信吗？正在担心时，1951年5月初，毛主席的信就来了。收到毛主席的信，陈文新小心翼翼地拆开了信封。信中写道：

文新同志：

你的信和你母亲的信都收到了，很高兴。希望你们姊妹们努力学习或工作，继承你父亲的遗志，为人民国家的建设服务。问候你的母亲。祝进步！

毛泽东

四月二十九日

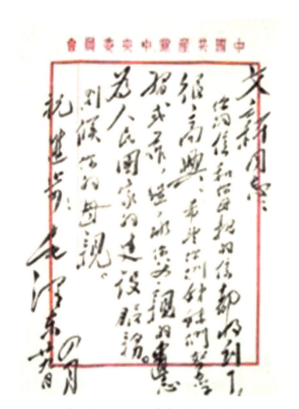

1951 年 4 月 29 日，毛泽东写给陈文新的回信

陈文新收到了毛主席的回信后，她母亲也收到了毛主席的回信。信件中还附带着毛主席个人给予毛秉琴的生活补贴费 300 元。

二、三次受到毛主席的接见，两次在毛主席家中做客

1. 第一次见毛主席

1951 年夏，陈文新结束大三学习，即将升入大四，武汉大学安排她到北京华北农科研究所实习。当陈文新听到被安排到北京时，激动的她立刻想到要给毛主席写信。她在信中总结了自己在大学学习期间的成绩及对前往北京实践学习的向往。

可是信发出很久了，直到陈文新到达北京后，都没有收到毛主席的回信。想到这里，陈文新不免有些失望。可让陈文新没想到的是，毛主席没有选择回信，而是打算亲自见一见战友的女儿，这位烈士的后代。

湖北省档案局的罗忆等同志曾经专门采访过陈文新。陈文新回忆说：7月14日上午，毛主席派秘书田家英到农科所看望她。一周后，忙碌了一天的她正准备从实验室下班回宿舍，毛主席的秘书田家英来了，要接她去见毛主席。一听说要见毛主席，她一下子就懵了。很快，田家英用专车把她送到中南海一个会议室。等候在那的毛泽东用一口湖南乡音问道："你就是陈昌的伢子啊？你大姐小时候还喊我舅舅呢！"激动的她心潮澎湃，紧握主席的手，一时竟说不出话来。

一会儿，毛主席点燃一支烟，吸上一口，又接着问："你母亲身体好吗？家里过得怎么样？"陈文新说都很好。毛泽东接着又问："1930年打长沙的时候我从你家附近经过，你母亲来驻地见我了，她告诉我你父亲牺牲了，我很悲伤。你的父亲是一个好同志，为人民牺牲了生命，我们要学习他这种精神。"

聊完家事，毛泽东又问了陈文新家乡的事。陈文新大约下午5点到中南海，一小时后约6点，毛主席站了起来，陈文新意识到要跟主席说再见了。可毛主席却请她与他一家人一起吃晚饭。饭后，陈文新拿出随身携带的日记本请主席题字，主席欣然写下"努力学习——毛泽东"七个字。

2. 第二次见毛主席

1952年，陈文新大学毕业，因为成绩优秀留在华中农学院做助教。由于她表现突出，学校准备选派她到苏联留学。出国前要到北京进行俄语培训，于是她又写信给毛主席，说她要北京进行语言培训。毛主席得知这一消息后很高兴，等陈文新到北京后，专门派卫士长叶子龙去北京外国语学院看望。

俄语培训结束、即将赴苏时，毛主席又派保健医生王鹤滨接她做客。那是7月3日下午，王鹤滨把陈文新带到中南海菊香书屋。下午5点左右，王鹤滨、陈文新随毛泽东一家坐车到郊外一处小桃园。拍完合影后，毛泽东详细询问了陈文新所学的土壤专业情况，又问如何在中南地区提高农业生产水平。陈文新推荐苏联草田轮作，即一季种田，另一季种草。毛主席摇摇头："咱们中国农民有几亩地？拿去种草，吃什么啊？""我们没有畜牧业，种那么多草干什么哟？"陈文新恍然大悟，理论必须联系实际，不能照抄照搬。

毛主席没有责怪陈文新的简单，继续他的农业谈话。他提到豆科植物可培肥地力，说到苜蓿，也说到根瘤菌，说根瘤菌能固定空气中的氮，"我们在工业、农业上都应当充分利用空气。"毛主席的这番话，对她影响很深。此后几十年，陈文新都是按照毛主席所讲的去做，在根瘤菌固氮方面取得骄人成绩。

3. 第三次见毛主席

在留苏期间，1957 年 11 月 17 日是陈文新最难忘的日子。那天她接到通知，说正在苏联访问的毛主席要接见留苏学生。那天，陈文新早早来到莫斯科大学礼堂。不一会，毛主席健步走上讲台，挥手向大家致意。同学们热烈欢呼。

毛主席说："两个卫星上天，64 个国家开会，不是东风压倒西风，就是西风压倒东风。""这是《红楼梦》里林黛玉的话。"毛主席巧妙地表达了对当时国际形势的看法。接着，毛主席发表了让几代青年人无法忘却的著名讲话："世界是你们的，也是我们的。但归根结底是你们的。你们青年人朝气蓬勃，正在兴旺时期，好像早上八九点钟的太阳。希望寄托在你们身上。"

全体学生报以雷鸣般的掌声。

1959 年年初，陈文新回国，被分配到北京农业大学。受毛泽东的鼓励，她几十年如一日地奋战在农业科研第一线，后当选为中科院院士。

三、陈文新留给武汉大学的永久记忆

武汉大学现在的校徽使用的是毛体"武汉大学"四个字，当人们问起这四个字的来历时，就不能不提到陈文新院士。因为这四个字来自毛主席给陈文新回信的信封上。

毛主席给他的老战友、武汉大学校长李达，他在湖南第一师范学校的老师，武汉大学历史系教授谭戒甫以及武汉大学农学院学生陈文新都写过信，其信封上都有"武汉大学"四个字，但各不相同，各有千秋，最后比较选取了毛主席写给陈文新信封上的字。

现在这四个字，不光使用在校徽上，其他方面基本上使用这四字。如"武汉

校徽上"武汉大学"四字，取自毛泽东写给陈文新的信件

大学报"、行政楼正面墙上以及各单位校旗上等，都是使用这四个字。

2022 年 9 月

【作者简介】见第 13 页。

武汉大学精神伴随着我事业发展的每一步

陈东升

一个人的立志，世界观、价值观的形成，和大学时代有着紧密的关系。对母校武汉大学，我一直有种特别的情愫。母亲给予生命，养育了我们；而母校则是培育我们，让我们求知、成长的地方。武汉大学不同于其他高校，有着特殊的人文、自然环境。百年厚重的人文底蕴，地处九省通衢的武汉，濒临东湖，环抱珞珈。人文关怀、自然环境融为一体，这种天人合一的境界造就了武汉大学既质朴又浪漫的特质。

在我的事业和生活中时常会看到这种影子，这是在武汉大学求学期间耳濡目染、潜移默化中渗透的一种精神特质。

当了四年工人，社会青年上大学

1977年我国恢复高考，上大学成了知识青年的梦想。1977级、1978级的大学生基本上是社会青年，到1979年我上学时也还有一半是社会青年。我也算是社会青年考上大学的，之前当了四年工人。

我的父亲原本是个"放牛娃"，1940年参加革命工作，后来转业到了湖北天门工作。小时候家里并不富裕，我很早就想办法自食其力：上小学时做小工、搬砖头，中学时就帮人清扫猪圈、喂饲料，暑假帮忙把生猪从县城押运到省城武汉赚钱。

中学毕业赶上上山下乡，我们一群父母在农林水口的孩子，被分配到天门县科委下属的微生物实验站当工人，算是下乡了。那时我一心想上大学，去之前我就问在试验站工作有没有机会上大学，不能上大学我是不去的。他们说研究所每年有一两个工农兵大学生名额，所以我就去了。那个研究所在岳口镇边上，很漂亮的建筑掩映在树林和棉田里，有图书室、实验室，挺好的。

试验站不大，只有二三十人，一半是大学生，大多是学农、学植物保护、学微生物的，华中农学院的最多，也有武汉大学病毒系的。那时候微生物站汪涛等人搞了一个"7216"杀棉铃虫的生物农药，后来获得了1978年第一次全国科学大会的重大科技成果奖。

我们的主要工作就是"7216"的生产和推广。在微生物试验站当工人的四年间，我自学了无机化学、有机化学、微生物学。对我影响最大的是一位名叫陈启武的技术员，是从华中农学院毕业的，在北京工作过，性格很开朗，朋友很多。我最早知道"四人帮"就是他朋友从北京给他写的信里提到的。那时候对"左"的一套大家已经很厌倦，年轻人好跟着议论。

改革开放后，试验站的这些人要么考上了研究生，要么就被大学聘去当讲师、教授了，他们对我的影响都挺大。

活跃的大学和百科知识竞赛

1979年，我考上了武汉大学政治经济系。武汉大学给我留下很多美好的东西。党的十一届三中全会后改革开放，武汉大学任命刘道玉担任校长，那是在1981年，他48岁，是新中国培养的第一位大学校长，也是高等教育改革的先锋，在武汉大学做了很多教学改革。

刘道玉向西方大胆学习的改革措施包括开设选修课、学分制和插班生制度。我记得很清楚，那时候有北京大学的学生转到武汉大学，中国科学技术大学的学生转到武汉大学，校长特别骄傲。我到哲学系选课，也是受益者。那时候武汉大学的学生很活跃，当时有份全国大学生刊物叫《这一代》，就是武汉大学发起、十多所大学中文系和文学社团在北京开会共同创办的。第一次的编辑权给了武汉大学"珞珈山"编辑部，一上来就开始针砭时弊。我印象比较深的是一个叫叶鹏的军人，武汉大学中文系的，写了一篇《轿车从街上匆匆驶过》的文章，批判当时的等级特权。因为太激进，这个刊物很快就被查封了，在当时引起很大的轰动。

　　我喜欢读书，上中学时就坚持读《参考消息》，高中时读了《马克思传》，先读了五章，一点也记不得，更弄不懂，只是怀着对革命导师的无限崇拜，坚持从头又读，做读书笔记，花了整整半年才啃下来，可以说《马克思传》彻底改变了我的人生。高中时我订阅过很多刊物，如上海的《自然辩证法》杂志、科学院办的《古脊椎动物与古人类学》杂志，不完全是考古方面的知识，也研究人类起源，什么东非大裂谷，发现大概三百万年前的肯尼亚人头盖骨，等等。我兴趣广泛，喜欢涉猎自然科学、社会科学等多方面的知识。当时学术思想在大学非常活跃，武汉大学也是，举办百科知识竞赛，我入学不到两年参加竞赛就获奖了。低年级学生能够获奖是凤毛麟角的事，于是就出了名。那时我反对专才，提倡通才，大学三年级时为此写了一篇通才论，发表在全国报刊《人才》杂志上，为此我很高兴；到高年级，我参加学校组织的演讲比赛，讲《贝尔的后工业社会》，获得二等奖。学校活跃的大环境影响着每一个人，我自己也搞了一个学习小组，起名叫"蟾蜍社"。蟾蜍是月宫里的癞蛤蟆，有一种美好的向往，我觉得年轻人就是要有这种做不到的事一定要去做的勇气，所以我叫它"蟾蜍社"。

精彩的"多学科讨论会"，灿若群星的大师

　　当时西方思潮传播到中国，存在主义、科学哲学、美术史流派等思潮都传进来，是个思想非常活跃的时代。那时是科学的春天，倡导科学技术就是生产力，自然科学很吃香。我参与了一个学生组织叫"多学科讨论会"，主要人员是哲学系、数学系、物理系、生物系、中文系、图书馆学系和经济系的学生，我后来还当了副主席。经过"文革"之后，改革开放之初爆发的追求知识、追求真理的渴望是很动人的，那样一种朝气，现在的人们难以想象。我们学生那时没有报纸看，都是每天去吃饭、打水的时候路过邮局（位于今图书馆东北角）门口，在报栏里看报纸。我印象最深的是《光明日报》用两整版刊登徐迟的《哥德巴赫猜想》，写数学家陈景润的故事，这是对我影响很大的一篇报告文学。另外，对我影响很大的还有雷祯孝在《光明日报》写的整版人才通论。还有像温元凯这位中国科技大学年轻的老师，他们学自然科学，思想很活跃，当时对年轻人产生过很大影响。

　　大学一二年级，我把政治经济学读完了。马克思的经济学很抽象，挺难懂，

《资本论》我也读不通，合上书又都还给老师了。我对历史很感兴趣，三年级学了政治经济学学说史，学完回来再读《资本论》就全弄通了。那个时候的武汉大学经济学系还不是学院，没有开设西方系统的宏观经济学和微观经济学课程，但系里有一批很强的老教授，系主任吴纪先是哈佛大学博士，教授谭崇台是哈佛大学硕士，刘涤源在哈佛大学专攻西方经济理论，李崇淮是耶鲁大学经济学硕士，傅殷才是从苏联莫斯科大学经济系留学回来的。刘涤源讲凯恩斯主义，谭崇台讲发展经济学，傅殷才讲制度经济学。通过这些老先生的言传身教，我们学习了很多西方经济学流派的思想和知识。我印象很深的老师还有曾启贤，是个尖嗓子湖南人，智商很高，很有思想，可惜去世得很早。还有郭吴新、汤在新、刘光杰，他们都对我有很大影响。这样四年下来，我在西方经济学理论方面，如西方经济学说史、政治经济学、西方经济学流派等学科打下了很好的功底，养成了思考的习惯，理论训练很扎实，对理论的兴趣与思考一直保持到今天。

那时候的武汉大学，确实就是意气风发，各种学派开花，各种新思想扑面而来，接应不暇。对我来说，在武汉大学最重要的是系统地学习了政治经济学和西方学说史，还有西方的经济理论。一个同学带我们去哲学系，哲学最重要的就是启蒙时代，伏尔泰和卢梭，讲人生来就是平等的，一下子我感觉豁然开朗。选修西方哲学史改变了我的人生。

那时我对自己的定位很清晰，我不是一个只会考试的青年，而是一个充满理想，有很高的学术追求的学术青年。在武汉大学求学的这些年，不仅让我掌握了扎实的经济学基础知识，还培养出独立思考和判断的能力。这既帮助我分析宏观经济发展趋势、捕捉时代变动信号，也为我后来的事业发展奠定了厚实的理论知识。

让我终生敬仰的博士导师——董辅礽先生

董辅礽老师最让我刻骨铭心也是对我一生影响至深的事，是在我考入武汉大学不久，他回母校作了一场空前轰动的关于经济体制改革的学术报告。记得当时在学校最大的报告厅——能容纳六百多人的四区阅览室座无虚席。在70年代末80年代初，改革刚刚启动，当时人们的思想和政治观念还相当禁锢，董老师四小时的报告高屋建瓴，一气呵成，犹如一声春雷在思想领域里炸开。正是在那场报告会上，他在国内第一个也是第一次全面、系统、深刻地提出经济体制改革的核心是政企分开，政企分开的核心是改革国有经济，改革国有经济的核心是改革国有企业。这在当时是需要极大的政治勇气和对真理的执着追求才能做到的。那次报告会取得的巨大成功和强烈反响在武汉大学的历史上也堪称影响之最。

董老师作为全国人大常委会财经委员会的副主任，对推动中国各项经济立法的进程，以及推动中国经济市场化的进程做出了重要贡献。印象最为深刻的是《拍卖法》的出台经过。他作为人大财经委《拍卖法》起草的具体负责人，表现了强烈的学者独立性以及公正性，他不受任何官方的干扰，坚定地主张打破文物垄断，不遗余力地推动中国拍卖业与国际化接轨和市场化、法制化的进程。这一方面的贡献过去不太为人所知。

董老师一生刚正不阿、爱憎分明的学者风范，也给我留下了难以磨灭的印象。他非常突出的特点就是，对于他不喜欢的人或者水平不高的官僚，从不低三下四，甚至一点面子都不给，我们做学生的有时在旁边都觉得不好意思。但他对自己的学生，对年轻人，却恩宠有加，近乎溺爱。董老师一生简朴，凡事亲力亲为，从来不用秘书，无论是往来书信，还是学生的书稿、论文，包括学生出书的序言等，董老师都亲自书写，从不请任何人捉刀代笔。

在与他的交往中还有三件事印象深刻：陪他出差，在飞机上他一分一秒也不停歇，在座位上写文章；我们有位同学由于经营企业出现问题，他告诉我们不要歧视他，并要给他温暖帮助他；当他体检发现癌症住院，他见我们第一句话就是：我还有在读的博士生学业怎么办？这种伟大的精神让我无限敬佩！

为母校建博物馆，源于一种人文情怀

武汉大学有光荣的历史，经济系又有这么多从美国、苏联留学回来的教授，加上我从初中、高中就崇尚自然科学、社会科学，这些因素让我从上大学起就把学术看得很神圣。大学期间，绝大多数著名教授的家里我跑遍了，我也不知道我的力量来自哪里，也许是心中渴望能够成为大知识分子吧。一个本科生，几乎一到星期六、星期天就跑到这些著名教授家里去，请教问题，请他们辅导，也被这些大教授的风范影响。

那时候我在班上有四五个"跟屁虫"，他们年龄比我小，都是 1962 年、1963 年出生的。他们听我讲，然后跟我讨论。有时候我们五六个人要走五六公里路程到磨山，一路讨论各种问题。我给我们取名叫"逍遥学派"，实际上我那时候梦想建一个"珞珈学派"。

那时想成为一名大学者、大教授、大知识分子，现在回想起来，实际上是一种人文情怀在支撑着我。我们平常讲一个人很像知识分子，很儒雅，就是指有一种人文素养、一种人文情怀在他的骨子里，所以我认为一个知识分子首先是要有人文情怀的。博物馆对培养年轻学生的人文情怀很重要，我到国外的大学参观访问，非常关注这些大学的博物馆，美国斯坦福大学博物馆的广场上整套罗丹的雕塑都是别人捐的，亚洲部里面放着中国的字画、瓷器，给我很深刻的印象。宾夕法尼亚大学、哈佛大学等，也有自己的博物馆。美术和音乐是可以启迪人们灵魂的，中国的大学同样需要有一种人文精神，每一所著名大学都应该拥有一定的艺术品收藏，有一个好的艺术博物馆。因为我是做艺术品拍卖起家的，又做泰康空间这种艺术公益事业，泰康人寿也有很多艺术品收藏。了解博物馆的重要性，所以在思考要给学校做一些事情时，很自然就想到修建人文设施，决定向武汉大学捐一座艺术博物馆，这是我献给母校的一份心意。

2014 年 12 月落成的万林艺术馆

2018 年，中国嘉德 25 周年系列活动之一的秋季精品展，来到了我生命中最重要的地方之一——武汉珞珈山。嘉德 25 周年的精品展，展品从宋元明清至民国、中华人民共和国，历时千年，时空交会，可与国家级博物馆、美术馆的展览媲美。这也是我给武汉大学以及湖北家乡朋友们的礼物。荆楚大地的藏家与艺术爱好者们也对这次顶级艺术盛宴怀着极高的热情。这一天，武汉大学万林艺术博物馆出现了万余人争相观展的热潮，展厅外排起了弯弯曲曲的长队，展厅内更是人头攒动，这也创造了中国艺术品拍卖历年巡展参观人数之最！

毕业前，在珞珈山顶刻下一个"始"字

武汉大学是全国风景最好的大学之一，依山傍水，校内有珞珈山，旁边就是东湖。那个时候一周只有星期天休息，星期六还上课，有的同学星期天喜欢睡懒觉，我喜欢跟别人分享好东西，星期天一般都带着来找我的同学、亲戚朋友在武汉大学到处看，看风景，爬山，到山顶上看武汉大学的全景。我喜欢观察东湖，有时候晚上跟同学们去东湖玩，游泳。有一次考完试觉得特别放松，那天正好是阴历十五，有大月亮，我去了东湖。月光在湖中荡漾，沉落到深洞的湖底，很深很深，如幽灵一般；也仿如米隆的《掷铁饼者》把铁饼甩到了东湖里，甩出一片银光，显得特别深远，自己恨不得能化身成一条鱼，跳进东湖去追逐。薄雾笼罩时，东湖像轻纱被吹拂；有时又极像一个秀美的女人，乖巧得一动不动。但是它也有脾气，偶尔要发一发威。冬天寒潮来的时候，湖面刮起五六级的大北风，白浪滔天，浪高的时候有一两米。我不仅跟东湖对话，时间长了，还感觉我跟武汉大学的山水已经融为一体。

刚刚改革开放时，武汉大学学生不多，在校学生只有三四千人，经济系也就不到三百名学生，那时校内没有太多建筑，我喜欢去一些没什么人去的地方。那里到处是荆棘、茅草、小树，很荒凉，很原始。我常去一个很小的水塘，水塘四周的绿色植物长得满满的，很是神秘，我管这里叫武汉大学的尼斯湖。大学山顶上有一个自来水厂，从山上下来一条水沟一直通到东湖。跨过水沟是一大片树林，平时没人进去，于是我就进去看看。一进去，发现一片开阔的茅草地，像是没有人去过，于是这里成了我们的伊甸园。我叫上班里三四个同学去打滚，把茅

陈东升回到"始"石

草压平。那是冬天快期末考试的时候，武汉的冬天一刮风就很冷，但只要风一停，天一晴，我们就在茅草地里晒太阳，懒洋洋的，静下来听小鸟的鸣叫、流水的声音，好像能听到大地的呼吸声，就像在母亲的怀抱里，听到母亲的心跳，挺怡情。当时我觉得人生最美妙的事莫过于在武汉大学当一个教授，我的理想也很简单，有个大的皮划艇，和自己心爱的人，和志同道合的人，一起荡漾在湖中，纵论学术与人生。"天人合一，质朴而浪漫"是我在武汉大学的四年最真实的写照，这样的环境自然也让我对母校产生了深深的感情，从毕业到现在，我依旧在心里跟武汉大学的一草一木对话。

我们经济系住在梅园，正好在珞珈山的山脚下，因为经常爬山，我发现山上有很多奇形怪状的石头。中国的名山上都有文人墨客留下的墨宝，珞珈山这么好的地方，为什么没有一个人留下诗句呢？那时候种下了一个想法。

大学快毕业了，我跑回我们天门县郊区的石匠街去找艺人学刻字。我还依稀地记得那天雾蒙蒙的，非常闷热。我花钱买了一套雕凿工具，用一个绿色帆布包裹着带回武汉。那时候的交通不像现在这么方便，从天门到武汉要先坐四五个小时的巴士，再转公共汽车，再坐轮渡，再走一段路，再坐 12 路公共汽车到学校大门口，从校门口到宿舍还要再走一段路，用了整整一天才把工具从家里背到学校。

我拉着我同班同宿舍的同学陈晓跟我一起到山上去。雕的时候，怕学校的管理员、巡逻人员来干预，所以找了一个偏僻的地方。我清楚地记得在那儿想了半天，决定刻"千里之行始于足下"，我觉得我的人生永远是处在一个开始的状态。但是一句话太长，最终凿了一个"始"字就用去了半天时间。雕完后汗流浃背，去食堂打饭的时候，手连饭缸都端不起来了，手臂肌肉都酸了，没力气了。

说这么多，其实就是一句话——志向决定人生。

武汉大学精神潜移默化影响着我

在武汉大学求学期间，我不仅积累了学识素养，也培养了看问题的思维方式，逐渐形成了自己的世界观和价值观。武汉大学 1993 年迎接百年校庆期间，将武汉大学精神凝练成"自强、弘毅、求是、拓新"八字校训。在我的人生旅途中，武汉大学精神潜移默化地影响着我。

"自强、弘毅"，是一个民族和国家强盛的精神基石。从我的人生经历中来看，"坚持"是我最大的财富。我讲过一句话"现实和理想之间隔着一道万里长城"，要想跨越过去，就得"大事要敢想，小事要一点点做"，不能好高骛远，要脚踏实地，看准了事情、定准了目标就坚持下去。为了创办泰康人寿保险公司，1992 年我到人民银行申请审批，一等就是四年，当时我并不灰心，坚持自己的想法，终于在 1996 年获批。因此，人要坚持，要认定目标就为之努力并坚持下去。为理想持之以恒地付出努力的人，才是真正有理想的人。

"求是、拓新"对于学校乃至国家的发展是非常重要的，做企业更是如此。我曾经有个判断，"今天美国火的，中国明天一定火"，这是我读《参考消息》的经验，就是说要有前瞻性和国际视野。做世界 500 强研究时，我发现 500 强里有很多保险公司，国外大型保险公司都是有着百年历史，觉得金融保险将来一定会火。一闪而过的想法，使我开始创建民族保险事业的征程，1996 年我创办了泰康人寿保险股份有限公司。如今泰康保险集团已经成为世界 500 强企业，到 2022 年 5 月，我们已经在 26 个城市布局，有 11 家养老社区开张了，一场轰轰烈烈的、大规模的养老革命正在进行和推进中。

做企业，我还有个思想，也就是企业后发理论，在中国现阶段"创新就是率先模仿"。"找最好的葫芦画最好的瓢"，这里的"模仿"有学习、借鉴的意思，是一个自我消化、理解再自我创新的过程。这里还要有三个修饰词"率先""善于""找最好的"。"率先"就是要做第一个，"善于"就是要主动模仿，"找最好的"就是要选择一流的最高的目标。1992 年，我创办中国嘉德国际拍卖有限公司的时候，学的就是世界上最大、历史最悠久的索斯比拍卖。20 年后，嘉德成为中国最大的、最知名的艺术品拍卖行，成为世界第三大拍卖行，也就是这个理论的验证。

回首过去，武汉大学深厚的精神积淀伴随了我创业的每一步，在每个关键时刻都能带给我源源不断的精神力量。

家国情怀，初心不改

我常说一句话："珞珈山是每一位武大学子心中的圣山，武汉大学是每一位珞珈学子心中的圣城，我们就是这座圣山的使者，我们就是这座圣城的信徒。"武汉大学是我的母校，那里有我的老师们，母校和老师给予我很多，我对母校怀有非常深厚的感情，她之于我如同母亲一般。报答自己的母亲，不正是孩子应该做的吗？所以这么多年以来，我也非常愿意尽我所能为母校做点事情。除了为学校的人才培养、教学科研、基础设施建设、高层次人才引进等多个领域进行捐赠，2013 年，学校领导接受我的建议，支持武汉大学校友企业家们成立了一个校友组织——武汉大学校友企业家联谊会，我担任创始理事长，就是希望和企业家校友一起为母校、为社会共同做点事情。我们每年都要举办校友珞珈论坛，邀请著名的学术大咖、企业领袖为学弟学妹们分享自己的思想、故事和经验。我每年都要回学校参加，带头分享。现在，武汉大学资源和武汉大学力量的影响力越来越大，甚至向武汉乃至中部地区辐射和汇聚，服务地方经济社会发展。2017 年，武汉大学配合武汉市实施"百万校友资智回汉工程"，武汉大学校友企业家积极响应，签下了 3200 亿元的投资大单，成为拉动武汉经济发展的新引擎。

2020 年武汉新冠肺炎疫情肆虐，泰康保险集团在此次抗击新冠肺炎疫情的行动中，款物捐赠合计超 2 亿元。我们当时"拆家式"改造方舱医院，不计代价地往抗疫前线运送物资，很多人不理解为什么。我说我是湖北人，我是武汉大学毕业的，只要是武汉的事，湖北的事，我义不容辞！疫情期间，我也发挥自己的作用，通过几十个微信群，没日没夜地盯着手机，同时指挥泰康、武汉大学北京校友会和楚商三条战线支持、捐助武汉和湖北抗疫。

我曾经讲过一个论点：做企业就是跑马拉松，慢就是快。商业就是要扎扎实实，老老实实，如果有什么捷径，就是长期主义。坚守长期主义要走向商业向善。改革开放以来的中国企业家，从20世纪50年代的老一代，到现在"80后"的新生代，这都是民族的希望，这就是国家经济的希望。只有一代一代、一波一波企业家前赴后继，这个社会才会永葆活力与青春。

2021年8月22日，在泰康保险集团25周年司庆日当天，我们再次向武汉大学捐赠10亿元，以医学、生命科学为资助重点，支持武汉大学双一流建设。

我总结，我这一生，从最早想做一个共产主义的大理论家，到后来想做一个经济学者，再到后来下海创业，到现在做医养大健康，一次一次理想的变化，是一次一次人生的升华，更是一次一次自我的革命。虽然理想不断在变，但是要做一番有益于国家、有利于社会、有益于人民的事业，这个初心从来就没有变过。没有时代就没有我。不是英雄创造历史，而是英雄顺应历史。站在一万米的高空看这个世界，身处到一百年的时空观察这个世界，把自己融入时代，推动历史发展，我们永远在路上。

2022年9月

【**作者简介**】陈东升，1957年出生。1983年本科毕业于武汉大学政治经济学专业，经济学博士。1983年，就职于对外经济贸易合作部国际贸易研究所发达国家研究室。1988年，任国务院发展研究中心所属的《管理世界》杂志社副总编，开创中国500家大型企业评比的先河。1993年起，先后创办嘉德拍卖、宅急送、泰康保险、泰康养老等企业。担任中国精算师协会会长、亚布力中国企业家论坛理事长、全球楚商联合会会长、武汉大学校友企业家联谊会理事长、天门天商联合会会长等职务。自1997年起到现在，累计向母校捐款13亿元，其中包括2012年捐款1亿元修建万林艺术馆并捐赠一批字画，2021年8月捐款10亿元支持学校发展医科教育。2003年被评为武汉大学第三届杰出校友。2018年，中央统战部等部门授予"改革开放40年百名杰出民营企业家"称号。2019年，中央统战部等部门授予第五届全国"优秀中国特色社会主义事业建设者"称号。

珞珈山——梦想开启的地方

雷 军

回顾走过的路，在我的人生中，最难忘的就是武汉大学，她在我的人生历程中起着至关重要的作用。

我于1987年考入武汉大学计算机专业。当时，报考计算机专业的原因很简单，因为我的一个好朋友上的是中科大计算机系，我想学计算机，与好朋友有共同的语言。

武汉大学历史悠久，是近代中国第一批国立综合性大学。1978年武汉大学计算机科学系建立，是全国最早建立计算机科学系的单位之一。武汉大学的校园风景如画，中西合璧的宫殿式建筑群，古朴典雅，巍峨壮观。非常有幸，我在这所大学里度过了人生最难忘的青春岁月。在武汉大学文理兼修、自由包容的环境下，获得了扎实的专业知识和技能，锻炼了自主学习的能力，还找到了人生的梦想。

《硅谷之火》点燃梦想之火

大学一年级，一个非常偶然的机会，我在图书馆看了一本书——《硅谷之火》，这本书在我的人生中起到了决定性的作用。我非常清楚地记得，书价是2块1角4分，讲述了乔布斯、比尔·盖茨等这些硅谷英雄创业的故事。看完这本书后，我的内心像有熊熊火焰在燃烧，激动得好几个晚上睡不着觉。我在"九·一二"操场上走了一圈又一圈，心情很难平静。在这过程中，我坚定了人生的梦想——天生我材必有用，定要干出惊天动地的事情，日后一定要做个伟大的人。

我第一次明确了内心的一种强烈需求——在中国的这片土地上，像乔布斯一

愿你走出半生，归来仍是少年

样创办一家世界一流的公司，创造出一些伟大的产品，改变每个人的生活。这是我后来自驱力的重要来源之一。

可以说，一本书、一个人，改变了我一辈子。武汉大学，是我的梦开始的地方。

分秒必争的大学生活

梦想，说来容易做来难。想要成功，必须勤奋，必须争分夺秒。在我印象中，闻一多等很多名人是在大学成名的，我当时也想利用大学的机会证明我的优秀。

我给自己制定的第一个目标，是两年修完大学所有课程。武汉大学是国内最早一批实施学分制的大学，只要修完规定的学分就可以提前毕业。刚上大学，我对自己要求比较严，就开始选修了不少高年级的课程。我把每天的时间分割成以半小时为单位，为自己制定好每半小时的学习计划。本来有午睡的习惯，但是看到有的同学不睡午觉看书，我就把午睡也戒了。晚自习也是严格掐好时间，十点才出教学楼。至于梅操电影，从来都只看第二场。

然而，即便我把时间都投入在学习上，在当时，两年修完所有学分也是非常不容易的一件事。因为，容不容易不在我，在学校。两年修完四年的学分，就意味着有一半的课程会缺课，教授点名你没有到就会不及格。为了克服这个矛盾，我找学长学姐打听授课老师的喜好和考核风格，找同学帮我代打卡，还经常帮忙擦黑板在老师面前刷存在感，更多的是主动和老师沟通，让老师知道自己的这个计划。所以说，我能完成自己的计划，还因为武汉大学的包容性。

最终用两年时间，我修完了所有学分，甚至完成了大学的毕业设计。虽是速成，成绩还是不错的，绝大部分的成绩年级第一，总成绩全年级第六。当年"PASCAL 程序设计"课程的作业，老师觉得非常出色，选作了下一版教材的示范程序。据后来的师弟们说，我是系里二十年来拿过"汇编语言程序设计"满分成绩的仅有两个学生之一。

我当时对电脑相当痴迷。20 世纪 80 年代末，电脑还非常稀少，为了增加自己的上机功力，我用纸把键盘拓了下来，然后在这张"纸键盘"上每日练习盲打。计算机系机房的电脑不超过 15 台，上机资源很紧张，我解决上机问题的诀窍就是"泡"，每天待在机房里磨蹭，运气好有人不来，有空的机器。如果有人不懂，我也可以借指导之名用一会儿。一般想泡机房，就必须提前一个小时到机房门口排队。武汉的冬天是没有暖气的，非常冷，但是机房里又必须穿拖鞋，我们机房旁边就是一个风口，在机房门前穿拖鞋等上一个多小时，冻得直哆嗦，但我还是乐此不疲。后来由于好几位老师让我帮着做课题，最多的时候我同时拥有三个老师的机房钥匙。

凭借对专业的热爱和优异的成绩，我大学期间几乎席卷了武汉大学所有奖学金，加上向各种杂志和报纸投稿的稿费，我从大二开始就经济独立了。

初闯江湖：书生创业的喜与悲

读完两年大学，我已经不满足于校园生活，准备闯荡江湖了。当年的游侠，必备如下的装备：一辆破自行车和一个破包，包里至少要装两盒磁盘及三本很厚的编程参考书。武汉大学樱园宿舍到珞瑜路的电子一条街，距离并不远，但走路需要几十分钟，自行车成了必需的装备，新自行车招贼，所以最好是辆"破"自行车。当年最好的电脑是"286"，内存也只有1M。对于一个高手来说，所有常用软件必须自备，至少需要20张软盘。编译工具里没有编程接口资料，也没有电子版的图书，只好常备几本很厚的编程资料。那时的书质量不高，内容也不全，还常常有很多错误，至少需要三本对照着看。背着三本很厚很沉的书跑来跑去，肯定不是一件舒服的事情。就是那个时候，我下定了决心，要写一本没有错误、内容全面的编程资料书，让所有程序员只带一本书就可以了。这本书就是我和同事1992年合著的《深入DOS编程》。

就这样，我骑着破自行车，背着装满磁盘和参考书的大包，开始闯荡武汉电子一条街。刚出道时，我的想法比较简单，只要能学东西，干什么都可以，赚不赚钱不重要。我对各种新生事物都抱着非常浓厚的兴趣。接下来的两年，我写过加密软件、杀毒软件、财务软件、CAD软件、中文系统以及各种实用小工具等，和王全国一起还做过电路板设计、焊过电路板，甚至还干过一段"黑客"，解密各种各样的软件。两年混下来，和多家电脑公司老板都成了熟人，他们有技术难题，都愿意找我帮忙。这样，我成了武汉电子一条街的"名人"。

真正开始创业是在大三暑假。那是1990年七八月，我和王全国以及另外两个朋友一起创办了一家公司，我和王全国负责技术和服务，他们两人负责市场销售，股份四个人平分。公司取名为三色Sunsir，希望红黄蓝三原色创造七彩的新世界，放飞我们创业的梦想。我们四个人都没有什么钱，也没有找人投资，最后还是我帮公司拿了第一张单子赚了几千元，才开始启动了。刚开始，租用了街道口珞珈山饭店103房间作为办公室。我们什么赚钱就做什么，没什么套路。每天忙得热火朝天，白天跑市场销售，晚上回来做开发。后来找了一个方向，做仿制汉卡。办公室十几平方米，放了桌子和电脑，就没什么地方。我们晚上基本不回宿舍，睡觉的时候，五六个人就直接躺在办公室里。实在找不到地方躺的人，就只能坐在电脑前干活了。没过多久，我们仿制汉卡的技术就被人盗用了，他们一次做的量比我们大，卖的价钱也比我们便宜，这个产品几乎没挣到什么钱。看起来我们的团队也很强大，公司最多的时候有14人，业务范畴也挺宽的，卖过电脑，做过仿制汉卡，甚至接过打字印刷的活。实际上，账上基本没什么钱，连吃饭都是个问题。有个兄弟吹牛说，他麻将打得好，自告奋勇去和食堂师傅打麻将，真的赢了一大堆饭菜票。后来实在没钱的时候，我们就派他去打麻将赢饭菜票。我们就是这样过日子的。

还有件很烦心的事，就是四个股份相同的股东，谁做董事长？谁说了算？我当年二十岁刚出头，不想掺和这样的事情，但他们好几次把我从武汉大学的教室里叫出来开会，一开就是一通宵。短短几个月时间，董事长改选了两次。和所有创业公司一样，中间还发生过许多事。

高涨的创业热情，被残酷的现实一天一天消磨。我开始思考一个问题：作为一个大四的学生，我是否具备创业所需要的能力？琢磨了好几个晚上，我提出了散伙。那是冬季的一个星期天，大家同意了我和王全国退出，我们分了一台286、一台打印机和一堆芯片，就离开了。

经过了创业的煎熬，回到学校，心里轻松极了，一个人走在武汉大学的樱花大道上，觉得阳光灿烂。我的大学创业过程就这样惨淡收场了。我觉得，人就是在挫折和失败中成长的。正因为这次失败，我对自己的能力有了清醒的认识，也为未来的发展做好了脚踏实地、一步一步干的心理准备。

在武汉大学我获得了最重要的学习能力

1991 年 7 月从武汉大学毕业之后，我跟很多"北漂"一样，来到北京这个"年轻人的梦想家园"，真正开始了自己征战互联网世界的创业之路。1992 年应求伯君的邀请加入金山软件，1998 年成为金山软件总经理，2007 年以金山股份 CEO 的身份带领公司完成上市，同年从金山辞职。经过三年休整，2010 年创立小米公司，2018 年小米公司上市，成为世界 500 强企业。

在这 30 余年的创业历程中，有一种在武汉大学习得到的能力对我的工作和人生产生了重大的影响，那便是获取知识的能力。

还记得，我在武汉大学听的第一次讲座，是化学系一个海外归来的老教授给新生讲该怎么上大学，我至今还记得他讲的一段话。他说，现在同学们经常抱怨学习分配不对口，学的东西没有用，你们知道大学到底教什么？怎么叫学会上大学？大学里面最重要的是教你怎么学习，教你一种学习的能力，上研究生院是教的做研究、做工作的一种能力，如果学习到了这种学习能力，你还有什么学不会的呢，还有什么专业不对口呢？

那次讲座对我启发特别大，我也花了很长时间去琢磨怎么提高自己的学习能力。

从纯粹的极客世界，到厮杀激烈的商场竞争，从打工者、执行者到创业者、决策者，一次次事业边界的拓展、一次次角色的突破，以及身上肩负的责任和担子，把我不断推向直面完全陌生的领域。

40 岁时我创办小米，本打算自己把钱全掏了，但是联合创始人说有压力，就让我去融资。我记得，第一次去融资，还找了一个自认为对我非常了解的基金去融资，为此专门去了趟上海，在人家的办公室里坐了两个小时，那些问题非常犀利，问得我衣服都汗湿了，是真的回答不了。之前在金山，我主要是做软件方面的，而做小米手机时，软件、硬件都需要，我需要证明我怎么可以把硬件也做好。硬件和软件是两个完全不同的世界，遵循着完全不同的商业逻辑以及行走路径，即便我招揽了有着丰富硬件经验和供应商资源的团队，在创业之初，小米还是在各处供应商碰壁，甚至连一个最简单的螺丝钉都没有厂商愿意和小米合作。而今天，小米已经成为全球第四大智能手机制造商，通过"生态链模式"，建成了连接超过 1.3 亿智能设备的 IoT 平台，不同品类产品 100 多种，其中不少品类做到了中国第一，甚至世界第一。一个从来没有做过硬件的人，是怎么把硬件做到这个水平的？我觉得，最重要的是我在武汉大学学会的学习能力。我相信，有了学习能力，做什么都能成功。这也是我一直认为，武汉大学对我最大帮助。

创业路上，反哺母校，初心不忘

回馈母校最重要的不是钱，而是态度，是真诚。不管处在人生什么阶段，经历怎样的事情，我从未忘记过母校。

1997 年，在金山工作的第五年，我将自己获得的第一笔资金 60 万元捐给了武汉大学，设立了奖学金。自己在上大学的时候获得了很多奖学金，每次领奖的时候既自豪又有压力，我就默默地对自己说，今天我领多少奖学金，将来要十倍、百倍地还回来。2006 年，我先后捐赠 400 万元，用于支持武汉大学计算机学院大楼的建设；2012 年，我再次捐赠 1000 万元，将奖学金升级为"雷军奖学金"，每年奖励优秀学子 50 名，每人 2 万元。

从那之后，我几乎每一年都会回武汉、回到武汉大学，有机会逛逛美丽的校园，拜访母校领导、母院老师，和年轻的学弟学妹们进行近距离交流，还结识了许多一直挂念着母校、珞珈情深的校友群体。

还记得 2015 年，我受邀回武汉大学毕业典礼做演讲。在梅园小操场，面对上万名毕业生，真的是又紧张又激动。我当时跟毕业生分享了两点：一是要永远相信梦想的力量，二是要勇于相信坚持梦想的力量。可以说是当时我回顾自己过去 24 年奋斗历程的一个真实心境了。

之后，又陆续地回武汉大学参加了创业课程的分享、奖学金颁奖典礼等活动，看到了很多优秀的珞珈学子，收获很多掌声和喜爱。也希望我对梦想的坚持，能够传递给更多的学弟学妹，对学习、创业、人生的感悟，能够对年轻朋友有所启发。

在武汉大学校友心中，都有一份想要回馈母校的愿望。2016 年 10 月 20 日，我得偿所愿，捐资一个亿建设科技楼，为武汉大学人工智能相关领域的人才培养和科学研究出份力。

这么多年，母校一直关注着我的成长，也给予了我全方位的支持。小米一直以来非常期待能与母校开展合作。2018 年 4 月 25 日，我和团队一起带着小米最新的科技产品回到武汉大学，与武汉大学签署共建人工智能联合实验室的协议，希望通过创新合作形式，在学校的学科人才优势和小米公司的发展需求之间寻找结合点，共同致力于人工智能研究合作，推动更加全面和深入的产学研用合作。当天下午，小米 6X 在武汉大学发布。

2018 年 7 月 9 日，小米在香港成功上市，母校第一时间发来了贺信。在人生里程碑的时候，有母校和广大校友的祝福相伴，我内心万分激动。当月，我便回到母校开启感恩之旅，表示希望尽己所能，帮助母校在学科建设等方面再出新亮点。

为支持母校人才工作，北京小米公益基金会在武汉大学签约设立"小米青年学者项目"，资助在科学领域取得突出成绩且具有明显创新潜力的青年人才，鼓励他们潜心从事科研与教学工作。

每年 3 月中下旬，是武汉大学樱花开放的季节，也是万千珞珈学子分外思念母校的时候。只要有机会，我便会回到武汉大学，和老师、朋友、家人一起，再走走樱花大道，观赏樱花满天的美景。流年似水，而樱花常在，古朴的老斋舍和粉色花海相互映衬，置身其中，仿佛又回到了求学时的青葱岁月，自己还是那个追风少年。

驰援"第二故乡"：小米的极速行动

2020 年年初，一场意想不到的新冠疫情突然爆发。湖北，我的家乡，武汉，留给我太多美好回忆的地方，一下子陷入前所未有的危机局面。

前方，有逆行而上的医护人员，用平凡的身躯守卫着生命。作为湖北的孩子，作为珞珈山的学子，我迫切地希望能为抗击疫情贡献一份力量。

大年初一，面对国内多个省份加强防控部署、防疫物资货源越来越紧张的情况，武汉大学校友企业家联谊会秘书长蹇宏通过联系韩国校友会，找到了一批数量较大的海外医护物资。得知这一好消息的武汉大学校友企业家们一致决定，有多少买多少，不设金额上限，而且纷纷抢着"买单"。我抢到了一半，景林资产、中诚信集团和中珈资本三家公司负责剩下的费用。为确保订单万无一失，身在日本的蒋锦志校友，在没有合同保障的情况下，先行垫付了全部 300 万美元的货款。为保证物资能从韩国首尔顺利运抵武汉，多位校友和校友企业上下奔走、联络沟通，动用一切资源，保障通关起飞通畅。所有校友们一呼百应、特别团结，但尽所能，那批物资也成为当时武汉市内单笔接收物资总量最大的一笔。

小米集团从 1 月 23 日起，启动对武汉的紧急援助，公司有很多同学和生态链公司、顺丰、中国邮政等小伙伴们牺牲假期，并肩作战，源源不断地向武汉及周边的市县提供 N95 口罩、隔离服、体温计、检测试纸、对讲机等物资。

我当时真心想为湖北做点事情，湖北疫情最需要什么，我们就要发挥自己的优势去解决。为此，小米制订了医疗物资的捐赠计划，并将医院作为捐赠的重点：1 月 29 日，小米集团向武汉慈善总会捐赠 1000 万元人民币，定向用于武汉金银潭医院、武汉同济医院、武汉协和医院、武汉大学人民医院、武汉大学中南医院这五所医院采购抗击疫情所需的医疗物资和设备。

在第一批物资运送的过程中，小米就接到了雷神山医院和火神山医院建设单位的需求，希望提供小米的电子测温计，用于给工地上的建设者们每日监测体温。为此，小米捐献了 1750 台小米平板 4，用于搭建医院远程探视系统。此外，还有对讲机、红外体温计、自动洗手机等。小米生态链企业紫米科技、智米科技、8H、小吉科技、造梦者、九号机器人、九安医疗等企业，捐赠了包括抗菌床垫、除菌空气净化器在内的大量符合疫区需要的生活用品。小米内部也发起了募捐，两天的时间，超 8000 人次捐款超 1000 万元。

2020 年 2 月 13 日，因为新冠肺炎疫情，小米 10 发布会改为纯线上举办，我也是第一次戴着口罩出现在了直播镜头前。台下没有了观众，我也没有办法像以前一样收到即刻的互动反馈。但我知道，在网络上还有亿万粉丝和观众在关注和支持着小米，我也希望在特殊时期依然坚持正常举办发布会，能给大家传递出一些安慰和信心。我相信疫情终将被打败，生活会继续向前。

《硅谷之火》的前言写道：我们今天正处于这样一个时代：充满幻想的人们发现他们获得了曾经梦寐以求的力量，并且可以利用这个力量来改造我们的世界。

这本 1984 年问世的书中所说的时代，已不是现在这个时代，但某种程度上也依旧还是那个时代。因为我相信，不论处于什么时代，想象力、创造力、改造世界的梦想和力量，都会是世间最美好的信仰和希望。我也依旧是曾经那个珞珈少年，一往无前，奔跑在追梦路上。

2022 年 9 月

【作者简介】雷军，1969 年 12 月出生。1991 年毕业于武汉大学计算机专业。2003 年当选武汉大学第三届杰出校友。金山软件联合创始人及现任董事长，小米公司创始人、董事长及首席执行官，著名天使投资人。2000 年创办卓越网，2004 年出售给亚马逊，投资 YY、UC 等多家创新型企业。自 1997 年起至现在，累计向母校捐赠近 1.3 亿元，包括雷军奖学金、计算机学院大楼、雷军科技楼等项目。曾获中国经济年度人物及十大财智领袖人物、中国互联网年度人物、《福布斯》(亚洲版)2014 年度商业人物等多项荣誉。现任第十三届全国人大代表，全国工商联副主席，北京市工商联副主席。2018 年，中央统战部等部门授予"改革开放 40 年百名杰出民营企业家"称号。2019 年，中央统战部等部门授予第五届全国"优秀中国特色社会主义事业建设者"称号。

毛明：卅年风霜相伴装甲战车
一生无悔致力科技强军

刘 丹

毛明，1962 年 9 月出生，1983 年毕业于武汉水利电力学院工程机械专业。中国首席兵器专家，中国 99A 主战坦克总设计师，中国北方车辆研究所研究员。获得国家科技进步一等奖 2 项（分别排名第 1、第 2），国家技术发明二等奖 1 项（排第 1），出版著作 3 部，发表论文 70 余篇，获发明专利 19 件。先后获得何梁何利奖、全国杰出科技人才奖、"高技术武器装备发展建设工程"重大贡献奖、全国创新争先奖、全国杰出专业技术人才、全国劳动模范、中央电视台 2016 年度十大科技创新人物等多项荣誉。2019 年当选中国科学院院士。2020 年荣获武汉大学第九届"杰出校友"称号。

1979 年 7 月，正是国家恢复高考后的第三个年头，数百万期待知识改变命运的年轻人涌进高考考场。在那场千军万马过独木桥的比拼中，一位瘦小的咸宁农村青年脱颖而出，考入武汉水利电力学院，成为"天之骄子"。他就是校友毛明。

转眼 43 年过去了，知识真的改变了命运。当年的青年，今天成为中国兵器首席专家，他率领团队披肝沥胆打造的 99A 主战坦克，被誉为亚洲"陆战之王"。因其对中国坦克装甲车的杰出贡献，2019 年 11 月 22 日，毛明当选为中国科学院院士。2020 年，他被评为武汉大学第九届杰出校友，这是武汉大学给予校友的最高荣誉。

难忘的开学报到第一天

毛明就读的是武汉水利电力学院工程机械专业。在报考之前，他对于自己的学校、专业几乎是一无所知。1962年出生的他，与同龄人一样，"文革"伴随他的童年。因为母亲是富农出身，屡次"运动"都是挨批对象，毛明也要跟着母亲去开荒、修水库。在艰难环境下，他却对科学充满了神奇。

"我们农村孩子，只见过拖拉机、柴油机，觉得搞机械的好像是科学。家里装了电灯后，拉了电线有电，灯就会亮，却看不见电，觉得这个好像也是科学。所以，我就报考了武汉水利电力学院工程机械专业。"谈起与武大这段"误打误撞"的因缘，毛明至今都觉得神奇。

那个年代，考上大学无比骄傲。当毛明收到大学录取通知书的时候，全村都轰动了，清贫节俭的母亲专门请来了电影放映队，请全村人看了场电影，父老乡亲们纷至沓来，给毛明家送来了舍不得吃的鸡蛋。"家里收到了一箩筐鸡蛋，我姐还专门给我缝了两床新被子，就跟嫁女儿似的。"到了报到那天，鸡蛋没办法带到学校，但是被子都带上了，父亲和舅舅送毛明来武汉。当他们从百公里外把沉甸甸的行李捣鼓到公共汽车站，再几经转车到学校的时候，一整天已经过去了。

毛明和全校大一新生被分到新修的4号学生宿舍楼，正好在狮子山下，林茂树大。9月初武汉的蚊子依然猖獗，因为到校的时候太晚了，商店早已关门，买不到蚊帐，父亲和舅舅不知想了什么办法搞来了一盘蚊香。毛明把蚊香点燃（有金属小支架），然后放在学校给每人配发的小木凳上，拿出姐姐准备的新棉被，很快就进入了梦乡。

这一夜是毛明大学生涯的第一夜，也是他印象最深的一夜。"第二天早晨醒来发现，被子不在身上了，我当时就想：完了，被子肯定烧了！起来一看，被子正好搭在蚊香上，虽然没有明火，但已经烧了一个大窟窿，还看得到红色的火星。"幸好临睡前，毛明准备了一搪瓷缸的水放在桌上，他马上拿起瓷缸泼了上去，火是熄了，但是新被子已经毁坏了，烧出来的洞直径有20多厘米，毛明伤心地大哭了起来。"当时我们宿舍还有另一个同学已经报到了，当他看到我哭了，

1983 年 3 月，毛明在武汉水利电力学院 5 号教学楼前留影

他也傻了，不知道如何安慰。"毛明把湿透了的被子从上铺挂下来晾干，后来不知道从哪里找了块布把洞补了起来，"就这样将就着用了四年"。

如饥似渴的大学生涯

1979 级大学生，是恢复高考后的第三届。那时，上大学不需要交学费，国家每个月还发 7 元的助学金。这笔钱，对于农村的"穷小子"来说，是一笔巨款。虽然生活艰苦，但总算吃上饱饭了。四年下来，毛明居然还长高了 20 厘米，等他毕业时，已经从一米五几的瘦巴巴小不点，长成了一表人才的俊朗青年。

除了吃饭简单，其他方面毛明也是能省就省。工程机械专业需要经常画图，需要用到厚白纸、圆规、三角板等画图工具，毛明实在没有余钱，只能找武汉的一个亲戚借来旧用具，用亲戚家用过的图纸，在图纸的背面画图。他的专业课出类拔萃，特别是数学、力学非常优秀，"基本上老师考不倒我"，直到今天，他还忍不住有些小骄傲。

"大学四年是我最愉快的时光，玩命学习，玩命锻炼。"毛明回忆，大学期间，他好像总在唱歌，洗澡的时候在唱歌，画图的时候在唱歌，洗衣的时候在唱歌，甚至在厕所里都要放声高歌。他唱《在希望的田野上》，也唱《年轻的朋友来相会》，"每一天都特别愉快，但是又很拼搏"。不管严寒还是酷暑，每天早上5点多，他就起床跑步，每周还要绕东湖跑一圈。跑步回来，再找个地方大声地朗读英语，读得差不多了，就去食堂吃早饭准备上课。

"常常我吃完早饭回来，好多人才刚刚起床。"毛明的学习刻苦是出了名的，基本上除了上课，他都在图书馆或者阶梯教室里看书、做题。"常常书本上的题目我都做烂了，每一道题都做好多遍。"除了拼命做题外，他还把英语单词写在小纸片上，揣到口袋里，一有时间就拿出来记忆。"因为学得十分扎实，基本上我都是最早交卷的。经常两个小时的考试时间，我差不多一个小时就做完了，有时候也懒得在那坐着，赶快交卷走人了。"

但是学霸也遭遇过"滑铁卢"。有一次材料力学考试，班上好多人不及格，毛明也只考了73分，唯独一位叫朱成虎的同学考了90分。"我当时觉得不可能啊，怎么才这么点分数？后来试卷发下来一看，有一道20分的大题，考桁架结构，要列一个应变协调的方程才能解出来，好多同学只用力的平衡力矩的平衡去写方程，解不出来。我是方程写对了，但是计算的时候粗心大意搞错了。"

为了这事，毛明专门找过老师要求改分数。"我说不应该呀，这道大题20分，我的原理对了，只是计算结果错了，不应该全部扣掉。"老师认可了毛明解题思路正确，但是最终没给他改分，这个得分因此成了他大学成绩单上的唯一"污点"。这次考试给了毛明极大的刺激，也让他对材料力学的位移协调方程格外印象深刻。说来也巧，到了他考研的时候，正好有一道专业题考到了这个知识点，毛明顿时手到擒来。

毛明十分充实快乐的大学生活也有一点遗憾。"那时候只知道埋头读书，课本以外的知识基本上没有涉猎过，也没有去听过一场报告或者讲座，更没有谈恋爱。"毛明说，如果现在要给学弟学妹们一点建议，他会建议大家，不妨多看一些"闲书"，多听一些讲座，拓宽自己的知识面。

献身国防科技事业

大学毕业前夕，毛明报考了素有战车研制"国家队"之美誉的 201 所（中国北方车辆研究所）军用车辆工程专业研究生，并从 330 名考生中脱颖而出，成为全所 6 名被录取的研究生之一。

当时，201 所的科研条件非常差，不仅地理位置十分偏远荒凉，满地黄土，硬件设备也跟不上，六七十人共享一台计算机。而当时编程又很复杂，耗时多，排机难。好不容易排上机，毛明就如同奔上了赛场，总是熬夜到天亮……每调通一段程序，那种高兴劲，比喝了蜜糖水还甜，甜到了心窝里。

在 201 所，毛明依然保持着学霸的劲头，他的基础课成绩总是名列第一，硕士毕业论文是关于车辆换挡规律和换挡品质优化的研究，后来一直是 201 所这方面研究与设计的基础。

1986 年 3 月硕士毕业后，毛明又考入北京理工大学攻读博士学位，师从军用车辆学著名学者张相麟教授。他以博士论文的研究成果为核心申报奖项，获得部级科技成果三等奖。这是他从事科研工作获得的首个科技奖。因为这个奖，让许多人对年轻的他刮目相看。

1989 年毛明博士毕业时，正赶上出国潮、下海潮。此时，他手里攥着北京理工大学军用车辆工程博士学位证书，在"欲望的海潮"中挣扎与彷徨。他看到中关村的新产品开发热闹非凡，于是尝试下海，去了中关村的京海公司，搞产品开发。凭着聪明博学，他作为系统开发的主要负责人，很快就开发出两个实用新型专利技术：汽车示载器、汽车换挡提示器，这是他事业彷徨时期的第一分收获。

这时，导师张相麟教授的一封长信转到他手中。导师深情地呼唤毛明回到 201 所效力，将学有所长献身国防事业。毛明特别崇敬张相麟老师，张老师在西南联大时就是教授，后经陈赓大将做工作到哈军工担任教授。由于历史原因，他遭遇了不公待遇，却从不抱怨，始终兢兢业业地耕耘在军工科研战线，70 多岁入党，临终时将一辈子积蓄 3 万多元捐给了家乡的希望小学。导师的信，语重心长，让毛明热泪盈眶。带着对导师的无限崇敬，毛明决定重返 201 所，为兵工事业奉献才智。

1989 年 9 月，重返 201 所的毛明被分配在传动行走研究室的操纵组。这次回来，毛明就在北京西南的槐树岭扎下了根，一晃就是 30 多个春秋。毛明说，搞科研事业，首要的是喜欢。不喜欢，调动不起激情，激发不了好奇心和突破的欲望，科研也就不可能有创新。从踏入北方车辆研究所的那一刻起，毛明就意识到，此生都将与装甲战车紧紧联系在一起。

在不到两年半的时间里，毛明先后被提拔为汽车分所副所长、9 室（特种车辆研究室）主任。刚到 9 室，一个喜讯传来，美国机械工程师协会（ASME）组织的国际学术交流会发来邀请函，他撰写的关于行星变速箱动力学分析的论文被大会录用，邀请他到大会宣读。首次只身赴美国参加国际交流会，让他开阔了眼界，拓宽了思路，学到了很多前沿知识。

1993 年，一项光荣而艰巨的使命降临了。新一代水陆两栖步兵战车（简称"502 工程"）的论证任务落到了 9 室。为此，在项目的论证和确定方案的两年中，毛明可谓卧薪尝胆。立项论证提出后，这个项目由谁出任总师很有争议。由于 201 所以前没有设计过履带式步兵战车，主管部门并不倾向于把总体单位放到 201 所，这让毛明心急如焚。

方案论证会上，毛明一口气汇报了 8 个方案，提供了各种方案的总布置图，包括了动力舱前置、后置，发动机纵置、横置、炮塔怎么放、人员通道如何安排等，并详细地说明了各种方案的优缺点。他详细而精彩的汇报，博得了与会领导和专家的一致称赞，他推荐的总体方案被确定为主方案，并决定让他牵头搞论证和总体设计。

1997 年，"502 工程"总体、总师单位终于落地了，由 201 所承担，这是毛明付出极大心血和周折的回报。总师系统最终成立，研制工作正式步入正轨。毛明担任型号第一副总设计师、水上分系统总设计师，负责总体方案和水上推进系统的设计与研制。当时，研制过程无比艰辛，技术难题层出不穷，如动力传动的扭振匹配、武器系统不达标、整车严重超重、水上航速不高，等等。毛明带领团队，不断地向这些"硬骨头"发起冲锋，攻下一个又一个技术难关。

2001 年 7 月，不满 40 周岁的毛明受命担任 201 所所长。他铆足干劲。"既然我们赶上了国防工业发展的大好时代，就一定要努力实现 201 所和坦克装甲车辆技术的大发展！"

2006 年 1 月，毛明在技术交流会上发言

　　历经艰难的打磨，"502 工程"项目——新一代步兵战车终于研制成功。它大大地丰富了具有"中国特色"的战车总体设计的理论与方法，达到了世界先进水平。2006 年，该项目获得国防科学技术特等奖。2007 年，获中共中央、国务院、中央军委联合颁发的"高技术武器装备发展建设工程重大贡献奖"。2008 年，获国家科技进步一等奖。毛明被原国防科工委记一等功。

　　2009 年 10 月，新一代战车首次亮相 60 周年国庆阅兵式，以恢宏、磅礴之势震惊了世界。

锻造"陆战之王"

　　2004 年，新一代水陆两栖步兵战车刚一定型，毛明就被上级任命为 99A 坦克的总设计师，该型号坦克是"高新工程"二期项目，是我国第一代信息化坦克。

　　经过几代人的努力，我国 99 式主战坦克的技术虽然取得长足的进步，但随着整个坦克装甲车的转型，如何在 99 式主战坦克基础上，研制出一种火力、防护、机动特别是信息化自动化程度更高的新型主战坦克，是提升我国陆军战斗力的一个迫切的任务。

　　为了 99A 主战坦克的研制，毛明带头每天工作多达 12 个小时，常常通宵达

2019 年 6 月，毛明在武汉大学毕业典礼上发言

旦，放弃了所有节假日。一次，他刚从办公室加完班出来，准备回家休息。科研人员突然报告：综合传动装置遇到了技术难题。毛明二话没说，径直来到了试验室。完成此轮试验，毛明和项目组人员才回家休息。

最不容易的，还是深入极寒和极热地区做试验。在寒区试车时，发动机频繁地出现过热、排气温度过高、传动装置过冷等情况；而转到热区试验时，又出现综合传动装置过热等问题。他不断地分析试验，常年深入我国北方的严寒地区、南方的湿热高温地区，以及高原和沙漠地区，亲临试验场指导工作，解决试验中出现的各种问题。在一次次外场试验工作中，他从不言过累和苦。

历经 7 年的研制，凭借着预先研究积淀的先进技术、先进的仿真分析和台架试验条件，毛明和团队打造的 99A 主战坦克的多项技术达到世界先进水平，显著提高了我军装甲部队的机械化、信息化水平，在我国坦克发展史上具有里程碑意义，被誉为亚洲"陆战之王"。

毛明常常感慨"时间很长，人生很短"。"要有崇高的理想，为社会、国家和他人多做贡献"，这是他经常对年轻人的谆谆告诫，也是他自己一生做人的准则。

2022 年 11 月

【作者简介】见第 44 页。

阮立平：一直是珞珈山下执着而求变的青年

刘　丹　钱亦蕉

阮立平，1964 年出生，浙江慈溪人，1984 年毕业于武汉水利电力学院工程机械专业。1984—1995 年在水电部杭州机械研究所担任工程师。1995 年辞去公职创办公牛电器公司，并担任总经理。目前，公牛集团是一家以转换器、墙壁开关插座为核心产品，以 LED 照明及数码配件产品为延伸，集研发、制造、销售为一体的专业化上市公司，旗下拥有 3 家国家级高新技术企业。现任公牛集团董事长兼总裁，是浙江省第十三届人大代表、宁波市企业家协会副会长、慈溪市十一届政协常委。2020 年，被武汉大学评为第九届"杰出校友"。

7 月下旬的太阳已经下山很久了，但空气仍然像黏稠的糊米酒，闷热得化不开。黑暗的宿舍里，几个年轻人在床上辗转反侧难以入眠，只能不时爬起来冲个凉水澡，换来一丝短暂的凉爽。实在热得受不了了，就来到宿舍旁边的水泥乒乓球台上露天而眠。看着满天的星斗，吹着东湖边若有若无的凉风，一群被酷夏所苦的年轻人终于沉沉进入了梦乡……

40 年以后，阮立平仍然对在武汉生活的那些个夏天记忆犹新。从小在海边长大的他，怀揣"做优秀工程师"的梦想而向西踏上了求学的路途，在武汉水利电力学院四年，曾经的瘦小少年长成了高大儒雅的青年，也收获了机械工程专业的过硬知识。经过 20 多年的创业之路，当年那个在"火炉"武汉被淬炼过的年轻人，已经成长为中国制造业 500 强企业——公牛集团股份有限公司的董事长。

对于珞珈山和珞珈山下的母校，他从未忘却。

2020 年武汉大学第九届杰出校友阮立平

血液里的不安分因子

阮立平出生在浙江省慈溪市古窑，家里离海边只有两三里路。他说，小时候最高兴的事，就是踩过滩涂去海里摸鱼摸虾摸螃蟹，趁着大人们收网，他往往能从旁捡到一些小鱼小虾。带着这些"战利品"回家，奶奶会奇迹般地变出一小碟鲜美的海味。不过，小伙伴们玩得最多的还是摔泥巴——一人拿一坨泥巴摔地上比大小，大自然就是他们最好的玩具。

上初中时，少年阮立平看了红色电影《火红的年代》，电影里工程师克服重重困难炼出"争气钢"的故事，让他备受鼓舞，从此立志当一名工程师。1980 年，16 岁的阮立平在高考填报志愿的时候，所有的志愿都填了机械工程类，并如愿进入了位于武汉东湖边的武汉水利电力学院，开始了珞珈山下的求学之路。

"印象最深的是大学的伙食实在太好了。食堂的粉丝肉末一毛五分钱一份，还有粉蒸肉。我们小时候家里太穷，上大学之前从来没吃过这些。"时隔多年，阮立平回忆起这段青葱岁月，语气十分怀念。20 世纪 80 年代上大学不用学费，学校每个月还发 21 块钱的助学金。这笔钱对于当时的"穷小子"来说可是一笔巨款。可能正是因为难得地补充到了营养，刚进大学时只有一米六出头的阮立平，短短一年时间就猛长了十几厘米，这也带来了一个甜蜜的麻烦：等大一结束放暑假的时候，上大学时妈妈给做的衣服已经全部小到不能穿，只能重新再做了。

跟之前在初高中一样，大学里的阮立平也是典型的"乖学生"：每天早早起床，认真上课，按时完成作业……他至今还记得，当年的机械系主任温乃扬在教授"机械原理"时给同学们看过自己年轻时的读书笔记，泛黄的纸张上的字迹十分工整清晰。在大学的学习经历，一步步强化了阮立平严谨、专注、认真的性格，但是这个自小长在海边、热爱潮汐澎湃的年轻人，血液里仍然有一些不安分的因子在不时躁动。

没课的时候，阮立平最喜欢的就是去图书馆，那里浩瀚如烟海的"闲书"让他如鱼得水，他至今还记得曾经看过的《蔡廷锴传》，蔡廷锴弃暗投明、跌宕起伏的军旅人生让他大开眼界。他还喜欢上了来武汉之前从来都没见过的足球，这个爱好也一直延续到了工作以后，绿茵场上驰骋流汗的感觉让他着迷。

快毕业的时候，阮立平不甘平庸、渴望创新的精神得到了一次彻底释放。当时机械系的毕业设计，一般是要求学生画出某种机械的总装图，虽然非常繁杂，但也不需要太多的创意，阮立平觉得没什么挑战性。他另辟蹊径，在这个作业之外，自己推导了一个装载机在不同工况下发动机的参数公式，在毕业答辩的时候，这个自发的小课题得到了答辩老师的高度认可。"搞不好我是我们班毕业答辩得分最高的同学"。多年以后，惯于低调内敛的阮立平回忆起这件小事，隐约透露出一丝丝的骄傲。

严谨、专注，变革、创新，这些看似矛盾的特点同时汇聚在阮立平身上，似乎也暗示了他未来必将有一番作为。

大学毕业后，阮立平进入水电部杭州机械研究所工作，10 年的技术研究生涯养成了他工作认真仔细的风格。虽然进了大城市的研究所是家乡很多人羡慕的，但阮立平那颗不安于现状的心，时时刻刻提醒着他做些"犯规"的事儿。

或许是浙江人经商的天性使然，阮立平一边在研究所工作，一边偷偷做着小生意。他说自己喜欢做生意，曾经看了大量经济方面的书，还想过考经济学的研究生。然而，改革开放初出版的经济类读物让他颇为失望——办企业不讲利润。

于是，他直接从理论转入了实践。"我卖过猪肝、卖过桃树，慈溪最早的草莓也是我引进的，当时这里的人还不认识草莓。"太太是温州人，很支持他做这样的尝试。"至少家里人从来没有笑话过我，比如说'你一个大学毕业的工程师去卖猪肝'之类，没有人这样说，没有人阻碍我。"

走不一样的路

20 世纪 80 年代末，慈溪涌现了几百家插座家庭作坊，形成全国有名的插座生产基地。阮立平的很多亲戚朋友都跨入了这一行，他们没有钱投资生产，就拿着别家作坊生产的插座样品到全国各地去推销。当时慈溪交通不便，要到其他地方，杭州是必经之地，所以阮立平的职工宿舍成了接待亲友的"中转站"，他自己也帮忙推销。他拿过这些插座、接线板，一眼就看出了问题，这些产品质量实在太差，有的还没卖就已经坏掉了，"30 个产品有 10 个是坏的"，作为技术人才的阮立平又多了一项工作——修理插座。家里二楼的房间成了仓库兼维修站，每次从人家那里拿来货，他都要先检查一遍，把坏的修好了再卖。

在这个过程中，阮立平熟悉了插座的结构原理和制造工艺，积累了不少经验，就萌生了自己做的念头。1995 年，他回到慈溪家乡，开始自主创业，全部员工就是爸爸妈妈弟弟外加几个亲戚朋友。

农村没有工程师和设计师，当时慈溪的插座基本上是模具师傅画个草图就生产了，质量差、外观差、价格低。阮立平从创业之初，就决定反其道而行之，质量和安全，一直是他坚持的底线。为了创业，阮立平最初从农村信用社贷到的款只有区区 2 万元，而当时塑料原料的价格是每吨 18000 元，公司经营捉襟见肘，甚至一度濒于绝境。然而再困难，他也没有放弃过对高质量的追求，从来没有想过靠降低产品质量去打低价战——"喜欢低价的人不是我们产品的对象，只有他意识转变了才会成为我们的客户"。

阮立平为自己亲自设计出的产品起名"公牛"："那时喜欢打篮球，1995 年那会儿芝加哥公牛队正是如日中天的时候，'公牛'的名字就这么来的。"谁说温和内敛的阮立平没有好胜心？只争第一的豪情就在"公牛"的名称中。

对于公牛"做用不坏的插座"的理念，周围一些同行有些不以为然：质量这么好，都用不坏，那你的产品卖给谁去？但阮立平坚信自己是对的，他说："这世界上的钱有两种，一种是现在的钱，一种是以后的钱。如果目光只着眼于现在，那么企业就没有未来。"实践证明，阮立平坚持走高质量、高品格的差异化路线是正确的。公牛产品一问世，就广受欢迎，消费者早已受够了"伪劣产品"的苦，公牛插座虽然价格稍贵，但式样好看，使用安全，质量有保证，大家使用后愿意再买，"公牛"在消费者中逐渐树立了口碑。

小创意大管理

企业站稳脚跟之后，阮立平并没有裹足不前，他想着扩大规模生产，想着做行业的领导者，想着要与别人"不一样"。

有一次，阮立平在街上转悠，一辆牛奶的配货车进入他的视野，他瞬间有了灵感。当时公牛把产品卖给五金店的老板，都是让老板自己去提货，但像牛奶这样的快消品因为保质期短，所以厂商一般把货送到门店里，不但可以提高市场占有率，而且极大缩短了产品的销售周期。

"牛奶怎么卖，可口可乐怎么卖，我们就怎么卖。"受此启发，阮立平将公牛的"坐商"变成了"行商"，仓库里的货品第一时间被送到了各个五金店，快对手一步抢占市场。他还派出专业人士实行配送访销的方式，对市场情况、行业状况和客户需求及产品改进等方面开展地毯式走访调研，一旦发现问题就快速解决。

为了提高知名度，公牛另辟蹊径，免费为自己主要的销售网点——五金店制作招牌，唯一的要求是要打上公牛的商标。就这样，公牛快速在全国制作了40万张店招，知名度迅速提升。随着几百辆、几千辆汽车在外面跑，销售网点逐渐铺展到40万个。连阮立平自己都惊讶：销售量这么大，插座都去哪儿了？

虽然公牛拥有不少专利，但最让阮立平念念不忘的还是他的第一个发明——按钮开关。"我们的第一批产品是没有开关的，因为市场上买不到可靠的开关，为了质量考虑索性不用开关。"后来阮立平自己设计了开关并投入生产，公牛的插座才有了开关装置。直到现在，国内市场上90%的插座上用的开关还是他最早设计的按钮型，简单实用又可靠。一个小小的发明影响了整个行业，提高了整个行业的品质，这是阮立平和公牛的骄傲。

专注让梦想更接近

从身无分文、为找第一笔投资到处奔走的创业青年，到年销售额超过 123 亿元的集团总裁，性格执着的阮立平在插座行业坚持了 27 年。

27 年来，公牛始终专注于民用电工及照明领域，坚持以质取胜的企业文化，致力于产品、营销、品牌、供应链等多领域的创新，企业得到长期稳定发展，目前已主导及参与 93 项国家及行业标准制定，获得 1956 项专利授权，240 余个国内外产品认证，51 项国际设计大奖，引领行业发展。

专业专注，是公牛的企业文化——专注于自己最擅长的行业领域、最有竞争力的营销模式、最具核心能力的价值链，从而形成自己的核心竞争优势。公牛也不是没有走过弯路。曾经有一段时间，公牛进军节能灯市场，最初的想法是五金店卖插座同时也卖节能灯，渠道很匹配，没想到真的行动起来，却做亏了。阮立平悬崖勒马，及时收手："做不成行业的领先者，还不如不做。"

"行业内有无巨头？有没有创新空间？能不能成为第一？"这是进入一个新领域，阮立平的评判标准。2007 年，在插座市场已经确立绝对领先优势的公牛，全面进入墙壁开关(简称墙开)领域。

通过详尽的市场调查和用户调研分析，阮立平发现七成以上的消费者喜欢"时尚化的墙壁开关"，此后公牛根据安装问题、缝隙问题、多按钮不容易区分问题，研发出 33 大系列，超过 3000 个品种的开关。2015 年公牛的墙开业务成为全国第一。

27 年做一个行业，阮立平有自己的想法："民营公司基础比较差，在发展过程中，一直是短缺经济，不断投入再生产，没有富裕过。所以你只能做好一件事，没有资金和精力去关心其他行业了。机会和诱惑也有，比如慈溪是家电制造基地，经常有人让我们做这做那。但是我觉得我们的力量只够做好一件事，实际上从结果来看，我们的选择是对的。"

向优秀的对手学习取经

2015 年 4 月 8 日，小米插座发布通体纯白、造型美观、带 USB 接口的插座，售价只要 49 元。这款插座上市第一天，销量就达到了 24.7 万只。

其实，早在 2010 年，公牛就推出过 USB 插座，但在当时公牛的主要销售渠道五金店，这个有些超前的产品无人问津，而小米的互联网渠道突然打开了一个新世界。插座产业变革已经势不可挡，一向注重线下销售的公牛，迅速成立了电商公司，由其专门负责电商渠道。

在小米的"鲶鱼效应"下，公牛赚得盆满钵满，而且迅速进入一片新天地。没有岩石的阻拦，哪来绚丽的浪花？USB 插座被称为公牛的"觉醒之作"。这场跨界竞争后，被激活的公牛发现了插座的更多可能性，迅速开发出"魔方系列插座""桌面 USB 插座""防过充系列"等新品。

更重要的是，阮立平决心带领公牛转型，顺应互联网趋势，主动出击拥抱智能化。

2016 年，公牛进入数码配件这个没有龙头的百亿级大市场，陆续开发了数据线、防过充充电器、车载充电器等产品。在品牌的背书下，产品销量节节走高。阮立平还建立了"公牛智家"APP 控制系统，着手开发智能模块和公牛云，实现了与阿里、百度、京东、小米等物联网平台的云云对接。

2020 年 2 月，公牛集团在上海证券交易所主板挂牌上市，公司发展再上新台阶。

乔布斯说："活着就是为了改变世界！"阮立平说，自己或许没有这样的豪情壮志，但总想着做一些与众不同的事，他在不同的场合都强调过公司的理念："专业专注，走远路，做第一。"也许，就在专注走好脚下的路的时候，世界已被悄然改变。

2022 年 10 月

【作者简介】见第 44 页。

忆 菊 如

赵施光

陆菊如(？—1971)，1942年9月考入国立武汉大学英语专业。1945年夏赴中原解放区，曾被捕入狱。中华人民共和国成立后在长沙市教育局工作。1971年含冤离世。

1943年秋，我进武大数学专业时，菊如是二年级，她已经参加了文谈社，并任干事会的干事。

1944年夏，菊如忧国忧民，她认为读外文专业距离现实太远，想要转到史学系。暑假，菊如邀我陪她到教授住宅区去见史学系主任，要求转学，刚开始系主任还有些奇怪，菊如再三要求，得到批准，但要重读二年级。她同意了。这一学年里，我与菊如同一寝室，见到她常忙于文谈社的宣传工作。文谈社定期在乐山文庙墙上贴出壁报《今天与明天》，我很喜欢看。文谈社内有一项活动，由几位文学修养高的社员给其他社员批改作品，如诗和散文等，我有幸得到过批改。1944年秋，我们理、工学院的同学成立了课余谈社，曾与文谈社一同开过两社干事会联席会和两社全体社员联谊会。在各项活动中，我与菊如更加亲近。

1945年春，抗日战争胜利在望，李先念部队挺进中原，开辟新解放区，要求在重庆的中共中央南方局派遣干部支援。南方局青委通过各大学的地下组织发动进步同学去中原解放区。武大有数十人报名。菊如报名得到批准。那时正是暑假，她住在重庆长江南岸的三姐家中，我乘渡船去看望送行，与菊如同宿一晚。抗战时期生活简陋，那晚她三姐一家睡在走廊的地铺上。数日后，菊如过江来告别，她憧憬新的生活，我们促膝长谈，临走我送她到江边，轮船在江中渐渐远去，那情景至今深深地印在我的脑海。

菊如走后，她的大哥曾来乐山找她，几位同学叫我去见她大哥，告知她已离校。之后不久，菊如的父亲写信给武大史学系的陈教授（他们是苏州同乡），请他转信给校方，要求寻找菊如。恰巧我在校园遇到陈教授，把信挡下了，未交学校。

1946 年秋，武大从乐山返回武昌珞珈山复校。冬天，我在女生宿舍收到菊如的来信，是从湖北西部一个小城（不记得城名）的监狱发出的，并写明已经被捕，希望设法营救，要我转告她在南京的大哥大嫂。我当即包了几件衣物，带了几块钱，到汉口的邮局，按来信地址寄给菊如（不能在珞珈山邮局寄，以避追查）。又给菊如的大哥大嫂发信，告知菊如需要营救，临时署名陆原如。

1947 年夏，我得知菊如已被营救出狱，住在南京大哥家中。7 月，我毕业离校回到南京我父母家中，即去看望菊如。菊如骨瘦如柴。她拿出一张二寸照片给我看，更是病容满面。她说，出狱后在上海三姐家住了一个多月，已经康复了一些。她向我讲述这一年多的经历以及坐牢和出狱的情况。

菊如说，她在中原解放区那段时间，当过文化教员，回忆起来，非常愉快。1946 年 6 月，"五师"战略撤退很突然，领导认为女同志急行军有困难，要菊如和另一女同志留在当地。军队连夜撤走，敌人很快进了村，她们两人躲在山洞里。当地老百姓同情她们，每天晚上送饭上山，维持生活。一个月后，那位女同志患腹泻，无药医治，在山洞里躺在她的身旁，永远地合上了眼睛。她独自下山，到了一个农户，几乎是乞讨过日子。为了最低的食宿，干过各种农活，那家农户并不友善。过了一个多月，村里的保长（注：那时国民党政府在农村实行"保甲制度"）同情她，答应带她离开这个敌人监视和包围的地区。菊如信以为真，这个保长却把她送进了牢狱。

在狱中难友们互助互济。菊如身上很少的一点钱，全部买了邮票，让难友们给亲友发信求救。

菊如说，从狱中给我发信的同时，也给她大哥发了信。她大哥是南京发电厂的总工程师，接到她和我的两封信后，立即派大嫂跟随厂里的一个青年职工，到鄂西去将她营救出来。菊如出狱后，到南京住在大哥家里养病。体力稍稍恢复，便急于找党组织。她不顾危险，独自去上海寻找党的组织。她找到了，要求分配工作。组织上问她，是愿留在沪宁还是去长沙参加重建党的工作（抗日战争期间长沙与武汉一样，党组织遭到严重破坏）。菊如在经历了种种曲折磨难之后，仍勇敢地选择了去长沙。蒋管区地下党的重建工作是很危险的。

1949 年 8 月，长沙解放了。我与顾公泰、诗秀在南京见面时，十分挂念菊如的生死。因此，顾公泰在报上登了寻人启事，竟收到菊如的回音，知道她一切都好，大家喜出望外。

中华人民共和国刚成立时，菊如在长沙市青年团工作，任长沙市少先队总队长，并当选为青年团中央候补委员。后调长沙市教育局，任副局长。

1953 年"五一"节时，我在莫斯科学习，游行队伍返校途中，有人告诉我，菊如参加中国青年团的访问团，已来苏联约我见面。我随即折回城区，见到菊如，畅叙别情。我还做了她的临时翻译和导游。这时她已是两个孩子的母亲，听说我要学几年，她开玩笑地说："第一个五年计划不需你操心了。"

我 1957 年从苏联回国，回到武大任教。大家都忙，老朋友们很少联系。1966 年长沙市教育局的一位同志来武大找我，说菊如正在受审查，要我写份材料。尽我所知，我写了菊如参加革命的情况。没想到，1971 年我在武大沙洋农场劳动时，得到她的噩耗，令我悲痛万分。在"文革"浪潮的冲击下，在受审的过程中，她竟然用自己的手结束了自己的生命。

1973 年春，我携子女去韶山参观，路过长沙，访问了阔别近 40 年的玉亭夫妇。玉亭带我去看望了菊如的儿女。女儿酷似菊如，见到她使我伤感。这次我没有见到菊如的儿子，我离开长沙时，在公共汽车站见到菊如的丈夫刘晴波同志。

菊如一生虽然短暂，但她的勇敢坚强的形象，永远留在我们的记忆里。菊如光明磊落，清澈晶莹。她是我们中间的佼佼者，她是我们的骄傲。

2021 年 12 月修改

【作者简介】见第 38 页。

我的父亲邓启东与武汉大学

邓珞华

　　我的父亲邓启东(原名定隆)，1910 年 4 月 24 日生于湖南省新宁县白沙镇兰家岭，6 岁入私塾，8 岁入白沙萃英国民小学，1924 年考入长沙岳云中学。

　　1926 年 10 月，北伐军打下武昌城。高中尚未毕业的父亲，在新宁的同乡兼好友刘子载的鼓动下，于 1927 年考入国立武昌中山大学(即武汉大学前身，亦称"国立第二中山大学")文预科，校区在"中大二院"(武昌三道街，原国立武昌商科大学校址)。

　　刘子载比我父亲年长 5 岁，早年就学于湖南第一师范学校，曾受到毛泽东等共产党人的器重，被选为湖南省学生自治会委员。1925 年 9 月，经中共党组织介绍进入国立武昌大学读书，当年冬加入中国共产主义青年团，1926 年转为中国共产党党员，历任武昌大学党支部书记、武昌学联主任、湖北省青联主任、共青团湖北省委候补委员、湖北省委董必武的秘书。1927 年赴莫斯科中山大学学习。从 1956 年起，先后任教育部副部长、高教部副部长达 12 年，"文革"期间被关进"牛棚"，1972 年冤屈致死。

　　当时正值革命高潮，热血青年无不向往革命，父亲和他的同乡好友蒋梦影、何雍然在刘子载的介绍下参加了共青团，曾担任"第二中大"文科团支部干事、书记和武汉团市委秘书等职，并参加学生会执行委员会的工作。据父亲的自传所述，1927 年上半年，学校几乎处于停课状态，他们整天在武汉三镇游行、演讲、发传单，期间还曾在武汉农民运动讲习所为瞿秋白当了几个月的秘书，受党组织派遣，步行到麻城，为党组织送信给当地农民协会。据父亲 1956 年的自传记载，在"第二中大"的一年中只听过三堂课，其中一次课就是李达的"社会进化论"(中共"一大"代表，1927年下半年在武昌中山大学执教3个月，1953年后任武汉大学校长）。1927年年底，"第二中大"在白色恐怖下被解散，父亲找不到党组织，到南京考取了南京中央大学地理系。

1933年，父亲在中央大学地理系毕业后留校任助教。其间，参加中国第一部中学地理教材《高中地理》的编写，他撰写了大部分内容。还与中央大学同窗好友韩德培先生（后来成为武汉大学教授，中国国际法学权威）、同乡好友蒋梦影（后为南京大学历史系教授）、何雍然、李昌董（我的大舅）等自办发行了当时有一定影响的进步杂志《现实》（半月刊），发行量上千册。这段时期，父亲打下了他的学术基础，思想上也趋向成熟。

1936年，父亲受聘北京师范大学，任地理系讲师。1937年"七七事变"爆发，父亲携我的母亲和姐姐逃离北平，到陕西武功的西北农业专科学校（现西北农大前身）任教。不久日军迫近，遂回到老家湖南新宁，应新宁县教育局局长李昌董之邀，与同乡好友刘天民等创办了新宁县第一所中学——私立楚南中学，并出任首任校长。

1942年，我父亲的老师黄国璋先生筹建中国地理研究所，父亲又应邀去四川任所长助理。不久，又应国立师范学院（校址在湖南南田）之聘任地理系副教授。抗战期间，国师聚集了一大批知识精英，父亲在这里结识了不少知名学者，如著名历史学家李剑农和唐长孺（后来都成为武汉大学教授），并与唐先生结为知己。

抗日战争胜利后的1946年，武汉大学从四川乐山迁回武昌，父亲在著名历史学家李剑农（1956年国家第一批一级教授）的推荐下，到武汉大学史学系任教授，讲授"中国地理总论""中国区域地理""中外地理"3门课程，其间出版了《高中本国地理》《非洲地理》《地理专论》等著作。

1947年5月，国民党统治区爆发了"反饥饿、发内战、反迫害"运动，武汉大学学生上街示威游行。父亲与金克木、张培刚、曾炳钧、韩德培、萧文灿等教授联名发表《我们对学潮的意见》（载于《观察》第2卷第15期第21页），以示对学生运动的支持。6月1日凌晨，湖北省国民政府出动大批军警特进行镇压，导致"六·一惨案"的发生。父亲又与其他几名进步教授联名发表了"教授声明"，支持学生的爱国行动，谴责国民党政府的镇压。父亲还与程会昌、唐长孺、周淑娴三位教授联名撰写挽联："未死敌竟死官，横舍作屠场，学子何辜？定知泉路不瞑目，既离心复离德，穷途哀国步，斯民为贵？毋乃古人之虚言。"挽联悬挂在宋卿体育馆"六·一惨案"吊唁厅，并收入 1948 年武汉大学进步学生编写的《血债——纪念六·一惨案一周年纪念册》。当时一批进步学生经常到我们家里聚会，其中有历史系的童于扬、蒋蒲(地下党员，1955 年 4 月任武汉大学党委副书记)、童懋林(地下党员，1980 年 6 月任武汉大学副校长)。

中华人民共和国成立后，父亲一直在武汉大学任教。1953 年，全国高校院系调整，高教部曾调他去北京师范大学任地理系主任，但因病未能去成，仍留武汉大学历史系教历史地理，后又调到经济系，教授经济地理。

1960 年 2 月 5 日，父亲因肺气肿和胃出血加上医疗不慎在湖北省二医院(现武汉大学中南医院)不幸去世，享年 50 岁。武汉大学副校长张勃川出席父亲的追悼会并致悼词，父亲的同事和好友、我国著名的历史学家、历史系教授吴于廑先生发表了简短而感人的纪念讲话。

父亲一生追求真理，做学生成绩优异，做学问一丝不苟，是中国第二代地理学家中的佼佼者，曾任中国地理学会常务理事(他的老师黄国璋先生任理事长)及湖北省地理学会理事长。他在青年时代就编写出版了中国第一本中学地理教科书。中年，尽管重病缠身，除了编写出版《中国自然经济条件》外，还完成了《苏联地理》和《世界地理》的初稿。

父亲毕生著述甚丰，发表学术论文 10 余篇。出版的主要著作有 4 部：《国民说部——国民地理集全国展望》(正中书局 1935 年版)、《新中国教科书高级中学本国地理》(正中书局 1947 年初版)、《高中本国地理课本》(与田世英合编，人民教育出版社 1950 年版)、《我国经济建设的自然条件》(中国青年出版社 1955 年版)。

2020 年 10 月

【作者简介】邓珞华，1948 年出生。1968 年参加工作，武汉大学研究馆员，曾任武汉大学图书馆副馆长。2008 年退休。

七　逸闻趣事

新武汉大学诞生日为何定在8月2日

任珍良

2022年8月2日是新武汉大学组建22周年纪念日。光阴似箭，白驹过隙，22年弹指一挥间。新武汉大学诞生日为何定在8月2日？22年前，鲜为人知的故事浮现在眼前。

2000年2月12日，国务院办公厅印发了《国务院办公厅转发教育部等部门关于调整国务院部门(单位)所属学校管理体制和布局结构实施意见的通知》(国办发〔2000〕11号)。根据这个文件，原武汉大学、原武汉水利电力大学、原武汉测绘科技大学、原湖北医科大学合并组建成新的武汉大学已成定局，只待举行仪式，宣布正式合并。

2000年8月2日，新武汉大学成立大会现场

2000 年 7 月初，学校(原武汉大学)收到一份明传电报，是教育部直属高校工作办公室发来的，电文不长，内容是根据教育部的安排，新武汉大学组建成立大会定在 7 月 31 日上午举行，请抓紧做好各项准备工作。

收到明传电报后，我迅速找到党委书记任心廉、校长侯杰昌，一是请他们阅读明传电报，二是商议怎么执行。商议地点在侯校长办公室。任书记首先讲话：这份电报无法执行，一些问题也没有说清楚，匆匆忙忙开个大会，宣布合并，我们没有办法向 4 校师生员工和广大校友交代。有几个问题应该讲清楚，我们才好做工作。第一，国家给新武汉大学多少钱？原来说有 6 个亿，能不能兑现？第二，关于新武汉大学的定位，是不是定位在世界一流大学？师生关心，社会也关心。第三，教育部派哪个领导来讲话？我们希望陈至立部长来，外面谣传很多，教育部要明确。

听了任书记的讲话，我补充了一点。我说，教育部指定的 7 月 31 日这个时间不好，不只是单数，而且新闻媒体的报道也会淡化。因为目前台海局势偏紧，扬军威的报道可能要加强，7 月 31 日又是建军节的前一天。

侯校长认为任书记讲的和我说的都有道理。他归纳成四点：第一，时间要改；第二，经费要有说法；第三，力争教育部主要领导出席合并大会；第四，给武汉大学的定位要明确。任书记完全同意侯校长讲的四点。

任书记和侯校长是顾全大局的人，以往对于上级指示和安排总是认真执行。然而，这次却一反常态，为了即将组建的新武汉大学，他们按捺不住了，他们要"上访"了。这时，侯校长说：任珍良，你与教育部办公厅联系，我们要见部长。

说时迟，那时快。我当着任书记和侯校长的面，很快就与教育部办公厅主任郑树山同志联系上。经郑主任安排，3 天后我陪任书记、侯校长到北京。记得当年我们住在北京顺城饭店。顺城饭店离教育部最近，走路只有 10 分钟路程，无须乘车。为不耽误时间，所以我们选择离教育部最近的地方住宿。

到京后的第二天，我们就去教育部汇报，汇报地点在教育部老楼的一个小会议室。时间是上午 9 点至 11 点。11 点后陈至立部长有接待外宾的任务。

当年接待我们的教育部领导有：部长陈至立、常务副部长吕福源、副部长张保庆(主管财务与发展规划)、副部长周远清(主管高等教育)、办公厅主任郑树山、发展规划司司长纪宝成、直属高校工作办公室主任高文兵。汇报会由陈至立部长主持，侯杰昌校长主汇报，任心廉书记补充。

第一个问题是合并大会举行的时间。侯校长说，时间有点紧，发通知，邀请人，4 个学校，摊子大，原定 7 月 31 日，建军节前夕，新闻报道会侧重扬军威，合并消息的报道会淡化，希望重新安排时间。陈至立部长说，推迟一天，8 月 1 日行不行？这时我大着胆子插话说，恐怕不行，因为 8 月 1 日是建军节，媒体要报道军队的活动。陈部长笑着说，有道理，那就定 2 日吧。接着，陈部长语重心长地说，任书记、侯校长，请你们多体谅教育部，国务院抓得很紧，2 月下的合并文件，7 月都完成不了，我们也很急。任书记、侯校长都说，我们体谅，我们体谅，那就定在 8 月 2 日吧，我们抓紧筹备。陈部长高兴地说，就这么定，抓紧办，把省里几大家(指省委、省人大、省政府、省政协)一把手都请到会上去，助助威嘛！这就是新武汉大学诞生在 8 月 2 日的来龙去脉。

第二个问题是经费支持。当侯校长提出问题后，张保庆副部长作了解释和回答。张保庆副部长说，我是负责经费安排工作的，情况我清楚一些。开始议论合校的时候，武汉地区只提一所学校，那就是武汉大学。1999 年安排预算时，给武汉大学安排了 6 个亿的合并经费，同其他的几所学校一样多。后来武汉地区又提两所学校，到 1999 年年底还没定论，教育部给武汉大学留的 6 个亿就安排了其他用途。按国家规定，财政拨款在年底没用完，就要上交财政部。教育经费本来就紧缺，所以没有再留了。今年，国家给教育部多少钱，还没有敲定，因此，今天不好回答能给武汉大学钱的具体数字，但我可以保证，武汉大学会是下一轮经费安排最多的学校。陈至立部长接过张保庆副部长的话说，保庆说得非常好，下一轮经费安排不会让武汉大学吃亏，国家教育经费的安排还没到位，具体数额说不准。总而言之，会安排很多的，请书记、校长放心，也多做一些解释工作。

后来的事实证明，教育部兑现了承诺，给新武汉大学安排的经费是 4 个亿，的确是新一轮经费安排中最多的学校，其他学校是 3 个亿。

第三个问题是教育部派哪位领导出席新武汉大学合并大会。侯校长说，恭请陈部长出席并讲话，给新武汉大学鼓鼓劲，邀请在座的各位领导莅临指导。陈部长说，侯校长太客气了，都去肯定做不到的，只能派人参加，代表教育部讲话。我愿意去，但真对不起，我答应了吴官正同志(时任中共中央政治局委员、山东省委书记)，7 月底 8 月初我在山东。然后，陈部长话锋一转。侯校长，我也听说一些谣传，讲武汉大学合校应该派教育部谁谁去，不然摆不平。教育部工作由教育部安排，派谁去自有道理，一些高校的同志喜欢攀比，议论纷纷。我请常务副部长吕福源同志去，代表教育部讲话。吕福源副部长说，我去可以，我要讲几句坚决支持新武汉大学的硬话。陈部长说，武汉大学是享誉国内外的名校，无论是新中国成立前还是现在，闻名遐迩，大力支持是应该的，怎么拔高都不过分，只是经费支持的数额不要说具体，不然不好兑现，因为今年国家的经费还没有最后卜达，我们还在努力争取国家多给一点教育经费。任书记、侯校长当即表示，热烈欢迎吕部长出席新武汉大学的合并大会并视察工作。

第四个问题是学校定位问题。侯校长当年年过花甲，但思维十分敏捷。侯校长说，"奔小康"是全国的目标，每个单位都应该确定自己的工作目标。一个好目标，可以提振信心，鼓舞斗志。陈至立部长是个非常精明的人，侯校长的意思她心知肚明。陈至立部长笑着说，侯校长的意思我明白，不就是要给武汉大学定个目标吧。关于这个问题，我不知道后来怎么变成了一个大问题，大家都在争。起因是这样的，有一次我同远清(指周远清副部长)散步，讲到高校要分类管理，分几个层次，其中说到"世界一流大学"。现在都在争"世界一流"，争是好事，但要实事求是，不知道教育部文件中对多少学校提"争创世界一流"。我冒昧地插话。我说，陈部长您要不要看一下，教育部下发的文件我都复印了一份，带来了。陈部长笑着对我说，你的功课做得蛮深，文件我不看了。我问你，对复旦是怎么提的？我答道：世界知名的高水平大学。陈部长不假思索地说：武大就按复旦的提法吧！任书记、侯校长马上说，按陈部长的指示办。我说，怎么操作？陈部长说，你同高主任(即直属高校工作办公室高文兵)商量办。我问高主任：可以吧？高主任答：按陈部长意见办，我们会后商量。

四个问题都基本有着落了，时间快到上午 11 点，陈部长要去接待外宾，我们就回顺城饭店了。

下午我与高文兵主任对接，他安排林晓青同志(女)同我具体联系。

第二天我们返回了珞珈山。

2000 年 7 月 16 日，教育部印发《关于武汉大学、武汉水利电力大学(武汉)、武汉测绘科技大学、湖北医科大学合并组建新的武汉大学的决定》(教发〔2000〕155 号)，其中给武汉大学的定位是："努力将新的武汉大学建设成为国内外知名的高水平大学"。得知这个消息后，湖北省人民政府副秘书长王永高同志兴奋地打电话给我说：这不仅为武汉大学争得了荣誉，也为湖北省争了光。湖北省是教育大省，如果没有一所进入世界高水平大学，肯定不好向社会交代，光定位这句话起码值 6 个亿。

新武汉大学合并组建大会在 2000 年 8 月 2 日隆重举行，新闻媒体以"教育部定位：建设成为国内外知名的高水平大学"为题，报道了新武汉大学组建的盛况，鼓舞人心。

2000 年 8 月 23 日，湖北省委书记贾志杰、省长蒋祝平等省委、省政府领导率省直机关有关部门和武汉市委、市政府的负责同志到新组建的武汉大学进行了为期一天的专题调查研究，商讨如何支持武汉大学建设成为国内外知名的高水平大学，并印发《省委、省政府关于支持武汉大学建设成为国内外知名高水平大学的会议纪要》(鄂办文〔2000〕62 号)。

中共湖北省委办公厅(通知)

鄂办文〔2000〕62 号

省委办公厅　省政府办公厅
关于印发《省委、省政府关于支持
武汉大学建设成为国内外知名高水平大学
的 会 议 纪 要 》 的 通 知

武汉市委、市人民政府，武昌区委、区人民政府，洪山区委、区人民政府，省委组织部、省计委、省教育厅、省财政厅、省国土资源厅、省公安厅，武汉大学：

8月23日，省委、省政府领导率省直有关部门和武汉市委、市政府的负责同志到新组建的武汉大学进行了为期一天的调查研究，现将《省委、省政府关于支持武汉大学

《省委、省政府关于支持武汉大学建设成为国内外知名高水平大学的会议纪要》

会议指出，把武汉大学建设成为国内外知名的高水平大学，既是对武汉大学现有基础和实力的充分肯定，也是对武汉大学未来发展的定位，这对湖北实现从高教大省向高教强省转变具有至关重要的意义。湖北的振兴与发展，需要有武汉大学这样一所国内外知名的高水平大学的支撑。会议强调，武汉大学是百年名校，牌子硬，人才优，成果多，贡献大，是湖北宝贵的战略资源。把武汉大学早日建成国内外知名的高水平大学，既是武汉大学的责任，也是省委、省政府和武汉市委、市政府的责任。湖北省和武汉市要从讲政治、讲大局的高度，加大对武汉大学的支持力度，帮助武汉大学更快更好地发展。会议还指出，要支持把武汉大学建成花园式大学，做到武汉大学校内"黄土不见天"。

武汉大学原党委书记任心廉教授于 2018 年 3 月 22 日去世。原校长侯杰昌教授于 2020 年 8 月 7 日去世。他们把毕生的精力献给了教育事业，献给了武汉大学。为武汉大学的建设与发展，呕心沥血，殚精竭虑，真正做到了鞠躬尽瘁，死而后已。他们不断追求卓越的精神，是一笔十分宝贵的财富，永远激励我们砥砺奋进。

武汉大学正昂首阔步地迈进了新时代。在习近平新时代中国特色社会主义思想的指引下，在学校党委和行政的正确领导下，通过广大师生员工的不懈努力和海内外校友的大力支持，武汉大学在"争创双一流，谋求双跨越"的征程中，捷报频传，成就骄人。

我相信，我们敬爱的任书记和侯校长得知他们工作、生活与深爱的武汉大学高歌猛进的信息，一定会含笑九泉。

2022 年 4 月

【作者简介】任珍良，1948 年出生。1975 年毕业于武汉大学历史学系，并留校工作，研究员。曾先后任武汉大学档案馆馆长、社会科学研究处处长、校长办公室主任、"二·二七办公室"主任、校长助理、珞珈学院院长等职。合作主编《世界近代史讲话》，参编《中国高等教育行政管理学》《高等学校办公室工作概论》《武汉大学校史新编(1893—2013)》等 9 部著作，发表论文 30 余篇。2008 年退休。

发现萨镇冰书赠苏雪林对联的经过

邓珞华

我是 1975 年年底到武汉大学图书馆工作的。上班不久就听说，老图书馆顶上堆放了许多"文革"初期集中存放的物品，其中不乏珍贵文物。

党的十一届三中全会以后，学校党委落实政策办公室(临时机构)决定将没收的物品归还原主。1985 年，学校落实政策办公室通知图书馆，对"文革"期间收缴的物品进行清理。经过清理、分类统计，字画、碑帖、对联共计 207 幅(件)，其中正号 126 个，副号 70 个，刘永济专号 11 个，因破损无法清理的 15幅。这些抄家得来的物品，绝大部分退回原主，一部分损毁遗失，还有少量找不到原主的仍堆放在老图书馆的顶层。

1993 年，我被任命为图书馆副馆长。听老馆员廖远男谈及此事后，我觉得还是应该再到老图书馆顶楼去看一下，说不定能有"新发现"。

大约在 1996 年或 1997 年，我来到樱顶老图书馆的顶层，转了一圈也没有发现什么有价值的东西，正准备离开，看见一个阴暗角落里放着一个布满灰尘的破藤箱。打开一看，里面有三件物品：一个已经破碎的花瓶，看底部文字应该是宋代的；一个是硕大无比的松球；还有一副对联和一副条幅。

打开对联一看，多处已被虫蛀，但好在字迹保存完整，清晰可辨(见图 1)。题头是"雪林女士雅正"。上联是"人雅不关居有竹"，下联是"鸟鸣如唤客提壶"。对联称颂苏雪林人品高洁，为人敬慕。落款是"萨镇冰"。再看条幅，虽有残缺，但能看出是一首规整的七言绝句(见图 2)。

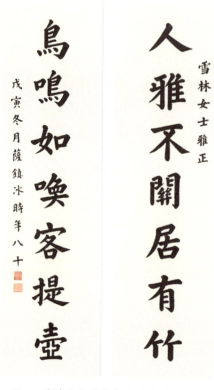

图 1　萨镇冰书赠苏雪林的对联　　　　　图 2　萨镇冰书赠苏雪林的条幅

胸藏万卷女中英，

教育奇才若驾轻；

此日满门桃李盛，

他年国士看培成。

　　条幅同样是赞美苏雪林的，仙风道骨，学识渊博，女中英杰，教育奇才；今日传道授业，将来弟子都会成为国家的栋梁之才。

　　接着，我就先查阅落款时间。"戊寅冬月"，应是公历 1938 年 12 月 22 日（戊寅年冬月初一）至 1939 年 1 月 19 日（戊寅年冬月二十九日）期间。"戊寅霜降"，对应的是 1938 年 10 月 24 日（农历戊寅年九月初二日）。此时，苏雪林教授应随国立武汉大学西迁四川乐山。

再查有关资料得知，萨镇冰（1859—1952）是个重要人物，是中国近代海军的"活化石"。清末时期，曾任北洋水师的师长、广东水师提督、北洋海军统制、海军统制等职。中华民国北洋政府时期，先后任海军大臣（未到任）、海军总长（两次）、暂代国务总理、福建省长等职。1927年后国民政府时期，任海军部高级顾问，后从事反蒋抗日、赈灾济民等活动。1938年，他从南洋取道越南，经过广西、云南到达四川，继续宣传抗日。萨镇冰书赠苏雪林的时间，大概发生在1938年年底，这符合萨镇冰"时年八十"（旧时男性虚岁年龄）的时序。1946年，国民政府授予二级上将军衔。

萨镇冰喜爱书法和诗词，晚年拥护中国共产党。中华人民共和国成立后，他担任中国人民政治协商会议全国委员会委员、中央人民政府人民革命军事委员会委员等职务，中央人民政府华侨事务委员会委员、福建省人民政府委员会委员等职，参加开国大典。其侄儿叫萨师俊，在抗日战争中英勇抗敌，是被日军在武汉金口击沉的中山舰的第十四任舰长。

萨镇冰

1990 年苏雪林在台北家中

　　苏雪林(1897—1999)大家都比较了解。她于 1931 年从安徽大学应聘到国立武汉大学，直到 1949 年离开中国大陆，在武汉大学执教 18 年。她集学者、作家、画家于一身，毕生著作等身。抗战期间，她积极走上街头，宣传抗日，组织募捐。她委托《大公报》，将多年积攒的金条 51 两全部捐献，《大公报》《国闻周报》等报纸都盛赞苏雪林的壮举，在全国产生了广泛影响。这也是萨镇冰书赠苏雪林的原因。

　　弄清了上述的大致情况后，我感到有一种责任，必须为名人的墨宝和名人的私藏做点什么。当时，图书馆黄绍杞离休后在武汉大学老年大学学习书画，与装裱店熟悉，我便托他找了一家装裱店，对对联和条幅进行了修复、装裱，基本恢复了原貌。

　　不久，我又通过武汉大学台湾校友会会长蔡名相先生联系上苏雪林女士，征求她的处理意见。苏先生当时已是百岁老人，不能书写了，但仍通过蔡名相先生转达了她的意见：对联和条幅留存武汉大学图书馆作为纪念。后来，苏雪林女士在大陆的亲属索要，我们转达了苏雪林的意见后，他们也就作罢了。

2021 年 5 月

【作者简介】见第 488 页。

"九·一二"操场的来历

涂上飙

行政楼下面的"九·一二"操场(广场),是学校举行校庆庆典、学生开学毕业典礼等重大活动的地方,但"九·一二"的来历人们不一定很清楚。要知道其含义,还得从毛泽东主席视察武汉大学谈起。

一、毛主席视察武汉大学

1958年9月12日,是武汉大学师生永生难忘的日子,这一天毛泽东主席来到依山傍水的武大视察,留下了学校发展史上光辉的一页。

9月12日19时20分,毛泽东主席在湖北省委领导和武汉大学党政领导的陪同下,从西南大门(今街道口牌坊)进入校园,直奔学校东北面的教学实验区。首先参观了化学系和物理系的实验工厂,了解师生员工在"大跃进"中创办的炼焦厂、空气电池厂、硫酸厂、硅胶厂、卡普隆厂、炼铜厂和炼矽钢片厂等。在视察过程中,毛主席详细地询问了在工厂劳动的同学,和他们亲切握手。毛主席称赞办工厂的同学"像个工人的样子!"并对领导工厂的同学说:"要依靠大家","边学,边领导",在技术革新中"土洋应结合"。毛主席勉励同学们要"好好学习,钻研知识","青年人就是要有志气,要经得起考验,要苦干,要巧干"。在视察现场听取了学校党政负责人汇报教育革命的情况后,毛主席说:"学生自觉地要求实行半工半读,这是好事情,是学校大办工厂的必然趋势,对这种要求可以批准,并应给他们以积极的支持和鼓励。""在教学改革中应注意发挥广大师生的积极性,多方面集中群众的智慧。"

视察完工厂试验区域，毛主席来到位于工学院前的大操场主席台，接见早早等候在这里的来自武汉大学、武汉水利学院、武汉测量制图学院、中央民族学院中南分院 4 校 13000 余名师生。19 时 50 分，毛主席又来到工学院楼的前面平台上，接见了 4 校的党政负责人，并不断地向操场上师生挥手致意。见到此景，万余名师生激动万分，人声鼎沸，场面异常热烈。19 时 55 分，毛主席在众人的欢送声中乘车离开了珞珈山。

1958 年 9 月 12 日 19 时 50 分左右，毛主席向武汉大学等 4 校师生挥手

毛主席的亲临视察，使武汉大学师生员工受到极大的鼓舞，深切地感受到毛主席的关怀与温暖。当晚，师生员工分别座谈、表决心、订计划，一致表示要用实际行动来报答毛主席的亲切关怀。9 月 13 日晚，学校负责人向师生员工作了"在毛主席的红旗下，为贯彻党的教育方针而奋斗"的动员报告，号召全校师生员工坚决贯彻党和毛主席的教育方针，在教育战线上开展一场社会主义大革命。报告指出，要完成这个革命，必须做好两件大事：第一是上好劳动生产课；第二，把劳动、政治、业务三者紧密结合，建立起新的教育体系，把武汉大学建成一所真正的共产主义大学。14 日，经济系师生怀着对毛主席的深厚无产阶级感情，向全校发出了《关于开展毛泽东思想学习运动的倡议书》，全校各单位热烈

响应，纷纷成立毛主席著作学习小组，校内迅速掀起了学习毛主席著作的群众运动。当年成立的马列主义、毛泽东著作学习小组有 157 个，有 3000 多人参加学习。

1958 年 12 月，湖北人民出版社出版了武大校刊编辑的《毛主席在武汉大学》一书，记述了毛泽东视察武汉大学的光辉史实。

为纪念这次亲切接见，大操场也由此改名"九·一二"操场(广场)。

二、"九·一二"成为一个时代的象征

自从"九·一二"毛主席到武汉大学来之后，"九·一二"就成为武大一个时代的象征，学校的许多方面都以"九·一二"命名。

1. 以"九·一二"作为校庆日

每到"九·一二"这个日子，学校都要发文举行庆典活动。如 1973 年是毛主席视察学校 15 周年，学校发文组织开展庆祝活动。学习毛主席的《九·一二指示》，组织各类人员进行座谈、讨论，通过《武大简讯》刊登纪念文章，广播台举办专题广播，宣传橱窗张贴《九·一二指示》的图片，组织文艺晚会，当晚小操场放映电影等。每年这一活动一直延续到改革开放前夕。

以毛主席视察学校的"九·一二"为标志的新校徽

2. 以"九·一二"命名工厂

当时响应毛主席的号召,实行教育改革,实行半工半读,学校办起来很多工厂。很多工厂都以"九·一二"冠名。如武汉大学"九·一二"机械厂、化工厂、电子厂等。还有学校工厂生产出来的产品也以"九·一二"冠名。当时化工厂生产的灭火剂产品就叫"九·一二"灭火剂。

物理系创办的九·一二机械厂公章

物理系创办的九·一二电子厂公章

3. 筹建"九·一二展览馆"

为了长年展示 1958 年 9 月 12 日毛主席视察武汉大学的伟大壮举,1974 年学校决定筹建"九·一二展览馆",展览内容分为 6 个板块。展览馆每年举行纪念活动的时候开放,平时不开。"九·一二展览馆",位于今经济与管理学院的东北角和侧船山之间,那里原是学校的校办工厂区域。20 世纪 80 年代初,学校走读部(东湖分校的前身)在展览馆里办学。后来,展览馆及周围区域的房子都被拆掉了。

三、毛主席的后人追忆"九·一二"

2012 年 5 月 2 日,就在毛主席视察武汉大学半个世纪之后,全国政协委员、毛泽东之女李敏来到武汉大学,追寻父亲毛主席当年的足迹。陪同前来的有李敏

2012年5月2日，李敏、孔东梅、陈东升在毛主席站过的"九•一二"广场主席台留影

的女儿、北京东润菊香书屋有限公司董事长孔东梅和女婿、武汉大学杰出校友、泰康人寿股份有限公司董事长陈东升。

李敏站在父亲曾经走过的地方，抚摸着平台上的水泥栏柱，重温半个世纪前父亲视察武汉大学的历史岁月，这位70多岁的老人默默凝望，微风拂过树梢，沙沙作响，仿佛也在纪念半个世纪前的那个傍晚。

2022年9月

【作者简介】见第13页。

难忘武汉大学襄阳分校的往事

王长铭

　　1965 年 11 月，高等教育部提出，高等教育进行半工(农)半读试验的要求。1966 年 3 月，经湖北省委批准，武汉大学在襄阳的隆中建立分校，作为半工(农)半读试验基地，即武汉大学襄阳分校(简称襄阳分校)。襄阳分校实行以武汉大学管理为主和襄阳地区行署协同管理的体制。当时，划定校区面积约 1.5 万亩，包括襄阳隆中农场、林场及 3 座山林。最初到此地实行半工(农)半读的只有中文系部分师生，贯彻教育与生产劳动相结合，走与工农相结合的道路，接受贫下中农再教育。1966 年"文革"开始后，中文系师生回到武汉。1968 年 11 月，武汉大学从中文系、历史系、哲学系抽调少数人，组成教改小分队打前站，由军宣队负责人带领，中文系、历史系、哲学系、经济系四系全部师生开往襄阳分校广德寺进行再教育。

　　襄阳分校的招生，始于 1970 年 4 月止于 1977 年 7 月。根据省革命委员会的文件精神，学校把襄阳分校作为"创办社会主义文科大学"的基地。1970 年 7 月底，武汉大学仿效北大、清华的做法，按照"自愿报名、群众推荐、领导批准、学校复审"的招生办法，从有"实践经验"、比较"优秀"的工农兵中推荐上大学，全校首批招生近千人，他们担当"上大学、管大学、用毛泽东思想改造大学"的重任。首批"工农兵大学生"分配在中文、历史、哲学、经济等 4 个文科专业共计 160 人。1972 年，历史系和中文系提前迁回武汉。1975 年 10 月，襄阳分校增设政治学系并招生。1976 年 3 月，成立文史系筹备组。1978 年，武汉大学撤销襄阳分校，全部校产移交当地。

　　我是 1969 年 11 月和夫人白秀英搬家到襄阳隆中农场劳动锻炼，前后 8 年的光景，给我留下了许多有意义而难以忘怀的往事。

一、劳动锻炼，苦中有甜

我被安排到附近三线工厂劳动锻炼，即"红旗厂"，有的老师安排到宜城化工厂劳动锻炼。我的主要工作是推翻斗车运石头倒入粉碎机粉碎，碎石再与黄沙、水泥搅拌做预制板，盖厂房和楼房。我戴上头盔穿上工作服，干此活对我来说是第一次，我感到很新鲜，虽然每天从早上 8 点干到下午 5 点，开始两周劲头很足，多拉快跑，很高兴，还得到工人师傅的赞扬，我心里乐滋滋的。但好景不长，从第三周开始有点打退堂鼓，感到劳动强度太大，汗流浃背，满身灰土，一天下来腰酸背痛，好像浑身都要散架了，思想上产生了一些想法，总觉得这活不是知识分子干的，真是"高射炮打蚊子，大材小用，浪费人才"。因此，行动上就表现出迟缓，工人师傅看出了我的心思，主动叫王老师休息一下，不要太累了。给我讲三线工厂建设是毛主席的最高批示，深挖洞、广积粮，备战备荒为人民。我们要发扬一不怕苦、二不怕死的精神，尽快建设好三线工厂。他还说"红旗厂"是一个保密的军工厂，工作人员基本上是部队转业的。在工人师傅的关心和教导下，面对困难和挑战，我对照毛主席著作《为人民服务》《愚公移山》《纪念白求恩》反省自己，决心在劳动实践中学习"老三篇"，践行"老三篇"，坚定不移走与工农相结合的道路。思想意识端正了，从而进一步振作了精神，调整了心态，以积极乐观的心态投入到劳动锻炼中。亲眼看到工人师傅为了三线建设而舍小家、为国家、忘我劳动的精神，极大地鼓舞了我的干劲。一个月过去了，腰酸背痛的感觉消失了，劳动不再是负担，而成了一种习惯，不干还感到差点什么的。一年快乐劳动的光景很快就过去了。通过自己的劳动，亲眼看到林立的厂房、楼房，一个新型兵工厂拔地而起，感到由衷的高兴。劳动好，劳动伟大，不但创造了物质财富，也磨炼了人的思想，改造了人。在劳动小结时，大家都是乐呵呵的，异口同声地说，劳动是革命的大熔炉，身体练壮了，手上长茧了，皮肤晒黑了，思想炼红了。同时深感毛主席提出的，知识分子到农村去、到工厂去，与工农打成一片，滚一身泥，培养工农感情，为工农服务，走与工农相结合的道路，是无比正确的，具有深远的战略意义。劳动虽苦，但苦中有甜，受益匪浅。1970 年 6 月，我被评为武汉大学"学习毛主席著作积极分子"。

二、师生同学，教学相长

1970 年 9 月，文科四个系的首届工农兵学员奔赴襄阳隆中农场广德寺庙。哲学系首届工农兵学员 43 人，开始 2 年半后改为 3 年学制。工厂推荐 7 人、农村推荐 22 人、部队推荐 6 人、机关学校推荐 8 人；女生 9 人，男生 34 人；小学文化 5 人，初中 12 人，高中 26 人；党员 20 人，团员 23 人；年龄最大的有 40 多岁。我担任哲学专业的班主任、党支部书记。整整三年同他们同住、同吃、同劳动、同学习、同娱乐，打成一片，滚在一起，建立了深厚的师生之情。

在劳动中学习，增进与贫下中农的思想感情。当时提倡"开门办学"，劳动是主课。劳动课的时数比重大，是总学时的百分之十左右。主要参加学校农场、附近生产队的抢割——割麦子，抢插——插秧，抢收——割稻谷、打稻谷。遇上雨天就上课，或者同贫下中农一起学习毛主席著作"老三篇"，忆苦思甜进行阶级教育，提高阶级觉悟，增进与贫下中农的感情。通过劳动一方面学到了一些劳动技能；另一方面培养了爱劳动、珍惜劳动成果的良好品质。真实感受到"谁知盘中餐，粒粒皆辛苦"的真正含义。正如同学们在劳动小结时说的：劳动光荣，劳动伟大，爱惜劳动成果光荣，浪费粮食可耻。对培养"德智体美劳"的社会主义事业的建设者和接班人具有现实而深远的意义。

在教学中学习毛主席著作。哲学系思想政治课以毛主席的《为人民服务》《纪念白求恩》《愚公移山》《青年运动方向》等著作为基本教材；专业课以毛主席的《矛盾论》《实践论》《人的正确思想从哪里来的?》《关于正确处理人民内部矛盾的问题》等著作为基本教材。教学中强调师生读原著，逐句逐句认真读，深刻领会精神实质，联系实际用马克思主义的立场、观点和方法来分析问题、研讨问题、回答问题、解决问题。教学方法要求启发式、师生互动，废除"一言堂""老师讲学生听"的被动教学方法，提倡有讲课能力的学生就某个章节、某个问题做好充分的准备，也可上台讲课，老师可作补充和点评，充分调动了学生的积极性，特别有利于学生在教学中成长，为走上社会适应发展打下了坚实基础，老师也从学生中吸取了营养，教学相长。

作者(左一)给工农兵大学生上课

　　在辩论中学用毛泽东思想。工农兵学员学习的积极性、自觉性都很强，勤学动脑，敢于提出自己的看法。在课堂上出现针锋相对、印象较深的辩论有 2 次：一次是我给同学们导读《人的正确思想从哪里来的？》，这是一篇马克思主义认识论经典著作，告诉人的正确思想只能从社会的生产斗争、阶级斗争和科学实验中来。人的正确思想要经历从感性认识飞跃到理性认识、从精神到物质的二次飞跃。强调第二次飞跃更重要，它是检验认识、检验真理的唯一标准。我们无产阶级、工人阶级的先进思想，是在实践中产生的，又随着实践发展而发展。我们工农兵学员的思想同样需要在实践中学习、改造、升华、与时俱进。我的话音还未落，就有一位同学举手，我说请讲。王老师，我扛过枪、渡过江、当过农民、当过工人，现在是"三位一体"的无产阶级思想。你说我们还要改造思想，那不是把我们无产阶级改造到资产阶级思想那里去了吗？课堂上立刻沸腾起来了。我说，不要急于批评他错了，这个问题提得很好，很有现实性。今天没有时间充分讨论下去，马上就要下课了。这个问题作为课后作业，建议大家回去好好读毛主席原著，用马克思主义的立场、观点和方法去分析、研究、回答这个问题。

　　再一次是有位老师讲劳动人民创造了历史，是推动社会向前发展的决定力量。哲学是一门科学，是学者对自然科学和社会科学的概括、提炼而成的。当时也有同学提出不同看法，提出奴隶创造了哲学的观点，在全系乃至全分校展开了热烈辩论。我记得，军宣队副指挥长鲁明章同志听了周运清同学的发言。这场奴隶是否有哲学的辩论影响很大。就是这样，毛泽东思想潜移默化入脑入心，这种充满活力与生机的学习气氛是值得发扬的。同学们经过三年勤奋学习取得了良好成绩，按时毕业分配，基本上是哪里来哪里去，只有周运清等少数同学留校任教。从以后表现来看，他们都在自己的岗位上发挥了作用，取得了可喜成绩。如留在武汉大学的几位同学，都晋升了教授职称。田文军，哲学学院教授，博士生导师；周运清，社会学教授，社会学系主任。我深感当一名人民教师无上光荣。

三、艰苦奋斗，勤俭建校

1970 年，武汉大学首批工农兵学员到襄阳分校，开始还没有正规的校舍，暂在隆中农场广德寺庙里办学，同时在古隆中对面山脚下平整土地建校舍。

当采购员为建校出力。当时基建物资非常紧张、奇缺，校党委动员全校教职工为建校贡献一份力量。1971 年年初，不少教职工抽到学校基建办公室当采购员，有的负责采购钢材，有的负责采购水泥，组织安排我到枣阳砖瓦厂采购砖瓦。吃住在厂招待所，整天跑厂办，苦求领导多批点指标，拿到指标又跑发货处，当货拿到手后，又联系学校快派车来运回去，否则会被别人抢走。在厂近一个月，我亲眼看到工人师傅用锹挖土、用铲拌土、用模子制砖瓦、垒好晾干、用板车推进窑炉火烧几天，冷却后推出堆好过数，大多是手工操作，劳动强度可想而知，深感一块砖瓦来之不易。1972 年上半年，全校师生员工全部搬往新校区办学。

师生员工建水塔。学校供水开始饮井水，有一天职工担一盆水冲到党委办公室，气冲冲地把水放到办公室桌上，你们闻一下水的味道，水很臭。饮水关系师生的生命安全，分校党委立即查找原因，结果是厨房污水渗透到了水井，此井水不可饮用了。为彻底解决饮水问题，学校决定在隆中山顶上建水塔，把水库的水引到水塔，安装水管解决全校饮水问题。沙石水泥等建筑物资怎样运到山顶呢？分校党委发动全校师生员工，用业余时间排队接力运上山。学校一播出这个通知，大家蜂拥而上，排成了好几队，聚精会神用力把沙石、水泥、砖头等像传动带式地往上运，有时还喊加油来鼓舞士气，在大家的努力下水塔很快就建成了，大家为饮上干净卫生的健康水而高兴。

狂风暴雪上山搬树。1975年大年三十晚，突刮狂风飘大雪，山林不少树枝被风吹倒，被雪压断。分校党委决定，发动师生员工上山把断了的树枝搬回来。大年初一清晨广播通知，全校师生员工请注意，因狂风大雪把树枝折断不少，速请大家行动起来，身强力壮的同志上山把折断的树枝搬回来，减少学校损失。大家闻风而动，涌上山林搬树，一上午就把折断的树枝搬回来堆成了柴山，大家开心地说，瑞雪兆丰年，今年分校一定会发大财。学校让食堂给每人准备了一碗蛋汤和半斤重的油饼，算是一个团年饭。大家相互拜年，祝贺新年快乐，身体健康！

八年的襄阳分校生活，是值得回忆的。虽然讲的是几件小事，但折射出劳动锻炼、读毛主席著作、师生教学相长、勤俭建校的历史画卷。所有人一条心，心中有爱心，行为有担当，听党的话，跟党走，团结友爱，亲如家人，快乐生活的精神，值得传承，发扬光大。

2021年11月

【作者简介】王长铭，1939年11月出生。1965年7月毕业于武汉大学并留校工作，曾任政教系书记等职，教授。1999年退休后，先后担任马克思主义学院老年协会会长、离退休教职工党支部书记、学院关心下一代工作委员会副主任等职务。

雪域高原的峥嵘岁月

徐昌荣

1976 年 12 月 6 日，我从湖北医学院临床医学专业毕业。当年分配原则是哪里来哪里去，党中央也号召大学生支援西藏。在诸多报名的同学中，校领导批准了现役军人、中共党员彭建强，退伍军人、中共党员周本胜、徐昌荣和中共党员郑克敏等 4 名同学的申请。这是湖北医学院首批进藏的毕业生。

1976 年 12 月 6 日，湖北医学院校领导及军代表欢送建藏工作的 4 名毕业生(后排左三为作者)

投身到支援边疆、服务边疆、建设边疆、促进民族团结进步的国策伟业中去，是我的荣誉，也是我人生中的一次重要选择。

一、初到西藏

1976 年 12 月 8 日，学校派学生科孙杰科长和一名医生，全程护送我们从武汉乘飞机启程，12 月 10 日抵达西藏。飞机穿云破雾，我心中也是风云起伏，西藏是什么样？除了听过柴旦卓玛的《北京的金山上》和看过电影《农奴》，其他一无所知。当飞机降落在贡嘎机场时，眼前的环境、民族的差异让我们十分诧异。湖北援藏医疗队左辉（现为武汉大学退休干部）队长驱车一百多公里，携氧气袋到机场迎接。我们由校领导、医生专程护送和机场迎接，住进拉萨最好的宾馆——自治区第一招待所（原十八军交际处）。那年先后到达拉萨的全国高校毕业生 1003 名，我们是最后一批。自治区党委第一书记阴法唐、自治区主席天宝代表区革委会接见我们。也许是礼堂里人多空间小，加上有人吸烟，我突然感觉头晕目眩、恶心、出冷汗，我立即离开座位，但还没来得及走到门口就休克倒地，幸好及时抢救，有惊无险。青藏高原高寒缺氧的严酷现实，说来真不是吓人的。

二、雪山脚下的错那县医院

经过月余的适应与休整，自治区党委组织部将我分配到山南地区错那县城。错那县是山南地区除措美、浪卡子外三个高寒县之一。1977 年 1 月 18 日到县委组织部报到，暂住县招待所。报到一周之后的 26 日，先期到达的四名大学生，在前往洞嘎区下乡的途中，由于道路结冰发生车祸，同车的 19 人中，死亡 10人，9 人受伤，4 名大学生不幸罹难，其中包括武汉水利水电学院的朱绍武，临行前朱绍武与我道别，等下乡回来我们一起过春节，没想到竟成了永别。

刚到错那县我单身一人，在参与抢救车祸伤员后，为了工作方便，在药房搭个铺安顿下来。首先遇到的是语言障碍，幸好绝大多数藏族干部接受过专科学校和解放军"青训班"培训，汉语言较好，这样我可以边工作边学习藏语。不到一年的时间，我就基本掌握常用藏语，可以应付门诊和日常生活。吃饭靠食堂，当然也没少吃蹭饭，反正一人吃饱全家不饿。全年只有三四个月能吃上新鲜蔬菜，大部分时间是以干菜以及窖藏的土豆、包菜、大白菜佐餐。有人说："有钱的吃菜，没钱的吃肉"。当时机关干部每逢年底，每人可以分到二三只羊和半头牛，当地人嫌麻烦，将宰杀后的头、蹄扔掉，勤快的话，可以捡来好多肉。当地是买不到蔬菜的，当时没有菜市场，特别是那种滴水成冰的环境，即使是有新鲜蔬菜也无法经营。

最初的一年多时间里，我基本在乡下巡回。此间，学会了骑马。西藏的马既不像蒙古马高大威猛，望而生畏；也不像云南马，类似侏儒，觉得可怜。藏马是当地群众运输、耕地、代步的主要工具。在那种"山从人面起，云傍马头生"的陡峭路段，还可以拽着马尾攀援而上。我这人惜命，不敢接近性情彪悍的战马，听说早年有个新战士抛下马背，一只脚被马镫卡住，受惊之马生生地将这个战士拖死。后来对马镫做过改良，这种事就很少发生。选给我的马自然是跑得既快又稳，拽住马尾巴不用担心尥蹶子的温顺好马。时而快马加鞭，时而信马由缰，驰骋在山川沟壑之间，生活虽然艰苦，但那种优哉游哉的马背生活还是令人难忘的。

当地群众对汉族医生统称"中央阿姆基"，意为党中央派来的医生。这是十八军进藏后联系群众、发动群众、打开工作局面的光荣传统之一。错那全县5个区22个公社，除洞嘎区库菊公社实在是道路艰险没能去以外，其他村寨包括牧民临时定居点，我全部走遍。几年间，搜集近5000份病例，基本摸清全县疾病谱。早期下乡吃不惯糌粑、酥油茶、干肉，就将面粉炒熟当主食，或者在有食堂的地方多买点馒头。当地群众也十分热情，常给我端来煮熟的鸡蛋、土豆。当然，我也将自带的水果罐头、饼干、糖果馈赠给老人和孩子。后来逐渐适应了当地生活，但无论是新鲜还是风干牛羊肉，我始终没敢吃。

雪山的涓涓细流，汇入高山湖泊；而众多的高山却由于缺水，山上的植被除少量骆驼刺、沙棘外都是光秃秃的裸山。有一次从乃东县颇章乡回泽当途中遇上暴雨，顷刻间一人多高洪水夹杂乱石泥沙咆哮而至，地区卫生局欧珠局长的车通过后，我的车正好落在泥石流的中央，幸亏藏族司机多吉次仁有经验，开足马力奋力冲向高丘。等前面的人发现我们没有跟上，以为我们已经遇难，回头找到我们的时候，在场的人又惊又喜，相拥而泣。还是我和司机反过来安慰他们，有惊无险，又躲过一场劫难。另一次是巡回医疗队在从觉那区返回县医院的途中，一路艳阳高照，在翻越罗堆山时突然乌云翻滚、大雪纷飞，大雾笼罩了整个山野，能见度极低，幸好我们一行 7 人防雨防寒设备齐全，就在山凹避风处安营扎寨，等到次日雪霁雾散才继续前行。有经验的当地人告诉我们，在路途遭遇风雪大雾，识途老马也辨不清方向，不可鲁莽。否则，迷失方向、冻伤、遇险很难避免。有一次，山南地委王俊杰书记带队下乡到勒布区。勒布区离县城 30 多公里路程，海拔不到 2000 米。10 月的天气，山上已是草枯叶落，河谷地带的原始森林依然是郁郁葱葱，翠竹幽篁。这里是县机关、边防团木材和冬季柴火集中采伐地。站在山对面还可以看到一道青黄交接、畛域分明的渐变线。这里是 1962 年中印边界自卫反击战突破口之一，也是门巴族聚集区。工作队在途经麻玛山时，遭遇风雪，车队被大雪围困在半山腰进退不能。晚上 11 点多由县机关、县中队、养路段推土机组成救援队，直到第二天上午 10 点多才赶到现场，所幸全体人员安然无恙。

"错那"是藏文的音译，意思是"湖的前面"。县城周围沼泽地很多，偶尔约上好友，带上用空酒瓶自制的炸弹和还有长竹竿（那可是件好东西，不仅可以用来探知前进中每块草甸的承重能力，跨不过去的地方还可以做撑竿跳，竿头绑上网兜可以捞鱼；不小心掉进沼泽，长竹竿就是最好的救身设备）进入沼泽地，虽然比较危险但很刺激，如果没有可见的水面，那就是一片大草甸。清人屈大均笔下的《浮田》"上有浮田下有鱼，浮田片片似空虚。撑舟直上浮田去，为采仙人绿玉蔬。"也许就这个样子，踩在上面犹如松软的床垫。只要有水的地方炸弹一响，立即白花花一片，捕获几十斤鲜鱼很是轻松的的。

每逢大雪封山，仅有的公路交通中断，唯一与外界联系的只有从邮局收发的电报，整座县城成了与世隔绝的孤岛。等到来年春天，春风送来的不仅仅是花讯，还有一摞一摞过期的信件。这段时间也并不寂寞，因为恰好与藏历新年同步。藏历新年与汉族的春节一样，是藏族人民的传统节日，只是在时间上按照藏历推定，一般有同一天、相差一天、相差一个月三种情况。所以，这段时间有元旦、藏历年、春节三个节日。给我印象最深的是献"哈达"和敬青稞酒拜年。藏历年初二，人人穿上节日的盛装，各家男主人手捧象征供品的"阙玛①""青稞酒"，女人手捧哈达。清晨结队来到家里，首先献上"哈达"，接下来女主人双手捧酒杯举过头顶敬酒。而被敬者双手接过，然后用左手托住酒杯，再用右手的无名指轻轻地蘸上杯中的酒，弹向空中，轻声念出"扎西德勒彭松措（祝愿吉祥如意美满）"等祝词，如此反复三次。是对天、地、神的敬奉和对佛、法、僧三宝的祈祝。酒不能一饮而尽，而要遵循"松夏布哒"即"三口一杯"习俗。在弹酒敬神后，先饮一口，敬酒者续满酒杯，第三次斟满后一饮而尽，滴酒不剩者，才是最有诚意的。一家一家此起彼落，周围的人用歌声陪伴，直到干杯为止。对实在不擅长饮酒者也可以只喝三口，不会强人所难，我当然是选择后者。青稞酒虽然酒精浓度不高，但如此轮番轰炸，绝大多数被灌得酩酊大醉。我们在错那经历过好几个藏历新年，盛情难却，加上本人不擅饮酒，在那种氛围中即使想不醉都难。接下来是"跳锅庄"和"巴拉秀"，巴拉秀即藏式掷骰子游戏，是藏族传统的民间娱乐游戏之一，往往是通宵达旦。为了让藏族同胞安心过好新年，只要我们夫妻俩在医院，差不多揽下了医院的一切工作，让其他员工安心过年。

西藏是从奴隶制社会，跨越式进入社会主义社会的。1959 年仍然是政教合一的社会体制，无论是社会环境、经济条件与内地相比差距很大，几乎没有工业，地方财政包括全民免费医疗，全由中央财政支付。我所在的错那县所在地海拔 4500 多米，县医院有七栋铁皮房（包括门诊、病房、职工宿舍、食堂、马厩），用粗铁丝越过屋面绑上石头坠在地上，避免大风吹翻房顶；一辆南京嘎斯救护车；20 张病床；14 名医护及工作人员。住院病人大多自带行李，重病人一天巡查一次，轻病人三天一次，没有处方、不写病历，任何人可以随意到药房取药，香烟盒、撕片废报纸写上药名也当处方。我的同学赵厚裕分在附属第一临床学院（现省人民医院）医务处工作，给我邮来了医院所用的单据样品，才逐渐有了处方和住院病历。在手术室烧柴禾、干粪供暖。因此，我们对择期手术病人，大多采用集中施治，有时一天连续做 3~4 台。有时在家庭做手术，那是接到一起卡达公社难产出诊。我和河南医疗队杨贵珍队长、妇产科郭金萨医生和手术室器械

① 阙玛即绘有彩色花纹的木盒，左右分别盛放炒麦粒和酥油拌成的糌粑，上面插上青稞穗和酥油塑制的彩花，祈祷来年五谷丰登。

护士德钦旺姆凌晨出发，骑马 70 多千米当天下午赶到产妇家中，检查发现是右肩位难产，羊水流尽，露出产道的胎儿右臂已被赤脚医生截肢，漫长的产程，产妇十分虚弱，必须尽快手术结束产程，挽救产妇生命。产妇的家庭床仅有手术台一半高，且有一米多宽，我们几乎是扒着或跪在产妇两侧实施手术。手术虽然顺利，但手持蜡烛、手电照明的家属倒下好几个，我们也累得直不起腰来。一般在这种低温、缺氧、干燥环境下的手术感染率比较低，产妇术后恢复良好。

后来还遇到一位对打针有严重恐惧心理的珞巴族干部阿本。在一次与藏獒搏斗中，造成右前臂软组织开放性撕裂伤，皮肤大面积撕脱，部分肌腱拉断裸露在外。按常规做右上肢套式封闭后就可以清创缝合，但他强烈拒绝打针。手术室因为取暖有火源，不能上乙醚麻醉，无奈之下只好给他口服强止痛（吗啡）片。手术过程中用生理盐水、双氧水冲洗伤口，清除异物，剔除坏死组织，肌腱缝合，皮肤减张缝合，直到手术结束，我们都做得心惊胆战，但他硬是没有一声呻吟。看来《三国演义》中的"关公刮骨疗毒"并非杜撰。

常年的下乡巡回医疗，加上出诊任务，医院的 4 匹马已经不够用，借用生产队的马还得县领导批条子，经常误事。医院的那一台南京嘎斯实在是没法用了，行进在路上并不比马快。记得有次到山南地区医药公司进药，返程的路上不是水箱开锅，就是哪个部件失灵，更糟糕的是在半路所有的风扇皮带竟然全部拉断，备用也已耗尽，不得已只好将牛皮裤腰带解下来代替，300 多千米我和司机硬是折腾了整整三天。遇到急诊病人只好向县机关借车。后来，经县领导批准，从成都购回一辆金杯面包车。那种车在内地也许还可以，但到了错那县就出现严重的"高山反应"，空车爬点小坡还得用人在后面推，根本拉不了病人。最后只好找别人换了一辆解放牌大卡车，这车冬天到勒布拉柴火没得说，接送病人实在太不合适。我们想方设法将一辆废弃的北京吉普拖到修理连，最后送拉萨大修厂。

修理连师傅的技术还真不错，从县城到山南地区所在地泽当镇 300 多千米一路顺风顺水。但第二天刚过贡嘎县车身一震，一只后轮爆胎了。这时候的公路上，别说车就是人也极少，眼看下午的风沙即将到来，那时候更难有车经过，弄不好就得在路上过夜。司机问："格拉（藏语 老师）怎么办？"我说："走啊！"司机说："窝苍，莫过！（藏语：我不干，丢人）"我说："还有更好的办法吗？你不干我来。"三个轮子的车，歪歪扭扭没开出多远，本来爆胎后的车轮剩下的胶皮外胎也全部被撕脱，粘在了沥青路上，只剩下铁轱辘在地上滚动。好不容易来到一个村子，发现有一辆马车停靠在院子外面，这辆马车的车轮与吉普的车轮相仿，可以做替代品。我将车停在隐蔽一点的地方后对司机说："我不熄火等你，你去，带上工具。"他当然明白我的意思，趁没人三两下弄回一只车轮，拼装在我们的车上。他还试图取回千斤顶，我说："走吧。"其实一个油压千斤顶的价值与一个马车轮胎也差不多，也算是我们留给人家的一点报酬吧。就这样勉强把车送进了拉萨大修厂。

后来书记来医院看病，指着院子里的大小三台车说："徐院长啊，你比我还阔气嘛！"我只好说："这都是托你书记的福！"但话里也可以听出，他已经将这台车认定是医院所有，谢天谢地，总算没白倒腾。从而，这辆车也就合法化了。

在错那县那些年，应该说精力旺盛。无论是哪里缺人手，我都顶上去。书就是身边的老师，Ｘ光、化验室、心电图、Ａ超、打针、发药、查体温、下厨房炒菜、炸油条、设计绘制新医院图纸我都干过。

1986 年 6 月，我调到山南地区卫生局，新的县医院投入使用。新医院离边防二团卫生队更近了，自从十年前那次车祸，卫生队全力参与伤员抢救之后，我结识了金钟洪队长。从此，两家单位建立了密切的合作关系。我们经常请他们到医院会诊、做手术和参与医护培训班授课；我也常被邀请参与他们疑难病人的讨论和看望他们收治的当地住院病人，这无疑弥补了医院技术力量的不足和促进了医技队伍的成长。十年来，各科室配备和规章制度亦日臻完善，各类人员逐年增加，医护及工作人员达到 50 余名，病床达到 40 张，已经成为全地区 12 个县中比较像样的县医院。还有河南、江苏两省援藏医疗队连续多年的技术支援，为医院和各区卫生院的建设与发展做出了巨大的贡献。

三、扑灭鼠疫

我调到山南地区卫生局业务科后的 1989 年秋，地区防疫站接到琼结县发生疑似肺炭疽的疫情报告。我作为地区卫生局主管业务的科长，局里派我和防疫站郁晓峰医师立即赶到现场。当目睹死者狰狞的面目和扭曲的尸体，说明患者临死前有过极其痛苦的挣扎；多处淋巴结肿大和大面积紫褐色淤斑。经亲属回忆，死者生前曾徒手拾得一只旱獭，并取其胆带回家以及全家有 3 人相继出现发烧、咳嗽等症状的流行病学史。依据老师传授的鼠疫防治知识和藏区有局部流行的警示，我们高度怀疑人间鼠疫①。因此，让郁晓峰即刻采集标本，连夜送西藏自治区防疫站做病理学检查，并向山南地区卫生局和防疫站领导汇报。我与琼结县卫生局、医院、防疫站负责人立即向县委、县政府汇报。研究决定，由扎西副县长任指挥长，启动"一号病"应急响应。紧急调集县中队和民兵封锁疫区交通，严控进出人员。县鼠防人员分头深入人口密集区开展鼠防宣传，避免引起不必要的恐慌。住院病人和疑似病人立即隔离并注射链霉素，病区彻底消毒。很快得到反馈，病理检测鼠疫杆菌阳性。随后西藏自治区防疫站鼠防队抵达疫区，开启了大面积的灭蚤、灭鼠工作。山南地区卫生局冬梅副局长、防疫站白马仁增站长带领医护、鼠防人员和设备接踵而至。重建远离人群的隔离区，筛查疫源范围内和密接人群，集中收治病人和疑似病例。由于处理及时，使这种传播速度快、死亡率极高的人间鼠疫得以有效遏制。本次疫情除一例死亡外，经注射链霉素和隔离治疗后的病人以及疑似病例全部康复，无新增病例。

西藏自治区卫生厅为了表彰在山南地区首次流行人间鼠疫后反应快、处理得当、措施得力发给我 50 元奖金。李志杰局长征求我的意见，我说：全部给郁医生吧，毕竟他是第一个抵达现场的工作人员，再说具体工作基本上是由他来完成的。顺便向局长提议：可否考虑对琼结县医院、防疫站相关人员予以奖励？虽然诊断并不一致，但这不是他们的错。如果当时没有医生怀疑传染病，如果没有及时通报县防疫站，如果防疫站没有及时上报，无论在哪一个环节的延误，疫情必将在更大范围内蔓延，造成的损失也会严重得多。同时请局长向山南地区行署领导建议，对疫情发生后迅速做出反应的琼结县委、县政府给予表彰，这对将来处理类似突发事件无疑有着很好的示范作用。

四、藏医藏药走出西藏

藏医藏药是祖国医学宝库中一颗璀璨的明珠。有史以来，为藏区民众的繁

---

① 鼠疫是一种烈性传染病，由于患者晚期全身毛细血管广泛出血，死亡后尸体呈现黑色，故又称黑死病。且传播速度快，死亡率高。

衍、生存作出了巨大贡献，但它却长期局限在本地区。随着改革开放的不断深入，山南地区行署和卫生局决定，让藏医藏药走出西藏，服务尽可能多的人群。1991年年底，我受命和山南地区藏医院强巴副院长赴北京，与中国藏学研究中心门诊部洽谈增设藏医门诊事宜。接到任务后，我深深地感受到，这副担子的重量。这不单单是项目合作的洽谈，更多的是藏汉文化的交流和传承，让更多的人了解藏医藏药是中华文明不可分割的一部分。这次藏医药走进北京，接纳四海的受众，展示藏医藏药独特魅力，必将进一步深化藏汉文化交融和民族团结，是功在当代、利在千秋的非常之举。有幸能为此奉献绵薄之力，我将全力以赴。

临行前，卓嘎副专员和局领导交代，山南行署与藏学研究中心有过意向。其实，我们谁都没有与北京藏学研究中心有过交往。但我明白，最重要的是要争取各级领导和相关部门支持。一到北京，就找到西藏自治区驻北京办事处央金主任，请她帮我们联系拜谒全国政协阿沛阿旺晋美副委员长和中国藏学研究中心才让主任。她问：什么理由呢？我想想说：这样，就说山南地区行署派地区卫生局和藏医院两名同志到北京办事，受行署专员委托向他们汇报工作，希望得到他们的支持和帮助。央金主任问：要把你们的来意告诉两位领导吗？我说：阿沛副委员长工作忙可以不说，只要有人知道副委员长接见过我们就足够了。才让主任已经知道我们的来意。很快得到回复，我们首先到家里拜访副委员长，向他转达了我们的敬意和藏族同胞的景仰，祝愿他老人家健康长寿。才让主任在办公室接见我们，并叫来了门诊部周吉堂主任，将双方作过介绍后指示：山南地区在北京开办藏医门诊，是促进藏汉民族文化交流，加强民族团结的重要举措，一定要办成办好。能探索出一条藏医学发展的新路子，那更是大功。具体问题你们自己商量，有困难再找我。离开才让主任直接到周主任办公室商谈具体内容。这相当于单独请领导会签，虽然有些麻烦，但效果较会议讨论通过容易得多。就等于提前解决了"办"的问题，进一步洽谈"怎么办"，自然就轻松多了。因此，从才让主任办公室出来，与周主任商谈就比较顺利。根据我们的要求和门诊部的实际情况，很快达成一致意见。第二天，在门诊领导和各科室主任参加的会议上，周主任首先发言：西藏山南地区选择在我们这里开办藏医门诊，这是我们的荣幸，无论西医、藏医我们都是同行，我们理应全力支持，阿沛副委员长和才让主任也十分重视，前段时间我接到才让主任指示，就与几位主任拟定了一个初步方案，用院子后面那栋基本闲置的 11 间平房，西头 8 间供藏族医护人员生活起居使用；另外 3 间，2 间将门诊库房搬进去，1 间堆放清理出来的杂物；门诊一楼腾出的 2 间挂牌藏医门诊和药房，大家如果没有意见就这样定下来了。不过请相关科室立即行动，就这两天交付山南地区 2 位同志，以便尽快动工维修；有关财务管理、经费测算、各自的经济负担以及利润分配问题，会后单独与财务人员商谈；维修问题请后勤的王科长给予协助。没想到会谈如此顺利，有些比我们预期的还要好，但当周主任提到阿沛副委员长时，心里还是咯噔一下，早知道周主任如此干脆利落、热心快肠，就没必要去拜谒副委员长，反倒是我们在以小人之心度君子之腹，但又想到才让主任并没有明确提到副委员长，极有可能是专员早就见过。其实，独自办成一件像样的事，犹如过独木桥，必须不断矫枉，过犹不及，只有脚踏实地地站到地上才能真正明白。

在启动房屋维修改造前，我们充分考虑如何能使老藏医离开故土，安心在异地他乡长期生活和工作。北京的环境虽好，但毕竟是两个不同民族的生活区域，各自的生活习惯有着很大的差别，两位预派的老藏医还从来没到过北京，更不用说在这个地方长期生活工作，需要尽可能地营造一个良好的生活环境，以适应工作的需要，有藏医院强巴丹增副院长的支持，当然也不必十分担心。不到两个星期的工夫，一座相对独立的准藏式小院修葺竣工，由于北京天寒地冻，院内只能留出空地，等待来春植树种花。翌年 4 月，山南地区藏医院医护人员两男两女一行 4 人顺利抵达北京，并开展工作。从而实现了藏医藏药走出雪域高原，走进首都北京的第一步。据悉，自从藏医门诊开业以后，不仅得到了在北京工作的藏族同胞欢迎，也得到附近各界人士的青睐。有报道：北京藏学研究中心的藏医门诊后升格为藏医院，随后在天津也创办了藏医院。

雪域高原 16 年多的生活经历，虽然没有精彩的故事，更没有像许多同学那样成为学界翘楚和称道的业绩，但我无怨无悔。其实，世界上没有绝对的苦，也没有绝对的甜。苦和甜，只是一种感受。或许，我所经历的苦和甜，就是一种定数和缘分。它所带给我们的并不只是回忆，更多的是一种财富。它使我懂得不少，学会不少，令我们增添了一份承受痛苦的能力。虽然，人们害怕伤痛，但只要不是生命的极限，一般而言，只有在经受伤痛之后才能使自己成熟起来。若有来世，我还愿意到雪域高原工作和生活，同藏族人民同甘共苦，建设和守卫祖国的这片神圣领土。

2021 年 12 月

【**作者简介**】徐昌荣，1949 年 12 月出生。武汉大学研究员。1968 年参军，1976 年 12 月毕业于湖北医学院临床医学专业，同年赴西藏阿里地区工作。曾任错那县医院院长、阿里地区卫生局业务科科长；湖北医科大学宣传部副部长、总务处副处长、宣传部部长，校党委委员；武汉大学药学院副院长、武汉大学少数民族团结进步促进会会长。2009 年退休后，曾任武汉大学老年协会副会长。

尘封 70 年的集体婚礼签名锦

刘天鸣

1978 年秋，我在湖北医学院广播台偶然发现红色窗帘上写满大小各异的文字。爱好书法的我兴奋不已，将它取下，另找来一块粉红的绸布换上。从此，将它收藏了四十多个春秋。退休后，闲下来清理老物件时，这件深红色绸布上的通栏标题展现在眼前："湖北省医学院教工会主办二届集体结婚　一九五三年二月十三日。"大字标题下是黄色隶书，写着 6 对新婚夫妻的姓名。再往下，就是密密麻麻风格各异的签名。经对照万年历得知，这天正是农历 1953 年除夕。原来，这面红绸是为新婚祝福签名的锦旗。

看着历尽沧桑的锦旗，我不禁又惊喜、又着急。惊喜"文物"已存留下来。着急的是锦旗面目陌生带来太多的不可知性。经过精心揣摩讨教，终于将锦旗上 140 余人的尊姓大名辨认清楚。但锦旗上的人仍健在且能够找到的则屈指可数。

要想弄清 6 对新婚夫妻的来龙去脉和参加婚礼签名的身份人脉，再现当年湖医年轻人成家立业、追求梦想的故事，就得尽快向健在的老前辈们咨询，了解昔日湖医人艰苦奋斗、乐观前行的足迹。于是，我便将获得锦旗的信息公之于众，请知晓其中故事的人们提供信息，分享这份快乐。

消息不翼而飞，锦旗上的主人翁后代、同事、同学、朋友纷至沓来，亲眼目睹自己父母在新娘新郎的锦旗上闪耀的那份幸福的定格，目睹他们当年的亲笔字迹，大家欣喜若狂，并渴望留作永久的纪念。顿时，我萌生一个念头，用科技手段复制出来，帮助他们实现这美好的凤愿，不也是挺好的一件事吗？

于是，我四处打听，功夫不负有心人，终于找到一家艺术品微喷制作公司。

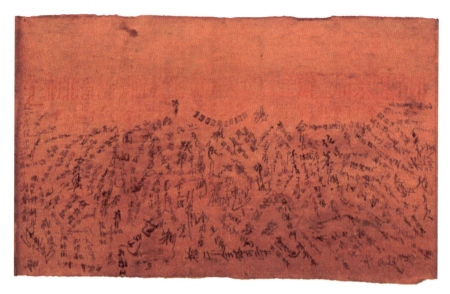

1953 年 2 月 13 日，湖北省医学院第二届教工会集体婚礼签名锦簿

店主说："这可不是简单的复制，而是通过电子扫描，将绸缎材质的物品转换成电子影像，后用微喷技术还原其本来面目。"复制品可以达到以假乱真的效果。制作费用，决定自己承担，只要大家高兴，我的付出就值得。

2018 年，我走访百岁老人樊绍卿老先生，他是为保健事业作出重大贡献的教授。他待人和蔼，平易近人，当时他非常高兴，用洪亮的嗓门叙述当时的情景。他说：参加集体婚礼的新娘新郎，虽然身着平时穿过的服装，整洁合体，但也充满活力，每对新婚夫妻脸上都洋溢着幸福的笑容。他们的新房布置极其简陋，两张单人床拼在一起，一张旧课桌和几把凳子，一个煤炉，一口铁锅，就是他们的全部家当。当时我是怀着激动的心情、钦佩的目光给他们签名祝福！樊绍卿老人当年 35 岁，算年长的大哥。他对年轻人关心体贴，了解 6 对年轻人的情况，他们中有刚毕业的大学生，有中华人民共和国成立前参加工作的年轻人，还有刚进单位的新职工。他们来自四面八方，文化程度不同，经历各异。但我看到了他们的朴实可爱，看到了湖医的未来和希望。他们不图物质享受，彼此都有一颗滚烫的心，有着共同的艰苦奋斗、不畏困难、奉献青春的精神，这就是当时青年人的人生观和价值观。

前不久，我又走访了 93 岁的谌其华教授。她见到 67 年前自己的亲笔签名，仿佛时间倒流，自己穿越回到当时的场景之中。那时她是 20 多岁的女青年，采访时，见她时而舒缓婉转，时而激越悠扬的讲述着昔日的故事。当时的婚庆场面朴实无华，虽然没有丰盛的酒席，没有迎亲的车队，没有红地毯，没有司仪主持，更没有乐队和震耳欲聋的音响，但场面依然温馨、庄重、热烈。礼堂中央摆放一排桌子，上面放着几盘水果糖和瓜子，大家围成一圈就座。学校许多人参加，喜笑颜开。谌教授激动地说：我就是向他们学习扎根湖医的，为美好的明天而努力的。我也是在湖医成家立业，丈夫洪学恒是湖医的物理学教授，前几年去世了。

近期，我向老同学穆唯平打听她的父母时，她非常愉快地接受了来访。她还积极联系在武汉的弟弟和在北京的妹妹，短时间收集全了他们保存的物品、把父母的结婚照、父亲的中国人民解放军预备役军官兵役证、三枚纪念章通过微信拍照发了过来。穆宪池、张惠民夫妻都是湖医成长起来的年轻人，工作出色，分别在 20 世纪 70 年代初调至湖医口腔医院，走上领导岗位，为湖医事业奉献了自己的毕生精力。

漫长的岁月，许多老前辈相继离世。然而，他们留下的卓越贡献和优良的传统，永远地保留在老湖医人心中。胡玉梅、徐德、李子英、陈忠惠成为出色的行政管理人员；陈家忠、张光明成为学识渊博的医学教授；梁淑华、李新志、李世珍、田林祚成为后勤、教辅岗位的骨干。这一对对，一批批元老，为湖医的建设与发展立下了汗马功劳，他们艰苦奋斗的作风，必将永远传承。

保留了 68 年的这面集体结婚签名锦旗，就是湖医年轻人集体创作的交响曲。它带给人的情感的熏陶和美的享受，洋洋洒洒的行楷草隶字迹从容俊秀；工整端庄的运笔随意排列，自然紧凑；墨趣内敛的蝇头小楷，吸引着眼球。时光荏苒，锦旗在漫长的时空里穿梭漫游，保留了历史的珍贵瞬间。仿佛医学院创始人朱裕璧先生的"静以修身，俭以养德，初心不忘"的教诲又在每个湖医人的耳边回荡。

两尺见方的红绸锦旗，面积不大，却容纳百川；质量不重，却分量如山；锦旗方寸，却功绩千秋。朴素无华集体婚典，彰显前辈们的革命信念和乐观主义精神，弘扬优良传统，继承红色基因。

2021 年 12 月

【作者简介】刘天鸣，1953 年 12 月出生。1972 年参军入伍，1978 年转业到湖北医学院宣传部工作。2000 年 8 月四校合并后任武汉大学广播台台长，副研究员。2013 年退休。

难忘湖北医学院校办农场的那段经历

杜传平

我作为湖北医学院校办农场的最后一任场长，是农场历史的亲历者和见证人，有责任有义务将这段历史写出来，让后人从一个侧面了解原湖北医学院的校史。

一、校办农场的概貌

说起"校办农场"，虽然过去 40 多年了，但许多往事仍记忆犹新，历历在目。1976 年年底，湖北医学院领导派我、乐和卫 2 人去校办农场担任正副场长，至 1979 年 11 月底农场撤销为止。当时，夏年华科长把我们 2 人叫去谈话，我当时信誓旦旦地表示：一定要好好干，做出成绩。夏科长却风趣地说："农场那个条件，做出什么成绩啊，守住就是成绩。"

湖医校办农场，坐落在华中农学院(今华中农业大学)狮子山南麓，野芷湖的东南角，面积约 400 多亩(水田旱地各 200 亩左右)，是华农借给我校使用的。

学校在这块土地上盖起一栋教职工宿舍，坐东北朝西南，有 20 多间，大多为红瓦土坯墙。房内摆的都是双层单人床，上下铺，供来农场劳动的干部、老师、工人和学生临时居住。东南边有几间牛棚，西边是食堂，西南边上是一栋猪舍，其中一间配有一台粉碎机，用于加工猪饲料。我们的泵站就建在野芷湖边上，抽的水用于灌溉田地和饮用。

宿舍前边是农场的旱地，再往前是一片水田，穿过这片水田，再翻过一座小山包，便是小茅店了(农村)，属于洪山区管辖。宿舍的后面是一座小山头，整平后便是农场的禾场，约有 100 平方米，用于打谷子、打麦子、晒粮食所用。站在禾场上居高临下朝北面望去，就是华中农业大学的教学楼和几个科研养殖生产队，西边就是野芷湖，南边和西边就是小茅店农村景象了。

到农场来劳动的干部、老师和学生，都是轮流派来的。办农场的指导思想有二：一是让干部、老师和学生们通过劳动得到锻炼；二是能够生产一些农副产品，补充学校生活供应上的不足。记得当时流行一句话："收不了稻子收稻草，收不了稻草收思想。"这说明，劳动锻炼是农场的第一位。

说起农场的历史，可以追溯到1959年。这次我采访了87岁的章光彬老处长，他是湖北医学院创建农场的八人之一。据他介绍：1959年10月国庆10周年后，国家发生了自然灾害，中央指示：各单位自办农场，解决副食品供应不足的问题。

湖医第一个农场场址是在现在光谷广场以南约五千米的大郑村，原属武昌县流芳乡大茅店管理区管辖，当时称为"湖医南湖农场"。在1966年毛主席"五·七指示"的推动下，农场改至荆门的沙洋县。1972年初又从沙洋迁回武汉，在华农南边的野芷湖安了"新家"。

农场当时的生产资料和设施应该说还是比较齐全的，有一台东方红牌大型拖拉机，一台手扶拖拉机以及犁、耙、耖都有，锄头、镰刀等各类小农具，每一个品种差不多有五六十件。还养了4头大水牛。校办农场当时安装了一部专用电

1977年春，作者在耕田

话，电话是接到华中农学院的主机上，由华农总机室中转，好像每月交 25 块钱话费。

农场当时养有十几头猪，每逢春节就杀了运回学校，分给教职工和学生食堂食用。

农场食堂的饮用水，是由湖边的一个泵站把野芷湖里的水抽上来，流入食堂旁边的一个池子里储存，食堂师傅把水再挑到大水缸里，然后撒些明矾，让水里杂质沉淀以后再食用。1977 年春，农场组织几个青壮年男老师，用土办法挖了一口井，有七八米深，井壁填满黄沙，使水塘里的水过滤到水井里后再食用，从此改善了饮用水源的质量问题。

当时农场还是比较重视文化生活的，订有《人民日报》《湖北日报》《长江日报》，还有《中国青年报》《红旗》等。这些报刊都是我每年底骑自行车到武昌彭刘阳路邮局订的，报纸只能送到小茅店的一个小卖部，我们越过洼地爬过山坡去取报纸。农场还有个扩音器，在房前电线杆上挂着，每天可以收听新闻、播放音乐歌曲。华农每周六晚上都放电影，门票一角钱。

二、校办农场的生产活动

校办农场还有一个重要的目的是：利用农场这个平台对新生进行两周的劳动教育。据老湖医人介绍，自从农场办起来以后，新生入校后都需要来农场劳动两周。学生到农场劳动分期分批。我印象最深的是 1977 年的春天，是粉碎"四人帮"后的第一个春天。4 月初，农场迎来医学系 1976 级一班来这里劳动，班长叫陈琳(后来留校了)，还有其他同学如韩丹、韩豫、李北平等，至今我还记得这几个同学的名字。他们多数是来自农村或下放农村的知识青年，多数同学会干农活，如犁、耙、秒样样都行，他们班有一个同学入学前还是生产队的队长，农场的好几块水田都是他耕出来的。他们在这劳动，正是春耕大忙时节，早稻育秧、水田犁耙秒，抢在"五一"节前把秧插下去。

4 月雨水很多，很多时候同学们是披着雨衣或蓑衣下田劳动，无论男生女生没哪个叫苦。

平时食堂就一个师傅，学生来了就抽学生在食堂帮厨，如择菜、切菜、做面食，样样都干。

在一个明月高照、春风拂面的晚上，同学们在禾场上围坐一圈搞联欢晚会，邀请在农场劳动的全体老师参加。这个班的同学给我的印象太深了，这段美好的时光也深深地印在我的脑海里，40 多年过去了仍记忆犹新。大学生们很活跃，节目一个接一个。我当时也年轻，二十五六岁，他们硬是"抓住"不放，又喊又叫："场长来一个！场长来一个！"逼着我唱一段豫剧，我也被"赶鸭子上轿"，来了豫剧《朝阳沟》里拴保的唱段《咱俩个在学校整整三年》。

后来的 77 级、78 级学生都轮流去农场劳动过，79 级以后学生就没有这种劳动课的"机会"了。

学校派来农场劳动的机关干部和老师，虽然来来走走，络绎不绝，但给我印象最深的有两位老师，一个是陈德基老师，他是基础学院病理学教研室的老师，被派到农场劳动三个月，正是春耕大忙时节，由于他热心快肠，吃苦勤劳，耿直爽快，又很有个性，就让他担任"大田队长"，平时有什么活跟他一交代，他就领着人们干去了。但工作上也有闹情绪的时候，我也常和陈老师在一起交流思想，至今不忘他对我的帮助。还有一位就是张桂林教授，他当时 50 来岁。他戴着一副深度眼镜，提着行李到农场报到，操着浓重的湖南口音跟我说："场长，就派我放牛吧！"这件事，至今想来有点酸楚，一个握笔杆、搞医学研究的教授，走路都有点"弱不禁风"的样子，到这儿来"要求放牛"。可见他的无奈。当然，他把牛往湖边上一丢，自己坐在山坡上看书学习。

在抓好青年教工来农场锻炼的同时，我也根据青年人的特点，组织开展适合青年人的活动，如"五四"青年节让年轻人"放松放松"，组织他们去踏青。

总的来讲，不管是派来劳动的老师、干部、工人（三个月）或者学生（两周），还有遇上插秧或收割之类的突击活，学校会从各部门调来人员帮忙，用汽车早上送农场，劳动一天晚上接回去，这样的突击劳动每年都有几次。

大多数人珍惜这短暂的时光，晴天一身汗，雨天一身泥。平时手握笔杆、舞文弄墨的文化人，戴草帽，拿撅头，握锄头，举榔头，挥铁锹，舞镰刀，打赤脚，挑重担，风里雨里，摸爬滚打，肩头磨破皮，双手长老茧，头上落尘土，浑身是稀泥。冬战严寒，夏抗酷暑，还要战蚂蟥，斗蚊虫。

为了慰问在农场劳动的教职工，感谢华农的支持，也为了与周边搞好关系，每年春节之前，学校就会专门召开一次招待会。招待会由学校把各种菜肴做成成品或半成品，用车运送到农场，由农场食堂师傅再重新烩一下，参加会议的有华中农业大学分管后勤的领导、生产处、机务队的领导以及周边农村生产队的队长会计等。

三、校办农场的移交

1979年2月，国务院发出《关于停办"五七"干校有关问题的通知》（国发〔1979〕40号）。根据这个《通知》精神，原湖医决定秋后撤销农场。关于农场的善后工作，学校领导多次嘱咐，工作上一定要善始善终，做好农场的收尾工作。秋收搞完后，我们就开始与华农办理移交手续。农场土地本来就是华农的，房屋等设施全部给了华农，仅仅是东方红75型拖拉机收了9000元。4头水牛卖给了黄陂县一个放鸭子的，他花300元买了4头壮牛很高兴。我好奇地问："你怎么弄回去啊？"他说："慢慢赶着回去啊。"

1979年11月17日，是农场正式移交的日子。原湖医分管后勤的刘英才副院长、总务处齐文生处长、陈福清副处长以及行政科夏年华科长等人员都来到农场。华农相关领导出席移交仪式。同时，还邀请了周边农村生产队的队长。这次移交，也是告别，宣告了湖北医学院创办20年的校办农场到此画上句号。

在告别宴上，前任胡煜南老场长端着酒杯来到我的跟前，用赞许的口气对我说："小杜，一个年轻人，能在这僻静、荒凉、孤单的地方坚守三年，不容易啊！来，敬你一杯！"随后，我的领导夏年华科长也端着酒杯来到我跟前："小杜，当初说的话兑现了，农场守住了，也守到了最后，谢谢你！来，敬你一杯！"我不禁眼泪打转，这是对我三年农场工作的肯定和认可啊！

2021年10月

【作者简介】杜传平，1951年12月出生。1966年参加工作，1975年9月调入湖北医学院工作。2000年8月四校合并后在武汉大学马克思主义学院工作。2011年12月退休。

祖国"蘑菇"云的升起　有我们的一点贡献

彭善友

1980 年 6 月，湖北省卫生厅根据国家卫生部的指示，指定湖北省人民医院派病理科和外科医师各 1 名，参加国防科委主持的氢弹试验。当时医院领导研究决定，确定我和杨笔耕参加这一工作，并报上级部门审批。

1980 年 9 月 7 日，我们到省卫生厅报到，并接受任务。会上，省卫生厅领导宣布我担任队长，带领全省 12 名医务人员参加这次试验。

9 月 9 日晚，我们乘火车赴北京集训。在北京，我们学习了核武器的基本知识，重点是核武器的冲击波、光辐射、贯穿辐射以及放射性沾染引起的创伤、烧伤和放射性损伤的防护。学习了实验动物——狗的解剖、生理知识、喂养及常见病的防治方法。

9 月 29 日下午，我们同国防科工委的同志一起带着实验动物、仪器设备及其他生活必需品，乘专列离开北京，奔赴新疆戈壁滩。一路上，我们既是科学工作者，又是动物饲养员、保洁员和搬运工。我们连续坐了 5 天火车，又在戈壁滩坐了两天的长途汽车，克服了途中睡眠不好、饮食不好、生活不规律等重重困难，经过 7 天的艰苦旅行，终于到达试验基地——新疆的罗布泊。

在试验基地，经过 1 天的短暂休整，我们就投入了紧张的试验前的准备工作：整场地、搭帐篷、安装仪器，练习各种仪器的使用方法；喂养和训练动物，定期给动物体检及实战演习等。每天从日出忙到日落，工作在 9 个小时以上，手磨破了，腰累痛了，腿被狗咬了，没有一个人叫苦叫累，工作干得非常出色。由于这是我国空中和地面进行最后一次氢弹试验，所以在实战演习的各个环节都拍成了内部电影。根据气象预报情况，上级决定 10 月 16 日试验。

10月15日下午，我们按原设计点布放动物，忙到晚上9点才回营地。第二天早晨，东方刚露出鱼肚白，我们就兴致勃勃地带上防护衣、防毒面具等，乘汽车奔向试验场。在距离爆炸中心40公里处排好队伍，耐心地等待着。

那天天气晴朗，阳光灿烂，喇叭里不断地播放悦耳的音乐。10时整，广播里发出做好准备的通知，大家迅速穿好防护服、戴上防护眼镜和防毒面具。10点29分，蓝色的天空里，从北方飞来一架超音速的银色飞机，广播里缓慢地数着"十、九、八、七、六、五、四、三、二、一，起爆！"当"爆"字刚读完，场地的南方上空，忽然出现一道"闪电"强光，几秒钟后，我们听到巨雷般的爆炸声，随后升起一团深灰色大的"蘑菇"云。大家高兴地欢呼，我国的氢弹试验成功了！顿时，天空出现多架直升机，进行测试和采样化验。地面上马达轰鸣，全副武装的防化兵摩托车队冲在最前面，我们的车队紧跟防化兵之后，开赴爆炸中心，回收动物。进入现场，我们看见，房屋倒塌，飞机、汽车、衣物等被吹翻、烧毁，动物大多被烧死，一片凄凉景象。我们带着回收的动物，返回到营地实验室，立即开始解剖、化验工作。按照事先安排，有的负责解绳索，有的负责打麻醉药，有的负责记录，有的负责递器械。我和另外几个病理医师负责解剖，并将解剖中见到的病理变化口述出来，旁边有专人记录。几百只动物要在最短的时间内解剖完毕，而且丝毫不能马虎，工作的紧张程度是可想而知的。

我们从10月16日下午开始，一直连续地干到第二天清晨才把动物解剖完毕，休息数小时后，接着做解剖资料整理工作。经过约三周的紧张工作，才算初步完成任务。

在总结时，我和杨笔耕医师均被评为先进工作者，受到试验基地党委的通报表杨。1980年11月上旬，我们带着我国氢弹试验成功的喜悦，胜利返回武汉。

2020年12月

【作者简介】彭善友，1938年12月出生。1963年毕业于湖北医学院临床医疗系，同年参加工作。曾任武汉大学人民医院病理科主任、教授、主任医师。2001年4月退休。

后 记

武汉大学有着光荣的革命传统、悠久的办学历史。2018年6月28日，武汉大学老年协会、老教授协会召开第四次会员代表大会，完成了换届选举工作。第四届老协理事会确定：发挥老同志的优势，挖掘、整理有意义的故事，抢救即将遗忘的历史，汇编成《珞珈岁月》，以此向武汉大学130周年献礼。

在学校领导的关心和支持下，学校离退休工作处和学校老协印发了征稿通知，成立了编写工作小组。通过广泛发动、积极动员，工作小组共收到稿件近百篇。编写工作小组经反复讨论，从中遴选出部分稿件。2022年8月23日，学校成立了《珞珈岁月》审稿委员会，主任由武汉大学党委副书记赵雪梅担任，委员有孙庆桥、楚龙强、彭若男、邓小梅、晏金柱、涂上飙、徐应荣、吴骁等8人。在第一次审稿工作会议上，赵雪梅建议增补一些稿件。2022年8月至2023年2月，共召开8次审稿工作会议。委员们按照每轮会议要求，认真地核对、修改和完善稿件。最后，徐应荣统稿，赵雪梅定稿。

《珞珈岁月》共收录73篇稿件。根据内容分为7个部分：红色印记8篇，大师风范15篇，学科建设16篇，人才培养10篇，校园建设8篇，校友故事8篇，逸闻趣事8篇。本书文体不限，或回忆，或记述，或评述，或考证。无论何种文体，历史是真实的，故事是感人的，底蕴是深厚的。姑且将历史与故事记录下来，以启发广大师生和校友践行"自强、弘毅、求是、拓新"的校训精神。

感谢武汉大学出版社和王雅红、詹蜜、黄河清等三位同志给予的指导。在收稿、修改过程中，武汉大学离退休工作处梁芳等同志做了许多工作。

由于历史年代跨度较大、档案资料欠缺，加上记忆、转述可能有疏漏误差，故本书存有瑕疵在所难免。希望广大师生、校友和社会友人不吝赐教。

编者

2023 年 2 月